आदिवासी कथा

(कहानी संग्रह)

आदिवासी कथा

महाश्वेता देवी

अनुवाद

सुशील गुप्ता

वाणी प्रकाशन

वाणी प्रकाशन
4695, 21-ए, दरियागंज, नयी दिल्ली 110 002

शाखा
अशोक राजपथ, पटना 800 004

फ़ोन : +91 11 23273167 फ़ैक्स : +91 11 23275710

www.vaniprakashan.in
vaniprakashan@gmail.com
sales@vaniprakashan.in

AADIVASI KATHA
by Mahashweta Devi
Translated by Sushil Gupta

ISBN : 978-81-8143-128-8
Collection of Stories

संस्करण 2004, 2008
आवृत्ति 2017

मूल्य : ₹695

आर. टेक ऑफ़सेट प्रिंटर्स, दिल्ली-110 032 में मुद्रित

वाणी प्रकाशन का लोगो मक़बूल फ़िदा हुसेन की कूची से

अनुक्रम

भारतवर्ष

अटाई गाँव तक पहुँचने के लिए पथरीली सड़क छोड़कर, बाईं तरफ, ज़हाँ से चढ़ाई शुरू होती है, वहाँ प्रागैतिहासिक भारी-भरकम चट्टानें, जंगली झोंप-झाड़ और हरिया घास की झाड़ियों के बीच, अँटी-धँसी पगडंडी! पगडंडी, मोच खाकर, ढाई बार मुड़ी हुई!!

यदि आसमान से कोई नीचे कीं तस्वीर ले, तो अनगिनत अजीबोग़रीब चीज़ें उस तस्वीर में आएँगी; समूचे पलामू ज़िला में शायद यही एक जगह है, जिसका असली चेहरा, आज भी कहीं से नहीं बदला है। यह जगह आज भी अपने आदिम रूप में विद्यमान है।

आदिम रूप! रुक्षता या शून्यता का नहीं, अपार सौंदर्य का आदिम रूप!!

अटाई नदी की तिरतिर धार, अबाध रूप से बहती हुई! एक पहाड़ी चट्टान तक आते-आते बल खाकर मुड़ गई है और एक विशाल, लंबी-चौड़ी झील में संचित हो गई है। संभवतः प्रागैतिहासिक काल में रची गई, यह कोई खाई थी, जब धरती टूट-टूटकर पाताल में धँस गई होगी और पाताल फोड़कर पहाड़ ऊपर उठ आया होगा, बस, उसी काल में इस जगह ने खाई का रूप ले लिया होगा।

सैकड़ों वर्षों से अटाई नदी का पानी यहाँ जमा होता रहा होगा और अब विशाल झील का रूप ले चुका है। पलामू की मिट्टी रूखी और अन-उपजाऊ है कि चारों तरफ बस कंकरीला प्रांत...चटियल पहाड़...दूर तक फैले अरण्य के अतिरिक्त और कुछ भी नहीं था।

उस जगह ऐसी भरी-भरी, शांत झील। जिस पर अनंत आकाश की नीलाभ छाया, निरंतर तैरती हुई। इस झील की गहराई तक नापना मुश्किल। क्योंकि वहाँ अटाई नदी का बरसाती पानी जमा होने के बावजूद झील का किनारा कभी बाँध तोड़कर नहीं उमड़ता। है न आश्चर्यजनक बात?

झील के पूर्वी किनारे पर बसा अटाई गाँव भी बेहद अजीबोग़रीब! काँटेदार जंगली पौधे!! हरिया घास की झाड़-झंखाड़ और 'फनीमनसा' के सर्पिल, काँटेदार छोटे-बड़े पेड़! कंकरीली मिट्टी! थोड़े-थोड़े फासले पर, 'खरवार', 'मुंडा' और 'ओराँव'

आदिवासियों के टोले! 'मुंडा' जाति तो यहाँ सबसे बाद में आई? 'खरवार' यहाँ के मूल आदिवासी हैं। गाँव के प्रवेश-पथ पर खड़े पेड़ के तने पर कील से जड़ा हुआ टिन का पत्तर! पत्तर पर तारकोल से लिखा हुआ है—तहसील अटाई, ब्लॉक, रामांदा।

अटाई झील के पूर्वी तट पर किसी ने घर नहीं बनाया। सरकार के तहत वन-विभाग दफ़्तर भी इस अटाई गाँव को भूल गया। यह भी एक अलौकिक घटना है कि इतना अथाह पानी और एक अदद जनपद में बसे मुट्ठी भर लोगों के अस्तित्व को किसी ने भी याद नहीं रखा।

बस, इसके अतिरिक्त और कुछ नहीं। यहाँ वर्तमान बीसवीं सदी का कहीं, कोई नामोनिशान तक नहीं था। सड़क, कुआँ, प्राइमरी स्कूल, दुकान-पाट, कहीं, कुछ भी नहीं।

इसका मुख्य कारण यह था कि ऐसी पथरीली ज़मीन में किसी भी भूस्वामी की कतई कोई दिलचस्पी नहीं थी। झील ऐसी जगह बहती थी कि वहाँ से पानी लाकर खेती करने का ख़याल अटाईवासियों को भी कभी नहीं आया। यों खेती करने का उन्हें शऊर भी नहीं था। पूरे अटाई गाँव में एकमात्र रघुबर खरवार ही लिखा-पढ़ा आदमी था। एक वही आदमी कभी-कभार अटाई गाँव और बीसवीं सदी को आपस में करीब लाने की छिटपुट कोशिश करता रहता था।

उसने 'रामांदा स्वास्थ्य केंद्र' के डॉक्टर नवीन परसाद से अनुरोध किया, "ए हो, डांग्दर'साब, खिंचाई मशीन से सिंचाई नाहीं हो सकती?"

"लिफट इरीगेशन? हाँ, हो तो सकती है।"

बस, रघुबर अपने साथियों को लेकर ब्लॉक तक जा पहुँचा।

लेकिन दौरे पर आकर झील का नीला पानी, उस पर पड़ती हुई पहाड़ की छाया, चलती-फिरती चट्टान की तरह कुछेक आदिम लोग और पथरीली ज़मीन देखकर अफसर लोगों ने मन-ही-मन हताशा महसूस की। प्रकृति का यह आदिम रूप देखकर उन लोगों ने तत्काल नाउम्मीदी जतायी। यहाँ का पानी, पहाड़, सुदूर पश्चिमी तट पर कुलाँचे भरता, कुल एक अदद हिरण, जो इंसानों को देखकर भी भागने का नाम नहीं लेता—मानो ये सब उपेक्षित भाव से चेतावनी दे रहे हों—चलो, चलो, हटो। आगे बढ़ जाओ! कौन हो तुम लोग? तुम, बाहरी लोग, हमारे इलाके में कैसे चले आए?

ज़मीन की हालत देखकर अफसर लोगों का अफसरशाही विश्वास, मानो लौट आया।

उन्होंने सिर हिलाते हुए कहा, "इस मिट्टी की अगर सिंचाई की भी जाए, तो फ़ी एकड़ पीछे, तीन मन से ज्यादा फसल नहीं होगी। इसलिए ऐसी ऊबड़-खाबड़ जगह की सिंचाई में लिफ्ट-पंप और पंप-चालक का खर्च भी नहीं उठेगा।"

किसी जमाने में यहाँ खरवार शासन की प्राचीन महिमा, दर्जा छह तक पढ़े हुए रघुबर के सीने में आज भी सोई पड़ी थी।

उसने मन-ही-मन दो-दूनी चार का हिसाब करते हुए अपने अंदर जो थोड़ा-बहुत साहस था, जुटाकर कहा, ''लेकिन, साब ई तो आदिवासी इलाका है और आदिवासी लोगों के लिए कोई-न-कोई सरकारी इंतिजाम भी तो है।''

अफसरान सिर हिलाते रहे। सरकारी कार्यों की भाषा रघुबर को समझाना असंभव था।

''भई, यह इलाका वन-विभाग का है।''

''लेकिन, यहाँ रहने-सहने वाले तो आदिवासी हैं?''

''बात यह है कि कहीं भी आदिवासियों के बस जाने भर से, कोई इलाका आदिवासी इलाका नहीं हो जाता।''

इस तर्क के आगे रघुबर हार गया। खिंचाई-सिंचन का इंतज़ाम वह नहीं कर पाया।

रघुबर ने और भी कई-कई तरह की कोशिशें कीं। उसने काफी हाथ-पाँव मारे, ताकि उसके गाँव में एक स्कूल खुल जाए, सड़क बन जाए।

नवीन डॉक्टर उनका मुख्य सलाहकार था।

लेकिन कहीं, कुछ नहीं हुआ। अटाई गाँव की बदहाली ज्यों की त्यों बनी रही। नदी तक, वही ढाई बांक; सड़क के वही ढाई मोड़! गाँव में प्रवेश-पथ पर एक अदद जीर्ण-शीर्ण, बूढ़ा, गाँठ-गाँठ पलाश का पेड़! पेड़ की शाखों में रंगीन धागे बँधे हुए! हाँ, पूजा-पाठ के अवसर भी, आज भी वह पेड़ ग्राम-देवता है। करौंदे की डाल लाने के लिए वे लोग पगडंडी की दाहिनी ओर रामांदा के जंगल में चले जाते। अटाई की प्रकृति ने झील के पूर्वी तट के बाशिन्दों को महुआ का एकाध पेड़ तक नहीं दिया।

नवीन परसाद पगडंडी की चढ़ाई पर अपनी साइकिल धकेलते हुए ऊपर आ रहा था। रघुबर ने 'रामांदा स्वास्थ्य केंद्र' के पते पर जो चिट्ठी भेजी थी, वह उसे शाम को मिली। वह इन दिनों तीन महीनों की छुट्टी मंजूर कराने के लिए, डाल्टेनगंज तक दौड़-धूप में लगा हुआ था। कल भी वह टाउन की तरफ गया हुआ था। इसलिए एकाध फ़िल्म देखना और छिटपुट सामानों को खरीदना, हमेशा की तरह आम बात थी। नवीन डॉक्टर जो रामांदा में पड़ा हुआ है, वह तो उसकी सज़ा थी। 'पनिशमेंट पोस्टिंग'...यानी दंडस्वरूप पोस्टिंग! जब वह गड़वा में था, तो मेहतरों के क्वार्टर में पखाना क्यों नहीं है, इस बात को लेकर वह विभागीय दफ़्तर से लड़ बैठा। नतीजे में यह सज़ा! वन-जंगल का यह इलाका! गरीब-गुरबा लोग! आबादी कम! शाम होते ही वहाँ असहनीय सन्नाटा छा जाता था। ट्रांजिस्टर और कैसेट ही एकमात्र साथी थे।

रघुबर खरवार का लिखा हुआ ख़त! 'अजीब' चूरन की खूबियाँ ज्ञापित करते हुए हैंडबिल की उल्टी तरफ लिखा हुआ ख़त! हाँ, रघुबर ने अपनी ओर से पूरी

कोशिश की कि उसका चूरन चल निकले। लेकिन वह हार गया। उसने बिना सिंचाई वाली खेती-बाड़ी शुरू की, मगर यहाँ की माटी में वह मूँगफली तक नहीं उगा पाया। नवीन डॉक्टर को यहाँ की तमाम जरूरी ख़बरें वह हैंडबिलों पर ही लिख भेजता था। चिट्ठी की भाषा काफी गड़बड़ थी। नवीन के अलावा उसका ख़त शायद ही किसी की समझ में आता हो।

रघुबर अपना ख़त बँधे-बँधाये तरीके से शुरू करता और हटिया में सस्ते दाम ख़रीदे हुए डॉट पेन से बेहद महीन-महीन अक्षरों में लिखना, उसकी हमेशा की आदत थी। किसी शब्द पर वह मात्रा भी नहीं लगाता था और तारीख, रोमन अक्षरों में लिखता था, जिससे यह जानकारी दे सके कि उसने अंग्रेजी भी पढ़ी थी।

'...सौ, सौ, परनाम, डांग्दर बाबू! आसा है, आप परिवार समेत कुशल-मंगल होंगे (नवीन की बीवी-बेटा गौतमधारा में रहते थे, रघुबर जानता था)। भगवान आपका मंगल करें। (यद्यपि, रघुबर और नवीन का भगवान-बोध कहीं से भी एक नहीं था)। इस बार आप रघुबर ख़रवार को नहीं बचा सकेंगे। बूढ़े जिउबाबा ने रघुबर का फूल नाहीं सवीकार किया। मरने से पहिले अगर आपका दरसन हो जाता, तो हम चैन से मरते। रघुबर नाहीं रहा, तो का हुआ, डांग्दर, अटाई मउजा को याद रखिएगा।'

यह बात रघुबर को भी मालूम थी कि नवीन डॉक्टर, अटाई मउजा छोड़कर, चैनपुर गढ़वा, मंडार, चाइ, टोड़ी–कहीं भी जाने को तैयार था। ख़ासकर अटाई ताल देखते-देखते उसके पैरों का ख़ून सिर तक चढ़ जाता था। ऐसा भरा-भरा ताल! इतना-इतना पानी! यही तो घनघोर अचरज की बात थी! मानो वहाँ कहीं किसी देवी का वास हो।

शुकरा कारकेटा! बूढ़ा, बुजुर्ग मुंडा! वह कहा करता है, "सृष्टि के आदिकाल में स्रष्टा (देवता) ने जब देखा कि इस धराधाम 'पिरथिमी' पर पापों का घड़ा भर गया है, तो विन्होंने 'संगल दा' यानी 'आग की बरखा' कर डाली। सब कुछ जलकर ख़ाक़ हुइ गवा। उसके बाद, वही देवता पानी ढालकर धरती को सराबोर कर दिहिन। अपने ई अटाई ताल में आदिम बरखा का पानी सँजोया भया है..."

रघुबर खरवार ने उसकी हाँ में हाँ मिलाते हुए कहा, "इस झील के पानी के अतल में खरवार के जंगी, महापराक्रमी, शूर-वीर रहत हैं। उनके घोड़ों की हिनहिनाहट, तलवारों की झनझनाहट, आज भी सुनाई देत है।"

बहरहाल, इन किस्से-कहानियों पर नवीन डॉक्टर यक़ीन नहीं करता था। अपनी साइकिल चट्टान से टिकाकर उसने अपने जूते उतारे और हाथ-पाँव-मुँह धोकर झील की तरफ एकटक निगाहें गड़ा दीं। प्राकृतिक झील! झील को निहारता हुआ स्वास्थ्य केंद्र का एक अदद डॉक्टर!!

यह डॉक्टर अपेक्षा से अधिक खरा और अपने कार्य के प्रति निष्ठावान था। इसलिए विभागीय दफ़्तर उसे बेतरह रगड़ रहा है। डॉक्टर बेचारा दौड़-धूप करके

यह साबित करने में लगा हुआ था कि वह पूरी तरह आज्ञाकारी गुलाम है। चाहे जैसे भी हो, अब वह रिहाई चाहता था। इस प्रकृति, पानी, निस्तब्धता, झुके हुए, चिंतामग्न पहाड़ और वहाँ बसे हुए तमाम लोगों के साहचर्य से मुक्ति पाने के लिए वह छटपटा उठा था, जिनका ख़्याल था कि अटाई ताल, दुनिया का पहला ऐसा ताल है, जो बारिश के पानी में रचा गया है, जो लोग कान लगाकर इस गहरे नीले जल के अतल में योद्धा सैनिकों की तलवारों की झनझनाहट सुना करते थे। वे सब आदिम लोग हैं। आदिवासी! डॉक्टर वर्तमान सदी का इंसान! किसी जमाने में डॉक्टर को कविताएँ पढ़ने का शौक था। उन कविताओं में प्रकृति और इंसान की परस्पर निर्भीकता का जिक्र हुआ करता था। टेनिसन की 'दी ब्रुक' कविता पढ़कर उसने भी झरने पर एक कविता लिखी थी—'पर्वत की गोद से...'। लेकिन इस समय, दिन के तीसरे पहर झील की ओर टकटकी लगाये उसे अचानक अहसास हुआ कि प्रकृति और इंसान में कहीं, कोई विनिमय नहीं होता। प्यास से बदहाल पलामू में इतना-इतना पानी! उस पानी से सिंचाई होती है या नहीं, अटाई ताल भला यह क्यों सोचे? ताल तो जड़ होता है, वर्ना इतने सालों में भी उसके मन की बात इंसान नहीं समझ पाया? प्रकृति और इंसान के बीच कोई आपसी संवाद नहीं होता। नवीन और रघुबर में भी कोई आपसी संलाप नहीं था। रघुबर मध्य युग से बीसवीं सदी में शामिल होने की राह ढूँढ़ रहा था, लेकिन उसे कोई छोर नहीं मिल रहा था। कैसी भयानक गुत्थी थी!

नवीन ने लंबी उसाँस भरी और रघुबर की झोंपड़ी की ओर चल पड़ा। रघुबर अब नहीं बचेगा। लेकिन क्यों नहीं बचेगा? वह कहाँ जा रहा है? सब कुछ के बावजूद नवीन को रघुबर में जीने की तीखी चाह लगातार नज़र आई है।

उस शख़्स के दिल में—'मुझे जीना है। मैं जीना चाहता हूँ। मुझे बचा लें...' यह जिद घर कर गई थी, तभी तो वह उसे बार-बार बचा सका।

"चलो, मान लिया कि तुम्हें साँप ने डँस लिया है, लेकिन मैं हूँ न! मैं करूँगा। न तुम्हारा इलाज! तुम बस, डरना मत।"

"अच्छा, तो लगाएँ, डांग्दर बाबू, लगाएँ सूआ!"

"देखो, सो मत जाना—"

"ओ किसना, डाक बाबू कहत हैं, तोरा बाप बच जावेगा। सुन, अगर हमका नींद आवे लगे, तो मेरी आँखी में नून-मिरचा रगड़ देना, समझा?"

उसे गेहुँअन साँप ने डँस लिया, वह नहीं मरा! उसने ढेरों ज़हरीली ताड़ी पी ली, वह नहीं मरा!! उसके पैर पर कुल्हाड़ी गिर पड़ी, वह नहीं मरा!!! हर बार वह खटोले पर सवार होकर 'रामांदा स्वास्थ्य केंद्र' में आ धमकता। अस्पताल में पड़ा रहता और ठीक होकर वापस लौट जाता।

"मुझे जीना है! मुझे बचा लो?—" हर बार उसकी यही जिद, यही गुहार! उम्र? इसका कोई लेखा-जोखा नहीं था। खाता क्या था? मड़वा के उबले हुए बीज!

नमक! मिर्च! परिचित लता-पत्ते और कंद-मूल! खरगोश, शाही या चिड़िया मिल गई तो उनका गोश्त! अगर कहीं भोज वगैरह का आयोजन हुआ, तो भात!

पानी? पानी कहाँ का पीता है? अटाई नदी के झील से पहले, यहाँ एक अदद आधे-अधूरे खुदे हुए, अधबने प्रकृत कुएँ में थोड़ा-बहुत पानी बच रहा था। अन्य लोगों की तरह वह भी उस कुएँ का बचा-खुचा पानी पीता था।

जाने कैसे तो ज़िंदा था, रघुबर! जाने कैसे तो जीते थे, ये तमाम लोग! डाल्टेनगंज से अटाई, कुल चार घंटों में पहुँचा जा सकता है, लेकिन बाईं तरफ मुड़ते ही, कहीं, कुछ नहीं! पिछले चालीस सालों में किसी सरकारी आदमी ने शायद दस बार भी जहाँ क़दम नहीं रखा, वहाँ ये आदिम लोग, भला ज़िंदा कैसे थे?

रोशनी के नाम पर किरासिन तेल की ढिबरी या लालटेन! अटाई गाँव के अगर सारे टोले-मोहल्ले मिला दिए जाएँ, बूढ़े-बूढ़ी, अधेड़ और जवान औरत-मर्द, बाल-बच्चे, शिशु समेत कुल मिलाकर तीन सौ के लगभग बाशिंदे, गाय एक भी नहीं। बकरी सौ के क़रीब! मुर्गी, बस, गिनती की! पूरे गाँव में सिर्फ तीन लोगों के पास टॉर्चलाइट! कुल्लमकुल एक आदमी के घर में प्लास्टिक का हाथ-पंखा! ले-देकर चार अदद पतलूनधारी नौजवान!

दरअसल हाट में जो चीजें निशाना लगाकर गुब्बारे फोड़ने या जुड़वाँ चकरी घुमाने या नीलामी में अविश्वसनीय सस्ते दामों में सुलभ होतीं, वही चीजें अटाई गाँव का मुँह देख पाती थीं। अधेड़ से लेकर जवान मर्द-औरत-बच्चे 'रामांदा ब्लॉक' या जंगल की तरफ जाते थे। शेष आदिवासी कंकड़-पत्थर चुनते, मुर्गी-बकरी पालते। उनका दिन सूर्योदय से पहले शुरू होकर सूर्यास्त के बाद ही ख़त्म होता।

ऐसा विस्मृत और उपेक्षित गाँव अटाई! जहाँ चोर, डाकू या नसबंदी टीम भी कभी रुख नहीं करती थी। 'रामांदा स्कूल' में कुल तीन अदद छात्र और बच्चों ने कभी भूले से भी वहाँ क़दम नहीं रखा। रघुबर खरवार तो अटाई गाँव और बीसवीं सदी को आपस में जोड़ने के लिए एक सड़क भी तैयार करना चाहता था।

रघुबर का डेरा आ गया था।

वहाँ किसी को न देखकर, नवीन ने आवाज़ लगाई, "ए हो, रघुबर, कहाँ हो, भई?"

"आय गए, डांग्दर साब! आय गए!" रघुबर ने ही उसकी अगवानी की। लेकिन अपने डेरे में नहीं, आसमान के बदन पर अंकित, बूढ़ा, बाउल फकीर-सा रघुबर, महुआ के बाँझ पेड़ तले, पत्थर के टुकड़े पर बैठा था।

"यह क्या? लोटा, चटाई, लाठी, थाली...? तुम क्या संन्यासी हो गए हो?"

"बइठो, डांग्दर साब, आओ बइठो! मगर ज़रा दूर...उस पत्थर पर! अरी ओ किसना की माँ, डांग्दर बाबू आय गए। पानी लै आ और तनिक मड़वा, सत्तू-गुड़ भी..."

नवीन बेतरह घबड़ा गया, "क्यों? घरवालों से झगड़ा कर लिया है?"

"अरे, डाक बाबू, जब पुरनिया जिउबाबा रघुबर का फूल सवीकार नाही किहेन, तब हम झगड़े की दुहाई काहे दें? तुम बस, ई समझ लो, डांग्दर साहब, कि किसना की माय, ई छोटकी है। बड़की के जीते जी ही हम एका बियाह लाये और हम तीनों मिलकर, लड़ाई-झगड़ा करत रहे। बड़की जब मर गई, तब भी हम दूनों में रार-तकरार होता रहा। लेकिन अब तो हम मरण-सेज पर हैं। डांग्दर बाबू, हम मरने जाय रहे हैं। ऐसे बखत में भला कोई झगड़ा करत है?"

"मरने जा रहे हो, मतलब?"

"पहिले तुम नास्ता-पानी कर लो।"

किसना की माँ, भावहीन मुद्रा में नवीन के लिए सतुआ, गुड़ और पानी ले आई।

उसने भी कहा, "खाओ डांग्दर बाबू, तुमरी बहुत-बहुत मेहरबानी कि तुम आय गए।"

"बात क्या है?" नवीन ने फिर अपना सवाल दोहराया।

"किसना का बप्पा जाय रहा है।" जवाब छोटकी ने दिया।

"क्यों?"

"मरने जाय रहा है।"

"लेकिन, क्यों?"

"बस, जा रहा है मरने।"

"भई, इसका मतलब क्या है? क्यों मरने जा रहा है?"

"पहिले एक ठो सिगरेट फेंको, डांग्दर!" सिगरेट सुलगाकर रघुबर ने माचिस पेड़ के खोखर में रख दी, "अब, ई माचिस कोऊ नाहीं छुएगा।"

"यह अचानक...तुम अछूत कैसे हो गए?"

बुद्धिमान रघुबर के होठों पर उदास हँसी बिखर गई, "डांग्दर बाबू, 'अचानक' भला कुछ होत है? अटाई ताल भी अचानक नहीं भया। ई महुआ का पेड़ भी तभी खड़ा हुआ, जब एक बीज परा। स्वास्थ्य केंद्र बना, तभी न आए तुम! तुम ही कहो, दुनिया में कहीं कुछ अचानक होत है भला? बड़की की टाँग टूट गई। मेहनत-मजूरी से लाचार हो गई। लाठी लेकर चलती थी। इसी वास्ते तो हम छोटकी को बियाह लाये। बहुत पुरानी बात है। तब ई महुआ पेड़ में फूल खिलत रहे, फल गदराते रहे, अउर भालू भी आवत रहे।"

किसन की माँ की निगाहें, कहीं और तरफ टिकी हुई थीं, "हाँऽऽ, एक बकरी लंगड़ हो गई, तो नयी बकरी लै आए..."

"छिः छिः...किसना की माँ, तू हमरे..."

"जाय रहे हो, तो बकरी, घर-दुआर—ई सबका इंतिजाम तो कर दियां। एक

हमका ही....बहाय दिया..."

रघुबर ने झिड़क दिया, "अरे, अभी तू हमरे संग का जा सकत हो? यह भी कोई बात भई?"

"संग लै चलो, हम तैयार हैं।"

शुकरा केरकेटा, विछन मुंडा, तिलक, कुजरू, बड़ा तिरके, गोविन खरवार... धीरे-धीरे सभी लोग आ जुटे। रघुबर से काफी फासला रखते हुए, वे लोग गोल घेरा बनाकर बैठ गए। मामला गंभीर है, अन्यथा गाँव के बड़े-बूढ़े इस वक्त नहीं आते। जब तक सूरज का उजाला रहता है, वे लोग जंगल में चुनते-बीनते रहते हैं या हरिया घास भी यहाँ के इंसानों के बारे में उदासीन अपने धर्म के मुताबिक बनैली और हिंस्र! ऐसी पथरीली चट्टानों की दरारों में इसी क़िस्म की घास उगती है, जो कास की झोंप-झाड़ियों जैसी ऊँची-ऊँची और लंबी-लंबी होती हैं। 'घास' नाम दिए जाने के बावजूद इसके पत्ते चौड़े, मोटे और रेशेयुक्त होते हैं। पत्तों के दोनों किनारे धारदार? शायद यह हरिया घास ही पुराणों में चर्चित 'असीपत्र' और यह स्थान 'असीपत्रवन' है, जो अनगिनत नर्कों में एक नर्क है। पापी आत्माएँ बेहद डरी-सहमी हुई, इन असीपत्रवन की बीच-पगडंडियों पर चलती हैं, क्योंकि धारदार पत्ते उन पर हमलावर होते रहते हैं।

हरिया घास के रेशे बेहद सख़्त और खुरदुरे होते हैं। बकरियाँ भी इन्हें चबा नहीं पातीं। बड़े-बूढ़े अपनी हँसिया से इसके किनारे छील डालते हैं और पत्तों को चीरकर, चट्टी बुनते हैं। पुराने जमाने में हाट-बाज़ार में भी इन्हें कोई नहीं ख़रीदता था। पिछले साल से आदिवासी कुटीर शिल्प सहकारी संस्था, हाट से ये चट्टियाँ चार-पाँच टके में ख़रीदने लगी है। लेकिन अटाई के बाशिंदों को इस बात की जानकारी नहीं थी कि इस संस्था में, इस ख़रीदारी को तीन लाख रुपए सालाना योजना के रूप में दिखाया जाता है। संस्था के अफसर इस रकम को आपस में बाँट लेते हैं। हर अफसर को पूरे पच्चीस हजार रुपए महीने की आमदनी होती है।

बहरहाल, सारा कामकाज छोड़कर सारे आदिवासी वहीं बैठे थे। उनके लिए तो आकाश की तरफ महुआ की उठी हुई दो डालें, यह पत्थर, झील के पानी की ठंडक में लिपटी हवा, 'मरने चला'—रघुबर का ऐलान, घर त्यागकर उसका आकाश तले आश्रय लेना ही बेहद चिंताजनक था और नवीन डॉक्टर के लिए पहेली। इस वक्त ये दोनों ही बातें मिलकर एक हो गई थीं। नवीन दर्शक के आसन पर था, वे लोग मंच पर। यह नाटक ऐसा नहीं था, जो दर्शक और मंच के लोगों को एक सूत्र में बाँध देता।

सबके सब ख़ामोश निस्तब्धता की मूरत! यह सन्नाटा समूचे परिवेश को बेहद रहस्यमय बना गया। नवीन को लगा, इस निस्तब्धता में कोई बेचैन-सी गुहार है। यह नीरवता हमारी भाषा समझती है। हम जो कहते हैं, वह सुनती है। नवीन से

यह सब सहा नहीं जा रहा था। कभी-कभार उसने इन आदिम लोगों के पेट भी वाश किए हैं। साँप काटने पर इंजेक्शन लगाया है। ज़हरीले खाने के असर से बचाया है। इनके तन-बदन को उसने बार-बार छुआ है, लेकिन सब कुछ काँच की दीवार के पार से!

दोपहर ढलनेवाली थी! आकाश रंग बदलने लगा था। झील का पानी धीरे-धीरे रक्ताभ होने लगा था। थोड़ी देर बाद वह सियाह पड़ने लगेगा। उसके बाद, पानी की काली बुनावट में सितारे चमकने लगेंगे। निद्राहीन प्रहरी कालपुरुष! इस वक्त मंद-मंद बहती हुई हवा। काँपते हुए महुआ के पत्ते, बकरियों के झुंड समेत घर लौटते किशोरों का गूँजता हुआ, मिनमिनाता गीत-स्वर! दिन अस्त हो गया। नवीन ने जो भाषा युग-युगांतरों में भी नहीं सीखी, इस समय, एकदम से वह कैसे समझ सकता है? इन लोगों को जानने-समझने के लिए तो कई-कई युगों पहले से ही, उसे पढ़ना शुरू कर देना चाहिए था। यह बहुत ही ज़रूरी काम तो उसने अभी तक शुरू ही नहीं किया था। सिर्फ आवेदनों में लिपटे, लंबे-लंबे लिफाफों पर लिखा जाता रहा—'अति आवश्यक।'

शुकरा केरकेटा ने गला खँखारकर कहना शुरू किया, "मामिला तो काफी गहिन-गंभीर है, डांग्दर बाबू! अब तो बाकी रह गए हम दो ही मानस—मुंडा बिरादरी के हम अउर ओरांव बिरादरी का बड़ा तिरका। रघुबर तो अब चला। इसलिए अब से खरवार बिरादरी का मुंडा, गोपिन होवेगा।"

'मुंडा' शब्द जैसे बिरादरी का प्रतीक था, वैसे ही गाँव और समाज के सिरमौर का भी! नवीन यह बात बखूबी जानता था।

शुकरा उसी तरह धीमी आवाज़ में कहता रहा, "रघुबर को कोढ़ हुइ गवा है, डाग्दर बाबू! अब वह अटाई ताल के पच्छिम तरफ चला जाएगा। वहाँ अपना घर बाँधेगा और मरने तक वहीं रहेगा।"

"कोढ़? किसने कहा? अस्पताल तो आया नहीं?"

रघुबर ने बच्चे को बहलाने जैसी गहरी संवेदना के लहजे में कहा, "जित्तनी भी बार, हम अस्पताल गए, डांग्दर बाबू, खुद न सही, अपना कोऊ सग्गा, बूढ़े-बुजरुग जिउबाबा को फूल चढ़ाने पहुँच गया...मगर का फैदा भया?"

इस दौरान, अपनी तलाश करते हुए नवीन को जैसे अपना सुराग मिल गया। उसे एकदम से गुस्सा आने लगा। देवी-देवता, फूल चढ़ाना, प्रसाद खाना—इन संस्कारों में वह भी पला-बढ़ा है। लेकिन उनमें तो साहचर्य की स्थिति होती है। शायद ये सारे विश्वास आज भी मौजूद हों। लेकिन नवीन यह भी तो जानता है कि ऐंटी-वेनम इंजेक्शन के जरिए सर्प-दंश के शिकार, रघुबर जैसे लोगों को उसने बचा भी तो लिया है!

रघुबर एकाएक मुस्करा उठा, "जिउबाबा फूल नाहीं लिहिन, डांग्दर बाबू!"

“देखूँ, कैसा कोढ़ है? कहाँ हुआ है कोढ़?”

“हम देख लिए हैं, डांग्दर साब!” रघुबर के होठों पर गर्व भरी हँसी उमड़ आई, “भूल मत जइयो, डाक् बाबू, हमहूँ बैद् हैं। चूरन मलहम हम ही बनाते थे न!”

चिंतित नवीन एकदम सहज और सजग हो आया, “रघुबर!”

“बोलो, साब!”

“मैंने तुम्हें तीन-तीन बार बचाया है या नहीं?”

“ज...रूर!”

“यानी मैं तुम्हारा दुश्मन तो नहीं हूँ?”

“ई का कहत हौ, साब? दुस्समन को भला कोई चिट्ठी लिखत है? या चिट्ठी पाकर कोई आवत है?”

रघुबर का पत्र नवीन के लिए क्रमशः अनमोल हो उठा। यानी उसका हर पत्र बेशकीमती था! नवीन को इस सच्चाई का पहले अहसास क्यों नहीं हुआ?

“तुमसे पहिले अउर कोऊ डांग्दर अटाई गाँव में आया था?”

शुकरा ने भी रघुबर की बातों में सहमति जताई, “ई शुकरा ने अपनी बिटिया के बियाह में और किसी को खिलाया था?”

बड़े तिरका ने भी उनका साथ दिया, “ताज्जुब तो यह है, डांग्दर बाबू कि तुम हमसे कबहूँ टका-पइसा भी नाहीं लेते।”

“मानता हूँ कि बूढ़े जिउबाबा बहुत बड़े देवता हैं। लेकिन फिर भी एक बार मुझे देखने दो—”

“हमका छुओगे तुम?”

“हाँ, डॉक्टर छू सकता है। क्यों, भई, तुम लोग क्या कहते हो?”

“लो, देखो, भला मैं झूठ बकता हूँ?”

नवीन, रघुबर के करीब चला आया। रघुबर ने अपना बदन उघाड़ दिया। अगर कोढ़ भी हुआ तो वह ठीक हो जाएगा। कोढ़ से छुटकारा मिल सकता है। लेकिन... आज से पहले नवीन डॉक्टर ने कभी किसी कुष्ठ रोगी को निरोग नहीं किया, लेकिन रघुबर? जो जीना चाहता था, जिसे नवीन ने हर बार बचा लिया था, जिसे इंसानियत के तकाजे पर भी अटाई के दूसरे बाशिंदों की तरह सरकार, प्रशासन, स्वास्थ्य, शिक्षा, भूमि-संस्कार, अरण्य, पूर्त, कृषि, आदिवासी—किसी भी विभाग से, कभी, कुछ नहीं मिला। फिर भी, उसके दिल में जीने की ललक थी। ‘बकरी ठो पर गइल...’ फिर भी वह जीना चाहता था। ‘बरखा न भइल, साब! भडवा का सगरा खेत जल गवा—’ फिर भी वह जीने को आतुर! उसी रघुबर ने पक्का इरादा कर लिया कि वह मर जाएगा? मृत्यु-इच्छा उसकी अपनी गढ़ी हुई! इस इच्छा ने उसके बूढ़े, गाँठदार, पुख़्ता शरीर पर क़ब्जा जमा लिया है?

भय! डर! जन्म-जन्मांतरों से सर्वविदित हक़ीक़त! कोढ़ का मतलब है—मौत!

कोढ़ का मतलब है—समाज-बिरादरी-निकाला!! कोढ़ माने—भिखारी जैसी ज़िंदगी!!!

कुष्ठ रोग ठीक भी हो सकता है; रोगी कोढ़-मुक्त होकर समाज में रह सकता है, यह हक़ीक़त उसे किसी ने नहीं बताई। बड़ी सड़क पर आज भी चिराग नहीं जलते थे। रामांदा एक अभिशप्त ब्लॉक है। अटाई तो, खैर, विस्मृत, परित्यक्त गाँव है। स्वास्थ्य केंद्र में भी एकाध पोस्टर तक कहाँ है? कहाँ है रोग-मुक्ति की व्यवस्था? कोढ़ की दवा चूँकि बेहद महँगी होती है, इसलिए इसे तैयार करने में किसी भी बड़ी संस्था ने दिलचस्पी नहीं ली।

मृत्यु-इच्छा क्या रघुबर पर अधिकार कर लेगी? ऐसे इंसान पर दख़ल जमाएगी? रघुबर क्या ज़मीन का टुकड़ा है? मृत्यु-इच्छा क्या लालची जमींदार है?

नवीन ने रघुबर को आदेश दिया, ''चलो, आँखें बंद करो।''

वहाँ एकत्रित जनसमूह, किसना की माँ, यहाँ तक कि बड़े जतन से पाले-पोसे बूढ़े बकरे की आँखें भी गहरी उत्सुकता से नवीन डॉक्टर पर गड़ गईं। बीड़ी पीने की वजह से रघुबर की संक्रमित खाँसी से, उसके घर की हवा को रोग-मुक्त रखने के लिए नवीन डॉक्टर क्या करता है। हाँ, घुटने, कुहनी, पैरों की गाँठ—हर जगह लाल-लाल चकत्ते! उस पर महीन-महीन, छोटे-छोटे रेशे! फटे हुए रेशों से रुपहली सफेद आभा झलकती हुई!

''आँखें बंद हैं न?''

''हाँ, डांग्दर बंद हैं।''

नवीन डॉक्टर ने महुआ के कुछ पत्ते तोड़े और रघुबर के संक्रमित घावों के इर्द-गिर्द, ऊपर-नीचे हौले-हौले फेरने लगा।

''कुछ पता चल रहा है, पत्ते मैं कहाँ-कहाँ फेर रहा हूँ?''

''गुदगुदी होय रही है, डांग्दर बाबू!''

''बताओ, अब किस जगह फेर रहा हूँ?''

''घाव के ऊपर!''

''हर जगह क्या एक जैसा ही लग रहा है?''

''घाव पर जादा बुझाय रहा है।''

''समझा, अब आँखें खोलो और उठकर बैठ जाओ।''

रघुबर उठकर बैठ गया, ''का देखे, डांग्दर बाबू?''

नवीन के मन ने आग्रह किया, मामला बेहद गंभीर है, लेकिन इसका इलाज संभव है। इसके इलाज के लिए ख़ास मलहम तैयार करना होगी। रघुबर की उम्र ज़्यादा हो चुकी है। रोग भी घिनघिना है, मगर यह कोढ़ नहीं है। कोढ़ हरगिज नहीं है।

''यह कोढ़ नहीं है!'' डॉक्टर ने सपाट लहजे में ऐलान किया।

''जरूर, कोढ़ ही है।'' बड़े तिरके की आवाज़ तीखी हो उठी, ''ऊ भला ग़लत

कहेगा, डांग्दर बाबू?''

''चलो, ठीक है! अगर कोढ़ है भी, तो जाएगा कहाँ?''

''अटाई ताल के पश्छिम में...!''

''अकेले रहोगे?''

रघुबर ने खुश-खुश मुद्रा ओढ़कर कहा, ''अबहीं तो घर बनाने में ही काफी दिन लग जावेंगे।''

''क्यों? तुम जैसे अभी घर के बाहर रह रहे हो, उसी तरह यहीं रहो। किशन, सूरज, तुम्हारे लायक बेटे हैं, तुम्हारे लिए घर वे बना देंगे।''

अचानक किशन की माँ रो पड़ी, ''हाँ, किसना के बप्पा, ऐसा ही होवे दो। कम से कम ईहाँ तो पड़े रहिबे तुम! जित्तने दिन देही में परान है, आँखिन से तुमका देखत रहिबों। पच्छिम किनारे तो हम भी जा नहीं सकते।''

''फर्ज़ करो, रघुबर, अगर तुम वहाँ चले भी गए, तो खाओगे क्या?''

''अरे, डाक् साब, कोढ़ी से ई बात कोई नाहीं पूछता। थोड़ा-सा मड़वा-नून लै जइबों! उसके बाद, बेटों ने अगर खावे को दिया, तो खाय लेबों, नहीं तो भुक्खे पड़ा रहिबों! जब मर जइबों, हमरे घर में आगी लगा देवेंगे। कोढ़ी होकर भी रघुबर भीख नहीं माँगेगा।''

तिलक ने अफसोस के लहजे में कहा, ''एक तुम ही तो थे, बिरादर, जो पढ़े-लिखे थे। हमारे माथे पर छतरी थे...''

''गोविन है न!'' रघुबर ने दिलासा दिया।

''चलो, लाओ, कहाँ है तुम्हारी चिट्ठी? लाओ, स्वास्थ्य केंद्र को दे दूँगा।''

''अइसे ही चले जावोगे, बाबू?''

नवीन दुबारा उलझन में पड़ गया। अगर यह 'सोरियासिस' रोग ठीक नहीं हुआ, तो? घाव अगर फैल गया, तो? कहीं वह आत्महत्या तो नहीं कर लेगा? घाव अभी ज़्यादा नहीं फैला है।

किसी वक्त, किसी वैद्य से अर्जित, नाममात्र के ज्ञान के दर्प और आत्मविश्वास में डूबे, रघुबर का चेहरा जगमगा उठा, ''अगर यह घाव फैल गवा, डांग्दर बाबू, तो अपनी कोठरिया में लकड़ी जमा करिबों, दरवज्जा बंद करिबों और आगी लगायकर, कोठरिया समेत जल मरिबों।''

''तुम जो चाहे करो, मगर एक वादा करो।''

''कइसा वादा, साब? किस बात का वादा?'' रघुबर अचानक हाहाकार कर उठा, ''हम तो जीना चाहते थे, डांग्दर साब! लेकिन जिस मानस को कोढ़ धर दबोचे, ऊ का बच सकत है? अइस मानस भला का वादा करेगा? किसना की माँ ने हमका नाहीं खदेड़ा, हम खुद ही चले आए हैं यहाँ, गाँव भर को बुलाकर सबको बताय दिहेन! बाद में खियाल आया, काहे न तुमका भी खबर दे देवें।''

"तुम मुझे वचन दो, रघुबर!"

"कइसा वचन?"

"तुम पश्चिम में रहो या चाहे जो करो, लेकिन, जो मलहम मैं तुम्हें दूँगा, वह लगाते रहोगे? जो दवा खाने को दूँगा, खाते रहोगे। और...और...जितने दिन शरीर सलामत है, उसे सत्तू-पानी देते रहोगे।"

रघुबर सोच में डूब गया। उसने अपनी नजरें पश्चिम में ढलते हुए रक्तिम आकाश की ओर गड़ा दीं और अपने चेहरे पर डूबती किरणों की सुनहरी आभा मलते हुए धीमी आवाज़ में कहा, "चलो, दिया वादा! जब तुम बोल रहे थे न, डांग्दर बाबू, उस बखत हम बूढ़े जिउबाबा को निहार रहे थे। हमरे खरवार राजा ने ही ई बूढ़े जिउबाबा की सबसे पहले पूजा की थी। जिउबाबा के मस्तक पर उजली रोशनी बिखरी हुई थी। सुरुज देवता पश्चिम जाय रहे हैं। ठीक है, डांग्दर बाबू, मंजूर! दिया वचन!... लेकिन कउनो फ़ायदा नाहीं होगा।"

दवा? कैसी दवा? घाव निरोग करने के लिए मलहम में कौन-कौन-सी दवा डाली जाएगी? किताब पढ़कर पता करना होगा? लेकिन किताब? क्या शहर में भी नहीं मिलेगी? डॉक्टरी के किसी विद्यार्थी के पास? उसे क्या-क्या खाने की सलाह दे? एकाध विटामिन भी तो देना ही चाहिए?–डॉक्टर नवीन के मन में उथल-पुथल चल रही थी।

इन सबसे बेख़बर, रघुबर ने रुक-रुककर कहा, "तुम लोगन डांग्दर बाबू को ज़रा आगे तक पहुँचा दो। आज तो वे बैटरी तक अपने साथ नहीं लाए। अँधियारा रास्ता..."

शुकरा कह उठा, "चन्दरमा तो निकला है, जादा अँधियार नाहीं है..."

"चलता हूँ, रघुबर!" नवीन ने विदा ली।

"नमस्ते, साब!"

शुकरा और तिलक, साथ चल पड़े।

अटाई ताल का पानी, गोधूलि वेला में ख़ासा रंगीन हो उठा था। नदी की तिर-तिर जलधारा, नन्हे झरने के रूप में पश्चिम में झरती हुई! उस समय हिरण, खरगोश, जंगली बिल्ला, शाही वगैरह यहाँ पानी पीने आते हैं। बूढ़े जिउबाबा से कतराकर नवीन आगे बढ़ता रहा।

"रघुबर के जाने के बाद, यह अटाई गाँव बिल्कुल सूना हो जाएगा, साब!" शुकरा ने कहा।

तिलक ने भी सिर हिलाकर हुंकारी भरी, "ई तो घोर अंधेर हो गवा! वही तो हमारा आसरा-भरोसा था।"

नवीन साइकिल पर सवार हो गया।

"आज से ठीक हफ्ते भर बाद, स्वास्थ्य केंद्र कर्मचारी, दुआरी, दवा दे जाएगा।"

"आप कहें, तो हम ही आ जावें, साब?"

"ना, शुकरा, मलहम बनाने में थोड़ा तो वक्त लगेगा।"

डाल्टेनगंज जाकर मलहम बनाने में कई दिन लग गए। सबसे सस्ती मल्टीविटा दवाएँ, दुआरी के हाथों ही सौंपनी पड़ीं, क्योंकि नवीन की अनगिनत अर्जी-अपील की जवाब में तीन महीने की छुट्टी मंजूर हुई थी। ऊपरवालों ने उसे समझा दिया, "छुट्टी से लौटकर, ड्यूटी ज्वाइन करते ही नए डॉक्टर को चार्ज सौंप दे, तभी नई जगह जा सकेंगे।"

"कहाँ, सर?"

"कहीं, शहर के आस-पास!"

नवीन के रुख़्सत होते ही बड़े साहब ने अपने टाइपिस्ट से कहा, "बेटा धर्मराज का अवतार बनता है। उसे आदिवासियों का जंगली इलाका दिलाया गया था। जो भी वहाँ जाता है, रुपइय्या पीट लेता है। लेकिन, ये जनाब साधु ही बने रहे।"

अपनी कुलीनता का गौरव जाहिर करते हुए टाइपिस्ट ने पच्च् से थूककर कहा, 'साधु तो उसे तब मानें, जब ये हज़रत ऐंटीकॉरप्शन में फँसे नज़र आएँ। ऐसे-ऐसे साधु मैंने ढेरों देखे हैं।"

"सच कहा आपने।"

"अरे, साहब, जिस नौकरी के जो नियम हैं, उसका पालन आप नहीं करेंगे?"

"नहीं! सरकार उसे 'साधु' होने का सर्टिफिकेट जो देगी।"

दोनों ने सिर हिलाया।

अफसर सोच रहा था, नवीन चला गया, भला हुआ। असल में, प्रशासन में कभी-कभी ऐसे ईमानदार लोग भी आ घुसते हैं कि पूरा इंजन ही बिगड़ जाता है। अरे, तुम पलामू में रहोगे और चोरी नहीं करोगे? ऐसा शख़्स या तो खतरनाक होता है या फिर राजनीति करता है।

टाइपिस्ट ने बताया, "इस आदमी का अटाई में भी आना-जाना..."

"अटाई जाता है, तब तो उसे ढाई पेंच का मुरेठा देना ही चाहिए।"

उधर नवीन अति-प्रसन्न मुद्रा में अपना सामान समेटने में जुट गया। गौतमधारा! गौतमधारा!! अर्से बाद, वह अपने बीवी-बच्चे से...। इसमें हैरत की कौन-सी बात है, अगर उसे रघुबर की याद नहीं रही? दवा भेजने के बाद, वह अटाई को बिल्कुल भूल ही गया। अभी वह छुट्टी पर है। उसके बाद, शहरी इलाके में पोस्टिंग! शहरी इलाका न हो, तो बीवी को साथ लाने का फ़ायदा? बीवी तो गौतमधारा में ही रहने से नाराज़ रहती है, जहाँ से राँची इतना करीब है!

वैसे उसकी बीवी इस नौकरी से भी नाखुश है। शहर में खुला कारोबार! झनाझन

रुपइय्ये कमाओ न! मेरे पापा खुद तुम्हारे लिए चेम्बर सजाकर, तुम्हें सिंहासन पर बैठा देंगे! उसके पापा भी यही चाहते थे।

हो सकता है, नवीन अंत में घुटने टेक दे। बीवी की बात मान ही ले। वही करे, जो वह कहती है। घर! गाड़ी! दौलत! इनके बिना भला कोई ज़िंदगी है?

छुट्टी से लौटकर नौकरी ज्वाइन करने में उसे पूरे तीन महीने इक्कीस दिन लग गए। नया डॉक्टर भी आ पहुँचा। नवीन, मंडार के करीब, अपनी नई पोस्टिंग पर जाने की तैयारियों में जुट गया। इसी दौरान उसे रघुबर खरवार का ख़त मिला।

इस बार उसे अटाई ताल के पूरब में जाना है या पश्चिम में?

सौ-सौ बार पाय लागी, डांग्दर साब! आसा है, आपके परिवार लोगन....

बूढ़े जिउबाबा के मन की बात समझना मुस्किल है। बहुत मुस्किल है, डांग्दर बाबू...!

यह ख़त रघुबर ने खुद लिखा था! रघुबर ने!!

नवीन पहले अटाई ताल के पूरब में ही पहुँचा।

साइकिल समेत, वह धड़कते दिल से आगे बढ़ा।

...अटाई ताल! अब मैं तुम्हें नहीं देख पाऊँगा। तुम्हारी मौजूदगी से कई-कई बार मेरी ज़िंदगी ख़तरे में पड़ी है। अब मैं अपनी जगह जा रहा हूँ।

माघ का महीना चल रहा है। सुबह ग्यारह बजे की धूप भी सर्द, बर्फीली! गेहूँ गड़बा की छिलके भरी बोरियों पर लेटे रहने के दिन? अलाव तापने के दिन। और जंगल में घिसटते-भटकते, पकी हुई बेरियाँ चुनने-बीनने के दिन! बेरी, ऑवले, करौंदे वगैरह समेत, जंगल बेहद मेहरबान! इसके अलावा, जाल बिछाकर चिड़ियों का शिकार करने का मौसम! अटाई ताल के जल में ढेरों पंछी आते थे।

महुआ के पेड़ तले, चट्टान पर बैठे हुए हरिया घास छीलते-छीलते रघुबर ने सिर उठाया।

"रघुबर ...!"

"डांग्दर'साब?"

"तुम ज़िंदा हो?"

"हाँ, डाक्'साब। ई तो अनहोनी भै गई। ताज्जुब की बात...!"

"मलहम लगाया था?"

"अलबत्त्!"

"तुम क्या यहीं थे?"

"ना! ना! पश्चिम में!"

"खाते क्या थे?"

"सुरू-सुरू में तो मड़वा भी मुँह को नाहीं रुचता था। मैंने किसना से कह दिया, हमका सतुआ देने भी मत आना! हमका सिरफ नून दै जइहौ। हमरी बात सब लोग मान गए। मानते काहे नहीं? उस बखत भी हम वही थे—रघुबर खरवार?"

"अकेले ही रहे?"

"अकेले काहे को? जंगल में कोऊ अकेला नाहीं होता, डांग्दर बाबू! साथ में कोऊ ना ही तब भी ऊ अकेला नाहीं होता। जंगल हरदम जागता रहता है। ऊ कभी नाहीं सोता। हम भी आगी जलाकर बइठे रहते थे—"

"खाते क्या थे?"

"पहले तो ख़ास कुछ खाता-पीता भी नाहीं था। लेकिन जखम जब भरने लगा, तो देही खाना माँगने लागी। जंगल में आँवला, हर्रे, कंद-मूल तो मौजूद था न, सो हमरे खावे का कमी नाहीं रही। रहा पानी, वह तो हम अटाई की धारा से ही पी लेते थे। ऐसे ही एक दिन सुरुज के अंजोरे में देखा, हम निरोग हुइ गए हैं।"

"तब तुम लौट आए?"

"हाँ, डांग्दर बाबू, अपनी कोठरिया हमने खुद ही जलाय डाली। आगी देखकर, इन लोगन ने समझा कि हम मर गए। लेकिन जब हमका साच्छात देखा, तो..." कहते-कहते उसका गला रुँध आया।

नवीन विस्मय से गूँगा हो आया। ऐसे बर्फीले जाड़े में...उस निःसंग एकांत में...एक के बाद एक और दिन; फिर अगला दिन...फिर, दिन-पर-दिन...

हाँ, दवाएँ नवीन ने ही भेजी थीं। उन्हीं दवाओं से ही वह निरोग हुआ। इसके बावजूद, नवीन को यह अलौकिक करिश्मा लगा। डाल्टेनगंज में तैयार की गई सारी मलहम क्या उसने भेजी थी? रघुबर क्या उस दवा से जी उठा? या जीने की इच्छा से? ज़िंदगी समेत जीता-जागता, वह लौट कैसे आया? ज़िंदगी भी ऐसी...जिसे किसी ने कुछ नहीं दिया। यही है वह गाँव, जिसके बारे में प्रशासन एकबारगी भूल चुका है। इसके बावजूद रघुबर जी उठा? नवीन ने महसूस किया, रघुबर के माध्यम से वह विराट कुछ देख रहा है। इतना विराट, जिसके आगे उसका ज्ञान, शिक्षा-दीक्षा, व्यक्तिगत स्वार्थ-लालसा, बुद्धि—सब मिलाकर भी उसकी विराटता को नापने में अक्षम हैं। दुर्बोध आवेग से नवीन की आँखें नम हो आईं।

"सत्तू-पानी तो लै आओ, किसना की माँ, डांग्दर साब आयेन हैं।"

"अभी लाई—"

सत्तू-नमक और पानी! उस वक्त नवीन की आँखें अटाई गाँव और रघुबर को बिल्कुल नए सिरे से, नए रूप में पढ़ने में जुट गईं।

सहसा उन्हीं पलों में उसे अहसास हुआ, रघुबर वही पुराण-प्रसिद्ध इंसान है,

जिसने चंदन वन की क़ीमत न जानते हुए, समूचा वन जलाकर खाक़ कर डाला। ऐसा उसे क्यों लगता है? यहाँ जानने-समझने के लिए जाने कितना कुछ था। मगर वह कितना कुछ जाने-समझे बिना, यूँ ही रुख़्सत हो रहा है?

अपनी धीमी आवाज़ में पूछा, "तुम कौन हो, रघुबर?"

"हम? हम रघुबर खरवार हूँ, बाबू! लीजिए, सत्तू-पानी आ गवा। मुँह जुठारिये..."

मंत्रमुग्ध नवीन ने भिखारी की तरह अपनी दोनों हथेलियाँ फैला दीं।

किसना की माँ ने उसके हाथों पर सत्तू-नमक धर दिया।

नवीन ने उसे माथे से लगाया।

साक्षी रहे अटाई ताल! यह अटाई ताल साक्षी रहे! अगर वह इस दुर्लभ मुहूर्त को सँजोकर रख ले, तो वह भी कान लगाकर जल के अतल में, धरती पर बरसती हुई बारिश का झरझर स्वर सुन सकेगा, उन लोगों की भी सुन सकेगा, जिन्हें अपनी आज़ादी खोने का कोई शौक नहीं था। उसके कानों में भी उन शूरवीर योद्धा खरवारों की तलवारों की झनकार गूँज उठेगी। उन पलों में इस झुके हुए पहाड़ की छाया में, क्या भारतवर्ष का मानचित्र नज़र आएगा? सुनो, सुनो, इन पलों के गवाह लमहो, तुम रुके रहना! नवीन परसाद यह इलाका छोड़कर जाने से पहले यहाँ की माटी और यहाँ रचे-बसे इंसानों को समझने पहचानने का पहला सबक़ सीख रहा है...

डायन

भगीरथ जब निरा बच्चा था, तभी उसकी माँ, चंडी को डायन ने धर दबोचा था। उस पर जब डायन सवार हो गई, तो चंडी को सबने गाँव से बहिष्कृत कर दिया। डायन को जान से नहीं मारा जाता। अगर उसकी हत्या कर दी जाए, तो गाँव के बाल-बच्चे भी ज़िंदा नहीं रहते। अगर किसी को चुड़ैल पकड़ ले, तो उसे जलाकर मार दिया जाता है। मगर किसी को डायन पकड़ ले, तो उसे ज़िंदा बचाए रखना होता है।

इसीलिए चंडी को गाँव-निकाला दे दिया गया और रेल-लाइन के पार, उसके लिए फूँस की एक मड़इया बना दी गई।

भगीरथ अपनी दूसरी माँ की देखरेख में पलता रहा; सौतेली माँ की देखरेख में बड़ा हुआ। अपनी सगी माँ क्या होती है, भगीरथ ने कभी जाना ही नहीं। हाँ, उसने मैदान के उस पार, छातिम पेड़ के नीचे, एक मड़इया भर देखी है और सुना है, वहाँ चंडी डायन रहती है। बिल्कुल अकेली!

उसे कभी यह लगा ही नहीं कि चंडी डायन किसी की माँ भी हो सकती है। उसने तो, बस, दूर से ही देखा है, मड़इया की छाद्न पर लाल चीथड़े की एक झंडी लहराती हुई। कभी-कभार उसे लाल लुगरी में लिपटी, एक अदद काया डोलती हुई नजर आती है, जो चैत की भयंकर चिलचिलाती धूप में, पगली-सी, धान खेतों की मेंड़ों पर चलती हुई, छड़ी से टिन का डिब्बा पीटते-पीटते, कीचड़-कादे से भी ज़्यादा मटमैली तलैया की तरफ जा रही होती। पीछे-पीछे एक अदद कुत्ता!

डायन जब सड़क पर निकलती है, तो टिन पीट-पीटकर सूचना देती हुई जाती है। किसी बच्चे या जवान-जहान मर्द को देखते ही, वह अपनी नजरों से उनकी देह का बूँद-बूँद खून चूस लेती है।

इसीलिए तो डायन को नितांत अकेली रहना पड़ता है। डायन की आहट मिलते ही जवान-बूढ़े-मर्द, सबके सब रास्ता छोड़कर, इधर-उधर आड़ में छिप जाते हैं।

एक दिन! सिर्फ एक दिन भगीरथ ने अपने बप्पा, मलिन्दर को उस डायन से बातें करते हुए देखा था...

"अपनी आँख नीची कर ले, भगीरथ!" उसके बप्पा ने डपटकर, उसे हिदायत दी थी।

डायन दबे पाँव, तलैया के उस पार, किनारे पर आ खड़ी हुई।

भगीरथ एकटक देखता रहा। तलैया के पानी में झलमल करती हुई लाल-सुर्ख साड़ी! तांबई चेहरा! जटा-जूट बाल! हाँ, उसने देखा था, उस औरत की आँखों में किस क़दर भूख थी, भगीरथ को मानो निगल ही जाएगी।

नहीं, डायन, भगीरथ के चेहरे की तरफ सीधे-सीधे नहीं देख रही थी। भगीरथ जैसे तलैया के गँदले पानी में डायन की लाल छाया देख रहा था, उसी तरह डायन भी तलैया के काँपते जल में भगीरथ की परछाईं निहार रही थी। भगीरथ एकदम से सिहर उठा और उसने चट्ट् से अपनी आँखें मूँद लीं। उसने बप्पा की धोती अपनी मुट्ठी में कसकर भींच ली।

"क्यों आई है?" बप्पा ने दाँत पीसते हुए, दबी आवाज़ में पूछा।

"मोरे केस के लिए तेल नाहीं है, गंगापूत, झोपड़िया के लिए, मिट्टी का तेल भी नाहीं बचा। इकल्ले-इकल्ले मोको बड़ा डर लागत है, जी।"

डायन रो रही थी! चंडी डायन! पानी में उसकी परछाईं झलकती हुई! आँखों से टप्-टप् आँसू टपकते हुए!

"क्यों? इस शनीचर को तुझे हफ़्ते भर का डाला नहीं मिला?"

हर शनीचर के शनीचर, डोम पाड़ा का कोई बंदा, उसके लिए हफ़्ता भर का डाला धर जाता। चावल-दाल, नमक-तेल का डाला लेकर, वह तलैया तक आता और छातिम पेड़ के करीब पटक जाता।

छातिम पेड़ को वह गवाह बनाकर कहता—"डायन को हफ़्ते भर का डाला पहुँचा दिया।" और दे छूट! वह भाग खड़ा होता।

"कुक्कुर उठा लै गया...?"

"रुपैय्ये लेगी? चाहे तो रुपैय्ये ले ले।"

"मोको अपना समान कउन बेचेगा?"

"हम लाय दे बों! खरीद लइबों। चल, अभी तू फूट!"

"मोंसो अकेले-अकेले नाहीं रहा जाता, जी?"

"तो डायन क्यों हो गई? चल भाग यहाँ से!"

भगीरथ के बप्पा ने तलैया से कीचड़ का एक लोंदा उठा लिया।

"गंगापूत, यह मुनुवा क्या...?"

भगीरथ के बप्पा ने एक भद्दी-सी गाली देते हुए, कीचड़ का लोंदा उसकी तरफ दे मारा था। चंडी डायन भाग खड़ी हुई।

"बप्पा, तुम डायन से बतिया रहे थे?"

भगीरथ बेतरह डर गया। जो शख़्स, डायन से बात करे, उसकी मौत निश्चित

है। उसे लगा, अब उसका बप्पा मर जाएगा। बप्पा की मौत का ख़्याल आते ही, उसके सिर पर मानो गाज गिर पड़ी। इसमें कोई शक नहीं कि बप्पा के मरते ही, सौतेली माँ उसे खदेड़ देगी।

''सुन, मुनुवा, वह औरत आज डायन ज़रूर है, मगर वह तेरी माँ है।'' बप्पा ने अजब गहरी आवाज़ में कहा।

भगीरथ के गले में जैसे कुछ अटक गया। माँ? डायन भी भला किसी की माँ होती है? डायन तो मिट्टी खोदकर, मरे हुए बच्चे निकाल लेती है! डायन भला इंसान होती है? खोदकर निकाले हुए मुर्दा बच्चे को प्यार करती है, अपना दूध पिलाती है। डायन की नज़र पड़ जाए, तो पूरा का पूरा पेड़ तक, चरमराकर सूख जाता है। भगीरथ तो जीता-जागता इंसान है। वह डायन की कोख से कैसे पैदा हुआ? भगीरथ को कुछ भी समझ में नहीं आया।

''पहले इंसान ही थी तेरी माँ!''

''यानी तोरी बहुरिया?''

''हाँ, मेरी बीवी थी वह!''

मलिन्दर को जैसे कुछ याद आने लगा। उसने लंबी-सी उसाँस छोड़ी।

''जाने से पहले, मैं तुझे सब बता जाऊँगा, भगीरथ! तेरे लिए डरने की कोई बात नहीं।''

भगीरथ हैरान-परेशान निगाहों से अपने बप्पा का चेहरा पढ़ता रहा और मेंड़ की कच्ची पगडंडी पर चलता हुआ, आगे बढ़ता गया। मलिंदर गंगापुत्र के गले से ऐसी आवाज़ उसने पहले कभी नहीं सुनी थी। वे लोग कोई मामूली डोम नहीं थे। मरघट के डोम थे। आजकल म्युनिसिपैलिटी वाले मरघट में सिर्फ एक डोम को रहने की अनुमति देते हैं। मलिन्दर के कुनबे के लोग बांस-बेंत का काम करते, सरकारी मुर्गीखाने में काम करते, मैला फेंकते, खाद-मिट्टी तैयार करते। एकमात्र मलिन्दर के अलावा इस पूरे इलाके में किसी भी डोम को अपना नाम तक लिखना नहीं आता। इसलिए हाल ही में मलिन्दर को महकमे के लाशघर में नौकरी मिल गई।

सरकारी नौकरी! मलिन्दर गंगापुत्र के नाम से सिर्फ दस्तख़त करके, पूरे बयालिस रुपए तनखाह वसूलने का काम! भगीरथ को पता है, उसका बप्पा, कभी-कभार एकाध लावारिस लाश ले आता है। चूना और ब्लीचिंग पाउडर में सड़ाकर, लाश में से हड्डियों का कंकाल निकालता है। हड्डियाँ! अगर इंसान की लाश में से हड्डियों का पूरा ढाँचा या खोपड़ी या सिर्फ पसलियाँ भर भी, हाथ लग जाएँ, तो अच्छा-ख़ासा मुनाफा हो जाता है।

सरकार बाबू कलकत्ता के भावी डॉक्टरों से खोपड़ी-हड्डी-कंकाल का सौदा करते और मोटे मुनाफे पर बेच देते थे। बप्पा को दस-पंद्रह रुपए या जो भी थमा देते, बप्पा महाखुश्श! ऊपरी आमदनी के रुपए सूद पर चढ़ाकर बप्पा ने अब तक

कई सूअर भी ख़रीद लिए थे।

मलिन्दर बदन पर वर्दी डाटे, पैरों में जूते डाले, महकमा आता-जाता। मुहल्ले में भी ख़ासा सम्मानित बंदा!

वही मलिन्दर काफी देर तक लाल-लाल आँखों से चंडी डायन की झोंपड़ी पर फैले, गेरुआ आकाश के माथे पर सिंदूर की टिकुली की तरह, लाल लुगरी की झंडी की तरफ अपलक देखता रहा।

उसने बुदबुदाकर कहा, "अँधियारे में डरपत है बेचारी! जो औरत अँधियारे से खौफ़ खाती थी, उसे ही विधाता ने डायन बना दिया? अब तो उसे मौत ही आ जाए, तभी उसे शांति मिलेगी। लेकिन, वह ठहरी डायन! डायन जब तक खुद अपना परान न छोड़े, दूसरा कोई उसकी जान नहीं ले सकता। समझे, मुनुवा?"

बेहद दुःखी न हो, तो मलिन्दर इतनी सारी बातें नहीं करता।

"मानस को डायन कौन बनाता है, बप्पा?"

"विधाता!"

मलिन्दर ने गौर से देखा। दोपहर की धूप में भगीरथ के आस-पास कोई डायन तो नहीं चल रही? डायन हाट-बाज़ारों के फूल, गुलाब, माखनवाला की तरह, किस्म-किस्म की छल-कला जानती है। फर्ज़ करें, डायन अगर किसी नन्हे-मासूम बच्चे को लूट ले जाना चाहती हो, तो वह बच्चा जब तक चलता है, तो चारों तरफ चिलचिलाती धूप के बावजूद, उसके चेहरे पर एक छाया उतर आती है। खुद अदृश्य रहकर, डायन अपने आँचल तले, बच्चे को छिपा लेती है और चुटकियों में बुटकारी मारकर लूट ले जाती है।

बच्चे की मौत पर अगर कोई डायन के सिर दोष मढ़ता है, तो वह मुस्कराहट ओढ़कर जवाब देगी, "मोको का पता? धूप आग बरसाय रही थी, यह देखकर बच्चे को ज़रा ओट दै दिया। तोरा बेटा का मक्खन का डली था? चट से पिघल गवा? जान से चला गवा?"

भगीरथ के इर्द-गिर्द किसी बदबूदार लाल रंग की छाया न देखकर, मलिन्दर ने राहत की साँस ली।

"तुझे किस बात का डर, बेटू? वह तेरा कोई नुकसान नहीं करेगी।" मलिन्दर ने कहा।

लेकिन भगीरथ को भरोसा नहीं हुआ।

हाँ, वह जगह उसके ख़्यालों में ज़रूर बस गई थी। जब वह धान के खेतों से गुज़र रहा होता या गायें चरा रहा होता, तो उसका मन होता कि वह दौड़कर रेल लाइन के पार पहुँच जाए। ज़रा देखे तो सही, अकेले रहते-रहते डायन कितनी भयभीत होती है। अपने सिर पर तेल थोपकर, चैत के वातास में डायन अपने बाल कैसे सुखाती है, यह देखने का भी उसे बेहद चाव था।

लेकिन उस तरफ जाने की भगीरथ की कभी हिम्मत नहीं पड़ी। उसे बड़ा डर लगता था।

उसे यह खौफ होता था कि वहाँ जाकर, अगर वह वापस न लौटा, तो? डायन अगर उसे वहीं पेड़ बनाकर रख ले या पत्थर में बदल दे, तो?

भगीरथ की निगाहें कई दिनों तक उसी तरफ भटकती रहीं।

छातिम गाछ और मड़इया के बीचोंबीच का आसमान, उसे किसी के माथे जैसा नज़र आता था। उस माथे पर सेंदुर की नन्ही-सी बिंदी की तरह लाल चीथड़े की झंडी, कभी बिल्कुल स्थिर होती और कभी लहराती रहती। उसका मन होता, वह एकबारगी दौड़कर वहाँ पहुँच जाए। कहीं वह सच ही उस तरफ न दौड़ पड़े, इस डर से वह उल्टी तरफ दौड़ पड़ता और अपने घर पहुँच जाता।

हैरत है! वह डायन का बेटा है, फिर भी कोई उसकी बेइज़्ज़ती या अवहेलना नहीं करता। डायन के बेटे की खातिर-तवज्जोह करते रहें तो डायन को भी इसकी ख़बर हो जाती है। वह भी ज़्यादा मुरौव्वत बरतती है और उस घर-जन के बच्चे ठीक-ठाक रहते हैं। जो डायन के बच्चे को दुरदुराता है, उसके घर के बच्चे भी पटापट मरते रहते हैं।

भगीरथ की नई माँ भी उससे कुछ नहीं कहती। सौतिन के बेटे से उसे राग है या विराग, दुश्मनी है या प्यार, यह बात भी उसने कभी, किसी दिन जाहिर नहीं की। इसकी खास वजह तो यह है कि उसका अपना कोई बेटा नहीं था। गैरवी और सैरभी—दो-दो बेटियाँ! बेटा न हो, तो शौहर पर भी ज़ोर नहीं रहता। इसके अलावा नई माँ होंठकट्टी है, मसूड़े बाहर निकले हुए! वह तो घर से बाहर क़दम ही नहीं रखना चाहती।

"कउन सूरत दिखाने जाएँ, भइया? होंठवा के दोनों फोकर तो नहीं होते। बिना हँसे ही अइसन लागत है, मानो कोई खानगी हँस्स रही है। देखो, गंगापूत, मोरे मरने पर, मोरा मुँह गमछा से ढाँप देना। याद रहेगा न? नाहीं तो लोग कहेंगे, दंतुली डोमिन जाए रही है।"

जश्शी सिर्फ घर के कामों में जुटी रहती थी। घर लीपना, भात राँधना, लकड़ी बटोरना, गोबर पाथना, सूअर खदेड़ना, बेटियों के सिर से जुएँ बीनना, इन्हीं सबमें, वह अपना सारा वक्त गुज़ार देती। भगीरथ को 'मुनुवा' बुलाती थी।

"खावे आय जाओ, मुनुवा!", "नहा-धो लो, मुनुवा!"

मानो उन दोनों में कोई खानदानी नाता हो। जश्शी जानती थी कि अगर डायन के बेटे का सुहाग-जतन नहीं किया, तो डायन शायद उसकी दोनों बेटियों पर बान चलाकर, उनकी जान ले लेगी। उसे यह भी पता था कि किसी दिन उसे भगीरथ के ही दिए हुए खाना-खर्ची पर निर्भर रहना होगा।

कभी-कभी तो वह होंठकट्टी, गाल पर हाथ धरे सहमी-सिकुड़ी-सी बैठी रहती।

गुमसुम! ऐसी भद्दर दुपहरिया में, जाने वह डायन, उसकी दोनों बेटियों पर निशाना लगाकर, मिट्टी का पुतला ही न गढ़ रही हो? कहीं बान तो नहीं गाड़ रही है? सूरत-शक्ल से वह जितनी बदसूरत थी, इस तरह के सोच में डूबी-डूबी, वह उससे भी ज़्यादा बदसूरत नज़र आती। मलिन्दर दिल मसोसकर, बेहद दुःख से डोम मुहाल की सबसे बदसूरत औरत को ब्याह लाया था। एक नहीं, कई-कई गाँवों के डोम मुहाल की सबसे खूबसूरत लड़की, जिस दिन डायन बन गई, उस दिन से मलिन्दर को खूबसूरत औरतें फूटी आँख नहीं सुहातीं।

सुनने में आया, मलिन्दर अपनी पहली बहुरिया को जान से बढ़कर प्यार करता था।

शायद उसी प्यार को याद करते हुए मलिन्दर ने एक दिन भगीरथ को चंडी डायन का किस्सा सुना डाला।

दोनों बाप-बेटे रेल लाइन के किनारे-किनारे चलते जा रहे थे। मलिन्दर के हाथ में गोश्त की पोटली थी। मलिन्दर में यही एक विचित्र कमज़ोरी थी। अपने हाथों पाले-पोसे सूअरों को उससे खुद नहीं काटा जाता। वह सूअरों को पाल-पोसकर बड़ा करता था। उसके बाद, अगर उन्हें काटने की ज़रूरत पड़ी, तो वह पूरा का पूरा सूअर किसी के हाथ बेच देता था। जो ख़रीदता, वही उसे थोड़ा-बहुत गोश्त थमा देता था।

"चल, ज़रा देर गाछ की छाया में बैठ जाएँ—"

मानो वह अपने तेरह वर्षीय बेटे से अनुमति माँग रहा हो। वह बरगद की जड़ से पीठ टिकाकर बैठ गया।

भगीरथ ने पूछा, "यहाँ से डाकू लोग आते-जाते हैं न, बप्पा?"

भगीरथ यहाँ के प्राइमरी स्कूल में पढ़ने जाने लगा था। इस सरकारी स्कूल की दीवार पर उसके माट'साब ने ही बच्चों के हाथों एक 'दीवार-पत्रिका' लिखाई थी। पत्रिका हर्फ़-हर्फ़ वे खुद ही लिख लाए थे। भगीरथ ने उन पर स्याही फेरी थी। वह पत्रिका पढ़कर ही उसे पता चला था कि सन् 1955 से 'अछूत क़ानून' बनने के बाद, वे अछूत नहीं रहे।

उसे पता चला, भारतीय संविधान नामक कोई चीज देश में मौजूद है। उसमें बिल्कुल शुरू में ही एक अदद मौलिक अधिकार का ज़िक्र बिल्कुल साफ-साफ किया गया है, जिसके मुताबिक, कहते हैं कि वे सब लोग बराबर हैं।

वह 'दीवार-पत्रिका' अभी भी वहीं टँगी हुई है, मगर भगीरथ जैसे बच्चे बखूबी जान चुके हैं कि उनके सहपाठी या माट'साब लोग, उस जैसे बच्चों से ज़रा दूर-दूर रहना ही पसंद करते हैं। वैसे भी ऐसे बच्चे, जो निहायत गरीब या लाचार नहीं हैं, इस स्कूल में हरगिज नहीं आते। क्यों आएँ भला? अब तो चारों तरफ स्कूल ही स्कूल की भरमार है।

बहरहाल, भगीरथ इन दिनों ज़रा अलग-अलग जुबान में बात करता है। उसकी बातें मलिन्दर को बेहद भली लगती हैं। भगीरथ के करीब बैठकर, उसने अक्सर ही महसूस किया है कि वह बेहद नाकाबिल बाप है।

भगीरथ ने डाकुओं के बारे में दरयाफ़्त किया था।

इन दिनों सोमाडांगा, पलाशी, धुधुलिया वगैरह में जगह-जगह शाम की ट्रेनों में डकैतियाँ काफी बढ़ गई हैं। सच पूछें, तो यहाँ हर कोई डकैती का धंधा करता है। शरीफ लोग, गरीब छात्र, कॉलोनी के बाशिन्दे पक्के मकान के मालिक, बाहरवालों को अपने बारे में तरह-तरह का परिचय देते हैं। रेल के डिब्बे में घुस जाते हैं। उसके बाद मौका देखकर चेन खींच देते हैं और अँधेरे बियाबान मैदान में ट्रेन खड़ी कर देते हैं। उनके साथी-संघाती लोग रात के अँधेरे में आते हैं। उसके बाद, सब मिलकर, जिसके हाथ, जो लगता है, समेट लेते हैं, मारते-पीटते हैं और सारा माल-मत्ता लेकर चंपत हो जाते हैं। खासकर वह बरगद का पेड़, शाम के बाद ख़ासा भयावह नजर आता है।

इसीलिए भगीरथ ने डाकुओं के बारे में सवाल किया था।

मलिन्दर पर उसके सवाल का ख़ास असर नहीं पड़ा। बियाबान मैदान को निरखते हुए, उसकी भटकती हुई निगाहें आसमान-मैदान में जाने क्या तो खोजती फिरीं।

थोड़ा ठहरकर उसने कहा, "पहले मैं बड़ा निरमोही-निरदय था रे, बाप! तेरी माँ थी धान-पान, लहर-लहर लहराती चाँदनी! लेकिन...विधाता का इंसाफ़!"

मानो भगवान खुद एक दिन डोम मुहाल में प्रकट हुए और पासा पलट गए।

चंडी बन गई डा-य-न! निष्ठुर-निर्मम, शिशुहंता! और मलिन्दर हो गया धान-पान! ख़ैर, यह तो होना ही था।

अगर कोई जीता-जागता मनुष्य, अमानुष बन जाए, इंसान की पहुँच से बाहर, किसी अलौकिक जगत के अदृश्य दरवाजे खोलकर, अंदर समा जाए, तो दूसरे को तो इंसान बने रहना होगा।

उस पल भगीरथ को लगा, उसका बप्पा, उससे कुछ कहना चाहता है। भगीरथ को थोड़ा ताज्जुब भी हुआ। सिर्फ एक दिन बप्पा ने डायन से बातचीत की थी, बस्स! फिर कभी उससे बतियाने नहीं गया। अचानक आज फिर डायन का जिक्र क्यों?

मलिन्दर ने भगीरथ का हाथ कसकर पकड़ लिया।

"डरता क्यों है? समूचा गाँव जानता है और तू...उसी माँ का बेटा! भला तू अपनी माँ का दुखवा नहीं जानेगा?"

...वे लोग ठहरे गंगापुत्र! पेशे से डोम! मलिन्दर बाँस ढोता, काठ चीरता और चंडी का पेशा था, कच्ची मौत के शिकार बच्चों को कब्र देना!

...यह उसका वंशगत उत्तराधिकार था। इसी गाँव के उत्तर में नहर किनारे, बरगद गाछ तले। कच्ची उम्र के मृत बच्चों की कब्रगाह थी। पाँच साल से कम उम्र के बच्चों को आजकल जलाने का रिवाज है, लेकिन उन दिनों उन्हें गाड़ा जाता था। चंडी का बापू इस कब्रिस्तान में कुदाल से गड्ढा खोदता। कँटीले झोंप-झाड़ से गड्ढे को ढँक देता और सियारों को खदेड़ता रहता था। हइ...हइ...हइया...! उसके पियक्कड़ गले से निकली खौफनाक आवाज़ें, रात-बिरात हरदम ही सुनाई देती थीं।

...चंडी का बापू सिर्फ दारू और गाँजा पीता था और हर शनिवार हाथ में डाला थामे, गाँव भर का चक्कर लगाता था।

"हम आप सबके सेवक...चाकर हैं। ग्रामवालो, हम हैं गंगापूत! हमारा डाला भर दें, बाल-बच्चे वालो...?" वह आवाज़ लगाता था।

उससे सभी डरते थे। उसकी निगाहों से नन्हे बच्चों को हटाये रखते थे। अपनी जुबान से एक भी शब्द निकाले बिना, लोग उसके डाले में भीख डालते और उल्टे पाँव लौट जाते।

एक दिन उसकी जगह, कँटीली आँखों और ललछौहीं, बालोंवाली एक बच्ची आ खड़ी हुई।

"हम चंडी हूँ। फलाने गंगापूत की बेटी! हमार बाप मरि गेलो। बापू का डाला, अब हमका दिया जावे..."

"अपने बाप का धंधा, अब तू चलावेगी?"

"हाँ, हम चलइबों!"

"तुझे डर नहीं लगता?"

"मोको डर-भय नाहीं है—"

डर-भय की बात, चंडी को सचमुच समझ में नहीं आती थी। बेटा-बेटी मरते हैं, तो उसके माँ-बाप रोते थे। उस विलाप का मतलब भी वह समझती थी। लेकिन लाश को भला कोई अपने घर में सँजोये रखता है या रख सकता है? उसका संस्कार करना तो चंडी का काम था यानी उसकी जीविका थी। इसमें डर या निठुराई की भला क्या बात है? और अगर ऐसी कोई बात हो भी, तो उसे विधाता का नियम ही तो कहा जाएगा? ये नियम-कानून गंगापूतों ने तो बनाए नहीं, फिर लोग उनसे इतनी नफरत क्यों करते हैं? उनसे इतना डरते क्यों हैं?

...इसी चंडी को मलिन्दर ब्याह लाया। उन दिनों भी वह सरकार बाबू के साथ हड्डियाँ बेचने का कारोबार किया करता था। वैसे गायों का भी क़ब्रिस्तान मौजूद है। वहाँ से भी बटोरी गई हड्डियों की भी क़ीमत होती है। उनसे खाद बनाई जाती है। मलिन्दर के हाथों में पैसा था, सीने में हिम्मत! बियाबान रातों में घर लौटते हुए, वह निर्जन मैदानों में हाँक लगाता—किस्सी से नाहीं डराऊँ! हम अंगारे चुन-चुन खाऊँ! किस्सी से नाहीं डराऊँ।

...संझा बिरिया! हाथ में लालटेन लिए, चंडी को अकेली-अकेली बरगद तले घूमते-फिरते देखकर, उसने दरयाफ़्त किया, "ए हो जी, तुम्हें अँधेरे से डर नहीं लगता?"

"न्ना! हम अंगारा चुन-चुन खाऊँ! कुछ पता भी है तुम्हें?"

चंडी की हँसी देखकर मलिन्दर ताज्जुब में पड़ गया था। उसी बैशाख के महीने में वह चंडी को ब्याह लाया। अगली बैशाख तक चंडी की गोद में भगीरथ आ गया।

...ऐसे ही एक दिन, गोद में भगीरथ को लिए-दिए, चंडी रोते-रोते वापस लौट आई।

"मोका ऊ लोग ढेला मारिन हैं, गंगापूत! कहत हैं, मोरी नज़र बुरी है।"

"किसने मारा ढेला?"

"एल्लो! अब का तुम ओका मारन जावोगे?"

"ढेला क्यों मारा?"

...मलिन्दर आँगन में बाँस गाड़ रहा था।

चंडी की बात सुनकर भयंकर गुस्से से काँपता हुआ, वह करीब-करीब तांडव-नृत्य पर उतर आया।

"मेरी बहुरिया को ढेला मारे, कउन ससुरे की हिम्मत? किसकी शामत आई है?" मलिन्दर गाली-गलौज पर उतर आया।

...चंडी वहीं बैठी-बैठी, काफी देर तक उसे अपलक निहारती रही।

"मोरी भी इच्छा नाहीं है, गंगापूत कि हाथ में कुदाल थामें। ई काम हम अपनी खुस्सी से नाहीं करतीं। लेकिन हम भी का करूँ? विधाता यही चाहत है कि ई काम मोसे कराए। एम्मे हमार का कसूर? बोलो–"

चंडी अचरज से सिर हिलाती रही और बड़े गौर से अपने हाथ-पाँव भी निरखती-परखती रही। उसके कुनबे में अगर कोई भाई या काका या दादा होता, तो खानदानी कारोबार वही चलाता। लेकिन, उसके कुनबे में कहीं कोई नहीं था। वे लोग उसी आदिम युग से मरघट के दास रहते आए थे, जब राजा हरिश्चन्द्र, चांडाल बनाए गए थे। उस ज़माने में चंडी के पुरखों ने ही उन्हें यह काम सिखाया था। हरिश्चन्द्र जब दुबारा राजा बने, तब वे अपनी ससागरा पृथ्वी, उदार हाथों से दान करने लगे।

..."हम लोगन के लिए का बन्दोबस्त किया, राजा?" उस गंगापुत्र ने भरी राजसभा में चीखकर सवाल किया।

असल में उन लोगों के कानों में रावण की चिता आज भी साँय-साँय सरसराती रहती थी, इसलिए वे लोग हर बात चीखकर करते थे। धीमी आवाज़ उन्हें सुनाई नहीं देती थी।

"कैसा बन्दोबस्त?"

"बाम्हन लोग गाय-भैंस वसूलेंगे, सन्नासी-फकीर रोज-रोज की भिच्छा पर गुजारा

करेंगे। हम्मन के लिए का इंतज़ाम किया? हम्मन को का दिया?''

''दुनिया भर के श्मशान तुम लोगो को दिया–''

''क्या दिया?''

''ससागरा पृथ्वी के तमाम मरघट तुम लोगों को दिया।''

''सचमुच दिया?''

''दिया! दिया!! दिया!!!''

उस वक्त, आदि गंगापुत्र अपनी दोनों बाँहें उठाकर नाच उठा।

अगले ही पल उसने उल्लसित आवाज़ में कहा, ''देखो, देखो, सा-रे मरघट, सचमुच हम्मन के नाम! सारे मरघट हमारे हुए।''

उसी पूर्व-पुरुष की वंशज होकर, चंडी अपने खानदानी पेशे पर भला कैसे लात मारे? अब इस बात का क्या भरोसा कि अगर यह काम वह त्याग दे, तो देवता लोग कुपित नहीं होंगे? हालाँकि अब यह काम करते हुए चंडी को बेहद डर लगता है। कुदाल से गड्ढा खोदने के बाद, वह अपना मुँह दूसरी तरफ फेर लेती। गड्ढे को कुछेक झोंप-झाड़ से ढाँककर भी उसकी दहशत नहीं मिटती थी। उसे हमेशा यह अंदेशा लगा रहता कि किसी भी वक्त, कोई सियार मुँह में जलती हुई लुकाठी लिए, बरगद जैसे बड़े-बड़े पंजों से मिट्टी खोदना शुरू कर देगा।

...भगवान! भगवान!! भगवान!...चंडी दबी-दबी आवाज़ में रो पड़ती। एक ही छलाँग में वह अपने घर लौट आती। अपनी कोठरी में दीया जलाकर, देर-देर तक बैठी रहती और भगीरथ का मुखड़ा निहारती हुई भगवान से प्रार्थना दुहराती रहती कि गाँव का हर बच्चा अखंड परमायु लेकर ज़िंदा रहे, क्योंकि उसमें पहले जो कमज़ोरी नहीं थी, अब वही कमज़ोरी हमेशा के लिए उसके दिल में पैठ चुकी है।

भगीरथ के ख़्याल के साथ-साथ अब उसे हर बच्चे के लिए तकलीफ होने लगी है। बहुत तकलीफ! अगर कभी बरगद तले उसे ज़्यादा देर तक रुकना पड़ता, तो उसकी छाती दूध के भार से टीस उठती। वह सिर झुकाए-झुकाए गड्ढा खोदती और मन ही मन अपने बापू को दोष देती रहती। बेटी को ऐसे निर्मम काम की सौगन्ध आखिर क्यों दिलाई गई?

...''आप लोगन अब कोई और बंदा खोज लें। मेरा मन नाहीं जमता, ई काम में!''

हाँ, यह बात कभी चंडी ने ही कही थी। लेकिन उसकी इस बात पर किसी ने कान ही नहीं दिया। मलिन्दर को तो उसकी बातें ख़ास समझ में ही नहीं आतीं, क्योंकि और लोग जिसे देखकर खौफ खाते हैं, घृणा करते हैं, वही अपवित्र लाश, हड्डी, चमड़ी तो उसकी भी रोज़ी-रोटी थी।

चंडी की बहकी-बहकी बातें सुनकर, वह तो बस, यही कहकर टाल देता था,

"धुस्स! झूठमूठ का डर पाले हुए है।"

चंडी अगर ज़्यादा रोना-धोना मचाती, तो वह उसे समझाने के अंदाज़ में पूछता, "तुमरे बस में और कुछ है भी तो नाहीं। दूसरा कउन आवेगा।"

...उन्हीं दिनों यह हादसा हो गया!

मलिन्दर की कोई दूर की रिश्तेदार बहन हवा-पानी बदलने के लिए उसके गाँव आई। एकाध दिन में ही उसकी बेटी, चंडी की दुलारी बन गई। उसी साल गाँव में चेचक का भयंकर प्रकोप फैला। औरतें, चेचक का टीका लेने के बजाय, शीतला-थान पहुँच गईं। चंडी ने भी ननद की बेटी को गोद में उठाया और ननद को साथ लेकर शीतला-थान में पूजा देने गई। रेल लाइन के किनारे, जिन दिनों बिहारी कुली-मजदूर काम कर रहे थे, वे लोग वहाँ शीतला-थान भी स्थापित कर गए थे। अब वहाँ एक अदद बिहारी पुरोहित हर वक्त मौजूद रहता था।

लेकिन हैरत है! कुछ ही दिनों में उस लड़की को माता निकली और उसे लूट ले गई। खैर, चंडी के घर में तो नहीं, लेकिन दूसरी-दूसरी जगहों पर उस बच्ची के माँ-बाप, बुआ-कक्का, सबके सब यही कहते फिरे कि चंडी ने इनकी बेटी की जान ली।

"मैंने?"

"हाँ, हाँ, तुमने?"

"नाहीं, जी, नाहीं! हम नाहीं!" चंडी ने अपनी बिरादरी के औरत-मर्दों की तरफ प्रार्थना भरी नज़रों से देखते हुए गुहार लगाई।

"हाँ, हाँ, तुमने!"

"कब्भी भी नाहीं!" चंडी नागिन की तरह फूत्कार उठी, "हमरे हाथ से काहू का भी नुकसान नाहीं हो सकता। पता है, हम कउन वंश के हैं?"

भय और कुसंस्कार से अंधी बिरादरी की सहमी हुई निगाहें एकबारगी झुक गई थीं। लोगों में खुसुर-फुसुर शुरू हो गई।

किसी ने उससे जवाब तलब किया, "टुकनी को मिट्टी में दबाते बखत, तोरी छाती से दूध काहे टपक रहा था?"

"हाय मोरे राम! कइसी बुद्धू है बिरादरी!"

चंडी कुछेक पल वितृष्णा और विस्मित निगाहों से बिरादरी के लोगों को घूरती रही।

अगले ही पल, वह दहाड़ उठी, "तो ठीक है। पित्ती-पुरुष का शाप मोहे लगे, तो लगे। मोको कोई डर नाहीं! ई काम आज से हमने छोड़ा!"

"तू काम छोड़ देगी?"

"हाँ, हाँ, छोड़ा! ज्जा, बड़े आए वीर पुरुष कहीं के! जा, पहरा दे जाकर! हमार मन तो बहुत दिनों से ई काम से उचाट था। गंगापूत को गवरमिंट की सरकारी नौकरी मिल जावेगी। हमको का पड़ा है कि हम ई काम में अपने को झोंकें?"

बिरादरी के लोग गूँगे हो आए।

चंडी दनदनाती हुई घर के अंदर चली आई।

उसने मलिन्दर से पूछा, "सुनो जी, जहाँ तुम काम करत हो, ऊँहा का रहे को घर नाहीं मिलेगा? चलो, वहीं चलें। ऊ लोग हमका का बोले, पता है?"

चंडी से मज़ाकिया लहजे में छेड़छाड़ करके, माहौल को हल्का करने की ग़रज़ से मलिन्दर ने अपनी आदत के मुताबिक, ज़ोर का ठहाका लगाते हुए कहा, "का बोले ऊ लोग? तू डायन बन गई है?"

लेकिन अचानक उसने अपना ठहाका बीच में ही दबा लिया। यह उसके मुँह से क्या निकल गया? मलिन्दर की जुबान से ऐसी भयंकर बात निकली कैसे?

चंडी को तो कँपकँपी छूट गई! उसने घबराकर बाँस की खूँटी पकड़ ली।

मारे उत्तेजना, दुःख और गुस्से से वह चौगुनी ऊँची आवाज़ में दहाड़ उठी, "घर में बंसधर के रहते, किसकी हिम्मत, जो ई बात जुबान पर लाए? हम डायन हूँ? हम अपना सगा बच्चा फेंककर, मरे बच्चे को दूध पियावत हूँ? बच्चे की लहास को दुलारत हूँ! हम डायन हूँ?"

"चुप कर!" मलिन्दर ने उसे डपटकर खामोश कर दिया।

...भद्दर दोपहरी का वक्त! इस वक्त इन्सान की जुबान से निकले कुबोल-दुःसंवाद, चारों तरफ हवा की तरह फैल जाते हैं। इस वेला, सिर में तेल न हो और पेट में भात न हो, तो दिल में भयंकर प्रतिशोध, गुस्सा, आक्रोश सहज ही बसेरा कर लेता है। मलिन्दर को अपनी बिरादरी के लोगों का स्वभाव-चरित्र बखूबी मालूम था।

"हम डायन नाहीं हूँ, जी! डायन नाहीं हूँ।"

...चंडी की मर्मभेदी चीत्कार, गिद्ध-चील झपट ले गए और हवाओं को सौंप आए। पलक झपकते ही हवाएँ उसकी रुलाई की खबर, ईशान कोण से लेकर, आग बरसाते हुए, आसमान के हर ओने-कोने को सौंप आईं।

...बस, एक बार...सिर्फ एक बार चंडी खुलकर रो पड़ी। उसके बाद, बिल्कुल चुप मार गई। इससे आगे, अपनी जुबान से उसने कभी एक लफ़्ज भी नहीं कहा।

हाँ, उसने मलिन्दर से यह इसरार ज़रूर किया, "चलो जी, हम लोग कहीं और चले जावें।"

"कहाँ जाएगी?"

"कहीं भाग चलें।"

"कहाँ?"

"पता नहीं—"

...चंडी भगीरथ को गोद में लेकर मलिन्दर के करीब आ बैठी, ''आओ जी, तनिक नजदीक सरक आओ। तोरी छाती पर हम माथा रख लें। ...मोका बड़ा डर लागत है, जी! पुरखों का काम अब ना करिहौं, ई बात हम बोल तो आयेन, मगर अब बड़ा खौफ़ हुई रहा है। इत्ते दिन हम तनिकौ नाहीं डरायी, लेकिन अब बड़ा डर लग रहा है। लग रहा है, अब हम तुमका ना देख पइहौं, भगीरथ भी अब मोरी नजर से ओझल हुई जइहै। हे भगमान...''

ये सब बताते हुए मलिन्दर ने अपनी आँखें पोंछीं।

थोड़ा ठहरकर उसने फिर कहा, ''अब तो वो सब बातें याद भी नहीं हैं, मुनुवा! लेकिन उस दिन साच्छात भगवान ही उसकी जुबान पर विराज रहा था। तभी उसने यह सब कहा था, समझे?''

''उसके बाद क्या हुआ?''

...उसके बाद चंडी कुछ दिनों अपने में गुम हो रही। उन दिनों उसने कामधाम करना भी कम कर दिया था। थोड़ा-बहुत काम निपटाकर, भगीरथ को गोद में टाँगकर वह गुम-सुम सी बैठी रहती। कोठरी में खूब धूप-धूना जलाती, दीया-बाती करती और बीच-बीच में कान लगाकर, जाने कैसी आहट लिया करती।

...इसी तरह लगातार दो महीने ख़ासे इत्मीनान से गुजर गए। चंडी को कोई बुलाने भी नहीं आया और उसकी ज़रूरत भी नहीं पड़ी। ये कुछ दिन दोनों प्राणी के लिए भी काफी सुख-चैन के थे। चंडी भी काफी शांत हो आई।

...उसने कहा भी था, ''ई कच्चे-बच्चों के लिए कोई दूसरा बंदोबस्त होना चाहिए, जी! ई बंदोबस्त बहुत बुरा है।''

''होगा! नया बंदोबस्त भी हो जाएगा। देखा नहीं, जगह-जगह नया बंदोबस्त शुरू हो गया है।''

...कभी-कभी चंडी खुद ही बताती, ''भला किया कि बुरा...ई कउन बतावेगा, गंगापूत? लेकिन मोरा मन का कहत है, पता है? जब रात होत है न, मोरे बप्पा जइसे मोका हाँक लगावत हैं।''

''तूने सुना?''

''नहीं, मोरा दिल कहत है, जइसे कोई हई-हइया की हाँक लगाय रहा है। सियारन को खदेड़ने के लिए, कहीं बप्पा ही तो नाहीं आवत हैं?''

''चुपाय जा, चंडी!''

मलिन्दर बुरी तरह सहम जाता। बीच-बीच में उसे खुद भी भरम होता रहा। चंडी सचमुच डायन होती जा रही है। किसी-किसी रात चंडी खुद भी चौंक जाती। उनके कानों में बरगद तले, किसी की रुलाई की आवाजें सुनाई देतीं। मुमकिन है, बिरादरीवालों की बात सच हो, वह घबराकर सोचती। इस तरह गाँव में पड़े रहने से कहीं बेहतर है, शहर में जा बसें।

वैसे भी समाज चंडी को नहीं भूला। चंडी पर उसने कड़ी नज़र रखी। यह अलग बात है कि चंडी को इसका अहसास नहीं था। दरअसल बिरादरी जब चाहे, अपने लक्ष्य पर सीधे-सीधे नज़र रखती है और जब न चाहे, तब आड़ में छिपकर निगरानी करती है। बिरादरी के लिए कुछ भी नामुमकिन नहीं।

...इसीलिए आँधी-तूफान की उस रात, जब मलिन्दर दारू के नशे में टुन्न होकर, बेहोशी की नींद सोया हुआ था, उसके आँगन में गाँववालों की भीड़ उमड़ आई थी।

...चंडी के किसी दूर के रिश्ते के मौसा, केतन ने ही उसे झकझोर कर जगाया, "तेरी बीवी डायन है या नहीं, चल, अपनी आँखों से देख ले।"

मलिन्दर नींद-जगी आँखों से कुछेक पल भीड़ की तरफ हकबकाया-सा देखता रहा।

"देख ले, स्साले, चलकर अपनी आँखों से देख। घर में डायन पोसकर, इत्ते दिनों से गाँव के लड़कल-बच्चन को खल्लास कराता रहा।"

मलिन्दर उनके साथ वह नजारा देखने चल पड़ा, जो वे लोग दिखाना चाहते थे।

...उसने देखा, बरगद तले मशाल जल रही थी। लालटेन भी! समाज के मर्दों की विशाल भीड़! टोली में शामिल सब लोग चुपचाप! किसी के मुँह में जुबान नहीं थी।

"चंडी रेऽऽऽ...!"

...मलिन्दर का आर्तनाद गूँज उठा। किसी ने शून्य में ही छुरी से उसके टुकड़े-टुकड़े कर डाले। सभी लोग स्तब्ध! सभी तमाशबीन! देखें, ये दोनों क्या करते हैं?

...चंडी!

चंडी खड़ी थी। हाथ में दाँव! बगल में लालटेन! पेड़ की एक कटी डाल पीछे से सिर उठाए हुए!

"डाल-झोंप बटोरकर हम गड्ढा ढाँप रही हूँ, जी!"

"क्यों? क्यों? तू उठकर यहाँ क्यों चली आई?"

"सियारन का झुंड 'हुंआ-हुंआ' चिल्लाय रहा था, जी! जैसे ही उनका हल्ला थमा, मोरे मन ने कहा कि ऊ सब गड्ढों की माटी विदोर रहे हैं। लहास निकालने को मुँह मार रहे हैं।"

"तू...डा-य-न है।"

गाँववालों ने मंत्रध्वनि की तरह, डरी-सहमी आवाज में वही-वही शब्द दुहराया।

"किस्सी ने पौरा नाहीं दिया—"

"तू...डायन है।"

"ई मोर खानदानी काम है, गंगापूत! लोगन को भला का मालूम?"

"तू...डायन है!"

"ना, जी हम डायन नाहीं हूँ। मोरी गोदी में तो मोरा दुधमुँहा मुनुवा है। मोरी छाती, दूध से फटी जात है! डायन हम नाहीं हूँ। गंगापूत, तू बोल न, तू तो सब जानत है—"

...मलिन्दर मंत्रमुग्ध निगाहों से लालटेन की रोशनी में, बरसात के पानी में लिपटे, उसके वक्ष पर पड़े आँचल को घूर रहा था—"ओ मलिन्दर, तू तो साँपों से खेलता है; अंगारों में हाथ डालता है, मगर इस वक्त तू मत जा। कितने प्यार की सादी है तुम दोनों की। कितने प्यार से घर बसाया था, तुम दोनों ने! इस वक्त अगर तू आगे बढ़ा, तो महा सर्वनाश हो जाएगा, रे!"

लेकिन मलिन्दर उसके करीब जा पहुँचा।

वह लाल-लाल आँखों से चंडी को सिर से पाँव तक घूरता रहा।

अगले ही पल, बह जानवर-सा चीख उठा, "ओ, तू...तू...! तू डा-य-न है, डायन! बरगद तले तू किसको दूध पिला रही थी, रे? बे-श-क! तू डायन है, डायन!"

"हे मोरे राम! गंगापूत...?"

छाती चीर जानेवाली चंडी की भयंकर रुलाई, मिट्‌टी तले दबे शिशुओं को, चंडी के बापू की अशांत आत्मा को और आदिम पुरुष के उस आदि डोम तक को आतंकित कर गई। मनुष्य की दुनिया से अमानुष का, अतिलौकिक लोक में निर्वासन के वक्त, इंसान की आत्मा, शायद इसी तरह ढाढ़े मार-मारकर विलाप करती है, इसी तरह आकाश-धरती-पाताल कँपाती हुई रोती है।

...मलिन्दर अपने घर की तरफ दौड़ गया और पलक झपकते ही अपने ससुर की शनि-पूजा के ढोल लेकर उल्टे पाँव वापस लौटा।

...पूरे गाँव को थर्रा देनेवाली आवाज़ में वह ढोल पीटता हुआ चीख उठा, "मैं... मलिन्दर गंगापूत, शोहरत देता हूँ! ऐलान करता हूँ...ये...मेरी बहुरिया डायन हो गई है...डायन!"

"उसके बाद...?" भगीरथ ने दरयाफ़्त किया।

"उसके बाद, बिरादरी उसे बेल-तले ले गई, मुनुवा! जो औरत इकल्ले रहने में थर-थर डरती थी, वह बिल्लकुल्ल अकेली रह गई। सुन, ज़रा कान लगाकर सुन...! डायन लोरी गा रही है..."

काफी दूर से टीन पीटने की आवाज के साथ-साथ एक अद्‌भुत-सी लोरी का गीत-स्वर हवा में तैरता हुआ, माहौल में गूँज उठा। ना, गीत में शब्द नहीं थे शायद! लग रहा था, लोरी के बोल शायद ग़ायब हैं, मगर धीरे-धीरे बोल भी स्पष्ट सुनाई देने लगे।

...आ जा री निंदिया! आ जा मोर सोना? जाइ निंदरिया आ-जा रे!...

भगीरथ इस गीत से परिचित है। उसकी नई माँ यही गीत गाते हुए, गैरवी-सैरभी

को सुलाती है।

"चल, अब घर चलें, बेटा!"

मलिन्दर अभिभूत भगीरथ को लेकर अपने घर की तरफ लौट चला।

भगीरथ ने महसूस किया कि डायन की वह लोरी उसके दिल की गहराइयों में उतर गई है। उसके खून में घुलमिल गई है और असहनीय टीस की तरह उसके कानों में बज रही है।

कई दिनों बाद! दोपहर का वक्त! भगीरथ अकेले-अकेले ही, कीचड़-कांदे से भरी, उस तलैया तक चला आया। टीन पीटने की आवाज उसे काफी दूर से ही सुनाई दे गई थी और वह भागते हुए यहाँ तक आ पहुँचा।

पानी में डायन की परछाईं! डायन उसकी आँखों में या आमने-सामने नहीं देख रही थी। वह नज़रें नीची किए, मिट्टी की कलसी में खामोशी से पानी भरती रही।

"तुम्हारे पास दूसरी साड़ी नहीं है?"

डायन चुप! डायन मुँह फेरे रही!

"तुम अच्छी साड़ी पहनोगी?"

"गंगापूत का बेटवा घर लौट जा–"

"मैं...मैं अब इस्कूल में पढ़ता हूँ। मैं अच्छा बच्चा हूँ।"

"गोरे संग बात मत कर, बेटवा, हम डायन हूँ।"

"तुमसे नहीं, मैं तो परछाईं से बात कर रहा हूँ।"

"मोरी तो परछाईं में भी पाप भरा है, ई बात गंगापूत का बेटा का नहीं जानता?"

"मैं नहीं डरता–"

"जा, घर जा, गंगापूत का बेटा! अभी माथे पर कड़ियल धूप है। अइस कुबेला में दूध के बच्चे, बाहर नहीं फिरते–"

"तुम...तुम्हें अकेले डर नहीं लगता है?"

"अकेले? ना, रे, मोका अकेले रहने में कउनो डर नाहीं। भला डायन भी कहीं इकल्ले रहने में डरात है?"

"फिर तुम रोती क्यों हो?"

"कउन बोलत है?"

"मैंने सुना है।"

"गंगापूत के बेटवा ने सुना? मों...रोवत हैं?"

पानी में लाल छाया थरथराती रही। डायन की आँखों में आँसू! डायन ने अपने आँसू पोंछ लिए।

"गंगापूत का बेटा घर लउट जावे और फिर कब्भी ई तरफ ना आवे! डायन के पास कब्भी...किसी दिन भी ना आवे, नाहीं तो...हम गंगापूत को बता देवेंगी।"

भगीरथ ने देखा, डायन मेंड़ की कच्ची मिट्टी पर, नपे-तुले पाँवों से चलती जा रही है। रूखे-सूखे बालों के गुच्छे हवा में उड़ रहे हैं। साड़ी का लाल आँचल लहराता हुआ!

भगीरथ देर तक वहीं बैठा रहा। तलैया का पानी जब तक स्थिर नहीं हो गया, वह गुमसुम बैठा रहा। लेकिन, अब वहाँ कोई नहीं थी। जो लोरी गाती...आ जा रे निंदिया! आ जा मोर सोना! जाइ निंदरिया आ जा रे!

अपनी मड़इया में लौटकर डायन भी काफी देर तक, ख़ामोश बैठी रही। बैठे-बैठे आकाश-पाताल सोचती रही। काफी देर बाद, आखिरकार वह उठ खड़ी हुई और खींच-तानकर एक टूटा हुआ दर्पण निकाल लाई।

"अब तो चेहरा भी जवाब दे गया। अब कछु नाहीं बचा।" डायन अस्फुट लहजे में बुदबुदाई।

उसने बालों में एकाध बार कंघी करने की भी कोशिश की। न्ना! भयंकर जटा पड़ गई थी।

मुनुवा ने साड़ी की बात क्यों कही? डायन काफी देर तक भौंहें सिकोड़े इसकी वजह ढूँढ़ती रही। अरसा हुआ, वह इंसान की तरह, तरतीब से सोच-विचार की ताकत खो चुकी है। वैसे उसके लिए सोचने को अब कुछ रहा भी नहीं। महज पेड़ों की पत्तियों की खड़खड़ाहट, हरहराती हवा की साँय-साँय, ट्रेनों की घरघराहट के बारे में आखिर कहाँ तक सोचा जाए?

लेकिन आज उसे लगा, मुनुवा का सर्वनाश हो जाएगा। जीते-जागते इंसान की बीवी की तरह, अचानक उसे नासमझ मलिन्दर पर बेहद गुस्सा आने लगा। मुनुवा को सम्हालने-रखने की जिम्मेदारी किसकी है? डायन की नजर से ओट रखने का काम किसका है?

उसने उठकर लालटेन जलाई और हनहनाती हुई रेल लाइन के किनारे-किनारे आगे बढ़ने लगी। रेल के किनारे-किनारे चलते-चलते...वो रहा गुमटी-घर रेलवे क्रॉसिंग!

मलिन्दर उसी राह से लौटता है। यहाँ तक आकर, पगडंडी की राह, वह अपने घर पहुँच जाता है।

रेलवे लाइन के किनारे-किनारे चलते हुए, कुछ लोगों पर उसकी नज़र पड़ी। वे लोग रेलवे लाइन से कुछ हटा रहे थे।

नहीं! नहीं! वे लोग बाँस के गट्ठर ला-लाकर लाइन पर ढेर लगा रहे थे।

आज बुधवार है। रात को फाइव-अप लालगोला लोकल से मेल बैग आता है। मेल बैग में ढेर-ढेर रुपए होंगे। वे लोग काफी दिनों से इसकी तैयारी कर रहे थे।

"कउन है, रे, तू लोग?"

डायन लालटेन ऊँची करके, उनके चेहरे के करीब ले आई। उन लोगों ने भी

चेहरा ऊपर उठाया। उनके चेहरे डर के मारे फक्क! विस्फारित आँखें! बिरादरी के लोगों को इस क़दर डरा हुआ, डायन ने पहले कभी नहीं देखा था।

"डायन...तू?"

"तू लोग बाँस गाड़ रहे हो? बाँस गाड़कर तू लोग गाड़ी उलटने का ताल कर रहे हो? मोका देखकर डर के मारे भागे जा रहे हो? चलो, पहले ये बाँस हटाओ... नाहीं तो...नाहीं तो सरबनास हो जावेगा।"

वे लोग बाँस हटाने में असफल रहे यानी सर्वनाश टालने में फेल हो गए। ख़ैर, बिरादरी तो चिरकाल से यही करती आई है; समाज का तो धंधा ही यही है।

उन लोगों में से ही किसी ने एक दिन ढोल पीटकर उसके खिलाफ शोहरत देने के बहाने, फैसला सुनाकर उसे डायन बना दिया था।

हवा में बारिश के थपेड़े! चंडी ने लालटेन उठा ली! उफ! किस क़दर निरुपाय! कितनी असहाय थी चंडी! अगर वह सच ही डायन है, तो उसके पालतू दूत, अँधेरे के दानव फौरन प्रकट होकर ट्रेन को रोक क्यों नहीं देते? हाँ, समाज के लोगों में यह दुस्साहस जरूर है। बस, यही तो कर सकता है समाज! कितनी लाचार है चंडी! चंडी अब क्या करे?

चंडी हाथ में लालटेन थामे, बेतहाशा...तेज़-तेज़ दौड़ पड़ी!

वह बाँह उठा-उठाकर ट्रेन को आगे आने से मना करती रही, उसे रोकने की कोशिश करती रही—मत आओ! आगे मत आओ! रुक जाओ! यहाँ पहाड़ जैसे ऊँचे-ऊँचे बाँस गड़े हैं।

ट्रेन किसी खुराफाती बच्चे की तरह हर बाधा-विघ्न की अनुसनी करते हुए चंडी पर एकबारगी टूट पड़ी...।

अपनी जान देकर, ट्रेन को दुर्घटना से बचाने के लिए, चंडी के नाम की शोहरत दूर-दूर तक पहुँच गई। यहाँ तक कि सरकारी मुहाल तक भी।

लाशघर से चंडी को लेकर जब वे लोग चले गए, तब दारोगा बाबू मलिन्दर के गाँव तशरीफ लाए। उनके साथ बीडीओ साहब भी थे।

"रेल कम्पनी चंडी गंगादासी को मेडल देगी, मलिन्दर! लेकिन मैं तो तुम लोगों की रामकथा जानता हूँ, सो मैंने बता दिया कि उसका कोई नहीं है। लेकिन आमना-सामना कराना ज़रूरी था, इसलिए साहब आए हैं।"

"साहस का काम था! बड़े जिगरे का काम किया उसने। महकमे के लोग भी उसे धन्य-धन्य कह रहे हैं। तुम्हारी रिश्तेदार थी?" दारोगा बाबू ने पूछा।

सबके सब चुप! बिरादरी के लोगों ने एक-दूसरे की तरफ अर्थभरी निगाहों से देखा।

उनमें से एक ने गर्दन खुजलाते हुए, निगाहें झुकाये-झुकाये जवाब दिया, "जी-हुजूर, हम लोगन की रिश्तेदार थी।"

भगीरथ अवाक्! भयंकर अचरज भरी निगाहों से भीड़ के चेहरों की तरफ देखता रहा...।

"भई, तुम लोगों के हाथों में तो उसका मेडल सौंपने से रही सरकार!"

"जी, मुझे दीजिए–" भगीरथ आगे बढ़ आया।

"तू कौन है?"

"वो...वो औरत...मेरी माँ थी।"

"अच्छा? तेरा नाम क्या है? करता क्या है?"

बीडीओ लिखने लगे।

भगीरथ की आँखों से आँसुओं की धार बह चली।

उसने गला खँखारकर जवाब दिया, "हुजूर, मेरा नाम है–भगीरथ गंगापुत्र!"

पिता...पूज्य मलिन्दर का बेटा!

माँ...स्वर्गीया चंडी गंगादासी।

भगीरथ अपना वंश-परिचय देने लगा...

लाइफर

मागन संथाल लाइफर था!

बड़शुली थाना, जहाँ उसका घर था, वहाँ कोई थाना नहीं था। निकटतम थाना चमारी में। उन दिनों चमारी थाने का कमरा तो पक्का था, मगर उस पर छादन सूखे पुआल का था। काली पूजा के पहले से बारिश शुरू हो गई थी, बाँधना पर्व का सारा मज़ा ही किरकिरा हो गया। मूसलाधार बारिश! पानी की कलकल धारा बहती हुई! पोखर, खड्ड पानी से लबालब! ऐसी बेभाव बारिश अर्से से नहीं हुई।

"बारिश का पानी आखिर तो दिया, मगर समय पर क्यों नहीं दिया?" थाना बाबू बुदबुदा उठे।

गाँव में थाना बाबू की खेतीबारी थी। बारिश देखते ही, वे विरक्ति से भर उठे। ऐसी बारिश में गरीब इलाके में रहो, तो सैकड़ों तरह के झमेले! ठीक वक्त पर गोशाल पर छादन भी नहीं डाला। अब ज़ब्त किए गए जानवर, दिन-रात बरसात में भीगते रहेंगे।

सुबह, जब बारिश कम हुई, आकाश तब भी काफी धुँधला-धुँधला! थाने के पीछे ही उनके रहने का कमरा।

सुबह दरवाजा खोलकर, दारोगा बाबू ने देखा, घर की छादन तले अनगिनत संथाल जमा थे। सबके चेहरे जाने-पहचाने! बाबू ने सोचा, बाँधना पर्व के मौके पर, वे लोग कोई नज़राना लादकर लाए हैं।

उस वक्त भीड़ में यह उसको धकेलने लगा, वह, इसको कोहनियाने लगा। पता नहीं, क्या मामला है, बाप!

"क्या बात है, रे, जुगनू?"

मागन संथाल आगे बढ़ आया।

बाप रेऽ! रक्तवर्णी आँखें और चेहरा-मोहरा भी ख़ासा अजीब!

"बहुरिया को हम काट डाले, बाबू! लै आया। अब तोका जो करना है, कर डाल, बाबू! हाँ बाबू, बहँगी पर लादकर हम ही उसे लै आए। बहुरिया भी तो मोरी ही थी।"

"क्यों? क्यों? काट क्यों डाला?"

"गुस्सा आ गया था, बाबू! हम दूनों में झगड़ा हुइ गवा और हमका तेज गुस्सा चढ़ गया था, बाबू। हम ओका बार-बार हुसियार करते रहे, देख, हमरे हाथ में हँसिया है, हमका गुस्सा ना दिला। आज ही हँसिया पर धार-धार देकर लाया हूँ हम...उतना ही वह चिल्लावे लागी—का करेगा तू? हमका काट डारेगा?—सो, बाबू..."

"बस, तूने काट डाला?"

"हाँ! काट डाला!"

मानो मागन की स्वीकारोक्ति और वहाँ जमा संथालों की खामोशी ही काफी नहीं थी, इसलिए मागन ने बहंगी की दोनों टोकरी पर से कपड़ा-गमछा हटाने को हाथ बढ़ाया।

दारोगा बाबू आतंकित हो उठा, "नहीं, नहीं, रहने दे! रहने दे।"

बेहद दुःखी हो आया बाबू! आस-पास चारों तरफ बारिश की धार में सब कुछ शांत-सिक्त! नयनजुली से ढेरों चांग मछलियाँ पकड़ी गई थीं। आज ज़रा मिर्च-मसालेदार खाना पकाया जाना था। काली पूजा भी थी और बाँधना का पर्व भी! गोथान की साफ़-सफाई, गाय-भैंसों की सफाई और पूजा-अर्चना। मन काफी तरोताज़ा और खुश-खुश था। ऐसे शुद्ध-पवित्र सुबह के समय, दारोगा बाबू ने तो यह भी उम्मीद नहीं की थी कि इस पर्व के दिन कोई बकरी भी जिबह करके खाएगा या साइकिल तक चोरी करेगा। लेकिन, देखो, मागन की जवान-बाँझ मेहरिया, दो-दो टोकरी में लदकर, थाने में हाज़िर!

बाबू एकदम हताश हो आया। नजदीक में अगर थाना न होता, तो ऐसी फज़ीहत में न फँसना पड़ता।

"आ, भीतर आ!"

जो-जो करने का नियम था, बाबू ने वही-वही किया। मागन ही क्यों, बड़शुली मउजा के सभी संथालों को बाबू पहचानता था। यहाँ कोई झमेला-झंझट भी नहीं था। ये लोग भी किसी को नहीं छेड़ते थे और उन लोगों को भी कोई नहीं छेड़ता था। किसी के पास टुक्का भर जमीन; किसी के पास वह भी नहीं। वे लोग जी-तोड़ मेहनत करते थे, राजी-खुशी जीवन गुज़ारते थे। खुशहाल जीव! मागन तो बेहद शांत प्राणी था। कभी, कोई...

मागन के काका, जुगनू ने बाबू के क़दमों में कुछ रुपए और मुर्गी का नज़राना रखते हुए, गिड़गिड़ाकर कहा, "कुछ कर, बाबू, ओका न माँ है, न बाप! कउनो दिन गुस्सा तक होने का स्वभाव नहीं रहा। कहीं ओका फाँसी न हो जाए, यही सोच-सोचकर मोरी बहुरिया बहुत रोय रही है, बाबू!"

ख़ैर, फाँसी उसे ज़रूर लगती! कम से कम मागन ने इसकी जी-जान से कोशिश की थी। सरकारी वकील ने उसे जितना भी समझाया कि यह-यह बोलना, तो बच

जाएगा, वह बार-बार यही कहता रहा, "अइसा हम कइसे बोलें? हमरी बहुरिया बदचलन नाहीं थी, गिरस्थी के कामकाज में उसने कभी मुँह नाहीं मोड़ा..."

आखिरकार उसे फाँसी देने के बजाय उम्र-क़ैद की सज़ा सुनाई गई। एक बात, थाना बाबू ने भी लिखी थी—मागन हमेशा से धीर-शांत जीव था। वह कभी, किसी दिन भी मार-दंगे में नहीं रहा; लड़ाई-झगड़ा तो उसने कभी भी नहीं किया। उस जैसा शख़्स, प्रचंड तैश में आकर, पल भर के गुस्से में यह कांड कर बैठा। मागन की स्वर्गीया बीवी, दनी बेहद तेज-तर्रार औरत थी और मागन को तरह-तरह से गुस्सा दिलाती रहती थी।

दारोगा बाबू ने काफी-कुछ लिखा था। बहरहाल, सत्ताइस रुपए नकद और एक जोड़ी मुर्गी का नज़राना पाकर, इससे ज्यादा कुछ लिखा भी नहीं जा सकता था।

दारोगा बाबू ने हथेली उलटकर सिपाही से कहा, "कभी खून-क़त्ल करो, तो खुद गिरफ्तारी भी देना। ख़बरदार, भागना नहीं। यह बेहद अद्भुत जात है, रे। इनकी विचार-बुद्धि भी बिल्कुल अलग-थलग है।"

मागन जेल चला गया। एक जेल से दूसरे जेल घूमता रहा। जेल में भी उसका रिकॉर्ड काफी अच्छा रहा। वह लाइफर जो था! पाँवों में बेड़ियाँ पहने, वह बागवानी करता था, जेलर बाबू के घर में भी ड्यूटी करता था। चौदह साल से नाप-नाप कर क़दम रखते हुए, मागन जान गया, उसके पाँव-पाँव चलने का नाप बस, उतना ही है। बेड़ी में बँधे पाँव, बस, उतना ही डग नाप सकते हैं।

मागन जिस दिन रिहा हुआ, तो पहले वह बड़शुली की तरफ ही रवाना हुआ। अब पानाट गाँव से चमारी गाँव तक बस चलने लगी थी। खास सड़क के दोनों किनारों पर कितने-कितने घर! सबके सब घर बिल्कुल और तरह के नजर आए। चमारी उतरकर, वह कहाँ जाए? यह चमारी भी तो उसके लिए अनजान अपरिचित था।

"भाई यहाँ थाना कहाँ है, बताय दोगे?"

"थाने के सामने ही तो खड़े हो।"

"बाप रे! इत्ता बड़ा थाना!"

चमारी अब सर्किल का बड़ा थाना है। थाने का लंबा-चौड़ा इलाका चारदीवारी से घिरा हुआ। दो-मंजिला मकान! ऊपर सर्कल इंस्पेक्टर के रहने-सहने का इंतज़ाम! थाने का मतलब था—सिपाही, दारोगा, खाकी पैंट-कमीज़!

अपने अनजाने में ही मागन पैर घिसटते हुए, वहाँ पहुँच गया। बढ़ी हुई उम्र के साथ उसी दारोगा बाबू का चेहरा उसे घूरता रहा। दुनिया अतिशय गोल है। पिछले दिनों के छोटे चमारी गाँव के बाबू, कई-कई थानों का चक्कर लगाते हुए, अनगिनत काम दिखाकर, अब सर्कल इंस्पेक्टर के तौर पर चमारी के बड़े थाने में तैनात थे।

उन्होंने मागन को पहचान लिया! कहना चाहिए, मागन उनकी लक्ष्मी था, क्योंकि मागन के चालान के बाद ही वहाँ के पोस्ट ऑफिस में डाका पड़ा और पोखर से सिंचाई का पानी लेने के बारे में दंगा हो गया। इन दोनों मामलों में अपनी योग्यता और क्षमता दिखाने की वजह से उनका काफी सुनाम हुआ था!

"मागन?"

"हउ, बाबू!"

उस दिन थाना बाबू बैठे के बैठे रह गए थे। मागन को उनकी वह मुद्रा आज भी बेहद स्वाभाविक लगी। यह दुनिया बेतरह गोल है।

"घर जाय रहा हूँ, बाबू!"

"घर...? हाँ, कहाँ तो घर था तुम्हारा?"

"बड़शुली! माँझीपाड़ा!"

बाबू की आँखें गहरी हमदर्दी से थरथरा उठीं, "घर जाकर तू क्या करेगा? उनमें से तो अब कोई वहाँ है नहीं, रे! कई साल पहले ही, सबके सब कहीं चले गए।"

"कहाँ गए, बाबू?"

"कौन जाने!"

"काहे? चले काहे गए?"

"बाबू लोगों ने बसाया था, उन्हीं लोगों ने उजाड़ दिया। तू चालान चला गया। उसके बाद नक्सली आँधी घहरा उठी। माँझी ही क्यों, डोम लोगों को भी पंख लग गए, खूब नाचने लगे! किसी के खेत का धान काट ले जाते, किसी बाबू का घर फूँक देते। सो, बाबू लोगों ने मामला-मुकदमा करके, उन लोगों को खदेड़ दिया।"

"सबको?"

"हाँ, रे!"

बाबू ने हाथ हिलाकर, यह प्रसंग टाल दिया। वसूली की नौकरी तब तक नहीं लगी थी, बाद में पक्की हो गई। इस मामले में भी दारोगा बाबू का अवदान कम नहीं था। ख़ैर, अब उन बातों के ज़िक्र से क्या फ़ायदा?

"अब वो घर-दुआर भी नाहीं रहा?"

"आदमी चला जाए, तो घर सलामत रहता है भला? अब वहाँ नए-नए लोग बस गए! जाकर खुद देख आ–"

"थोड़ा पानी मिलेगा, बाबू?"

"जा, न, बगीचे में नल लगा है।"

ट्यूब-कल! देखो, कैसा भक् से पानी निकलता है! पहले सबके लिए कुआँ था! पानी पीकर, मागन बाहर निकल पड़ा। थाने की तरफ पीठ मोड़ते ही, धीरे-धीरे उसका पाँव फेंकना, उसकी चाल स्वाभाविक हो आई। थाने में दाखिल होकर, वह

पाँव घिसट-घिसटकर चल रहा था, मगर उसने ख़्याल नहीं किया। अब वह बड़े-बड़े डग भर रहा था, तब भी वह बेख़्याल रहा।

बड़शुली तक वह पैदल-पैदल ही चलता गया। चौदह साल बाद, अब उसकी उम्र चालीस वर्ष हो चुकी थी। लेकिन अपने जन्म से ही जानी-पहचानी जगह मानो बहुत ज्यादा बदल चुकी थी। वे तमाम छातिम पेड़ आखिर कहाँ लापता हो गए। संथाल औरतें इन पेड़ों के फूल बालों में सजाती थीं। हाँ, छातुलाल, पान का दुकानदार, अभी तक वहीं मौजूद था!

मागन ज़रा ठिठक गया।

"क्या बात है, जी, पान खाओगे?"

"ना! लाओ, एक बीड़ी दे दो।"

"लो–"

छातुलाल ने उसे नहीं पहचाना! मागन ने भी कुछ नहीं कहा। कहता भी क्या?

"कुछ कहोगे?"

"बड़शुली जाय रहा हूँ..."

"बड़शुली? तुम...तुम..."

"हम मागन संथाल हूँ।"

"हाँ, समझ गया। मगर वहाँ तो तुम लोगों का कोई नहीं रहता। कुछ साल पहले..."

"वो लोग कहाँ गए, बता सकत हो?"

"ना...वे लोग कहाँ गए, पता नहीं..."

मागन अंदर ही अंदर बेदम और निस्तेज हो आया। अब बड़शुली जाने से भी क्या फ़ायदा? वह जाए भी कहाँ? किसके पास? रास्ते में तो एक पेड़ भी नहीं रहा।

वह चमारी की तरफ लौट पड़ा। हाँ, वह पोखर आज भी मौजूद था। उन दिनों वह पोखर पानी से लबालब भरा हुआ था। जब दनी को लेकर वे लोग आ रहे थे, इसी पोखर से पानी पीया था। अब तो दनी का भी चेहरा याद नहीं रहा। क्रोध बड़ा चांडाल होता है, जी! दनी को भी क्या सूझी कि उसे तैश दिला दिया? पल भर में प्रलय हो गया। उस दिन अगर वह भड़क न जाता, तो दनी आज ज़िंदा होती। वह भी मौजूद होती और सब कुछ जैसा था, वैसा ही रहता और अन्य संथालों के साथ वह भी उजाड़ दिया जाता। लेकिन वह सबके साथ तो होता। वे लोग इस तरह खो तो नहीं जाते। संथाल, अन्य संथालों का संग-साथ खोजता है। बेहद तप्त और दुःखी मन से मागन ने उस पोखर का पानी पीया और पानी के थोड़े से छींटे अपने माथे और बालों पर भी मार लिए।

वह चमारी की तरफ रवाना हो गया। थाने से काफी दूर, बस-सड़क पर ही,

वह पेड़-तले बैठ गया। उसके पास अभी थोड़े-से रुपए-पैसे मौजूद हैं। उसने थोड़-स मुरमुरे खरीद लिए। जेल कैसी जगह होती है, मागन को पता ही नहीं चला। मुरमुरे की क़ीमत, इन दिनों चार रुपए किलो थी!

मागन दो-तीन दिन चमारी बाजार में ही घूमता-फिरता रहा। बाज़ार में भी कोई संथाल आता-जाता नज़र नहीं आया, अब वह किससे, क्या पूछे? कहाँ जाए? अंत में सत्तू-चना भूननेवाले भुंजे की शिकायत पर, सिपाही उसे पकड़कर थाने ले आया। मागन पाँव घिसटते हुए सामने आ खड़ा हुआ। बड़े बाबू ने झुँझलाकर सर उठाया। चमारी में यह फिजूल का झमेला कहाँ से? कौन हो, भइये, तुम? डकैती के इरादे से कहीं अता-पता तो नहीं लगा रहा है?

उसके बाद ही वे अचकचा गए।

"क्या रे, मागन?"

"हउ, बाबू!"

"अभी तक तू यहीं है?"

"कहाँ जावें, बाबू?"

बड़े बाबू उसे एकटक देखते रहे! लाइफर? थाना-पुलिस से डराएगा। संथाल विश्वासी होता है, जी-तोड़ मेहनत करता है। अगर उसका तौर-तरीका सही नहीं होता, तो अभी कितने ही सालों, उसे रिहाई नहीं मिलती। बटबाड़ी के छोटे थाने में, बड़े बाबू के दूर के रिश्ते का साला, काफी तकलीफ में था। सबसे बड़ी तकलीफ, पानी की तकलीफ थी। थाने में कुआँ बनाना मुश्किल हो गया है। जितना भी खोदो, नीचे सिर्फ पत्थर ही पत्थर! ब्लास्टिंग करने के बावजूद पानी नहीं निकला। अजीब झमेला था! पंचायती कुओं से बाँध से पानी खींचना पड़ता है।

"काम करेगा?"

"करूँगा!"

"कल भेज दूँगा! चल, आज झाड़ू-बुहारू करके, बगीचे की साफ-सफाई कर दे।"

कितने साल गुजर गए, मागन अपनी कोशिश से...खुद आगे बढ़कर कोई काम नहीं करता। उसे जो करने को कहा जाता था, वह कर देता था। वह पिछले जेलर बाबू के यहाँ भी बागवानी करता था।

"लाओ, झाड़ू-खुरपी पकड़ा दो, बाबू, घास छील देवें।"

मागन ने पाँव घिसटते-घिसटते ही सारा काम कर डाला। उसके चारों तरफ खाकी वर्दी! लाइफर! जेलर बाबू ने संथाल लाइफर को अपने घर भेज दिया। वह बगान साफ-सुथरा करके, चमका दे। लाइफर! मागन ने निपुण हाथों से झाड़ू लगाया।

"कचरा जलाय दूँ, बाबू? या गड्ढा खोदकर सड़ने को दबा दूँ, खाद बन जावेगा?"

कामकाज निपटाकर, वह लाइफब्वाय साबुन लेकर नहाने चला गया। उसके बाद, उसने लोहे की थाली में खाना खाया। वह पैर घिसटते-घिसटते, नाप-नापकर डग भरते हुए बगान में निकल आया। कृष्णचूड़ा पेड़ तले गमछा बिछाकर, वह सो गया। बगान बुहारी गई धूल पर उसके घिसटते हुए पैरों के निशान! लाइफर! सोते हुए मागन का चेहरा निहारते हुए, बड़े बाबू ने मन ही मन सोचा—चलो, गरीब आदमी है, उन्होंने उसका भला कर दिया। इस ख़्याल से उन्होंने कहीं बेहद राहत भी महसूस की।

अगले दिन मागन को जीप में बिठाकर, वे बटवाड़ी पहुँचे। चारों तरफ विशाल-विशाल धान खेत, हालाँकि मेंड़ों के जरिए बँटे हुए? वैसे बटबाड़ी जगह काफी सूखी-सूखी थी। सामने ही अगहन का महीना! धान काफी बौने-बौने! दूर रामगेरी पहाड़ नजर आता हुआ! सलाइ नदी से यहाँ तक नहर भी काटी जाए, तो कोई फ़ायदा नहीं। उस खाल को बाँध बना दिया गया था। बटबाड़ी के उस छोर पर सरकार ने फॉरेस लगाया था।

गाँव का चेहरा धूलिधूसर! थाने का चेहरा भी बिल्कुल उसी तरह! बड़े बाबू की सलहज 'लाइफर' शब्द सुनकर बौखला गई।

बड़े बाबू ने कहा, "देखो, लाइफर के अलावा और कोई भात-कपड़े पर पानी नहीं खींचेगा। महीने में पाँच रुपए दे दिया करना। यह आदमी बात बहुत कम करता है। इसे बेटा-वेटा भी मत बुलाना। इसे देकर जा रहा हूँ, बाद में तुम ही कहोगी, गैंने भला ही किया।"

साले साहब ने कहा, "मेरा ट्रांसफर नहीं हुआ, तो यहाँ तो मैं मर जाऊँगा, जीजा! यहाँ न तो कोई इस्कूल है और न और कुछ..."

"ओ, बिरादर, ऐसे निर्वासन में, मैं भी रह चुका हूँ। अभी कुछ दिनों ऐसे ही पिराटते रहना होगा। उसके बाद, तुम्हारा तबादला मैं ज़ोरबाड़ी में करा दूँगा। वह जगह अच्छी है। वहाँ स्कूल भी मिलेगा बिजली भी!"

बड़े बाबू अपनी जीप से चमारी वापस लौट गए।

"मजे में रहना, मागन! कोई तकलीफ या परेशानी हो, तो माँ या बाबू जी से कहना।"

"बड़शुली, मांझीपाड़ा की कोई खोज-खबर मिले, तो बताना, बाबू! जदी उनसे भेंट हो जाए, तो उन लोगन को भी ख़बर दै देना।"

"हाँ, ज़रूर!"

बड़े बाबू जब जीप में बैठ गए, तो बटबाड़ी के थाना बाबू ने लपककर, एक हँड़िया भी उनकी गाड़ी में रख दी।

"यह बटबाड़ी की सबसे अच्छी सन्देश मिठाई है। आप आ रहे हैं, अगर पहले से पता होता, तो ज़्यादा मँगाकर रख लेता। यह तो सिर्फ नमूना है। थोड़ा-सा मँगा

रखा था।''

''दिन-काल बदल चुका है, बिरादर, लोग-बाग कुछ दें, तो ले सकते हो मगर ख़बरदार खुद कभी मत माँगना! आजकल दिन-काल अच्छे नहीं हैं, हे!''

''इसका नित्य प्रति ख़्याल रखता हूँ। वैसे थाने में भला आता भी कौन है? अब तो पब्लिक भी जान गई है कि थाने का कोई भरोसा नहीं है। दादा लोग जो कहेंगे, थाना वही मानकर चलेगा।''

''अगर कहीं, कुछ इधर-उधर हो गया, तो थाने के ही नाम पर थूकेंगे। तुम्हें तो सब कुछ पता है। ख़ैर, मागन को तुम्हें सौंपे जा रहा हूँ–''

''यह बंदा पाँव घिसट-घिसटकर क्यों चलता है?''

''लाइफर था न, सो आदत पड़ गई है। चलता हूँ, बिरादर! चलता हूँ, सलहज जी! फिलहाल पति-परमेश्वर के साथ निर्वासन में वास करो। बाद में अपनी दीदी की तरह सुख-चैन, सब कुछ नसीब होगा।''

''फिर आइएगा ज़रूर, जीजा जी!''

अस्पष्ट लहजे में शायद हामी भरकर, बड़े बाबू चले गए।

छोटे बाबू ने मागन को आवाज देकर कहा, ''चलो भई, तुम्हें घर-द्वार दिखा दूँ। पानी से कोई वास्ता नहीं! बगीचा कितना बड़ा! यह है, तुम्हारा घर!''

बगीचे की तरफ, एक छोटी-सी कोठरी!

मागन ने सिर हिलाया।

''हाँ, भई रह लोगे! यहाँ रह सकोगे! आओ, चलो, तुम्हें कुआँ दिखा दूँ। पानी की कमी की वजह से समूचा थाना सूखा पड़ा है। सूखता जा रहा है! गर्मी के मौसम में तो मानो...''

मागन पाँव घिसट-घिसटकर, डग नाप-नाप कर चल पड़ा।

''बहँगी में पानी लाएगा, तो कोई असुविधा नहीं होगी। कुएँ से खाना पकाने का पानी, पीने का पानी और नहाने का पानी बाँध से लाना होगा। मैं तो बाँध तक चला जाता हूँ, औरतों के लिए ही...''

मागन ने फिर सिर हिलाया।

छोटे-छोटे डग भरकर चलता हुआ!

उन्नतहीन और उन्नयनहीन बटबाड़ी को देखकर, उसे अपने बचपन से जानी-पहचानी बड़शुली की याद हो आई। छोटे बाबू ने जो-जो कहा, सब कुछ वह करेगा।

वह बिना किसी प्रतिवाद के सारे काम करता रहा। छोटे-छोटे डग भरते हुए वह बहँगी में पानी ढोकर ले आता। नहानघर और रसोई की थोड़ी-सी मिट्टी काटकर आगे ज़रा दूर तक नाला भी निकाल लिया। वहाँ उसने तरी-तरकारी बो दी। देखो, देखो, जेल में रहकर, उसने कितनी अच्छी बागवानी भी सीख ली। हर वक्त वह

आच्छन्न रहता था! बेसुध! मानो किसी जादू-मंतर के वश में हो! वह जो कुछ भी करता था, सब कुछ उसी मंत्र की कैद में बँधा-बँधा करता था।

जेल की ज़िंदगी में जाने से पहले, उसकी अपनी एक निजी ज़िंदगी भी थी। जेल जाते हुए, वह बेहद दुःखी था कि पंछी जैसे जाल में फँस जाए, वैसे ही वह फँस गया।

उसने बड़ी तकलीफ से अपने काका से कहा, "काका, पता नहीं कितने दिनों हमें बाँधे-बाँधे, बेमौत मारते रहेंगे। तुमने मुझे फाँसी काहे नहीं चढ़ने दिया?"

काका का चेहरा दुःख से फटकर टुकड़े-टुकड़े हो गया, "हाय, देखौ, ई छउंड़ा कइसी बातें कर रहा है! अरे, तूने क्या, सिर्फ अपने लिए जनम लिया है रे, मागन? तोरी भाइयो की सकल संतान हो-होकर मर जात रहे। तब बाबू लोगन की मालकिन ने कहा, ई लड़का तू लोग मांग ले। नाम दीजियो–मागन! तब ऊ बच जावेगा। कोख की संतान बार-बार मर जावे, तो यही उपाय करे पड़त है। सो, तू लउट आवेगा, हम तोरा फिर बियाह कर दूँगा। तोरा बेटा, अपनी गोदी में खिलाऊँगा, तब जाकर मोरी छाती ठंडी पड़ेगी।"

इतने दिनों, मागन को भरोसा था कि कहीं उसकी अपनी ज़िंदगी, उसका इंतजार कर रही होगी। लेकिन जेल से निकलकर उसने देखा, ऐसा कहीं, कुछ भी नहीं है। जाने किस चित्रकार ने बड़शुली मउजा से माझीपाड़ा की तस्वीर मिटाकर, कोई और ही तस्वीर आँक रखी है।

इसलिए अब थाना-पुलिस-वर्दी ही उसका जीवन-संसार बन गया है। वह लाइफर है! अभी भी कैदी! पाँवों में बेड़ी! नाप-नापकर पाँव रखो, हुक्म मानकर काम करो! अगर वह कहीं और जा सकता, जहाँ उसे, अपने लाइफर होने की याद दिलाने वाली पुलिस या वर्दी नहीं होती, तो वह उस रामगेरी पहाड़ तक दौड़ता हुआ चला जाता और आँखें फाड़-फाड़कर दूर-दूर तक देखता कि कहीं डिम्-डिम् मादल बज रहा है या नहीं? क्या कहीं, सहरा का उत्सव मनाया जा रहा है, जहाँ संथाल बहुएँ, अपने माँ-बाप, भाई-बहन के न होने पर दुःख मनाती हुई गाती हैं–

भला है, रे, भला, यह...?
भला है, रे!

क्या कहीं औरतें सारहुल पर्व पर शालफूलों के गहने पहनकर नाचती हैं?

क़ैदी! क़ैदी! वह तो क़ैदी है! इसीलिए तो मागन पाँव-पाँव चलता है; छोटे-छोटे डग भरता है! थाने से बाँध तक! बाँध से थाने तक! हर कहीं पाँव घिसट-घिसटकर चलने के निशान!

थाना बाबू के घर में वह किसी से भी बातचीत नहीं करता था। यहाँ तक कि वह सिपाहियों से भी बात नहीं करता था। अपना काम पूरा करते ही, वह फौरन सरकारी फॉरेस की तरफ निकल जाता था। सरकार ने वहाँ यूकेलिप्टस के पेड़ लगाए

थे, फिर भी वहाँ कोई भी पेड़-पौधे, आदमजात, कोई भी नहीं होता था। मागन को समझ में नहीं आता था, जब वह जंगल में दाखिल होता था, वह बड़े-बड़े डग भरते हुए चलने लगता था।

यूँ ही पैदल-पैदल घूमते-फिरते हुए कभी-कभी बीट बाबू से भी भेंट हो जाती थी। हरी-खाकी शर्ट और पैंटधारी बीट बाबू को देखते ही, मागन के पैर अनजाने में ही छोटे-छोटे डग भरने लगते थे। बीट बाबू कभी-कभार थाने तक भी चले आते थे। संगी-साथीहीन पुरी में वास! मैं आपके यहाँ आऊँगा, आप मेरे यहाँ आते रहे, वर्ना इंसान ज़िंदा कैसे रहेगा! बीट बाबू मागन को भी बखूबी पहचानते थे। उसे देखते ही, उससे बातचीत शुरू कर देते थे।

"अरे, मागन...कहो क्या समाचार है?"

"हउ, बाबू!"

"घूमने-फिरने निकला है? कहीं गार्ड नज़र आया?"

"ना, बाबू!"

"सब कमबख़्त आँख में धूल झोंकते हैं! फाँकी देते हैं।"

"हम नाहीं जानत हैं, बाबू!"

"देखना, कोई पेड़ न काटे। अगर कहीं, कोई पेड़ काटता हुआ मिल जाए, तो उसे बाँध-छाँधकर दफ़्तर में ले आना, समझा? रुपए मिलेंगे! रुपए!"

"हउ, बाबू!"

वह किसी को पकड़ सकता है, जंगल-कार्यालय तक ला सकता है और इसके लिए उसे रुपइय्ये मिल सकते हैं, इन सब बातों पर उसके दिल ने कभी भरोसा नहीं किया।

सिपाही कहा करते थे, "तू बड़ा बुद्धू है, रे, मागन! वन-वन घूमता-फिरता है। कभी, किसी को पेड़ काटते हुए तो नहीं देखा?"

"पेड़ कउन काटेगा?"

"तेरी जात-बिरादरी के लोग!"

"ऊ लोग कहाँ हैं?"

"रामगेरी के उस पार से आते हैं।"

"फॉरेस में?"

"हाँ, रे, बुद्धू! अगर हाथ आ जाएँ, तो उन्हें पकड़कर यहाँ ले आना! दमादम जुर्माना हम लेंगे, बीट बाबू लेगा। यहाँ और कुछ धरा भी क्या है? सिर्फ तनख्वाह से भला चलता है?"

मागन ने अच्छी तरह समझने की कोशिश की।

उसके बाद उसने थाना बाबू से पूछा, "हउ, बाबू?"

"क्या रे, मागन?"

''संथाल लोगन फॉरेस में आवत हैं?''

''आते क्यों नहीं हैं?''

''कहाँ से आवत हैं?''

''दूर-दूर से! उन लोगों को भी क्या कहें? गिरफ्तार करो, तो सफाई देते हैं, रुपइय्ये देकर, पेड़ काटने को कहा है, बाबू! सो, भूख की आग जलती है। ऐसे में पाँच रुपइय्ये हाथ पर धर दो, तो पेड़ कहो, तो पेड़, मानस कहो तो मानस, पहाड़ कहो तो पहाड़—जो कहोगे, सब काट डालेंगे! यही सब बातें करते हैं...''

''हम तो उन लोगन को कभी ना देखे—''

''लेकिन वे लोग तुझे ठीक देखते रहते हैं।''

मागन ने अपने को बेहद निरुपाय और असहाय महसूस किया। इतने सालों से अपने जात-बिरादरी का संग-साथ नहीं है। इसलिए क्या वह कुछ और का और हो गया है? संथाल चेहरा खोजते-खोजते उसकी आँखें थक गयीं, जबकि वे लोग आते हैं...उसी जंगल में आते-जाते हैं और मागन उन लोगों को देख नहीं पाता।''

''हम उन लोगन को ठीक खोज निकलिहौं, बाबू।''

''अगर देखना कि वे लोग गिनती में बहोत ज़्यादा हैं, तो चुपके-चुपके आकर मुझे बता देना। फॉरेस सलामत रखना मुहाल हो गया है। इस सरकार की भी बुद्धि की बलिहारी है। कैसे तो निर्जन-विजन में जंगल लगाया है...''

मागन ने मशीनवत् जवाब दिया, ''हउ, बाबू!''

हालाँकि अगर वह ज़रा चौकन्ना रहता, तो बीट बाबू समझ जाता कि फॉरेस अगर लगाना है, तो निर्जन-विजन में ही लगाना होता है। टाउन के अंदर क्या दस हज़ार-बीस हजार पेड़ों का फॉरेस लगाना संभव है?

खूब जल्दी-जल्दी थाने का कामकाज निपटाकर, मागन अब जंगल की तरफ चला जाता।

थाना बाबू की बीवी ने उनसे कहा, ''कैसा अजीब इंसान लगता है! साड़ जैसा जवान-जबरजंग! मुँह में जुबान नहीं है, रोज घूम-घूमकर काम करता रहता है। अब उसे पेड़ों के जंगल का काम भी थमा दिया?''

''औरत जात की जैसी मति! मैं क्या देश का राजा-बादशाह हूँ, जो उसे फॉरेस के काम में लगा दूँ? अरे, फॉरेस जाने का चाव...एक ताल धरा दिया है। तुम्हारा सारा कामकाज तो वह पूरा कर ही जाता है।''

''हाँ, सो तो कर रहा है।''

''देखो, पानी ज़रा कम खर्च करना, समझीं? एक आदमी पानी खींचे जा रहा है, तुम शाही अंदाज़ में खर्च किए जा रही हो, यह कैसी बात है?''

''लाइफर है न, इसीलिए इतना कुछ कर पाता है।''

''हाँ, सो तो है।''

थाना बाबू और उसकी गिन्नी मानो भूल ही गए कि अब वह लाइफर नहीं है। असल में अब वह मुक्त और आज़ाद है। ये बातें उन्हें याद नहीं रहीं, क्योंकि खुद मागन को भी यह बात अब याद नहीं थी।

संथाल की ज़िंदगी! जगत और संग-साथ से हमेशा के लिए निर्वासित! उम्र भर के लिए द्वीपंतरित! यह सब जान-समझकर ही मागन ने इसे मारंगबुरु की इच्छा मानकर, कबूल भी कर लिया था।

लेकिन वे लोग आते हैं, फॉरेस में दाखिल होते हैं, मागन को देखते भी हैं, मगर खुद नज़र नहीं आते, यह जानकर मागन के लाइफर सत्ता की बुनियाद में दरार आने लगी। जाने कहाँ तो भक्त लोग करम पर्व में अनाजों के बीज रोपते-सींचते हैं; जाने कहाँ तो शहराय पूजा में अरवा चावल के बुरादे की धारी बनाकर, पाँच शाल-पत्तों पर 'पीठा' मिठाई सजाते हैं और उन पर दीया जलाकर रख देते हैं, जाने कहाँ तो अकाल में जली मिट्टी पर बारिश की बूँदें भरती हैं। कोदो पौधों में अंकुर फूटता है।

मागन बेतरह विचलित हो आया। फॉरेस में दाखिल होने के बाद, वह कोई और ही अनमना इंसान बन जाता था। यह मागन हवा की तरह सर्वत्रगामी, खरगोश की तरह सतर्क और अँधेरे की तरह निःशब्द!

पेड़ के बाद पेड़! कतार-दर-कतार पेड़। जहाँ यूकेलिप्टस की कतार ख़त्म होती थी, शालवन शुरू हो जाता था। महाविशाल नहीं, तरुण-तरुण शाल पेड़! झाड़ों के वन भी कितने-से थे। कौन लोग पेड़ काटते थे; कौन लोग लकड़ियों के ढेर इकट्ठे करते थे; कौन लोग छाया की तरह निःशब्द, बेआवाज सतर्क मुद्रा में उसका पीछा करते थे?

"कौन है जी संथाल जीव! आवाज दो न! हम कोऊ को नाहीं पकड़वाएँगे! कितने सालों से अपनी जात-बिरादरी का मुँह नाहीं देखा, अपने लोगन का भाखा नाहीं सुना, बड़ा अकाल-जला होय गया हूँ! हम पर दया करो, जी!"

पता नहीं कौन लोग हवा की तरह हट-बढ़ जाते थे; जाने कौन तो खरगोश की तरह तेज-गति से भाग खड़े होते। पेड़ों की सरसराहट और मर्मर के शोर में जाने कौन लोग तो फुसफुसाकर आपस में बातें करते थे। मागन उन्हें खोजता-खोजता हार जाता था और विफल क़दमों से लौट आता था। उसके पाँवों से बेड़ी नहीं उतरती! बेड़ी नहीं खुलती!

नाप-नापकर कदम रखते हुए, मागन लाइफर बहँगी में पानी ढोकर लाता। उसकी आँखें खुली रहतीं। उसकी आँखों की पुतलियों पर गौर करो, तो वे सपनों में खोई होतीं। किसी जादू-काठी के स्पर्श ने उसे कैद कर लिया था। काका कहता था कि वह उसका ब्याह कराएगा; उसके बेटे को गोद में लेकर लाड़-दुलार करेगा! अब वह लाइफर नहीं है! लाइफर नहीं है! वह लाइफर अब मागन कैसे बनेगा, अगर

वह फॉरेस में आने-जाने वालों का अता-पता न पा सके? उन लोगों ने क्या उसे 'बिटलाहा'...बिरादरी-बाहर कर दिया है? वह तो जेल जाने का प्रायश्चित्त करने को अभी भी तैयार है!

"लाइफर, घड़ा भर दे, मेहमान आने वाले हैं।"

आज बाँध से पानी लेने जाते हुए, चट्टान जैसे काले पत्थर ने मागन की काकी को कटी-फटी हथेली जैसा स्नेह-स्पर्श दिया। उसका बदन सहलाती रही।

नीम तेल की खुशबू! नीम के बीज पीसकर, निकाले हुए तेल की कड़वी और तीखी गंध! जानी-पहचानी खुशबू! मागन ने उस चट्टान को मत्था टेका। उस पत्थर से अपना चेहरा रगड़ा। बाँध के पानी में जाने कौन संथाल औरत-मर्द अभी-अभी नहाकर गए हैं। रूखे-सूखे बदन समेत पानी में नहाकर, इसी चट्टान पर बैठकर उन लोगों ने सिर और बदन पर रगड़-रगड़कर नीम का तेल मला होगा। मागन ने लंबी-सी साँस खींचकर, वह खुशबू अपनी छाती में भर ली। काकी हो! दनी रे! मागन रो पड़ा। मागन का खोया हुआ अतीत, मागन का अपहृत जीवन...सारा कुछ पिसी नीम तेल की कड़वी-कसैली, चिर-परिचित गंध के साथ लौट आया था।

मागन बहँगी में पानी लादकर वापस लौट आया। उसका चेहरा-आँखें बेतरह गंभीर! तमतमाया हुआ!

धान-कटाई पूरी हो चुकी। अगहन के अंत और पूस के शुरू की ठंडी-ठंडी हवा में बर्फीला अहसास! सिपाहियों ने पत्ते तोड़कर, अलाव जलाया। पास ही कहीं गोश्त पकाने की खुशबू। आज थाने में ढेरों मेहमान आए थे। जंगल बाबू, जंगल बाबू की बीवी, उनके बाल-बच्चे!

जंगल बाबू ने मागन को आवाज़ देकर पूछा, "क्या रे, मागन कोई हाथ लगा? किसी को पकड़ पाया?"

"ना, बाबू, पकड़ा तो उसे छोड़ूँगा नाहीं।"

"मगर पकड़ेगा कैसे? रात के आखिरी पहर में आते हैं, भोर होते-होते नौ-दो ग्यारह हो जाते हैं। शाम को सारा कुछ बटोरकर रख जाते हैं। यह सब कौन कराता है, क्या हो रहा है, मैं सब समझता हूँ। कुल्लमकुल दो गार्ड लेकर, उनका सामना कैसे करूँ? क्या ग़ज़ब की हँसिया-कुल्हाड़ी चलाते हैं! हट्टी-कट्टी जात जो ठहरी!"

"ठीक है, तभी जावेंगे, बाबू!"

"पागल जैसी बातें करता है। अरे, रात क्या जंगल में ही बिताएगा?"

"रात वहाँ...जंगल में बितावें, तो उन लोगन से भेंट हो जावेगी?"

थाना बाबू और जंगल बाबू हँस पड़े।

थाना बाबू ने कहा, "जा, खा ले! दिन भर जी-तोड़ मेहनत करता है..."

"हउ, जात हौं, बाबू!"

"लाइफर जी-तोड़ मेहनत करते हैं। मेहनत में इनका कोई जवाब नहीं, समझे,

बीट बाबू? जहाँ से सब लोग पानी लेते हैं, यह बंदा वहाँ से पानी नहीं लेता। काफी दूर तक चलकर जाता है। क्यों, रे?''

''हउ, बाबू!''

''देखना, भइये, जब भी जंगल में जाना, हाथ में लाठी ज़रूर रखना। उन लोगों का कोई ठीक-ठिकाना नहीं—''

''हउ, बाबू!''

मागन पाँव घिसटता हुआ चला गया। उसका खाना परोसकर, रेणुबाला ने उसकी तरफ खिसका दिया। भात के पहाड़ पर दाल और बगल में थोड़ा-सा मांस! ऐसे गुलाबी जाड़े में सूअर का गोश्त और गरम-गरम भात खाने के दिन! सर्दी के चाँद का चेहरा कैसा तो धुँधलाया हुआ नज़र आता है। भात लेकर, मागन अपनी कोठरी के दरवाजे पर आ बैठा। बीट बाबू की ही बात सच है। वे लोग शाम-शाम या रात के आखिरी पहर में आते हैं।

सिपाही ने सदय आवाज में पूछा, ''क्या रे, लाइफर, तुझको गोश्त दिया?''

''हाँ, दिया।''

''अच्छा है! अच्छा! चल खा—''

''अच्छा, वो लोगन जदी जंगल में आवें, तो उन लोगन को थाने में लाय सकत हैं?''

''हाँ, थाने को सब इख्तियार है।''

''उसके बाद, का उन लोगन को जेल भेज देत हैं?''

''भेज सकते हैं! लेकिन, अगर पकड़ सकें! उनका दाँव कुदाल छीन लेते हैं। जुर्माना लगाकर छोड़ देते हैं।''

''ऊ लोगन तो गरीब हैं—''

''अरे, अपना सब कुछ बेच-बाचकर जुर्माना अदा करते हैं। कितनी तकलीफ उठाकर, कितनी कोशिश-तदबीर से सरकार जंगल लगाती है...काठ बेचकर कितना ख़ज़ाना वसूल करती है। उसी की चोरी, सरकार भला बर्दाश्त करेगी?''

''ना, काहे 'बरदास' करेगी?'' मागन स्वगत बुदबुदा उठा।

सिपाही को छुट्टी नहीं मिली थी, इसलिए वह काफी झुँझलाया हुआ था।

''मैं इस बीट बाबू को भी जानता हूँ और थाना बाबू को भी! फॉरेस के बारे में इनकी करतूतें भी जानता हूँ। लेकिन, मागन, पालधी बाबू जितने-जितने पेड़ कटवाते हैं और चालान देते हैं, वो तमाम रुपए तो हमने कभी नहीं देखा; गार्ड लोगों ने भी नहीं देखा कभी! दो-चार डोम-संथाल अगर पकड़े भी जाते हैं, तो हमें भी दो-पाँच रुपयों की आमदनी हो जाती है। अब इस थाने में कुछ भी नहीं बचा। यह बहुत बुरी जगह है।''

''शायद...!''

"तू ख़ासा मजे में है। पानी खींचा, मिट्टी खोदी, खाया और सो गया।"

"हाँ, भाई!"

"सिपाही चला गया। मागन ने अपना थाली-गिलास माँज-धोकर रख दिया। उसके बाद, वह दुबारा दरवाजे पर आ बैठा। इतनी रात गए वे लोग जंगल में आते होंगे भला? रामगेरी पहाड़ के उस पार क्या है? संथाल बस्ती? बड़शुली के लोगों ने क्या वहाँ अपने-अपने घर बना लिए हैं? जेल में रहने का मतलब, एक तरह से अपवित्र होकर जीवन गुजारना! गँदला हो जाना! इसके लिए क्या बिरादरी को भोज देना होगा? बिरादरी जैसा कहे...!

अँधेरा रहते-रहते ही मागन उठ गया। इस वक्त वे लोग आ सकते हैं! उसने हाथ में बहँगी उठा ली। पक्के बाँस की पुख़्ता बहँगी! यही लाठी का काम देगी। वह तो किसी को मारेगा नहीं। इससे तो वह सिर्फ सियार-लोमड़ी ही खदेड़ेगा। अब तो बटबाड़ी भी बिल्कुल बदल गया है। वर्ना बाँध के किनारे, काले और उलू घास का जंगल होता और ऐसी ठंड के मौसम में जलचर पाखी उड़-उड़कर आते और अपना बसेरा बाँधते। बड़शुली में ज़िंदगी गुज़ारते हुए मागन गुलेल मारकर, फिनाइ नदी की छाती पर, पंछियों का शिकार करता। काकी पंछियों का गोश्त पकाती। ये यूकेलिप्टस के जंगल काफी निःशब्द होते हैं। उन पेड़ों की डाल पर पंछी अपना घोंसला नहीं बनाते।

मागन ने थाना पीछे छोड़ दिया और लंबे-लंबे डग भरता हुआ, आगे बढ़ चला। लाठी टेकते हुए, कूद-कूद कर चलने में कितना मज़ा आता है। अब वह पाँवों में बेड़ी नहीं रखेगा, जी! थाना-पुलिस देखते ही, उसके पाँव बँध जाते हैं। उसे पाँव घिसट-घिसटकर चलना होता है।

कहाँ हो तुम लोग? किसके लिए काठ चुराते हो? वे लोग ही क्या तुम्हें गिरफ़्तार करा देते हैं? सुनो, मागन तुम लोगन का 'दुस्समन' नाहीं है, हे! मागन को तुम लोग अपने पास बुला लो! नीम तेल की गंध ने मागन को पागल कर दिया है। कौन लोग, सर्दी की हवा में, अपने रूखे-सूखे बदन पर मिट्टी लपेटकर नहाते हैं? उसके बाद बदन पोंछकर, माथे पर रगड़-रगड़कर नीम का कड़वा-कसैला तेल मलते हैं? पकी-पकी-सी गंध! गरीब संथालों के बदन की गंध!

मागन जंगल में दाखिल हुआ! ना, दीर्घ और उन्नत यूकेलिप्टस के उद्धत जंगल में नहीं, वे लोग शाल वन में आते थे। शाल, सर्जोम, गड़ाम देवता...तुम प्रकट हो! वे लोग झोंय-झाड़ के जंगल में लौटे! कहीं चलने-फिरने की आहट! जाने कौन तो दौड़कर छिप गया। मागन नक्षत्र की रफ़्तार से दौड़ पड़ा, उड़ते हुए पत्ते की तरह, तूफानी रफ्तार से, झाड़-वन की छोर पर जा पहुँचा। छायाएँ खिसकती रहीं; छायाएँ हिलती-डुलती रहीं। मागन ने शाल-पत्तों की एक डाल तोड़ ली।

"देखो, हाथ में, शाल-पत्ता डाल लेकर आया हूँ हम! मोका मत मारो।"

"रुक जा!"

कोई दबी-दबी आवाज़ में गरज उठा और उसने उसकी तरफ एक पत्थर फेंककर मारा।

"नहीं, नहीं, मुझे मत मारो। हम मागन संथाल हूँ, जी! बहुत-बहुत सालों से हम पैरों में बेड़ी पहने हूँ। लंबे-लंबे डग भरकर चल नहीं पाता हूँ।"

किसी ने उसके पाँवों पर लाठी जमाई।

मागन गिर पड़ा।

नहीं, ज़्यादा चोट नहीं लगी। मागन उठकर खड़ा हो सकता था।

उन लोगों ने उसे घेर लिया। तमाम काले-काले चेहरे!

"थाने का कुत्ता है तू! खबरिया है।"

"संथाल होकर, अपनी जात को धरने आता है?"

"हम तोहें कुट्टी-कुट्टी काटकर छोड़ जावेंगे।"

"मोरे हाथ में शाल पत्तों की डार है–" मागन ने बमुश्किल कहा।

"शाल पत्तों की डार?"

"हाँ, यह देखो।"

"फिर...?"

गवाई ने झुककर, कौतूहल से देखा।

नीम-बीज-तेल की गंध आय रही है, जी, नीम-बीज-तेल की गंध!

रात, भोर हो आई! भोर! दिन कुसुम, कुसुम! मागन नदी जैसे कलकल-छलछल लहजे में बातें करने लगा, बारिश और शिशिर बूँदों की तरह रोता रहा! काले-काले चेहरे चुप! भावलेशहीन! मागन ने सब लोगों की तरफ देखा। सबकी आँखें अधेड़ पहाड़ हंसदा की तरफ जा गड़ी।

पहाड़ हंसदा अपनी कुदाल टेककर, खड़ा हो गया। काफी देर तक वह सोचता रहा! सोचता रहा! सोचता रहा!

"का कहत हो, पहाड़ हंसदा? सबेरा होनेवाला है।"

पहाड़ ने पच्चू से थूक दिया और सिर हिलाता रहा!

"उठो, मागन, उठो–"

पहाड़ ने बाकी संथालों की तरफ देखा!

"हमारी ही जात का है! संथाल होड़ है! हम गरीब-गुरबा लोग, गरीब ही रहत हैं। लेकिन मागन को त्याग करना, धरम की बात नाहीं है। चारों तरफ शाल-पत्र का जंगल! पूरब के आसमान पर सुरुज देवता!

"चलो, मागन संथाल होड़ के दुःख-जर्जर, अनिश्चित जीवन में लउट चलो।"

मागन उठ खड़ा हुआ।

"लाओ, उसके माथे पर भी काठ का एक गट्ठर धर दो! सामने काफी लंबा

रास्ता है! जल्दी-जल्दी पाँव बढ़ाना होगा। रामगेरी की ढलान पर चढ़कर, उस पार उतरना होवेगा।''

मागन ने बहँगी एक ओर फेंक दी। पाँव से बेड़ी भी उतारकर उछाल दी। अब बड़े-बड़े डग भरते हुए, आगे बढ़ने लगा। नदी की कलकल लहजे में बोलने-बतियाने लगा। स्वजाति-स्वजनों में मधुर गुन-गुन!

''बड़शुली-माँझीपाड़ा के संथालों की कोई ख़बर जानत हौ? नहीं, नहीं, उनके बारे में बस, ऐसे ही पूछ लिया। उन लोगन की ख़बर मिल जाए, तो भला, न मिले, तो भला!''

मागन को अब वह पेड़ मिल गया था, जिसके तले मिट्टी थी। बहते-भटकते, आखिर उसे अपनी जड़ें मिल ही गईं। नया समाज, बिरादरी के नए संथाल लोग ही जड़ों को सलामत रखेंगे। जिंदा जड़-मूल के सहारे, पेड़ बड़ी तेजी से, दुबारा सजीव हो उठेगा।

सामने रामगेरी की ढलान!

मागन कितनी जल्दी...कितनी तेजी से पहुँच गया...!

तीर : 1993 : अंतर्राष्ट्रीय आदिवासी वर्ष में

एक (1993)

5 सितंबर को शहीद दिवस मनाया जाएगा, शालकांद मुर्मू को यह बात असंभव लगी। उन दिनों वह अस्पताल में धौंक रहा था और डॉक्टर ने उसके बेटे, मंडल को साफ-साफ जवाब दे दिया था कि शालकांद के रोग का इलाज, झाड़ग्राम अस्पताल के वश में नहीं है। उसके मेरुदंड की कोमल हड्डियों को एट्रफी रोग ने धर दबोचा है। इसका कारण, कोई पुराना और इलाज न किया गया ज़ख़्म हो सकता है।

डॉक्टर की बात सुनकर, मंडल ने पूछा, "बचेगा नहीं?"

डॉक्टर ने कोई जवाब देने के बजाय, अपनी हथेली उलट दी।

"क्या लगता है, दांग्दर, बच जावेगा?"

"इनको कभी चोट लगी थी?"

चौथी श्रेणी का कर्मचारी द्विज एकदम से तुतलाने लगा और उसने बमुश्किल जवाब दिया, "वे शालकांद मुर्मू हैं, सर!"

"अरे, छोड़ो बेरा! उनको क्या पता? हाँ, एक बार बड़े ज़ोर की चोट लगी तो थी..." मंडल ने कहा।

"कोई एक्सीडेंट हुआ था?"

"न्ना! पुलिस ने बेभाव पिटाई की थी..."

द्विज ने डॉक्टर की तरफ घूरकर देखा! ये नए-नए डॉक्टर भी अच्छे-ख़ासे मुसीबत हैं। फिजूल ही उल्टा-पुल्टा सवाल पूछते हैं, मन के किसी ज़ख़्म को अनजाने में ही कुरेद देते हैं, तब इंसान तिलमिलाकर उन पर झपट पड़ता है। ज़रूरी बात करने से पहले, द्विज ने एकाध बार तो-तो, तो-तो किया, उसके बाद उसने अपना जुमला पूरा किया। उसकी बात से मंडल कहीं नाराज न हो जाए!

इससे भी बदतर संभावना यह थी कि कहीं, खुद शालकांद ही क्षुब्ध न हो उठे। बाइस वर्ष पुरानी यादें...! द्विज की उम्र बीस वर्ष! अस्पताल में वह अभी-अभी तैनात हुआ था। चारों तरफ पुलिस ही पुलिस! पुलिस लोगों में घिरा हुआ शालकांद,

पुलिस-वैन से नीचे उतरा! तना हुआ सिर! विशाल चेहरा! भाव लेशहीन मुद्रा। सुनने में आया, जब तक वह पकड़ा नहीं गया, तब तक वह तीर चलाता रहा। आखिरकार, वह पकड़ा गया। यह भी सुनने में आया कि झाड़ग्राम थाना और मेदिनीपुर जेल के बीच, उसने भयंकर मार खाई थी। लोगों की विशाल भीड़, ज़रा फासले पर खड़ी, बेहद सम्मान भरी आँखों से देखती रही, भाटागेड़ा का किंवदंती पुरुष, शालकांद मुर्मू, पुलिस-वैन में सवार हो रहा था।

सन् सतहत्तर में जब वह लौटकर आया, तब लोगों ने उसका क्या शानदार स्वागत किया! कितनी ख़ातिर-तवाजो की उसकी!

''शालकांद आय गवा! शालकांद!''

नवीन ने उसे अपनी दुकान पर बिठाकर, भर पेट मछली-भात खिलाया था। बहुत-से लोगों ने मिलकर उसे पान-बीड़ी पेश करके, उसे बस पर चढ़ाकर विदा किया था।

इस डॉक्टर को यह सब क्या पता?

शालकांद जब टाउन में कदम रखता था, वह क्या किसी की परवाह करता था?

''इसे अस्पताल में भर्ती कर लेवें! इन लड़कियों का एक्सचेंज में नाम लिखाएँ! उस छोकरे को अभी तक 'टाइपेंड' काहे नाहीं मिला?''

वह अपना काम वसूल करता और वापस लौट जाता।

ऐसे इंसान के मेरुदंड में एट्रफी?

द्विज ने पूछा, ''कलकत्ते ले चलोगे, मंडल?''

''हाँ, गाड़ी से! सगाई के वक्त 'गरमिन' बैंक ने मोका नज़राना दिया था। बरा, बैंक खुले और हम थैले में 'लोट' भर लूँगा और कलकत्ता चल दूँगा।''

उसने अपने बप्पा से कहा, ''तुमका हम घर ले जा रहा हूँ! अस्पताल में तुमका हम लाये ही काहे?''

उसके बाद, बैलगाड़ी! पुआल की मोटी तह बिछाई गई! उस पर दरी, तोषक, मोटी-सी तकिया!

अचानक शालकांद ने आवाज़ दी, ''मंडल, रे...!''

''हाँ, कहो।''

''चांदो चला गवा, आज...''

''बाइस बरस हो गए।''

''आज अगर वह होता, तो...''

''वह अब नाहीं है, बाप!''

''हम ई नाहीं कह रहे...आज अगर वह होता, तो का कहता? सड़क नाहीं थी, अब रिलीफ रोड बन रही है जो तू नाहीं कर सका, भाटागेड़ा के तीन-तीन लड़के

नाहीं कर सके, वह एक बेटी ने...नौकरी कर रही है। लेकिन कितना-कितना घर उजड़ गवा...मुंडापाड़ा की रोहिनी रगड़ा चली गई...अउर खाइ-खलासी की ज़मीन का कउनो निपटारा नाहीं भया..."

"ज़्यादा बात मत करो, बाप!"

"उस साले का बेटा, राजन, कहीं दिखाई पड़त है?"

"न्ना! वह तो तभी...कांथी जाकर रहने लगा।"

"मंडल..."

"हाँ, कहो।"

"अब हम और नाहीं बचूँगा।"

"तुम अभी बहुत दिन जीओगे! शुभ और दीया...ऊ दूनों का बियाह देखकर जाओगे।"

"पहुँचकर हम 'मीटिन' करूँगा, मंडल! मास्टर को बुला लाना।"

"काहे, बाप?"

"ई बार शहीद दिवस मनाऊँगा, मोरा मन कहत है। चांदो लोगन को हम सपने में देखे, रे! जब हम अस्पताल में थे न, तब साच्छात, जीते-जागते, ऊ लोगन को हम देखे! लड़के हमसे बोले–तुमका देखे आए हैं हम! अउर चांदो मोसे अपना तीर माँगत रहा।"

मंडल की आँखें धुँधला आईं, मानो दिगंत में वे आँखें किसी को ढूँढ़ रही हों। लेकिन आँखों के सामने धू! धू! दिगंत! काँपती-थर्राती ज़मीन। छोटे-छोटे गाँव! छोटे-छोटे खेत नज़र आए। अब वे दिन-काल नहीं रहे। अब कुलियों के आड़े-तिरछे पाँवों के निशानवाली कच्ची पगडंडी नहीं, सारी पंचायती सड़कें बन चुकी हैं। पंचायती सरणी, कच्चे रास्ते, लेकिन रेखागणित के नियम के मुताबिक बेहद मजबूत! पुख़्ता! एक ही डिज़ाइन के! गाँव में टिन की छादन, मिट्टी के दो-मंज़िला घर। सैलो और रसायनिक खाद मिली मिट्टी, अब साल भर में तीन-तीन फसलें प्रसव करती है। बकरी ब्यानेवाली माटी! मिट्टी की यह कृतघ्नता दिल पर गहरी चोट करती है। जिस खाइ-खलासी ज़मीन को लेकर, भाटागेड़ा के संथाल, मुंडा, भूमिज लोग, सन् 1968 से महापराक्रमी चंद्रकांत बेरा और उसकी ताबेदार पुलिस और भूमि-राजस्व से लगातार संग्राम कर रहे हैं, उस दिन अगर वह ज़मीन मिल भी जाती, तो क्या एक-फसला ही रहती? सन् सत्तर के दशक में वह ज़मीन एक-फसला थी। जाने क्यों तो माटी ने आदिवासियों के हाथ दुबारा लौटना नहीं चाहा। माटी, बेरा लोगों के हाथ से सामंत बाबू, उसके बाद माइती बाबू! आजकल वह ज़मीन प्रधान लोगों की दखल में है। देखो न, अब माटी साल में तीन-तीन फसलें उगल रही है। यह जो रोशनी बिखेरते खेत हैं, जहाँ पंचायत द्वारा अनुमोदित खेत-मजूर काम करते हैं, फसल काटते हैं; मेहनत करते हैं, फसल उगाते हैं, मंडल तो जानता है, वह ज़मीन दरअसल किसकी थी!

मंडल ने कहा, ''हाँ, बाप, मास्टर को बुला लावेंगे! मीटिन होगी।''

''देख, यह दिन हर साल मनाया करना! नाहीं तो, लड़के-बाले जानेंगे कइसे? दंक कमबखत तो फुर्र हो गवा...''

मंडल ने धीमी आवाज़ में कहा, ''दंक अब नाहीं है, बाप! वह तो अब मोदीमुहाल में रहत है।''

शालकांद ने लंबी उसाँस छोड़ते हुए कहा, ''कालीपुर, गोपाल हाट...सब नया-नया नाम हो गवा अब! कभी यह स—ब भाटागेड़ा मउजा था और लोग? तब लोग भी...''

''घर आय गवा, बाप!''

कालीपद सोरेन, बरेन भुंइमाली, पीतांबर हेम्ब्रम, माखन, हांसदा, धानुक मुर्मू आ पहुँचे। शालकांद ने बुलाया है! शालकांद ने।

माखन ने कहा, ''चांदाविला से निकल पावें, यह उपाय कहाँ है? सना की माँ ने नया-नया बत्तख पाला है या...? अरे, ऊ बत्तख नाहीं है, बाँस हैं! उठाओ और चुगाओ! बहुत झमेला है, जी, मुर्मू!''

धानुक ने सविनय कहा, ''हाँ, आप क्या कहने वाले हैं, यह बताएँ...''

''बात करूँगा जी, बड़ा मन कर रहा है...''

''....................''

''....................''

''ज़रा साफ़-साफ़ बात करो न, शालकांद!''

''हाँ, बताता हूँ, अस्पताल में, लड़के हमरे सपने में आवत रहे! ऊ सबको हम साच्छात...अपनी आँखी से देखे! सना...तीर खोजत रहा...''

सबके सब एकदम चुप मार गए।

बरेन भुंइमाली की उम्र, शालकांद से कुछेक महीने ही कम होगी, लेकिन जब वह जेल में था, उसके बाल सफेद हो गए। अब, सफेद ही रह गए।

उसने दुहराकर पूछा, ''तीर?''

''हाँ, भुंइमाली, अब ई बात हम किसको बतावें? किसको याद होगा भला? सो, अब तो हम सब हूल-दिवस मनावत हैं...बिरसा-दिवस मनावत हैं! गवरमिन भी मनावत है, हम सब भी मनावत हैं। लेकिन, भाटागेड़ा में तो तुम लोगन भी थे। हम सब भी तो हम एक 'हूल' किए थे...'किरांती', भई, 'किरांती'। हम लोग भी तो 'किरांती' किए थे...''

''उन दिनों नक्सल की लड़ाई चल रही थी, शालकांद!''

''ई नक्सल आए कहाँ से? अरे, जेहल में नाहीं सुना था? शुभ बताता था न! वह संथाल लोगन की ज़मीन की लड़ाई थी। जंगल संथाल का नाम नाहीं सुना?''

माखन की आँखों में दुःख भर आया।

उसने धीमी आवाज़ में कहा, ''बेटी का ब्याह करके भी...मोरे घर पड़ी है!

सना तो...! लेकिन, पुराने लोगन आज भी कहत हैं, सना का बाप! सना की माय! कहो, जी, मुर्मू, ऊ पीर हम भूला नहीं हूँ। कहो।''

''सावन में, शुभ के इस्कूल में खुदीराम के नाम पर शहीद दिवस मनावत हैं कि नाहीं? मोरे मन में तभी से ई बात गड़ गई! खुदीराम तो जाने कब मर गवा, ओका हम आज भी याद करत हैं अउर ई भाटागेड़ा में, ऊ कीचड़ भरे गढ़ई के किनारे चार-चार जवान छंउड़े, गोली खाकर, मर गए। भाटागेड़ा में उथल-पुथल मचाये...इतने लोगन देस छोड़कर परदेसी भये...! इ-त्ता बड़ा आदिवासी मउजा रहते, आदिवासी लोग उजड़ गए, नाहीं तो तू लोग इधर-उधर भटकते रहते? भाटागेड़ा मउजा को तोड़-फोड़कर, कालीपुर, गोपालहाट, नया-नया गाँव बस गवा। भाटागेड़ा तो बस, इत्ता-सा रह गवा। हमार कहना है, हम लोग भी शहीद दिवस काहे नाहीं मनाएँ? जदी तुम लोग...ई दिन नाहीं मनाए, तो शालकांद अपना परान नहीं छोड़ पा रहा है!''

धानुक का चेहरा चमक उठा।

''शहीद दिवस!''

''अपने बेटा-बेटी को का बतावोगे तुम लोग? लड़ते-लड़ते अपना परान दै दिहिस किसका जेठू? किसका काका? किसका बेटा? वह बात भूले ही रहोगे? हम तो शुभ से भी कहता हूँ—'तू अपने जेठू जइसे बनना। किसी से मत डरना।' ऊ भी कहत है—लाओ, हमका जेठू का तीर दो! हम तीर-धनुक चलावेंगे।''

''हाँ, मुर्मू, पाप हुइ गवा...हम मनावेंगे।''

''मालूम, परधान की ज़मीन जब भी देखत हौं...''

दो (1968)

1.11.1965 से ही यह क़ानून लागू हो चुका था कि आदिवासी लोग, सिर्फ आदिवासियों को ही अपनी ज़मीन बेच सकते हैं, दान, आय-रेहन या खाइ खलासी बंधक रख सकते हैं। खाइ खलासी रिवाज मुताबिक ज़मीन सात सालों के लिए बंधक रखी जा सकती थी। इसके लिए भूमि-राजस्व विभाग के लोगों के सामने लिखा-पढ़ी होगी। महाजन इन सात सालों तक उस ज़मीन पर खेती-बारी करेगा और फसल की कीमत, कर्ज़ के रुपयों के तौर पर वसूल करेगा। इसकी समय-सीमा पूरे सात वर्ष! सात वर्षों में अगर कर्ज़ के रुपए वसूल नहीं हुए, फिर भी कर्ज लेनेवाला उपयुक्त अधिकारी को सूचित करे, तो ज़मीन मालिक को उसकी ज़मीन वापस दिला दी जाएगी।

शालकांद मुर्मू को इतनी सारी बातों की जानकारी नहीं थी। 'कर बंधक' या 'खाइ खलासी' दंग-पिंग-सांग वगैरह लिखने की बात, वह नहीं जानता था। हरिचरण

मुंडा या नज़र मोदी भी नहीं जानते थे। संथाल, मुंडा या कोड़ा (मोदी) बस्तियों के लोग, आमतौर पर इतनी सारी ख़बरों से बेख़बर थे। रुपंये वगैरह का लेन-देन, पुराने परिचय या पारस्परिक विश्वास पर निर्भर करता था।

छियासठसाला चांदो भुनिया, दिगम्बरचरण स्कूल से आठ क्लास पास करके यहाँ आया था और भाटागेड़ा में गहरे आनंद की लहर बह गई। मातंग सोरेन की चौदहसाला बेटी, लवनी बड़ी गर्वभरी मुद्रा में, चांदो के पीछे-पीछे घूमती रहती थी, मानो आठवीं क्लास उसी ने पास किया हो।

उन्हीं दिनों हरिचरण ने कहा, ''शालकांद, आसपास कोई इस्कूल नाहीं है। हम लोग जदी इस्कूल खोलें और तीन बरस चलाते रहें, तो सरकार भी मान लेवेगी! फिर...''

''फिर क्या होगा?''

''वह पढ़ावेगा! चांदो पढ़ावेगा! हम यह कहता हूँ, शालकांद, कि इस्कूल बन जावे, तो हम लोगन के बेटा-बेटी अलोना साग-तरकारी की तरह, फेंकुआ होकर नाहीं रहेंगे।''

''चाँदो? ऊ साला तो...?...लिए-लिए घूमता-फिरता है।''

''नहीं, नहीं, ऊ समझ जावेगा।''

''कालीपद नहीं पढ़ा सकता?''

''भाटागेड़ा तो उसका घर है! ईहां इस्कूल होवेगा, तो ऊ ज़रूर आवेगा और बरेन भुंइमाली भी आवेगा।''

''भुंइमाली!''

''भुंइमाली ठहरा पढ़ा-लिखा, सिच्छित मानस! कउनो जमाने में ओका बाप और ऊ खुद, मेदिनीपुर के देवेन दास की लीडरी में सी पी आइ करत रहे। पार्टी बँट गई, उसके बाद भी ओका मन, वाम राजनीति में लगा भया है, मगर ऊ कउनो पाट्टी-वाट्टी नाहीं करता।''

''चलो, भुंइमाली है, तो हम भी हूँ!'' शालकांद ने सहमति दे दी।

भुंइमाली ने कहा, ''पहले एक कमरा बनाओ। कमरा! नियमित क्लास लूँगा मैं।''

उन्हीं दिनों शालकांद और उसके साथी, शाल काठ के खूंटे, दरवाजे, खिड़की, चौखट, बेंच, ब्लैकबोर्ड समेत 'भाटागेड़ा आदिवासी प्राइमरी विद्यालय' का सपना देखने लगे।

नक़द रुपयों के मामले में उसने छाती ठोंककर कहा, ''जमीन है न् मोरे पास! खाइ खलासी कर देबों! बेरा तो रुपइय्ये लिए बैठा है।''

उन दिनों चन्द्रकान्त बेरा, हमेशा सिर पर छाता ताने हुए, भाटागेड़ा-खांटुली, पीपलबेड़—महाकाल वगैरह आदिवासी गाँवों के चक्कर लगाता फिरता था। किसके

घर बियाह होने वाला है, कौन गोशाला बनाना चाहता है, कौन नए गाय-बैल खरीदेगा, कौन अपने निजी कुएँ का सपना देखता है—मिठबोला, मिलनसार बेरा, ये तमाम खबरें पता करता रहता था।

"अरे, रुपइय्ये चाहिए? हम हूँ न! हमरे पास काहे नाहीं आते?"

बेरा जैसे इंसानों के पास कोई अदृश्य एंटेना मौजूद रहता है। ऐसे लोग फौरन अंदाज़ा लगा लेते हैं कि कब उन्हें रुपयों की ज़रूरत है। रुपए लेते वक्त, एक सफेद कागज पर छाप-सही लगा दो और रुपए ले जाओ। शालकांद जैसे लोग तो यह जान भी नहीं पाते थे कि उन लोगों ने अपनी ज़मीन किस भटा सोरेन या महेश सिंह-सरदार या उपेन सिंह मुंडा नामक आदिवासी के पास बंधक रखी।

उनकी तरफ से बयान, बाद में बेरा खुद ही बैठा लेता था।

घर के नाम पर ये लोग कैसा घर बनाने वाले थे? दो सौ-अढाई सौ-तीन सौ रुपयों में वह किसी वजूदहीन आदिवासी के पास, आखिर कितनी ज़मीन बंधक रखेगा, यह बात भुंइमाली नहीं जानता था। सन् 1968 में उसकी उम्र अड़तीस साल थी। उसने इक्कीस साल कम्युनिस्ट पार्टी करने, पार्टी बँट जाने का दर्द सहन करने के बाद, यह अहसास उसे सूअर की तरह खोचा मार रहा था कि वोटों के महत्वाकांक्षी कम्युनिस्ट आंदोलन के जरिए गरीबों का कोई भला होने वाला नहीं है। उसे किसी तरह के पथनिर्देश की तलाश थी। हालाँकि वह हमेशा तृणमूल के सांझा-खेतिहर, छोटे खेतिहर और भूमिहीन लोगों में हमेशा उठता-बैठता, रहता-सहता रहा, इसके बावजूद, किसी भी मुद्रित पुस्तक में, कोई गहन-गंभीर, सोच-प्रसूत तथ्य न पाकर, वह अपने को बेतरह निस्सहाय महसूस करता था।

उन्हीं दिनों उसका साथी कॉमरेड, टीबी का शिकार, भूतनाथ राना ने अपनी मौत के आखिरी पलों में उससे पूछा था, "कभी 'कथामृत' किताब पढ़ी है आपने?"

"मैं और धर्मपुस्तक पढ़ूँगा?"

"वह क्या धर्मपुस्तक है? मैंने पढ़ी थी वह पुस्तक! इस वक्त अचानक 'वैराग्य' कहानी याद आ रही है।"

"रेस्ट, कॉमरेड, रेस्ट! आप बात न करें।"

भूतनाथ की आँखें अतिशय उजली-उजली थीं। उसकी आवाज़ मानों कहीं दूर से तैरकर आती हुई!

उसने कहा, "संन्यासी होने का ख़्याल आते ही, घर-गृहस्थी को सहेजकर रख छोड़ूँ, बाद में सर्वत्यागी हो जाऊँगा—यह सोच बनी रही, तो संन्यास नहीं लिया जा सकता। जैसे ही संन्यासी होने का इरादा जागे, सारा कुछ फेंक-फांककर, निकल पड़ना होता है। मैं भी...कॉमरेड...अगर कर सकता, तो यही करता।"

"आप ये सब बातें, बाद में कर लीजिएगा। पहले आप ठीक हो लें।"

"आप नहीं समझेंगे। जिन लोगों को साथ लेकर, मैंने किसान फ्रंट किया, उन

लोगों के साथ जुलूस में...सम्मेलन में शामिल हुआ! चाबी अपनी जेब में रखी, किसी एक को भी नेता नहीं बनने दिया। ते भागा...अलां-फलां...कितना कुछ किया...उन लोगों को कुछ नहीं मिला। अगर मेरा वश चलता, तो बिना कुछ सोचे, उन लोगों के बीच जाकर, उन लोगों की बातें सुनता, सम्मान देता। सार्थक काम करता। लेकिन, ज़िंदगी में ज़िंदगी नहीं जोड़ी जा सकी। मधु माइती कहा करता था...कहता था अचानक वैराग्य...''

भूतनाथ ख़ामोश हो गया। 'सहसा संन्यासी' वह हो नहीं पाया, क्योंकि टीबी रोग ने उसकी जान ले ली। भुंइमाली उस दिन रोया था। बेतरह रो पड़ा था। उसके कमरे में 'सोवियत देश' का पहाड़ लगा हुआ था! सोवियत में कितनी उन्नत चिकित्सा-व्यवस्था है। भूतनाथ को अगर वहाँ ले जाते, तो क्या उसे बचाया नहीं जा सकता था? बाँहों में ताबीज़, गले में गुरु की तस्वीर जड़ित लॉकेटधारी, भूतनाथ के पिता!

उन्होंने कहा, ''सुनो, राम-नाम-ध्वनि मत देना। उसके सिरहाने धूप बत्ती मत जलाना। तू लोगन उसका 'सराध' भी मत करना। तू लोगन का दादा, इन सब बातों पर विश्वास नहीं करता था।''

हँफनी के शिकार, क्लांत, ज़िंदगी से तंग आए हुए पिता को देखकर, भुंइमाली ताज्जुब में पड़ गया था।

उन्होंने ही भुंइमाली से कहा, ''तुम रो काहे रहे हो, ज़रा बताओ तो? भूतो को मालूम था, मुझे भी मालूम था, वह मरते-मरते मर जावेगा, मगर 'पाट्टी' नाहीं छोड़ेगा।''

ये तमाम तजुर्बे भुंइमाली के सीने पर दमादम हथौड़ों जैसी चोट करते थे और उन्हें बखूबी अहसास हो गया था कि अब कोई और उपाय करना होगा। उन्हीं दिनों वह भाटागेड़ा में स्कूल खोलने के लिए उत्साहित हो उठा। स्कूल के लिए लंबे-चौड़े, देखकर तो वह चकरा ही गया। उसने वगो भाइती की बनाई हुई टेढ़ी-मेढ़ी बेंचें भी देखीं। ब्लैकबोर्ड भी हाथी की तरह भारी था। ठीक चौकोर भी नहीं था और नाप में एक तरफ ज़रा छोटा भी था।

जनक सिंह मुंडा ने गर्व से कहा, ''सब शाल, गामा के काठ से बनाया गया है। सौ साल तक चलेगा।''

''खर्च...कितना पड़ा?''

''सारा हिसाब चांदो ही लिख रहा है, बिरादर, यही कोई हजार दुइ पड़ा होगा–''

''बारह सौ रुपइय्ये!''

''हांऽ, सबने मिल-मिलाकर पूरा कर दिया।''

भुंइमाली एक बेंच पर ही धम्म से बैठ गया। इन लोगों के सामने, उसने अपने

को बेहद दीन-हीन महसूस किया। इन लोगों को उसने जुलूस में झंडा उठाने के लिए बुलाया था। अन्य कोई दायित्व तो...

भुंइमाली ने कहा, ''हम कलकत्ता चला जाता हूँ, शालकांद, थोड़ी किताबें लै आऊँ। दिन में बाल-बच्चे पढ़ेंगे, रात को तुम लोग! और हम...हम यहीं रहूँगा। चलो, कालीपद, चलें। बस, जावेंगे और लौट आवेंगे।''

दिन के वक्त पहला सत्र, रात को सभी के साथ मिलकर उठना-बैठना, इस तरह भाटागेड़ा में आदिवासी प्राथमिक विद्यालय की शुरुआत हुई। ज़मीन पर जल्द से जल्द किसका अधिकार हो, कृषक-संग्राम, रूस-चीन...यहाँ सभी विषयों पर बातचीत होती थी। चांदो अपने छात्र-छात्राओं को बेंत की शंटी मार-मारकर पढ़ाता था! दोपहर के वक्त वह तीर चलाने का अभ्यास करता था। उन दिनों घने जंगल में शाही, खरगोश वगैरह कम होते गए। चांदो, सना हंसदा, जुड़वाँ भाई सेवक और धानुक मुर्मू लीडिंग शिकारी थे।

एक दिन चांदो ने कहा, ''शिकार परब में उस बेरा के बेटे का हाथ ही काट दूँगा। हमारी लड़कियाँ जब नदी की तरफ जात हैं, तो साला घूर-घूरकर देखत है।''

धानुक ने पूछा, ''लवनी पर भी टकटकी लगाए रहत है?''

''देखेगा, तो आँख फोड़ दूँगा।''

शालकांद ने एक दिन कहा, ''आन देस की बात दूसरों से करो, भुंइमाली, इन लोगन को ज़रा 'हूल काथा' तो सुनाओ—''

और-और देशों की 'कथा', हूल प्रसंग में 'काथा' क्यों? भुंइमाली को यह सवाल करना नहीं पड़ता।

शालकांद ने स्वगत ही कहा, ''हम ऊ 'काथा' सुने हैं। पुरुलिया में एक बंदा काथा कहता है, सब सुनत हैं। हमरी माय के कक्का 'काथा' कहते थे। हम भी सुनाऊँगा इन लोगन को! तुम अभी हमका ऊ काथा सुनाओ।''

कालीपद ने कहा, ''काथा का माने है कहानी! पुरुलिया में इसे 'रातकहानी' कहत हैं।''

भुंइमाली अवाक्!

वह क्या किसी को सिखाएगा? शालकांद और उसके और-और साथी ही उसे सिखा रहे हैं। शालकांद उससे 'काथा' सुनेगा और जो लहजा और भाखा, ये लोग सुनते-समझते हैं, उसी लहजे में इन लोगों को सुनाएगा।

भाटागेड़ा में इन दिनों पुराने को पुनर्जीवित करके, वंचित आदिवासी और अन्य शोषितों के मन में, काफी तेज़ी से एक नई चेतना घर करती जा रही थी। सब कुछ उसने श्रुतिकथा के लहजे में शुरू किया। मसलन—''पूर्व-पुरुख लोग, बूढ़े-बुजुर्ग लोग कह गए हैं, मानस का सिरजन पूरब दिसा में भया। पहिले सब कुछ पानी में डूबा भया था, उसके तले माटी थी। ठाकुर जी ने पहिले पानी का जीव रचा, बाद में सिरजा—

इंसान! माटी से ही मानस रचा-गढ़ा। बाद में..."

"हाँ, तो सुनो सब जन, ई माटी से ही हम बने, ई माटी पर ही हम जी रहेन हैं! ई माटी...हमारी भी। कब दीकू आ धमके। हमने उन लोगन को बइठे की जगह दी। उसके बाद कितने ही राजा-परजा, जमींदार, महाजन आते रहे...! दीकू बड़े चालाक-चतुर जानकार थे। हमरी ज़मीन हड़प ले, इसके लिए सरकार हम सबन को कई-कई बंधन में बाँध दिहिस। अभी की ही बात लेवें...हमार बप्पा, दुर्जन मुर्मू की ढेरों ज़मीन थी। इस पदलोचन, मुंडा, कड़ा, भूमिज, किसके पास ज़मीन नाहीं थी? स-ब बेरा के पेट में समा गई। अउर गई भी कइसे? सादे कागज पर टीप लगाओ। टीप मारो सादे कागज पर! अउर जब रुपइय्ये लेकर गए, तो बेरा ने कागज दिखा दिया। कहा—हमरे पास तो बंधक रखा नहीं था, भाइयो, तुम सबने अपनी ज़मीन सौंपी थी, आदिवासी भुवन बेशरा को, जिसका चंद्री में है। ऊ मानस, कागज हमरे पास बंधक रखकर, रुपिया लै गवा। तुम कउन हो, कहाँ से आए, बाप?"

"अब लो, समझो! समझो सकल जन!" शालकांद नगाड़े पर जोर-जोर से थाप देने लगा और गा-गाकर बताने लगा, "सरकार कहती है, आदिवासी की ज़मीन लेगा आदिवासी, नाहीं तो ई काम होगा गैर-कानूनी! सो, बेरा दिखावत है, झुट्ठा आदिवासी!"

चांदमणि बेशरा ने पूछा, "हउ, जी! तब का हमें अपनी ज़मीन वापस नाहीं मिली?"

"नाहीं, मिली, मामी, लेकिन खाइ खलासी ज़मीन अब हम फिर से दखल करिहौं। तीन बरिस पूरे नाहीं भये, बाकी रुपैय्यों के बदले धान देइहौं। हम टाइबेल जइहौं, अफसर से मिलिहौं। दावा ठोकूंगा—हमरी ज़मीन खलास कर दो—"

"चलो, चलेंगे।"

"ई सब सालों की जात, हगवास लगी, तो रस्ते में ही हगने बइठ जात हैं। अभी भी का बुद्धु-बक्काल रह गए हैं? अरे, अब घर जाओ, हाट-बाजार जाओ, सबको 'काथा' सुने को बुलाओ! माथे में तेल है कि नाहीं? तेल क्या केश के फैसन के लिए ही होता है? अरे, बुद्धि लगाकर सोचो ज़रा! जा, आज के लिए 'काथा' खतम!"

"हूल की बात फिर से बताओ न!"

"सोधू-कान्हू-चांदो-भैरों—चारों भाई ने 'हूल' काहे मचाया? ऊ लोग आदिवासी की ज़मीन हड़प लेत रहे, दस रुपैय्ये उधार देकर, सौ रुपैय्ये का धान उठा लै जाते थे—अब भी का नाहीं करते?"

"करत हैं! करत हैं!"

"हमरे मरद-अउरत को घर लै जात हैं और बेगार खटावत हैं। तू लोगन भी तो दुइ रुपैय्ये के लिए दस घंटा मेहनत करत है। ई का बेगार नाहीं है?"

"हाँ, सच बात! बेगार ही है।"

"और हमरी अउरत देखकर..."

"ललचाए रहत हैं..."

"अउर महाजन हमारा सब झपट लै जात है।"

"लेता तो बेरा है।"

"अक्कास में कै ठो सूरुज है?"

"एक ठो।"

"न्ना! भाटागेड़ा के आसमान पर बेरा, गगन कयाली और लहड़े थाना का दारोगा—तीन-तीन सुरुज हैं!"

"बाप रे बाप! कित्तना ताप होवेगा?"

"अब तू जो सोच! कल से अउर-अउर औरतन को लै आना! और मरद लोग दारू टुक कम पीवें! ज्यादा दारू, बुद्धि नाश! बुद्धि चली जावे, तो स-र-ब-ना-स! अब चलो, सब जाओ।"

इसी तरह सीधू-कानू की हूल! नक्सलबाड़ी में आदिवासी लोगों की हूल (शालकांद की नज़र में सारा कुछ हूल ही था), गोरो नदी के बाँध के लिए, जमीन-दख़ल के खिलाफ देवेन दास और गोपेन पांजा की हूल! खाइ खलासी प्रथा! डेबरा थाने में शिशुपाल कुमार कैसे सोमरी भांडी की ज़मीन खा गया, महापाल गाँव के गड़ामथाने का पेड़ बेचते हुए, चंद्र बेरा के काम में कैसे बाधा पड़ी, शालकांद वगैरह की जुबान पर ये तमाम बातें 'काथा' बनकर घूमने लगीं।

चांदो ने उत्सुक भंगिमा में कहा, "अहा, आज शार, कांड़बांस की काथा हो जावे।"

"हो ही सकत है! भुंइमाली शुरू हो जावे—"

"हाँ, भुंइमाली ही जानत है कि किताब में का-का लिखा है।"

भुंइमाली रोहिनी के करीब, रंजीतपुर के अमर षोड़ंगी के प्रतिष्ठित, अद्भुत पुस्तकालय की तरफ गया हुआ था। वहाँ अनगिनत अलभ्य पुस्तकों का समारोह! वह योगेशचन्द्र राय विद्यानिधि की पुस्तक 'धुनुर्वेद' से खटाखट कुछ उतार रहा था।

कुछ देर बार उसने शालक चांद और उसके साथियों से कहा, "इन सबसे क्या 'काथा' बनती है? शरद काल में जो बाँस मिलता है, उससे श्रेष्ठ धनुष बनता है। संथालों का धनुष बाँस का बना होता है। धनुष की डोरी भी कान तक ऊँची होती है। चिटलाड़ पेड़ की छाल के रोएं से बनी डोरी काफी पुख्ता होती है। तीर, तीन तरह के होते हैं—आपाड़ी सार, उगली सार, गानारी सार!"

"खैर, छोड़ो, भुंइमाली!"

शालकांद ने उद्विग्न लहजे में कहा, "हम लोगन का कुछ नाहीं रखोगे? स-ब किताब में लिख दिया—"

"तुम कुछ परेशान हो, शालकांद?"

चांदो ने जवाब दिया, "तो क्या 'सार' की बात नाहीं लिखी जावेगी?"

"जा, तू मर जा! भुंइमाली, ई बार, हम सब 'हूल' ना करें, तो ही अच्छा!"

"अब, कहो–"

"खाइ खलासी काथा, जमा देना होगा। बाद में बेरा के साथ...जाऊँगा! टाइबेल के अफसर के पास जाऊँगा।"

तीन (1968-1970)

भाटागेड़ा आदिवासी प्राथमिक विद्यालय के बारे में, लहर थानों के बड़े बाबू, नन्ददुलाल राय पूरी नज़र रखता था। उसने ख़बर लाने के लिए ख़बरिया भेजा! श्वेतकेशी बूढ़ी, दुकानदार घोचू, हाट में आश्चर्य मलहम और जयन्ती दंतचूर्ण बेचनेवाला, दिलीप! इस किस्म के ख़बरी, पुलिस के पे-रोल में होते हैं।

ख़बरी, ख़बर ले आए।

"घर मानो इन्दरपुरी! संथाल अउरतें चेहरे पर रंग पोतकर, सभा करत हैं। अउर एक माइल दूर से ही लड़कों का चिंचियाना सुनाई देत है–अ! आ! सब... स-ब पढ़ रहे हैं, साहब!"

"रात को क्या करते हैं?"

"काहे? शालकांद 'काथा' कहता है।"

"वह तो हमेशा ही कहता है। रात को क्यों?"

"लड़की, औरत, मरद–सभी दिन भर मेहनत करते हैं, रात को काथा सुनते हैं–! हम भी सुने हैं, वह काथा!"

"क्या कहता है जंगली संथाल?"

"राम-रावण संग्राम! कभी चांद-मैना का पाला, कभी अपने ठाकुर-देवता की काथा!"

मँझले बाबू, शोभन दत्त! वे साहब 'स्टेट्समैन' रखते थे और भयंकर नकियाते हुए, अखबार पढ़ते थे, बड़े बाबू की बातों के भूल-दोष भी वह सविनय सुधार देता था।

शोभन दत्त ने कहा, "उसे जंगली न कहें। आजकल समय बेहद खराब है! किस बात पर भड़क जाए, कौन कह सकता है? अब तो हाट का मोची तक फूत्कारने लगा है–खबरदार, बेटा-फेटा ना कहें। शराफत से बात करें।"

"खैर, छोड़ो, शालकांद ने तो नहीं सुना–"

"देखिए, कुरेद कर, घाव गहरा न बनाएँ। शूरवीर की जात ठहरी! और टाइम इज़ बैड! समय बुरा है।"

समय वाकई कुछ और तरह का था! बिल्कुल और तरह का!

इसीलिए नन्ददुलाल मन ही मन बुदबुदाया, "दत्त! अपने को बड़ा चतुर समझते हो? हमें निरा गधा समझते हो? सिर्फ अंग्रेजी अख़बार पढ़कर काम आगे नहीं बढ़ता..."

उसने हवलदार से कहा, "साइकिल-मरम्मत की दुकान से ईश्वर को बुला लाओ! कहना, मुझसे क्वार्टर में मिले–"

नन्द का परिवार दमदम में था, वह खुद यहीं रहता था! ईश्वर को उसी ने साइकिल की दुकान पर नौकरी दिलाई थी। ईश्वर की, अभी तक जवान माँ, उसके घर में सुबह आठ बजे से रात आठ-दस बजे तक काम करती थी। तन्खाह दस रुपए! सुबह-शाम माँ-बेटे का खाना, कभी-कभार कपड़े-लत्ते, साबुन, तेल वगैरह के बदले में यह चाकरी! इसके लिए उसे अक्सर बाबू का बिस्तर भी गर्म करना पड़ता था।

अपने घर लौटकर, ईश्वर ने कहा, "तुमरे लिए हमका कित्तनी बात सुने पड़त है।"

ईश्वर जननी बेहद मितभाषिणी! बदन का रंग निकष काला था, इसलिए आँखों का सफेद उजलापन कुछ ज्यादा ही नज़र आता था। आँखों की काली पुतलियों में मूढ़ क्षमा-प्रार्थना! जिसके पति ने खेत में धान-कटाई के समय भीषण मार-पीट किया, लक्ष्मण सामन्त की जुलाहिन की गर्दन पर हँसिया बिठाकर, दायरा अदालत में मुजरिम के तौर पर पाँच वर्ष विचाराधीन रहा और अब ग्यारह वर्षों से 'लाइफर' बनकर, उम्र-कैद की सज़ा काट रहा है, उसकी बीवी को गाँव के सामने, अपने बेटे के सामने नित्य-प्रति असहाय और मूढ़ क्षमा-प्रार्थना की मुद्रा में चलना पड़ता है। लाइफर की बीवी को खाना-कपड़ा, बेटे को नौकरी देकर उसने महादया दिखाई है, यह बात उसके सामने भी खुद दारोगा ही बार-बार दुहराता रहता है।

ईश्वर जब भी अपनी माँ को बुरा-भला कहने पर आमादा होता था, वह झट उसे टालने के लिए कहती, "छोड़, छोड़! तू मछली खा। मछली के पेट में अंडा भी था।"

उसी ईश्वर को दारोगा ने अपने क्वार्टर में बुला भेजा। उस लड़के की बुद्धि बेहद प्रखर; याद्दाश्त बेहद विलक्षण, इंसान का चेहरा पहचाने रखने की असाधारण क्षमता! वह काफी काम का ख़बरी साबित होगा।

दारोगा के हुक्म पर ईश्वर भाटागेड़ा के माँझीपाड़ा का चक्कर लगा आया।

उसने ख़बर दी, "चांदो, कालीपद, भुंइमाली–लड़के-लड़कियों को पढ़ाय रहे हैं। हाँ, चांदो ज़रा मारता भी है। हमका बोले, रात को काथा सुनकर जाना। चांदो का बाप बड़ा सुंदर काथा कहता है। पहिले कइसी थी यह सिरिष्टी! भगमान कइसे ई पिथिमी रचे–"

"क्यों, मार-दंगे की बात नहीं कर रहे थे?"

"कहाँ...! ई सब बात तो नाहीं किए–"

भाटागेड़ा बिल्कुल शांत! चारों तरफ घनघोर खामोशी!

लेकिन ख़बर आई कि आदिवासी लोग डेपुटेशन देने मेदिनीपुर गए हैं!

"बैड! वेरी बैड! नन्ददुलाल बेरा के यहाँ गए हैं।"

क्यों? डेपुटेशन क्यों देने गए हैं?

बेरा था गौरांग भक्त! घोर वैष्णव! गले में तुलसी की माला! आवाज़ हमेशा प्रसन्न!

उसने कहा, "हुँहः ज़ोर नाहीं कमर में, पतिंगा चला बैल बनने। उन सालों ने खाइ खलासी ज़मीन बन्धक रखा था। अब वापस चाहते हैं? यह बुद्धि भुंइमाली ने दी होगी कि टाइबेल जा! वे लोग चले गए। ट्रेन में चढ़ेंगे, चाय-मुरमुरे का जलखई करेंगे।"

"भुंइमाली तो यही करतूत करता फिरता है। खैर, जाने दो—"

"आपको कोई और डर तो नहीं है? कोई शक-शुबहा?"

"किसी पर भी शक करना, मेरे स्वभाव में नहीं है। साले, गधों के झुंड हैं! कागज देखते ही अफसर सारा किस्सा समझ जाएगा" उसने आँखें मटकाते हुए कहा, "आन जात को बंधक नहीं दे सकता। ज़मीन किसने लिया? खगेश सिंहसरदार ने, गाँव कूकुड़दांड़ा! भुवन बेशरा, गाँव चन्द्री।"

"कउन सरदार?"

"सिंहसरदार! भूमिज आदिवासी!"

"सच्ची, उसी ने लिया है?"

"धत्त! खाक़-पत्थर! खगेश सिंहसरदार भी है! कूकुड़दांड़ा गाँव भी है! भुवन भी है!"

"लिया तो आपने है न!"

"अरे, अब प्रमाण तो करे—"

प्रमाण नहीं दे पाए! प्रमाणित नहीं किया जा सका।

ट्राइबल अफसर ने कहा, "इजाजत लेकर ही खगेश सिंहसरदार और भुवन बेशरा ने ज़मीन बंधक रखा। इन लोगों ने भी 'टिप्पा' दिया था।"

"चलो, चलो, खगेश सिंह सरदार! गाँव कूकुड़दांड़ा।"

भाटागेड़ा पहुँचकर उसने कहा, "इसी तरह आदिवासी अपनी ज़मीन खो देत हैं। न खगेशसिंह सरदार जानत है, न भुवन बेशरा!"

"कमबख़्त चन्द्रकान्त बेरा...!" शालकांद बुदबुदाया।

"अब का करोगे, शालकांद?"

"ओका पेट पर पाँव रखकर, जीभ खींच लेबों। ओका दूनो हाथ काट देबों।"

इसी बीच चांदो बोल उठा, "ए बाप, पहिले हमार बियाह करा दो। लवनी अब नाहीं मान रही।"

"तू का कहता है, चांदो? हम का 'हूल' मचावे चाहत हैं? ना...?...1916 की 'काथा' पढ़े हो तुम?" उसने धीमी आवाज़ में कहा, "जब 'हूल' मचा था न, 'किरांती' भई थी, तो समुच्चे बिहार में धूम मच गई थी, किताब में लिखा है।"

इसी तरह सन् 1970 में 'बापला सेलेंग' यानी विवाह की रीत-नेम संक्षिप्त करके, चांदो और लवनी का विवाह हो गया। बीस साल का दूल्हा, सोलह साल की दुल्हन! चांदो कांड़-बांस लादने का काम करता रहा।

टाइम इज़ राइप...अब वक्त आ गया! इस बात का अहसास होते ही, भुंइमाली एक बार घर चला गया। जब वह लौटा, तो उसके साथ दरमियानी सूरत-शक्लवाला, लम्बा-चौड़ा नौजवान, दुलाल सामंत भी था।

भुंइमाली ने शालकांद से कहा, "ई लोग डेबरा में लड़े...गोपीवल्लभपुर में लड़े..."

दुलाल यानी शुभ, भुंइमाली के पास ही आ रहा था।

मनिन्द्र सांतरा ने उससे कहा, "यहाँ तुम चीन्ह लिए गए हो। प्रकृतिनंदन के कत्ल के बाद तो तुम और सबकी आँखो में आय गए हो। मैं तुम्हें अपने एक परिचित, बरेन भुंइमाली के यहाँ भेज देता हूँ। वह भाटागेड़ा में इस्कूल चलाय रहा है। पहिले राजनीति करता था, अब नहीं करता! विश्वासी आदमी है। लहर थाना भी काफी सुरक्षित है। नो ऐक्शन देयर!"

"नो ऐक्शन क्यों है?"

"हमारी वहाँ तक पहुँच ही नहीं है।"

शुभ ने भुंइमाली के 'लॉना लौस्ट' गाँव के लड़के के तौर पर, जब भाटागेड़ा में कदम रखा, तो उसके सिर पर रंगीन रूमाल बँधा हुआ था। वह बस, सड़क, बाजार में चाय की दुकान के सामने माउथ ऑर्गन बजाता रहा। भुंइमाली उसे धोबी के पाटे पर धोते-पछाड़ते ले आया।

"लाज नाहीं आवत? माँ क्या खावेगी, दादी हँफनी की रोगी...यह सब न सोचकर, फिलिम में ऐक्टिंग करने के लिए, तू अपनी माँ का हार चुराकर भाग आया? चल, तुझे कच्ची बेंत से, चोर की मार मारूँगा। अरे, आजकल चारों तरफ भयंकर हंगामा चल रहा है! तोरी दादी मर गई, मालूम?"

"हमने माउथ-आर्गन बजाना सीख लिया, मालूम?"

"निखट्टू कहीं का! तू तो जानवर है, जानवर! तोरी माँ ने पइसा खरच करके, अखबार में इश्तेहार दिया था, मालूम?"

"घर में तो नाही है–"

"तोरी दीदी ओका लै गई। उसका दवा-दारू कराने, मालूम? पेट में न कोई विद्या है, न कउनो गुन! कउनो कामकाज भी नाहीं सीखा–"

जब वे दोनों लहर थाने के पास उतरे, तो उनके साथ शोभनदत्त भी उतरा!

"बाप रे! आप कितना डाँटते हैं!" उसने कहा।

"इसे तो मैं अपने गोशाला में, हाथ-पैर बाँधकर रख छोड़ूँगा! चाची लौट आए, तब पहुँचा दूँगा इसे।"

"उस डेपुटेशन का कोई नतीजा निकला?"

"नतीजा कभी निकलता है? सबके सब गधे और उजबक हैं। किस चीज़ पर सही कर रहे हैं, इन्हें यह भी नहीं पता।"

"आप वहाँ क्यों पड़े हैं?"

भुंइमाली ने आँखें नचाकर कहा, "आदिवासी इस्कूल तीन वर्ष चलाया नहीं कि अनुमोदन मिल जाएगा। उसके बाद, मैं हेडमास्टर बन जाऊँगा। गुड् इन्वेस्टमेंट है, साहब!"

"सुना है, शालकांद बड़ा दुर्धर्ष जीव है?"

"हाँऽ, बुद्धि ज़रा मोटी है...?...लेकिन इंसान भला है! उसको काथा कहते, एक बार सुन लो न, तो..."

"उसका बेटा भी तो..."

"हाँ, आठवीं क्लास तक पढ़ा है। टिका रहा, तो किसी दिन मास्टर हो जाएगा। उस छंउड़े की क्लास फोर स्टाफ बना लूँगा।"

"आपने राजनीति बिल्कुल छोड़ ही दी?"

"घिन्ना हो गई, साहब! नफरत हो गई, नफरत! अब सेट्ल करूँगा। मेरे भइया भी कह रहे थे..."

"वे तो सिंचाई विभाग में हैं न...! आपके फादर भी हेडमास्टर थे।"

"मैंने तो अपनी सारी ज़िंदगी जेल में गुज़ार दी। अब देखूँ...सेट्ल हो जाऊँ..."

"अब विवाह करेंगे?"

"हाँ, कर भी सकता हूँ। अच्छा, चलता हूँ।"

"यह छोकरा क्या माउथ ऑर्गन बजाता है?"

"हाँ, सबके सब फिल्मी गाने! उसकी बात छोड़िए तो! चलो, हे, दुलाल! ये हैं थाने के सेकंड अफसर! मँझले बाबू! एक बार भी...ज़रा बदमाशी की नहीं कि..."

दुलाल की विश्वसनीयता का गुणगान करते-करते, भुंइमाली गाँव में दाखिल हुआ। चलते-चलते अचानक एक घने पेड़ के सामने एकदम से ठिठक गए। इस पेड़ पर भूत रहता है—उन्हें यह जानकारी थी। उनकी भौंहें सिकुड़ आईं।

"कौन...? ईश्वर की माँ?"

"बेरा बाबू नालिश किहिस है कि चांदो का बाप, ओका सिर काट देवेगा। दारोगा साँझ को माँझीपाड़ा जावेगा।...हम चलें, बाबू!"

"तुम यही ख़बर देने के लिए लहर से चलकर, छः माइल का ऑल-डुंगरी-बाहर का रास्ता पार करके, यहाँ तक आईं?"

यह ख़बर सुनकर शालकांद ने निरुतप्त मुद्रा में कहा, "थाने की खबर, वही

तो देत है, भुंइमाली! अब यह खबर?''

''चलो, बताता हूँ।''

शुभ एकदम से चकरा गया। जिस शांत, लहरहीन अंचल में वे लोग कोई संगठन तैयार नहीं कर सके, वहाँ की हवा में इतना अंडरकरेंट क्यों है? किस बात की तैयारी चल रही है?

भुंइमाली ने बताया, ''ज़मीन इन लोगों की रेड बुक है। किसी ज़माने में इन लोगों के पास सब कुछ था। कुछ संथाल विद्रोह में खो गया, कभी जंगल-महाल के विद्रोह में, ये सारी शिक्षा ज़मीन से ही लेते हैं! अब तक इनके पास जो ज़मीन बच रही थी, वह खाइ-खलासी प्रथा की वजह से खो बैठे। टाइपिंग में बिल्कुल सटीक... यही भाटागेड़ा की लड़ाई है! ज़मीन-दख़ल की लड़ाई!''

''ये लोग नक्सल नहीं हैं?''

''शालकांद बड़ा प्रवीण ज्ञानी है। उसकी नज़र में संथाली हूल और नक्सलबाड़ी प्रॉपर आंदोलन में कोई फ़र्क नहीं है। रात उसकी 'काथा' सुनना।''

''इन लोगों को हथियार?''

''तीर ही इनकी शक्ति और क्षमता का उक्त है।''

''तीर?''

''इसे छोटा मत करो! छोटा मत समझो। निशाना लगाकर तीर मारो, तो उसे खींचकर निकालना भी नामुमकिन! उसे धकिया-धकियाकर उल्टी तरफ से निकालना पड़ता है। उस वक्त 'वाइटल ऑर्गन' कट-फट सकता है, मौत भी हो सकती है! होती भी है।''

शुभ बेतरह अचकचा गया।

''मैं सोच रहा हूँ...आज की रात तुम्हें कहाँ रखूँ!''

''क्यों, काथा नहीं होगा?''

शालकांद का काथा सुनने के लिए अब दूसरे-दूसरे गाँवों के लोग भी आने लगे थे। भाटागेड़ा की औरतें भी आती थीं!

कुछेक लालटेनें जलती हुईं! आँगन लिपा-पुता! घास छाँटे हुए, एकसार!

शालकांद एक खटिया पर बैठ गया। उसकी दोनों तरफ चांदो और मंडल, उसके दोनों बेटे, बीच-बीच में ढोल पर थाप देने लगे।

इस बीच नन्ददुलाल और दो कॉन्स्टेबल वहीं आ पहुँचे।

उन्होंने भुंइमाली से ही दरयाफ़्त किया, ''यह तमाशा कितनी देर चलेगा?''

''लगभग दो घंटे।''

''हमें कुछ बात करनी थी।''

''हाँ, कहिए न!''

शालकांद दो-दो ढोलक पर दो चपेट जड़कर उठ खड़ा हुआ!

"अरे, बड़े बाबू आयेन हैं..."

"तुम ही शालकांद मुर्मू हो?"

"हउ!"

"तुमने चंद्र बेरा से कहा है कि तुम उसका सिर काट दोगे? तुमने उसे थ्रेट किया?"

"का कहते हो, बड़े बाबू?"

"तुमने मुझे 'तुम' कहा?"

"हमरी भाखा में 'आप' नाहीं होत है। फिर भी कभी-कभी हम 'आप' कहत हैं। लेकिन तुम हमका 'तुम-तुकारी' में बात काहे किए? हम अपने बिरादरी का माथा हूँ! सिरमौर! तुम्हारा मँझले बाबू, अस्पताल का डांग्दर तक हमका 'आप' बोलत है।"

शालकांद गुस्से से फूत्कार उठा।

नन्दलाल को सहसा अहसास हुआ, तू-तुकारी या बेटा-केटा कहने का ज़माना अब नहीं रहा।

लालटेन की ललछौंही रोशनी में अनगिनत तटस्थ-निर्विकार, काले-काले चेहरे! धीर-स्थिर दृष्टि!

"जो भी हो! आप यह बताएँ कि बेरा को आपने 'थ्रेट' किया? यह धमकी थी कि उसे जान से मार डालेंगे?"

"चलिए तो! बेरा मोरे सामने कबूल करे! ई कइसी बात भई, भुंइमाली? तुम तो पढ़े-लिखे मानस हो न? तुम कहो! उस दिन हम 'डिपटेशन' पर गए, सिर पर हत्थड़ मारकर, लउट आए। बेरा के आस-पास हम कभी, कउनों दिन नाहीं गए, ऊ भी कभी मोरे सामने नहीं पड़ा! देखिए, बड़े बाबू, समुच्चा मेदिनीपुर टाउन मोका पहिचानत है! गोरो नद्दी पर बाँध के बारे में हम सैकड़ों 'डिपटेशन' लेकर गया हूं। चलिए, हम बेरा से पूछूँगा। जा, तू लोगन अपने-अपने घर जा, रे। आज ठाकुर जी की 'काथा' नाहीं होवेगी। चांदो, ला, मोरी लाठी थमा—"

घटना की ऐसी परिणति की नन्ददुलाल को उम्मीद नहीं थी!

उसने सूखी आवाज़ में कहा, "आज रहने दें। आप... (हर बार 'आप' कहते हुए, उसकी आवाज़ अटकती रही)...इन लोगों से क्या कहते-सुनते रहते हैं?"

"काथा—आपको नाहीं मालूम, शालकांद शीलता मेले में भी काथा सुनावे जात है?"

"वाह-वाह! अच्छा है! अच्छा है! बेरा ने तो मुझसे कुछ और कहा। आपसे तो कभी भेंट ही नहीं होती।"

"ना! चोर-चोट्टों के साथ, मैं भेंट नहीं करता।"

"चोर-चोट्टा आप किसे कह रहे हैं?"

"बेरा को। सफेद कागज पर ठप्पा ले लिया और हम लोगन की ज़मीन...

हमार ज़मीन...''

''आपकी ज़मीन तो वह ले नहीं सकता—''

''खूब ले सकत है! लै भी लिया! अभी फिर लिया...''

नन्ददुलाल लहर वापस लौट आया। कॉन्स्टेबल भी शालकांद को नमस्कार करके साइकिल पर सवार हो गए।

लहर पहुँचकर नन्द ने पूछा, ''तूने ओका सलाम ठोंका?''

''वह शालकांद मुर्मू है, साहेब। कैनल बाबू ने एक मल्लाहिन का हाथ पकड़कर खींचतान किया था ई मानस ने ओका हाथ तोड़ डाला था।'' सिंह ने कहा।

उपेन ने कहा, ''ऊ हाँक लगावे, तो दुइ-चार हज्जार संथाल इकट्ठा हो जावेंगे। ओका तो देखकर ही हमका डर लागत है। ऊ खुद कभी लहर नहीं आता, मगर थाने वालों का गाँव के हाट से बत्तख-मुर्गी पांठा वसूलना, ऊ बंद कर दिहिस।''

''तोरी पीठ पर तो निसान बन गवा है न?'' सिंह ने याद दिलाया।

''समझ गया!'' नन्द सिर हिलाने लगा।

भाटागेड़ा में शालकांद ने कहा, ''भुंइमाली, इस बार फसल हम उठावेंगे।''

''इस वजह से कहीं...''

'' 'हूल' मचेगा न? मचने दो।''

''लहर थाना इलाका पीसफुल है। पुलिस नज़र रख रही है और खोज-ख़बर भी ले रही है। नन्ददुलाल राम 'अप्रोवोक्ड' तरीके से खुद भाटागेड़ा मउजा में गया था...''

शांत! सब कुछ शांत! लेकिन एक गाँव से दूसरे गाँव तक तेज़ी से गुपचुप संवाद जारी था। खाइ ख्लासी बंधक रखकर जिन आदिवासियों ने अपनी ज़मीन खोई है, अगहन के महीने में वे ज़मीनें दखल कर ली जाएँ। बेरा-सामंत-माइती-प्रधान! ज़मीनहारे लोग सावधान! गाँव-गाँव, दिशा-दिशा में काथा कहने वाले लोगों की बाढ़ उमड़ पड़ी।

भुंइमाली ने शुभ से पूछा, ''क्या दिखाई दे रहा है?''

''कुछ कहने को नहीं है। लेकिन ऐसे 'एलीमेंट' अगर सटीक तरीके से 'पोलिटिसाइज़्ड' हों...''

''ये लोग 'सटीक तरीके से पोलिटिसाइज़्ड' न होकर भी सटीक काम तो कर रहे हैं न?''

''कर रहे हैं।''

''देन ऑनर देम! सम्मान करो उनका। मैंने तो जो कुछ सीखा था, सब भूल-भुला गया था। अब शालकांद की पाठशाला में नए सिरे से सीख रहा हूँ।''

''आप धनुक चला सकते हैं?''

''हाँ, चला सकता हूँ, मगर चांदो की तरह नहीं।''

शुभ ने सलज्ज, मगर बेहद गर्वभरे लहजे में कहा, "मैं भी...बखूबी तीर चलाना सीख जाऊँगा, चांदो ने कहा है।"

इस दौरान चांदो तीरों की नोकों के 'ग्रूव' तराशता रहा।

अपनी स्वप्निल आँखें भुंइमाली के चेहरे पर टिकाकर उसने कहा, "खूब जोर से ई नोक का दाँत अंदर पैठ जावेगा। जब तक अस्पताल ले जावेंगे, खून बहत रहेगा...बहत रहेगा अउर जितना-जितना निकालने की कोसिस करेंगे, उतना-उतना खून की धारा बह-बहकर..."

चांदो अपने तीर, किसी को नहीं देता था। उसके पास ढेरों तीर थे। यह बात मशहूर थी कि 'शरदकाल में गृहीत वंशकाल में निर्मित धनुष सर्वश्रेष्ठ' होता है। वह हर आदिवासी का धनुष खींच-खींचकर परखता था।

"शर की नोक से नाड़ी काटना, उसका सार्थक भया। क्यों? क्या कहत हो?"

इसी तरह अगहन का महीना आ पहुँचा? धान कटाई का महीना! दिशा-दिशाओं से धान काटनेवाले आ पहुँचे! काले-काले औरत-मर्द! इस बार शिशु, बालक-बालिका और बूढ़े-बूढ़ियाँ नज़र नहीं आए। औरतें भी संख्या में कम!

कालीशंकर सामंत ने कहा, "मामला क्या है? इस बार पीठ पर बच्चे बाँधकर नहीं लाए। जुल-जुल बूढ़े-बूढ़ियों का झुंड भी नहीं आया। वे ही लोग तो दुधमुँहे बच्चों की देखभाल करती थीं और गिरे-पड़े दाने बटोरती थीं।"

काली के पिता हरनाथ ने कहा, "काम कर! काम कर! फालतू की बात और बदन में हवा लगाके, निकम्मा मत घूम! ई सब बात भी मुँह से मत निकालना। गेहर की पिछाड़ी थामे-थामे, घूम-घूमकर तू...लेकिन तुझे तो दाना बटोरने का भी लूर नाहीं आवा।"

बेटे ने फिर कहा, "नक्सलियों के डर से थाने-थाने में हंगामा मचा है। सब वहीं काम करने गए हैं।"

"लेकिन टूंग...?"

झरे हुए धान या टूंग बटोरने का हक़ सभी को था। शुक्ल पक्ष में ठंड में नहाई चाँदनी में गरीब-गुरबा टूंग बटोरते थे और मिट्टी में लिपटे धान, पानी में धो लेते थे।

धान-कटाई जारी थी। जारी रही। लेकिन थाना इलाके को भंयकर अचरज में डालते हुए, हुर्र-हुर्र की आवाज़ में बैल हँकाते हुए, धान से लदी गाड़ियाँ फुर्र होती रहीं।

"ई का हो रहा है? धान का तुमरे बाप का है?"

जवाब में शालकांद गरज उठा, "नहीं तो का तुमरे बाप का है? अपनी बपौती ज़मीन का धान, अब हम तुम लोगन को नाहीं लेवे देंगे।"

सामन्त, माइती, बेरा और प्रधान को लगा, मानो यह उनकी आँखों का भ्रम

है। दिक्‌चक्रवात की रेखा कहीं सिमट रही है।

अचानक उन सबको अहसास हुआ, चारों तरफ से, वे लोग धनुष चढ़ाए, आगे बढ़ रहे हैं।

शालकांद ने कहा, "रोकने की कोसिस की नहीं कि मरोगे! सुनो, तुम लोग! मारने पर भी मौत है, न मारने पर भी मौत है, इसलिए 'हूल'...'किरांती' करके ही मरना भला! अब जाकर बेरा की भी थोड़ी ख़बर ले लूँ–"

एक गिरोह तीर ताने हुए खड़ा, दूसरा गिरोह तेज़ी से धान काटता हुआ! इस तरह, किसी ज़माने की बपौती और अब 'खाइ खलासी' शब्द के सहारे अपहरण की गई ज़मीन पर धान-कटाई, रात भर चलती रही। रात भर!

थाने में ख़बर भेजने का भी उपाय नहीं था।

भयंकर गुस्से से बौखलाए हुए बेरा ने बंदूक उठा ली, 'स्साला, शालकांद!' वह उनकी तरफ दौड़ पड़ा।

चांदो गरज उठा, "ई सब हमार है!"

लेकिन खेतों में लहलहाते धान की फसल, माइती, सामंत और प्रधान भी कैसे छोड़ सकते थे? बंदूक तो उन लोगों ने अभी हाल ही में ख़रीदी थी।

यह नक्सली हंगामा तो नहीं है, मगर होने में कितनी देर? यह सोचकर, अंधाधुंध गोलियाँ भी चलाई गईं तीर! सिर्फ तीर!

शरबिद्ध बेरा! शरबिद्ध बेरा का गुमाश्ता, जो कागज लिखाता था, ठप्पा लेता था।

सुबह करीब दस बजे पता चला, सामंत शरों की बरसात से घायल हो चुका है। बेरा और उसका गुमाश्ता मृत! प्रधान का भतीजा बेतरह घायल और माइती दाहिने हाथ में, और आकुली गोप, तलपेट में तीर खाकर इधर-उधर दौड़ते हुए, चक्राकार घूम रहे थे।

बेरा के बेटे शशांक ने, जाँघ में तीर खाकर अपनी बंदूक फेंक दी और थाने की तरफ दौड़ पड़ा।

धान से भरी गाड़ियाँ एक-एक करके चली गईं। गाँव-गाँव में ढोल-नगाड़े बजते रहे।

शालकांद ने कहा, "अब ऊ लोग सुरु करेंगे, मालूम?"

चांदो ने कहा, "उन लोगन के पास कितनी-कितनी पुलुस है! हम कित्तने हैं? हम उन पर तीर बरसाते हैं...?"

दूर-दूर गाँव! भाटागेड़ा, खांटुली, पीपलबेड़, महाकाल! छोटे-बड़े आदिवासी गाँव! बेरा और माइती का घर आनन्दपुर! सामंत लहर में रहता था, प्रधान पश्चिम अछापुर में! बस, धान-रोपाई या कटाई के मौसम में, कुछ दिनों के लिए यहाँ आ जाते थे। उनके रहने-सहने के लिए खड़ का घर! इतने सारे गाँव जुड़े हुए थे, लेकिन भाटागेड़ा

ही निशाने पर आ गया।

लहर थाना, अपने मुट्ठी भर लोगों के दम पर गाँव में घुसकर हमले की हिम्मत नहीं जुटा सका। लेकिन आहत और मृतक, एक ही जगह मिले। युद्ध के दौरान, किसी अश्रुत, पुरानी ईमानदारी के तकाजे पर, जाने कौन शख्स या कौन लोग, खून में नहाए घायलों को पाँच मील, सात मील तक, अपनी पीठ पर लादकर, लहर के निकटतम गाँव, खांटुली के हाटतला में रख गए थे। सामंत और आकुली गोप का खून बंद ही नहीं हो रहा था। स्थानीय डॉक्टर, मारे दहशत के, चुभे हुए तीर को हिलाने-डुलाने या धकियाने की भी हिम्मत नहीं जुटा पाए।

उसके बाद, कलकत्ता! सामंत और आकुली ने दम तोड़ दिया। प्रधान के भतीजे का दाहिना हाथ, कोहनी से काट देना पड़ा।

उसके माँ-बाप बोल उठे, ''जय त्रिपुरेश्वर! मोरा प्रदीप तो बाएँ हाथ से ही लिखता है, बाएँ हाथ से ही लाठी चलता है और जनम से हम सबका बड़ा दुलरुआ है।''

शवों के पोस्टमॉर्टम के बाद, तीर की नोक पर ग्रूव देखकर, ऑपरेशन भाटागेड़े के भार प्राप्त अफसर ने कहा, ''प्रिपॉस्चरस, डायबोलिकिल मर्डर! प्री-प्लाण्ड तो खैर, है ही! तीर की नोंक पर बने दाँत की वजह से खून बंद नहीं हुआ।''

वास्तविक घटना को नक्सली विस्फोट की ही व्याख्या दी गई, हमेशा यही होता आया था। मँझले बाबू की रिपोर्ट में 'हूल' शब्द देखकर, अफसर चौंक उठा। फिर एक संथाल-विद्रोह? लेकिन इस बार इसमें अन्यान्य ट्राइब और नॉन-ट्राइब भी जुड़े हुए थे।

आदिवासी खाइ खलासी ज़मीन मालिक भयंकर दबाव डालते रहे। काफी जोड़-घटाव के बाद, अफसर ने गणित का सवाल हल कर डाला।

नन्ददुलाल डिमोटेड! उसे पदच्युत कर दिया गया। उसने उसी दिन शालकांद को धर दबोचा।

नन्ददुलाल रो पड़ा। जो लोग भी नक्सल हत्या में जुटे हुए थे, वे लोग तेज़ी से तरक्की करते जा रहे थे। खाइ खलासी ज़मीन का मामला दरअसल नक्सली ही था, यह उसकी समझ में नहीं आया। शालकांद को देखकर, वह डर गया।

मँझले बाबू पर सिर्फ थाने के सुपरविशन का जिम्मा था। उपेन और सिंह इस वक्त सिर्फ चाय-पानी या सिगरेट ही देता था। अफसर स्वतंत्र रूप से अपनी फौज लेकर आया था।

इस डाँवाडोल स्थिति में, ईश्वर की माँ का ग़ायब होना, कहीं, कोई हलचल नहीं जगा सका। कहीं, कोई कोहराम नहीं मचा। नक्शा खोलकर साहब लोग लाल-लाल निशान लगाते रहे, शहर में जीपों की कतारों का आना-जाना लगा रहा। दारोगा की रखैल की कौन खोज-ख़बर लेता?

ईश्वर की माँ भयंकर डरी-सहमी ओने-कोनों में दौड़ती फिरी।

शालकांद के पाँवों पर सर पटकते हुए उसने कहा, "बहुतै पुजुस आई है। बेरा का बाप सब दिखा-सुनाकर लिखा रहा है। आप लोगन ईहां से भागें—"

"तू कहाँ जावेगी, हरौनी?"

"लहर नाहीं जइबे।"

"तोर बेटा?"

"ओका उन लोगन ने खाना पकावे की चाकरी में लै लिया है।"

"ए लवनी, एका तू अपने साथ रख—"

लवनी और हरौनी मिट्टी खोदकर, एक लम्बे-से कपड़े में, चांदो के सभी तीर चुन-चुनकर इकट्ठे करती रहीं।

शुभ ने कहा, "हम लोग आगे बढ़कर, बैरीकेड क्यों नहीं बना लेते?"

शालकांद ने जवाब दिया, "अरे, हम तो लिए हैं, अपनी ज़मीन का धान! ऊहाँ मेलेटरी घुसाय दें?"

"उत्तने सारे जीवन जो..."

"पता है, परधान, हरि मुंडा के बाप का माथा बटखरे से पीस दिया। बंदूक उठाकर, ऊ लोग सबको खदेड़े काहे?"

शुभ का उससे यह सवाल करने का मन हुआ कि उन लोगों ने आहत और मृतकों को खांटुली तक क्यों पहुँचाया?

शालकांद और शुभ के मन के बीच, विचारों का आदान-प्रदान बिल्कुल साफ-सफ़्फाक और अबाध हो चुका था।

शालकांद मुर्मू ने कहा, "इसलिए कि जिसकी आयु बची हो, वो बच जावे। लड़ाई के समय भी धरम का विसर्जन देना पाप होत है। समझे?"

शुभ और भुंइमाली की पढ़ी-लिखी विद्या—संथाल विद्रोह!

"हम सब कसाई हो गए थे। तीर चढ़ाकर, ढोलक पीटकर, धनुष तानकर वे लोग आगे बढ़े। हमने गोलियों से सबको भून दिया। तीर से बहुत ज़्यादा बंदूक शक्तिमान थी! उनके पीछे की क़तार आगे बढ़ आई। फिर गोलियों की बरसात, फिर पीछे की क़तार!..." किसी अंग्रेज अफसर ने लिखा।

शालकांद ने हिदायत दी, "कुछ लोग पेड़ पर चढ़ जावो और सामने की तरफ नज़र रखो। चांदो लोग यहीं कहीं छाँह छाया में हैं। हम सब भी यहीं पहरे पर हैं—"

मुंडा, मूपिज, कोड़ा वगैरह आगे बढ़ते गए।

मनोहर सिंह मुंडा ने ज़र्दे का पत्ता मसलकर, अपने मुँह में दबा लिया और अपने स्वभावसिद्ध मंथर आवाज़ में कहा, "धान, शालकांद!"

"ठाकुर जी माफ कर देवेंगे, तो खावेंगे, नाहीं तो, मुँह में नाहीं डारेंगे।"

"और लड़की-अउरतों का झुंड-झंपड़?"

"अपने-अपने घर भागें! भागकर कहूँ भी चली जावें! जंगल में छिपी रहें। मंडल, धनुक...ना, ना, खाली अउरतें चली जावें। कह दे, साँझ को, महाकाल के जंगल में चली जावें। चावल, चिड़वा, जो भी लादकर लै जा सकें, लै जावें। लवनी, जा—"

"ओका छोड़कर, हम नाहीं जइहौं।"

चांदो गरज उठा, "जा, लवनी!"

लवनी की निगाहें, चांदो के चेहरे पर गड़ गईं।

उसने ज़ोर-ज़ोर से साँस खींचते हुए कहा, "जाय रही हूँ—"

इसी तरह भाटागेड़ा का इन्काउंटर हुआ! गाँव के प्रवेश-पथ, कीचड़-कादे से भरे गढ़े के पास! सामने से आती हुई जीप, वहीं ठिठक गई। अर्ध-सामरिक फौज कूदकर नीचे उतर आई। छरहरा! निर्विकार चेहरेवाला अफसर भी नीचे उतरा!

"टेक टु पोजीशन! अपने-अपने पोजीशन ले लो।"

फौज ने पोजीशन ले लिया।

अफसर ने हैंड-माइक मुँह के सामने कर के कहना शुरू किया—"तुम सब सामने आ जाओ! अपने-अपने हथियार फेंक दो और आत्मसमर्पण कर दो। अगर तुम लोगों ने ऐसा किया, तो हम गोली नहीं चलाएँगे। चलो, आगे बढ़ो। मैं बस, एक से...दस गिनूँगा और..."

आदिवासी धनुर्धारी 'अटल-अडिग' खड़े रहे। उनके तन-बदन निश्चल। चेहरे भावलेशहीन।

शुभ ने कहीं दमामे पर हल्की-हल्की थाप सुनी थी। यह बात उसे बाद में समझ में आई कि वह उसके दिल की धड़कन की आवाज़ थी और भाटागेड़ा में बूध चाँद बेशरा, इसी खुशी में टुगटगी पीट रहा था। बुध चांद! बूढ़ा! एक पाँव से लँगड़ा! वह लाठी टेक-टेककर चलता था। शालकांद को लगा, वह धीरे-धीरे बोल्डर होता जा रहा था! प्राचीन प्रस्तर शिला!

चारों तरफ शालकांद की काथा! शालकांद की काथा।

"सुनो, सकल जन, हम घूम-घूमकर कहते रहे...सुनाते रहे! दिहिडी पिपड़ी से हाराता, फिर सासांगबेड़ा...फिर जारपी, चांइचम्पा...! पुराकाल में राम जब राजा भये... हम खरवार लोग लंका जाकर, रावण राजा से लड़े... पढ़े-लिखे, पइसे वालों से लड़ाई! हम लोग पहाड़...जंगल में फिरत हैं, लिखे-पढ़े—अमीर बाबू खुले-खुले इलाके में! लेकिन हम जो जंगल काटत हैं, अमीर लोग छीन लेत हैं...दिनों दिन...अमीर महाजन, जमींदार, बाबू हमें धुत्कारते रहे...खदेड़ते रहे..."

शुभ वर्तमान देख रहा था या पुरातन अतीत?

"दस! फा-य-र!"

बंदूक और तीर! तीर और बंदूक! तीर छोड़ते-छोड़ते, छोड़ते-छोड़ते...

ऑपरेशन भाटागेड़ा लगातार ग्यारह घंटे चलता रहा। नई फौज! नई बटालियन! नई...

टुकड़े-टुकड़े अनगिनत तस्वीरें! बेशुमार दृश्य!

मनोहर सिंह मुंडा को जिसने गोली का निशाना बनाया, ऐन उसी पल उसकी गर्दन पर मनोहर की तीर आ लगी। दोनों लमहे भर के लिए फ्रीज़ हो रहे और एक साथ ही लड़खड़ाकर गिर पड़े। मनोहर के दाहिने कंधे पर गोली लगी थी।

चांदो के चेहरे पर ईषत् हँसी, ''इस बार...इस बार...'' उसे उबकाई भी आती रही, ''अब...चला...चला दम्बूक!''

तीरविद्ध फौज अपनी दोनों बाँहें उठाए दौड़ पड़ी...बेजान होकर गिर पड़ी।

शालकांद धनुष ताने, गरज-तरजकर हुक्म देता रहा, ''मार...मार! सिर उतार दे! झाड़-वन में खदेड़कर घुसा दे!''

राइफलों की सूखी-सूखी आवाजें! बार-बार! बार-बार!

ऑपरेशन भाटागेड़ा पूरे ग्यारह घंटों में पूरा हुआ। सुबह दस बजे से लेकर, शाम पाँच बजे तक! अँधेरा उतर आया। भोर पाँच बजे से पूर्वाह्न ग्यारह बजे तक!

उनके चार लोग निहत हुए! चांदो मुर्मू! शुभ! सना हंसदा और धानुक मुर्मू का जुड़वाँ भाई सेवक मुर्मू!

कम, मँझोले और गुरुतर जख़्मी, इकतीस लोग!

प्रशासन के पाँच लोग निहत हुए, इक्कीस लोग तीरविद्ध! अफसर अपनी दाहिनी पसली में बिंधे हुए तीर के बाहर निकले हुए हिस्से की तरफ देख भी नहीं पा रहा था। अगर यह तीर भी वही दंतियल तीर हो, तो? खून का बहना तो बंद नहीं होगा। कैसा भयावह अस्त्र है! इसे खींचकर निकाला भी नहीं जा सकता। इसे धकेलकर उलटी तरफ से निकालना होता है। चूँकि दंतियल तीर होता है, इसलिए खून की महीन-सी धार लगातार टपकती-बहती रहती है। वह भी क्या 'हेमरेज' में... रक्तस्राव में दम तोड़ देगा?

लवनी दौड़ती हुई आई और चांदो पर पछाड़ खाकर गिर पड़ी।

चार (1993)

शालकांद की दावत में कालीपद, बरेन, पीतांबर, माखन, धानुक और शुभव्रत का भाई कल्याणव्रत, बहुतों की तरह ही नीचे बैठा था। शहीद वेदी पर फूलों की माला! वेदी के चारों तरफ, नुकीले तीर गाड़े गए थे! इस वक्त रात के आठ बजे थे। आज शालकांद के आँगन में जेनरेटर की रोशनी फैली हुई थी।

''का हो, भुंइमाली, कुछ बुरा तो नाहीं भया।''

"ना, शालकांद, बहुत लोग आए थे! बहुत लोग!"

कल्याण का कौतूहल ख़त्म ही नहीं हो रहा था।

ना! न गाली-गलौज, न भाषण! शालकांद ने 'तीर काथा' आरंभ कर दिया।

"मैं आपके पास पहली बार तब आया था, जब आप जेल से बाहर आए ही आए थे। उसके बाद...उसके बाद..."

शालकांद हँस पड़ा, "तब कउन जानत था कि शुभ केका बेटवा है। उसके बाद, शुभ तुम लोगन का नाहीं रहा। ऊ हमार हो गवा, क्यों, हे माखन?"

"ठीक बात!"

"आप लोगन सब..."

"जेल में थे...उसी वक्त निकल आए?"

"थोड़ा आगे-पीछे!"

"उसके बाद?"

"काथा, हे, काथा! क्या दिखाऊँ? अब न वह दंक रहा...न जंगल...न गाँव! अब स-ब छूट...! लेकिन हम लोग हैं! रह गए।"

"वह महिला, जो खबर देती थीं?"

"हारानी...वह मर गई।"

"और लवनी?"

शालकांद दुबारा हँस पड़ा, "तुम लोगन को चाय-पानी-खाना कउन देत है? वही, लवनी! हाँ, हाँ, वही बिटिया...पाखी की तरह पंख फड़फड़ाते हुए...रोती फिरत रही। हम ओका समझावा बिटिया, तू मंडल से सगाई कर ले। हमरी बिरादरी में तो यह रीत है, बिटिया!"

"और वह लड़का?"

"मंडल और लवनी का बेटा है—शुभ!"

"शुभ?"

"हाँ, हाँ, वह नाम जिन्दा रहे। तुम्हारे भी कोई बेटा है?"

"है न!"

"उसको नाम का दिया?"

काले-काले चेहरे कल्याण के चेहरे पर थिर हो आए।

शालकांद ने कहा, "लजा काहे रहे हो? चांदो तो नाहीं रख दिया! देखो, इसमें लजाने की कउनो बात नाहीं है..."

"शालकांद..."

"हाँ, भुंइमाली..."

" 'तीर काथा' एक बार फिर कहो न!"

"कहूँगा—"

शालकांद ने ढोलक पर थाप दी।

उसने गर्वभरे लहजे में कहा, "सुन, मंडल! यह दिन हम हर साल मनावेंगे। अइसे-अइसे काम कर, कि हम नित नई-नई काथा कह सकूँ। ती-र काथा!"

तीर काथा शुरू हो गई। बारिश होती रही। वेदी में गड़े हुए तीर की नोक को माँज-घिसकर चमका लिया गया। जेनरेटर की रोशनी में तीर की नोक चमकती रही।

शालकांद मन ही मन बुदबुदा उठा—अब तुम लोगन की का-था!

तीर काथा शुरू हो गई। बेशुमार काले-काले चेहरे! काथा उन लोगों को एक बार पुरावृत्त के अतीत में ले गई, एक बार इतिहास के अतीत में! उन सबको सन् 1993 में ले आई। उन लोगों को सन् सत्तर के दशक में ले गई।

काथा चलती रही!

आँगन में गड़े हुए चारों तीर भी भरपूर आग्रह और भक्ति से काथा सुनते रहे! वे लोग भी तो काथा ही हैं न?

रखवाला

एक

जहाँ कांदर, वहाँ शवर! यानी कांदर नदी के पाट के किनारे-किनारे, बिना रुके-थमे, अगर कोई लगातार चलता चला जाए (जैसा कि सुनने में आया कि गर्जन शवर चला करता था। लेकिन गर्जन तो किंवदंती समान, एक शवर था, जो खुद ही किंवदंती था) तो उसे साफ़ नज़र आएगा कि कांदर नदी के करीब ही, ऊँचे-से टीलानुमा तट की गोद में शवरों की बस्ती बसी हुई है। शवरों का समूचा इतिहास, चूँकि मानव-विज्ञानी या शोधकर्ता या फंडेड एजेंसियों की बिरादरी, अर्थनीतिविद् या मानवविज्ञानी ही लिखते रहे हैं, इसलिए उनके बारे में लौकिक किंवदंतियाँ कम ही लिखी गई हैं।

मानव-वैज्ञानिकों के किताबी इंटरेस्ट को राज्य और केंद्र सरकार, काफी महत्व देती है, और आदिवासी संबंधी अफसर होने के लिए, मानव-विज्ञान की डिग्री विशेष मददगार होती है। इन लोगों पर शोध काफी सुरक्षित होता है और दिमाग में धुँधलका भरने में भी काफी सहायक होता है। शवर जिएँ या मरें, इसमें इन लोगों का बहुत कम ही आता-जाता है। आंध्र-बिहार-उड़ीसा और पश्चिम बंगाल में निवास करते हुए शवरों के टटरम्, रीति-रिवाज और दाह-कर्म की विधि की प्राचीनता के बारे में ही ये लोग ज़्यादा व्यस्त रहते हैं या जो प्रशासन को भी काफी पसंद है।

वैसे आजकल के शवरों की सांस्कृतिक मान्यताएँ उधार की हैं या मौलिक? ये लोग शवर हैं, मगर जन-गण इन लोगों को खेड़या-खेड़िया क्यों कहते हैं? अंग्रेजों ने इन लोगों को 'अपराध-प्रवण' क्यों कहा था? दूधयि गाँव के शवरों के खाने-पीने के अभ्यास समेत, तमाम विषय वस्तु, शोधकर्ता लोग कलकत्ते में बैठे-बैठे ही तय करते हैं और जीप में सवार होकर, झट से पुरुलिया का चक्कर लगाकर, समीक्षा के नमूने इकट्ठा करने में ही ज्यादातर व्यस्त रहते हैं।

इन्हीं शोधकर्ताओं की एक शाखा-प्रशाखा आजकल सीधे-सीधे 'बेवसाय' की गरज से, दारू की बोतल उपहार में देकर, फटाफट उनकी बातों और गानों का कैसेट बनाते हैं; तस्वीरें उतारकर, फिल्में बनाने के सुकर्म में उतरे हैं।

फंडेड एजेंसियों के आर्थिक-सामाजिक मानव-वैज्ञानिक गहरी हमदर्दी से उन लोगों की समीक्षा करते रहते हैं और शवर सन्तानों की बदहाली और झोंपड़-झुग्गी देखकर अफसोस के साथ मंतव्य करते हैं—"ओह! कैसी मीज़री है! उफ ह्यूमैनिटी के नाम पर कैसा दर्दभरा मंज़र है!"

ये ही लोग मौखिक परम्परा संग्रह करने के लिए, काफी कम पैसों पर, वन-जंगल में भैंसें खदेड़नेवाले, अधपगले-झक्की हंकिया लोगों से संपर्क करते हैं और मतलब हासिल होते ही 'एराइमेदार्चि' या 'आदियोस' या 'विदा' कहकर, बेशक़ीमती स्टेशन वैगन पर फटाफट हवा हो जाते हैं। इन लोगों के रिसर्च का नतीजा आमतौर पर अमेरिका, हॉलैंड, बेल्जियम, नॉर्वे, डेनमार्क, स्वीडेन वगैरह विदेशों में प्रकाशित होते हैं।

इन लोगों द्वारा नियुक्त पागल-झक्की लोग, बीच-बीच में दूसरों के लिए दुर्बोध और अपने लिए सुबोध आचरण कर डालते हैं। जैसे कमल चक्रपाणि! अब वह कमल शवर या कमल खेड़ा के नाम से विभूषित हुआ! नयागढ़ में नंदकिशोर बाबू का अन्यतम लेफ्टिनेंट—कमल! जैसे टूपा के अनन्त दरीपा और नल्यान शवर, जारांगडी के दशरथ और मेधा शवर भी लेफ्टिनेंट थे। ज़्यादातर सभी शवर थे। कमल आजकल वृक्ष-रोपण, कुआँ, खनन, उत्तोलन-सिंचाई जैसे कामों में जुटा हुआ था।

सुपीरियर शोधकर्ता लौकिक किंवदंती, श्रवण-संग्रह-दर्शन में विश्वास नहीं करते, क्योंकि वे इंसानों पर ही विश्वास नहीं करते।

लेकिन, किंवदंती शवर आज भी मौजूद हैं।

जैसे केतु शवर!

वह गिरबांधा, चाक्या, खामसुन, धवन और तिनहनी या त्रिनयनी—इन पाँच गाँवों के अमीर ब्राह्मण-महतो-मंडल लोगों का रखवाला या रक्षक था।

चूँकि केतु शवर जैसा रखवाला मौजूद था, इसलिए उन लोगों के धान के खेत भी सुरक्षित थे। केतु हिंस्र, निर्भीक योद्धा था! भाला और बंदूक चलाने में पारंगत! अफवाह थी कि अगर वह हुंकार उठे, तो गर्भवती को अकाल प्रसव हो जाता था। यह बात शायद झूठ भी नहीं थी।

अपनी गर्दन पीछे करके, दोनों हथेलियाँ मुँह के दोनों सिरे पर रखकर, जब वह हाँक लगाता था, "कौऽ ऽ न है, हट जा! हम...केतु...शवर...आय रहा हूँ...हेऽ ऽ ऽ ऽ ऽ!"

वह आवाज़ ऐसी लगती थी, मानो गहरे समुद्र के अतल में, कहीं महाशंख बज उठा हो। उसकी हाँक धान खेतों के ऊपर से गुज़रती हुई तैरती रहती थी और दसों दिशाओं से टकराने लगती थी।

पाँच गाँवों में बसे, ग्यारह परिवार केतु पर निर्भर थे।

हाँ, धान, ज्वार, मूँगफली, दाल, गेहूँ, सब बोएँगे-सींचेंगे, फसल भी काट देंगे,

गोला तक पहुँचा भी देंगे! लेकिन, पहले देना-पावना तय कर दो।

यह सच है कि गिरिबाँधा के आसन मंडल और आसर मंडल, सौतेले भाई थे। लेकिन उनके पिता के बारे में मतभेद था। आसर का चेहरा-मोहरा, बिल्कुल उसके छोटे काका, नरसिंह की तरह था और यह बात कौन नहीं जानता कि देवर-भौजाई का रिश्ता काफी मधुर था। कुल मिलाकर, सरकारी तौर पर वे दोनों स्वर्गीय सहदेव मंडल के ही बेटे थे, मगर उनका आपसी रिश्ता काफी कटा-कटा था। इनके और-और भाई पुरुलिया, बांकुड़ा और मेदिनीपुर टाउन में बँटे-बिखरे थे।

सहदेव मंडल ने कहा, "आसन और आसर यहाँ नेताजी पार्टी करें। मेरे जमाने में तो एक कांग्रेस थी और एक 'कमनिस'! अब तो हर तरफ पार्टी ही पार्टी! इसलिए एक-एक बंदा, एक-एक तरफ चला जाए।"

सहदेव का लाख या चमड़े का कारोबार था! उन दिनों भारतीय लाख का विदेशों में काफी बाज़ार था। लाख के कारोबार से ही लाखों-लाख रुपए कमाकर, सहदेव अपने पाँचों बेटों को प्रतिष्ठित कर गया। वैसे आसन और आसर ज़्यादा दिनों तक 'नेताजी ज़िंदा हैं या मृत' इस बहस में नहीं रहे। अब वे मार्क्सवादी बन गए थे और अपने स्वर्गीय पिता को 'बुर्जुआ' कहते थे। आसन और आसर के ज़मीनों का रखवाला था—केतु शवर!

चाक्या अंचल में केतु के ग्राहक थे—तीन लोग! पद्मनाभ महतो कांग्रेसी था। मगर इधर बहुत सालों से वह झारखंड समर्थक बन चुका था। वह भी अपने ज़िले में नहीं, रांची में! पद्मनाभ का बेटा, सुकुमार, बेहद सुरीला गायक। वह रेडियो में भी गाता था और उसके कैसेट रांची-टाटा-सिंहभूम-झाड़ग्राम में खूब चलते थे। पद्मनाभ पहला ऐसा धनी किसान था, जिसने ऊँची क्वालिटी के धान, मूँगफली और सुबाबुल पौधों की खेती में मुनाफा दिखाया। खेती ही उसके लिए लक्ष्मी थी। चाक्या के सर्वाधिक शिक्षित शख्स (एम. ए. पास और हाईस्कूल का मास्टर) के तौर पर, अन्यान्य पार्टी के लोग भी उससे ईर्ष्या करते थे। पद्मनाभ के चचेरे भाई 'मार्कोसवादी' थे, फिर भी उन लोगों में आपसी सद्भाव विद्यमान था। चाक्या का अरुण पाणिग्रही, तीन-तीन पुश्तों से कांग्रेसी और बलराम चक्रपाणि मार्कोसवादी! वैसे ख़ानदान में बलराम की काफी आलोचना भी होती थी, क्योंकि उसी का अत्यधिक प्रश्रय पाकर, भतीजा, कमल चक्रपाणि हाथ से निकल गया था। बलराम मन ही मन हँसता रहता था। कमल हाथ से फिसल गया! कमल की माँ के बूते की बात थी भला कि ज़मीं-जमा देवर के हाथ से उद्धार कर पाती? केतु ही चाक्या के तीनों घरों का रखवाला था।

धवन गाँव में धरणी पेशवा के पुरखे कब महाराष्ट्र या नागपुर से यहाँ आ बसे, इसकी जानकारी किसी को नहीं थी। धवन गाँव धरणी के पुरखों का ही ताल्लुका था और अभी भी मराठों की दखल में था। धरणी आज भी अपने को पेशवा ही

लिखता था। उसके पशु-चिकित्सक बड़े भाई और पदार्थ-विद्या के अध्यापक भाई ने बाकायदा एफिडेविट करके, 'तालुकदार' बन गए और अपने-अपने हिस्से की ज़मीन धरणी को बेच दी। धरणी सपरिवार टाउन में रहता था। वह था मार्क्सवादी अध्यापक और 'ऐबसेंटी' लैंडलॉर्ड था। उसके गाँव वाले मकान में, उसका रिश्तेदार, कांत चैटर्जी ही रहता-सहता था। धरणी साल में कई-एक बार गाँव आता था। उसके मकान में दुर्गापूजा होती थी। उन लोगों का ब्याह-शादी भी अब इधर के ब्राह्मण घरानों में ही होने लगा था। धरणी ने खुद अपने विवाह में अस्सी हज़ार रुपए नक़द और एक फ्रिज़ लिया था। धरणी का भी रखवाला—केतु!

खामसुन गाँव के बंक, डंक और शशांक महतो—तीनों ही मार्क्सवादी थे। आजकल डंक कांग्रेस (स) और शशांक, नवोदित हिंदू भारत पार्टी का समर्थक था। इन लोगों के लीडर, एक-दूसरे के विरोधी! लेकिन तीनों भाइयों में गहरी मिताई थी। दैट मंडल कमीशन राय शुड बी पुट इन टु यूज़—इस बारे में तीनों एकमत थे। खामसुन में 'बांधना' पर्व, ये लोग काफी धूमधाम से मनाते थे और इस मौके पर महकमा हाकिम, दारोगा, समाधिपति वगैरह 'डिग्निटरीज़' को दावत देते थे। तीनों भाई, शवर लोगों को बार-बार उजाड़कर, करीब बारह साल पहले ही उन लोगों की बस्ती, जमी-जमा हड़प चुके थे। डंक की गोशाला हरियाना के गाय-बैलों से सुशोभित थी। बंक ग्राम प्रधान था, इसलिए उसके घर में पंचायत के लिए लाई गई हैज़क बत्ती और दरी-चादरों और पॉलिथिन की भरमार थी। लोगों की ज़रूरत पर, वे सब किराए पर दी जाती थीं। शशांक ने 'खामसुन ग्रामविकास समिति' के नाम से बहुत-से प्रौढ़ शिक्षा केंद्रों का ठेका ले रखा था, जो चलता नहीं था। लेकिन अक्सर ही वह ऐसे ठेके हासिल कर लेता था और 'ई लोग सचमुच साच्छर हुइ गए—' यह वास्ता देते हुए, वह 'साट्टिफिकेट' भी जारी कर देता था। इन तीनों का रखवाला भी—केतु!

तिनहनी का नाम त्रिनयनी काली मइया के नाम पर रखा गया था। यह काली मइया, पीतल-निर्मित, वस्त्र-परिधानों से सुशोभित थीं। वे द्विभुजा थीं और उनके एक हाथ में धनुष और दूसरे हाथ में खड्ग विद्यमान था। वह मूर्ति तीन हाथ लम्बी और इसकी नक्काशी अद्भुत थी! वृकोदर गिरि ने इस मूर्ति की, काली के नाम पर प्रतिष्ठा की थी और अभी तक काली पूजा के मौके पर उसका लायक इल्मदार पोता, महीरावण गिरि, भैंस के बच्चे की बलि चढ़ाता है। तिनहनी के देवी-माहात्म्य के बारे में लिखी गई पुस्तिका, वह हर साल खूब धड़ल्ले से बेचता था।

तिनहनी अंचल का अंचल-प्रधान था—नेताइ कर! कर और गिरि, दोनों ही ब्राह्मण! दोनों में ही अपनी जाति का स्वाभिमान और दोनों ही मार्क्सवादी! गिरि, भुंज में स्थित अपनी देवत्तर संपत्ति और कर अपने पुरखों की जायदाद, लगातार बढ़ाते ही जा रहे थे! कर के ईंट-भट्ठा का कारोबार काफी फल-फूल रहा था। इसके अलावा, उसके कई विशाल-विशाल बाँध भी थे। हाँ, एक बाँध की मिल्कियत के बारे में उसके

और कर और गिरि, के बीच जो मुकदमा चल रहा था, उसकी उम्र थी, ग्यारह वर्ष, सात महीने! इन लोगों का भी रखवाला था—केतु शवर!

केतु के रक्षक की भूमिका में अवतीर्ण होने के कई-कई कारण थे। वह किंवदंती, पुरुष क्यों था, वह भी थोड़ा-बहुत समझ में आ जाएगा।

बाबू लोगों को रखवालों की ज़रूरत तो पड़ती ही थी और इसी वजह से शवर लोगों की तलाश होती थी। पुरुलिया ज़िला में सहसा दहशत फैलाने के काम के लिए, हमेशा शवरों का ही इस्तेमाल किया जाता था। अंग्रेजों ने तो कह ही दिया था कि समाज की नज़रों में भी शवर जाति चोर-डाकू-खूनी है। वे लोग भूमिहीन हैं, जंगल की गोद में घूमते-फिरते हैं, जंगल की ज़मीन पर बसे होते थे। जब उजाड़ दिए जाते थे, तो कहीं और अपना ठिकाना बना लेते थे। स्थावर-अस्थावर, जड़-जंगम के नाम पर, ले-देकर बस, उनकी जान भर थी। इसके अलावा, खोने को और था भी क्या? बाबू लोग शवरों के तेज-तर्रार, बाघ जैसे मर्दों को अपने काम में इस्तेमाल करते थे। वे लोग मार-दंगा करते थे, सर्र-सर्र तीर चलाते थे। कुछेक शवर जेल चले जाते थे, कुछेक नहीं जाते थे।

उन दिनों उन लोगों ने बात-बात में 'ओ के' कहना नहीं सीखा था। यह शब्द वे लोग जानते भी नहीं थे। बन्दवान के शवर अगर पकड़े जाते थे, तो दूसरे-दूसरे थानों के शवर लोग, नन्द बाबू के पास भागकर नहीं आते थे। उस वक्त नन्द बाबू अपने शवर संगी-साथियों के साथ घूमता-फिरता था, शिकार करता था। बिल्कुल और ही इंसान था, यह नन्द बाबू!

रखवाले की ज़रूरत तो पड़ती ही थी।

नन्द बाबू ने केतु से पूछा, ''यानी तू मार-कुटाई नहीं छोड़ेगा?''

''मार-कुटाई छोड़ दिया, तो शवर, शवर नाहीं रहेगा।''

बात सच भी थी। इस जाति को तो निःशेष हो जाना चाहिए था। उन पर जितना ज़ोर-जुल्म, जितना अत्याचार होता था कि...! लेकिन उन लोगों के पास चूँकि हँसिया और धनुष था; चूँकि उन्हें 'दुर्धर्ष' नाम दिया गया था, इसलिए अंत तक इस्तेमाल होते-होते भी, अभी तक दंशहीन साँप नहीं हो गए। चलो, 'शवर' नाम का थोड़ा तो डर-भय बना रहे।

''फिर तू क्या करेगा?''

''रखवारा बनूँगा—''

नन्द बाबू ने ज़ोर का ठहाका लगाया।

''ई तो तैंने अच्छा सुझाया। लेकिन, सुन, जब भी, जिस वक्त भी तुझे तलब करूँ, तू मुझे मिलना चाहिए।''

''तू फिकिर ना कर, बाबू!''

केतु को नियुक्त करने के बाद, ग्यारह ग्रामीण भूमिपतियों की एक फौज मिल

गई। केतु दिमाग़ से बिल्कुल खाली, लेकिन उसकी छाती, कंधे, हाथ-पाँव मानों लोहे से मढ़ा हुआ! सिर पर घने-घने झौव्वा भर बाल! केतु अपने बाल झटकारते हुए, ईषत् झुककर जब बाघ जैसी आँखों से अपने दुश्मनों को घूरता था, तो दुश्मन को फौरन अंदाज़ा हो जाता था कि केतु उसका सिर, धड़ से अलग कर देगा।

केतु में ढेरों प्लस प्वाइंट थे। हँसिया या तीर, इंसान के किस अंग पर मारा जाए कि तत्काल वह दम तोड़ दे, वह बखूबी जानता था। किसके घर में डाका डालने से क्या-क्या मिलेगा, इसका अंदाज़ा लगाने के लिए, उसके पास छठी इंद्रिय थी। इसके अलावा उसके हाथ में काफी सारे लोग भी थे।

उन ग्यारह घरों में, ऐसा कोई एक घर भी नहीं था, जहाँ केतु ने कभी न कभी हमला न किया हो। उसने नेताई की संदूक तोड़ी थी, महीरावण का धान लूट लिया था, आसन के कहने पर उसने आसर के अनाज का गोला जला डाला, आसर की हिदायत पर उसने आसन की डीज़ल इंजन नष्ट कर डाली।

उसने बहुत सारे काम रुपए लेकर किए, बाकी काम खुद ही कर डाले। केतु का अन्यतम 'ऐसेट' था, उसके चलने का दम-ख़म! दूर-दूर तक चलने की क्षमता! बीस-बाइस माइल, वह बिना किसी तकलीफ या परेशानी के, आराम से पैदल चल लेता था। एक थाने का काम ख़त्म करके, वह झटाझट दूसरे थाने तक पहुँच जाता था। कोई भी थाना उसे गिरफ़्तार नहीं करता था, हालाँकि इसकी वजह बिल्कुल अलग थी।

कांदर के मोड़ पर, रात करीब आठ बजे, केतु और उसके साथियों ने रास्ते पर पेड़ गिराकर, एक गाड़ी रोक ली। एम्बेसडर गाड़ी! आरोही दो नौजवान! यह तो बाद में पता चला कि उनके पास पिस्तौल भी थी, जिसका इस्तेमाल करने का उन्हें मौका ही नहीं मिला। उन नौजवानों ने ज़रा बौखलाहट में, अपनी गाड़ी पौधों के ऊपर से निकाल ले जाने की कोशिश की। केतु को लगा, फ़िल्म देख-देखकर, उन पर फिल्मी असर छाया हुआ था।

उन दोनों को जान से ख़त्म करके केतु और उसके साथियों को कितने रुपए मिले, यह पता नहीं चल सका। वह पिस्तौल उन लोगों ने बाद में मान बाज़ार में बेच दी थी। लेकिन केतु की चूँकि छठी इन्द्रिय सचल थी, इसलिए उसने चौकीदार के मारफत थाने को ख़बर कर दी थी। हाँ, अपना नाम बताने को मना कर दिया था। इस केस के बावत क्या किया जाए, यह सोचते-सोचते, थाने का दारोगा लाश समेत टाउन पहुँच गया। वहाँ जाकर उसे पता चला कि वे दोनों ही शख़्स 'वान्टेड' आसामी थे। गाड़ी भी चोरी की थी। लीपापोती के तौर पर, सारा क्रेडिट थाने को मिला और दारोगा से लेकर चौकीदार तक को खूब-खूब तारीफें मिलीं।

दारोगा को सटीक अंदाज़ा हो गया था और उसने केतु के बारे में चौकीदार से बात की।

"इस तरह अगर वह थाने की मदद करता रहा, तो थाना भी उसका ख़्याल रखेगा।"

दारोगा अपने इरादे में सफल भी हुआ। यथा समय केतु को दारोगा का संदेशा मिल गया।

केतु ने कभी भी आने वाले कल की फिक्र नहीं की।

वह प्रबल प्रचंडता से जिंदगी जीता रहा। पहली बीवी निस्संतान साबित हुई तो दूसरी बीवी आ गई। मँझली बीवी कटहल के फलदार पेड़ की तरह सुपुष्ट, स्वस्थ! उस पेड़ में एक के बाद एक फल आते रहे। उस बीवी ने धनु, मोती, सोन्दर या सेंदर, संन्यासी और मादा—पाँच बेटे और रेवती, पांची, दो बेटियाँ प्रसव किए।

मँझली के जीते-जी ही, वह सँझली को ब्याह लाया। सँझली से एक बेटा, धला और बेटी, काली! काली का दूल्हा, महन घर-दामाद बन गया। बेटे का भी ब्याह हो गया।

खायसुन और तिनहनी के बीचोंबीच, थोड़ी-सी खाली ज़मीन पर, कांदर का सिंचाई-केंद्र और शवर टोला; जिसकी आधी आबादी केतु ने ही बसाई थी। कांदर की यह छोटी-सी सिंचाई-योजना काफी पुरानी थी। इस योजना ने अभी तक रूप नहीं लिया और यह कब पूरी होगी, यह भी पता नहीं। महीरावण चूँकि अतिशय बुद्धिमान था और इन सब जले-मरे अंचल में सरकारी लोग काफी कम आते थे, इसलिए करीब दस साल पहले महीरावण ने एक विशाल बाँध बनवाया। कांदर से एक गहरी नहर खोदकर, उस बाँध के साथ जोड़ दिया। नतीजा यह हुआ कि बरसात के मौसम में कांदर का जो पानी फालतू बहता था, वह उस नहर की राह बांध में जा गिरता था। अब ढलान और बाँध पानी से भरपूर रहता था। उस बाँध से डीजल पंप के ज़रिए पानी ले जाकर। ढेरों ज़मीन पर साल में तीन-तीन फसलें उगाने लगा। शवर इसी बाँध में नहाते थे, पानी लेते थे। महीरावण ने केतु शवर के टोला-निवासियों पर पानी के बारे में कोई रोक-टोक भी नहीं लगाया था। शवरों के प्रति इस सदय और सहिष्णु आचरण की एक और वजह भी थी। वह वजह भी किंवदंती भी।

केतु परिवार का कतार-दर-कतार घर! घरों से घिरे आँगन में धान के बड़े-बड़े गोले! ये गोले पूरे साल भर तक भरे-भरे रहते थे। केतु के सोने के निजी कमरे के मचान पर भी कई-गई बोरियाँ ठुँसी हुई! इन बोरियों में कभी आलू, कभी प्याज भरे होते थे।

रखवाली का काम, केतु के लिए कांट्रैक्ट सर्विस थी!

ग्यारह बड़े-बड़े किसानों समेत पाँचों गाँव को मिलाकर और भी डेढ़-पौने दो सौ घरों के लोग उसके ग्राहक थे। हर साल फ़ी घर से वह करीब मन भर धान वसूल करता था। बड़े-बड़े किसानों से उसे धान के अलावा आलू या प्याज, जब जो फला-फूला हो, वह भी मिल जाता था।

धान से ही गुजर-बसर! धान बेचकर ही तेल-नमक-कपड़े, जिन पर उन्हें मामूली खर्च आता था।

धान पकते ही, केतु की फौज तीर-धनुष लेकर गाँव-गाँव चक्कर लगाना शुरू कर देते थे। चोर उनसे सावधान रहते थे, घर-बारी बेफिक्री की नींद सोते थे। कांदर-सेच-शवर टोला संक्षेप में कांदर बन गया था। कांदर के अन्यान्य शवर समितियों में जाते, घर से जुड़ी ज़मीन पर पपीते के पेड़ लगाते थे, समिति में प्रशिक्षण पाकर वे लोग कानी घास और खजूर के पत्तों के टोपे, डलिया, टोकरी वगैरह बनाते थे और समिति के जरिए ही बेचते थे। किसी-किसी ने तो नयागढ़ के बैंक में अपने नाम खाता भी खोल लिया था।

केतु ने कमल से कहा, "ऊ काम हम नाहीं करूँगा।"

"तू रखवाला ही बना रहेगा, काका?"

"हाँ, अलबत्! नन्द बाबू हमका 'लाइमेन' दै दिहिन! हम बड़े मजे में हूँ, कमल!"

वाकई, केतु काफी मज़े में था! काफी खुश!

कभी-कभी वह अपनी बड़ी बहू को खींच ले जाता, "चल, जंगल घूम आवें।"

दोनों प्राणी गहरे प्यार में डूबे जंगल में समा जाते। वहाँ से वे दोनों लकड़ियाँ काटकर ले आते। कभी, कहीं गेहुँवन साँप हाथ लग जाता, तो वे उसे भी मारकर ले आते।

केतु पंचायत वगैरह की बिल्कुल परवाह नहीं करता था, "अरे, स्वल्प पूँजी में स्वनिर्भरता सरकार हमका का सिखावेगी? केतु अपनी शारीरिक ताकत, हाथों की निपुणता, छाती में हिम्मत की पूँजी के भरोसे, देखो, खुद ही आत्मनिर्भर हो गवा है।"

"अरे, ओ, केतु, तुम्हार समय तो महा आनंद में गुज़र जावेगा। तुम्हारे बाद, तुम्हारे बाल-बच्चों का क्या होगा?"

"जिसमें, जितना बूता होगा, करेगा! अगर कर सका, तो जिंदा रहेगा, नाहीं कर सका, तो मर जावेगा। मौत तो आएगी ही! जीवन है, मृत्यु है। बीच का बखत? जो जितना कर सकेगा, करेगा।"

केतु ज़िंदगी भर काफी मज़े में रहा!

दो

केतु के पुरखों की जीवन-कथा भी किंवदंती थी।

लाखों-करोड़ों साल पहले, इन तमाम जगहों पर जनपद नहीं थे, सड़क-घाट

भी नहीं थे। यहाँ अछोर-असीम, अपार-अशेष और महान विशाल अरण्य था। जिस अरण्य में वृक्ष का मतलब था, महावृक्ष! अनगिनत पेड़ फल देते थे। माटी से जुड़े झोंप-झाड़-लताएँ कंद-मूल देती थीं। जंगल औषध, अन्न, काठ और घर बनाने के सामान देता था। अरण्य-संतानों के जीवन में, वह शवर युग था।

उस जंगल में शिकार के लिए पशु-जनावर मिलते थे। उस जंगल में शवर रसे-बसे थे। शाल-पेड़ की तरह लंबी-चौड़ी उनकी देह; चट्टान की तरह सख़्त उनका तन-बदन! वे लोग हाथ में तीर-धनुष और कुठार लिए घूमते रहते थे।

शवर युग का राजा था—जरा शवर! एक दिन उसके सामने देवी वनदुर्गा प्रकट हुई! जंगल की सभी दुर्गतिनाशिनी उस देवी को जरा शवर समेत सभी शवरों की पूजा-अर्चना प्राप्त हुई। प्राचीन किंवदन्ती मुताबिक शवरों की उस देवी ने, शवरों के शत्रु गामासुर का वध किया था। गामासुर था मायावी! जाने कितने छल-कपट जानता था! शवर थे, अरण्य-संतान! वे लोग छल-कपट नहीं जानते थे। सावन-पूर्णिमा की रात, जब आकाश में चाँद चमक रहा था, फिर भी काले-कजरारे मेघों की सूखी-धार बह रही थी, समूची अरण्य भूमि जब अपार्थिव रहस्य से ढँकी हुई थी, उन पलों में देवी वनदुर्गा ने गामासुर का संहार किया।

उसी दिन से सावन-पूर्णिमा शवर लोगों के लिए गामापूर्णिमा बन गई। यह दिन नाच-गान-जश्न, देवी वनदुर्गा की पूजा-वंदना में गुजारा जाता था।

उसके बाद, अरण्य युग धीरे-धीरे निःशेष होता रहा। लेकिन, उन दिनों भी ढेर-ढेर जंगल, ढेर-ढेर शिकार मौजूद थे। केतु के ही कोई पुरखे, केशकोट के राजा के जंगल में निवास करते थे। परित्यक्त राजधानी का किला और प्रासाद, उस ज़माने में ध्वंस होकर, वन-जंगल से ढँक गया था। बच रही थी एक प्राचीन पोखर, जो काफी हद तक सूख जाने के बावजूद, अपना थोड़ा-बहुत पाट बचाए हुए थी और उसमें थोड़ा-बहुत पानी भी था।

शवर उस पोखर की ज़मीन पर कंद खोजा करते थे। इसी तरह मिट्टी खोदते-खोदते, केतु के ही किसी पुरखे को, तीन हाथ लंबी, पीतल की देवी मूर्ति प्राप्त हुई। वस्त्र-परिधान में सुशोभित इस देवी के एक हाथ में धनुष और दूसरे हाथ में खड्ग था। उस मूर्ति की नक्काशी भी अपरूप! उसके पुरखे ने पोखर के पानी में उस मूर्ति को धोया और मिट्टी लगाकर माँज भी लिया। चारों तरफ घना-निविड़ जंगल! जल में टुकड़ा भर आकाश की छाया! शवर को इलहाम हुआ, यह ज़रूर वही वनदुर्गा की मूर्ति है! पोखर में नहा-धोकर, वह मूर्ति माथे पर उठाए, घर लौटा और नगाड़ा पीटकर उसने केशकोट की शवर बिरादरी को यह अद्भुत संवाद दे डाला।

सारी कहानी सुनकर, अति वृद्ध, घना शवर ने कहा, "मूर्ति तो तुझे ही मिलती। जब देवी का आगमन भया था, तब जरा शवर यहाँ का राजा था। अब तू जारा शवर है! मूर्ति तुझे नहीं मिलती, तो और किसे मिलती?"

"अरे, सिर्फ पा लेने भर से हो गया? देवी को रखोगे कहाँ?"

"विशा, घर बनाय देवेगा।"

विशा शवर ने खूबसूरत-सा घर खड़ा कर दिया। मिट्टी की ऊँची वेदिका पर देवी स्थापित कर दी गईं।

केशकोट के राजा पंचदुर्गा की पूजा काफी धूमधाम से करते थे। शवर यह बात जानते थे। लेकिन वे लोग तो राजा-महाराजा की रीति से पूजा करनेवाले नहीं थे। वे लोग अपनी देवी की पूजा फल-फूल मधु से करते रहे। सावन-पूर्णिमा के दिन सकल शवर वनदुर्गा उत्सव में शामिल होते थे। उस वक्त हल्के-हल्के सुर में नगाड़ा बजता था, आसव-पान में मत्त शवर-शवरी, वृत्ताकार, नाचते हुए, समूची रात गुज़ार देते थे।

वनदुर्गा की ख़बर, केशकोट के राजा के कानों तक भी पहुँच गई।

जब कभी वह शिकार के लिए जंगल में आता था, वह भी वनदुर्गा की पूजा करता था। देवी अगर प्रसन्न न हों, तो शिकार विफल जाता है। जारा ही सबके हाथों पर, देवी के चरणों पर फूल रखता था। वह ज़माना कुछ और ही था। उस ज़माने में भी शवर लोग पेड़-लता, पशु-पाखी, घास-माटी, हवा-आकाश से मन ही मन बातें किया करते थे। उन दिनों कोई-कोई शिकारी नौजवान अजीब दैवी दृश्य देखकर चकित रह जाते थे। घुप्प अँधेरी रात में टुकड़ा भर धुँधली, रौशन चाँदनी मानो समूचे वन-जंगल में तैर रही हो। उन दिनों देवी वनदुर्गा इसी तरह समूचे जंगल की रखवाली करती फिरती थीं।

उस ज़माने में हर पूर्णिमा के दिन, देवी मइया को सिर पर उठाए, अपने आगे-पीछे भक्तों की भीड़ लिए, नगाड़ों और गीतों की गूँज के साथ शवर लोगों के मुहल्ले-मुहल्ले चक्कर लगाता था।

"बइठे-बइठे देवी बेटी की देही दुखाय रही होगी, जी!"

वे सब काफी आनंद और खुशी के दिन थे। उन दिनों भी वे लोग जंगल से काठ-मधु-पशु-मांस, फल वगैरह जंगल के सामान ला-लाकर, केशकोट के बाज़ार में बेचा करते थे। अपने-अपने सामान के बदले में, वे लोग चावल, कपड़े, नमक ले जाते थे।

वे लोग दुकानदार से कहते थे, "क्या लाया, क्या लिया, दोनों का मोल-तोल बराबर भया या नहीं, यह हमका नाहीं पता।"

बहरहाल, जारा की ज़िंदगी आराम से कट गई।

उसके बेटे की भी!

लेकिन वनदुर्गा, उस वन की रक्षा नहीं कर पाईं। वे अपनी शवर-संतानों की भी हिफाज़त नहीं कर सकीं। अंग्रेज साहबों ने उनके नाम कलंक लिख दिया—"शवर अपराध-प्रवण जाति है!" वनदुर्गा जिनकी रक्षक है, वे लोग अपराध-प्रवण कैसे हो

सकते हैं? यह समझने का बूता, साहब लोगों में नहीं था।

जारा के पर-पोते भीम, जो केतु का पिता था, उसके ज़माने में भयंकर घटना हो गई। महा-अघटन! उन दिनों केतु कुल बारह साल का छोकरा था। तीर मारकर, उड़ते बत्तख का शिकार करता था, पूँछ से घसीटकर, सिर के ऊपर से घुमाते हुए, गेहुँवन साँप को पटककर मार डालता था। तिनहनी का नाम, उन दिनों भी काफी सरल था। वृकोदर गिरि अपने इलाके में राजा था! प्रबल-प्रतापी ताल्लुकदार! वृकोदर गिरि को दिव्य सपना आया। वनदुर्गा ने छलछलाई आँखों से देखते हुए, उससे कहा कि वे शवरों के यहाँ वनदुर्गा के रूप में विराजमान थीं। लेकिन वनदुर्गा आखिर हैं कौन? जो दुर्गा हैं, वही वनदुर्गा! वे ही संहारिका कालिका थीं। इतने दिनों वे शवर आवास में ज़रूर विराज रही थीं, लेकिन कलियुग के इस अन्त्य पर्व में, वे ब्राह्मण पूजिता, त्रिनयनी, काली रूप में पूजा ग्रहण करना चाहती हैं। वे इसी तरह अपना देवी माहात्म्य प्रकाशित करेंगी। शवर वेद-पुराण नहीं जानते। वे सब घोर तमोगुण से आच्छन्न हैं।

वृकोदर गिरि को यही उपयुक्त लगा कि कार्तिक महीने में, अमावस्या के दिन देवी को सादर ले आएँ और मंदिर में उन्हें स्थापित करें।

देवी की दिव्य-वाणी गूँज उठी—

इतने दिन रही हम शवर आवास
अब त्रिनयनी काली रूप मयी प्रकाश
कलियुग में भुंज-जीव की अशेष दुर्गति
मोरी कृपा से सब पावेंगे मुक्ति।

वृकोदर गिरि घोर निष्ठावान् सद्ब्राह्मण! वे शवर तो क्या, किसी गैर-ब्राह्मण की छाया तक में क़दम नहीं रखते थे। हमेशा रेशमी परिधान धारण करते थे, जो उन्हीं के यहाँ की तसर की खेती से तैयार किए जाते थे। शिव उनके गृहदेवता थे और शिवचतुर्दशी के दिन वह गाँव में मेला बिठा देते थे। नन्हा-सा पाठा बलि के साथ-साथ दोपहर का भोज, उनके लिए कुछ भी नहीं था और अब तक गामा पूर्णिमा के दिन वे शवर मुहल्ले में पीपा-पीपा शराब और दो पाठा, नियम से भेजते थे। खैर, वे लोग देवी-पूजा तो करते थे।

वही वृकोदर पंडित जब "भीम, रे, सपने में आदेश भया है—" कहकर वे भीम के पैरों में लेट गए और विकट आर्तनाद के साथ, रो-रोकर अपना सपना सुनाने लगे, तो शवर समुदाय एकदम से अभिभूत हो उठा। वनदुर्गा ने यह बात ज़रूर कही होगी, वर्ना 'बाम्हन कब्ब, शवरों के पाँव पड़त है?'। भीम और अन्यान्य शवरों की मानों छाती फट गई। वे लोग सपने कम ही देखते थे। असुरों की तरह जी-तोड़ मेहनत करते थे, खाना खाते थे, दारू पीते थे और सो जाते थे। धान के गोले, धुले-धुले कपड़ों वाले लोग और सिर पर तेल या रुपयों की टोकरी, शवरों के पास कभी नहीं

आती थी। ये सब तो बाबूलोगों के यहाँ पहुँचती थी। सपने-वपने भी बाबूलोग ही देखते थे।

भीम ने लंबी उसाँस भरकर कहा, "उठ! जा, घर जा! अपना मंदिर खड़ा कर! मइया जब गरीब-गुरबा की घर-भुंइ में वास नाहीं करेगी, तो जाए, तोरे घर ही चली जावे। तब तक हम ई बेटी को ज़रा घुमा-फिरा लावें। इत्तने दिनों, ऊ हम सबन के इहाँ रही। अब मन उचाट हुइ गवा?..."

बाँस की डोली में बैठाकर, उन लोगों ने वनदुर्गा को शवर टोला के मुहल्ले-मुहल्ले घुमाया-फिराया।

लौह-भीम जैसा भीम शवर फूट-फूट कर रोता रहा, "शवर लोग टूअर हो गए, मइया! तूने नाहीं सोचा? ऐसा जी उचट गवा तोरा कि तू 'वनदुर्गा' नाम तक त्याग करके जा रही है! शवर के घर में तोहे कितनी आजादी थी, मइया! चाँदनी रात तू खींच लाती रही, ओमें लुक-लुककर वन-वन घूमत-फिरत रही। बइठे-बइठे, तोरी देह पिराने लगती थी, तभी तो हम तुझे घुमावत-फिरावत रहे। सपना तूने हमको काहे नहीं दिया? हम खुद तोके माथे पर बैठालकर, उनको दै आते। माँ होकर, तू पत्थर हुइ गई?"

और...उस किंवदंती की परिसमाप्ति हुई!

त्रिनयनी के नाम पर पूरे मउजे का नाम ही त्रिनयनी पड़ गया।

इसके काफी-काफी दिनों बाद, कमल ने केतु से कहा, "विकोदर ने झूठमूठ ही कह दिया, ऊ हमरा ठाकुर लेना चाहता था।"

"कैसे?"

कमल ने अंग्रेजी का पुराना दैनिक अखबार निकालकर दिखाया। अखबार में एक तस्वीर! पत्थर की एक देवी मूर्ति! वस्त्र-शोभित! द्विभुजा! धनुष और खड्ग धारिणी! किसी साहब ने फोटो उतारी थी। ई ठाकुर भी, ऊ बिलायत लै गए! कहते हैं, "ई सच्ची-मुच्ची की वनदुर्गा हैं।"

केतु ने लंबी उसाँस भरी!

"जाने दे, कमल, हमार बाप उनसे..."

हाँ, भीम काफी बौखला गया था! बेहद क्षुब्ध! मानो वह पागल हो गया हो। वह कहाँ जाए? क्या करे? ऐसे वक्त में नेताई कर का बप्पा वेंदावन, सरल महतो और भी बहुत सारे लोग कांग्रेस में शामिल हो गए थे। साहब लोगन को खदेड़कर, ऊ लोग गाँधी राजा का राज लाएँगे।

भीम और कुछेक अन्य शूरवीर शवर भयंकर मत्त हो उठे। रेल लाइन उखाड़ना होगा, थाने पर साहब लोगों का झंडा नहीं लहराएगा। गाँधी राजा का पताका उड़ेगा और यह सब प्रचुर साहस और शक्ति का काम था। सरल महतो गाँव की बिरादरी में एक व्यतिक्रम था। उसके यहाँ शवर लोग आते थे, बैठते थे, गाँधी राजा की बातें करते थे।

वे लोग कहते थे, "साहब अगर देस छोड़कर चले जावें, तो देस में अन्न-संकट नहीं रहेगा। बाम्हन सब, चांडाल के साथ बैठकर खाएँगे। गाँधी राजा जात-पाँत नहीं रहने देंगे।"

वह आदमी अतिशय पान और जर्दा खाता था। जेल में ही उसे जाने कौन-सा तो रोग लगा, वह जेल में ही मर गया।

इस तरह झंडा उठाकर, पुलिस को भाले से मारकर भीम और उसके साथी जेल चले गए। पाँच साल बाद, जेल से रिहा होकर लौट भी आए। उसके बाद, पाँच साल गुज़रते-न-गुज़रते तमाम जमींदार, ताल्लुकेदार, छोटे-छोटे राजा—हर कोई जान गया कि साल भर के अंदर नया कानून आने वाला है। जमींदारी नहीं रहने देंगे। बस, बन काट डालो, पेड़ बेचो, ज़मीन बेचो। यही थी अरण्य के अंतिम पर्व की सूचना! लाख, रसीले फूल, पलाश, रेशम-कीड़े, धानी शाल और अर्जुन—सब धीरे-धीरे निश्चिह्न होते गए।

भीम ने कहा, "वनदुर्गा नाहीं रहे! ई तो तिनहनी ही रह गई—"

केतु उन दिनों जवान मर्द।

उसने कहा, "बाबू लोगन तो जब जेहल गए, कित्तना कुछ पा भी गयेन। तू लोगन को कुछ भी नाहीं दिया?"

"वन दुर्गा जो नाहीं रहीं—"

नेताई कर के बप्पा ने कहा, "जाकर करूँगा कोई तदबीर! शवर लोगन को कुछ काहे नाहीं मिला!"

"न्ना! शवर लोगन को कुच्छ नाहीं मिला।"

अगले ही पल केतु अपना भाला और धनुष लिए-दिए मंच पर उतर पड़ा।

जारा शवर और वनदुर्गा एक किंवदंती बने रहे।

भीम, वृकोदर, वनदुर्गा और त्रिनयनी और एक किंवदंती!

केशकोट नाम अब गुम हो चुका था। उन सभी जगहों के नाम भी अब बदल गए थे। केशकोट का पुराना क़िला भी अब जंगल के साथ मटियामेट हो चुका था। भीम अपनी बीवी, खुरपी, कुदाल, तीर-धनुक और भात की एक हांड़ी समेत, अर्से पहले मान बाज़ार के माकड़केंदी में जा बसा। वहीं उसकी और उसकी बीवी की मौत भी हो गई।

केतु अपनी भूमि की मिट्टी छोड़कर कहीं भी नहीं हिला-डुला!

वह दुर्धर्ष रूप में डाके डालता रहा। मान बाज़ार, बरा बाज़ार में डकैती! जो भी प्रतिरोध करने बढ़ा, उसने उसका खून कर डाला। खेड़ा-खाड़या-खेड़िया-शवर—इन नामों से उसने दहशत फैला दी।

बीच-बीच में वह अकेला ही बीजूवन में बैठा-बैठा अपने बप्पा के ख़्यालों में खोया रहता। वे लोग वनदुर्गा को उठा ले गए, इस दुःख में वह असमय ही मौत

का शिकार हो गया। इन लोगों ने कब, क्या नहीं छीना? उनके जंगल छीन लिए, बस्ती लूट ली, जमीनें ले लीं। शवरों के मुहल्ले के मुहल्ले उजाड़ दिए, बप्पा ने यह नहीं सोचा। वह यह उम्मीद क्यों लगा बैठा था कि जंगल चिरकाल सलामत रहेंगे? जो लोग कोर्ट, पुलिस, पंचायत, सरकार—सारा कुछ हड़प सकते हैं, वे लोग कितने बड़े शिकारी हैं, उसने यह क्यों नहीं सोचा? क्यों नहीं समझा?

बंक से रुपए खाकर, केतु ने धरणी का गोला लूट लिया और लूट के उन्माद में उसने बंक का भी गोला लूट लिया। इससे रुपए सपोड़कर, उसने दूसरों के घर डाका डाला। जब, जैसी सुविधा हुई, वह कर गुज़रा!

महीरावण ने कहा, "उसके बाप के यहाँ से मैं देवी उठा लाया, इस वजह से, देखो, केतु मेरा बाल भी बाँका नहीं कर सकता।"

इसके बाद ही, महीरावण का बेटा अंगद और उसका 'मसलमैन' राज सिंह जब भटभटिया हँकाकर, बैंक में रुपए जमा करने जा रहे थे, कांदर के मोड़ पर केतु और उसके साथियों ने, रास्ते पर पत्थर फेंककर, उनकी भटभटिया रोक ली और राजसिंह तथा अंगद के कंधों पर भाला चलाकर, सारे रुपए छीन लिए।

उसके बाद से ही उन लोगों का कहीं अता-पता नहीं। वे लोग कहीं नहीं दिखे! केतु आरसा ब्लॉक की तरफ फुर्र हो गया। महीरावण उछलता-कूदता-हुंकारता रहा! पुलिस बुलाकर वह पूरे शवर टोले को जलाकर खाक कर देगा।

नेताइ कर ने मंतव्य जड़ा, "बात तो सवा सोलह आने इंसाफ़ की है!"

लेकिन केतु, आखिर केतु था! कंधे पर ज़ख़्म खाया बेटा, मरे हुए बेटे से कहीं बेहतर होता है, ज़रा सोच लो!

इसके बावजूद महीरावण पुलिस में डायरी दर्ज करा आया।

"सुनिए, केतु को अगर पकड़ पाए, तो बहुत बड़ा काम होगा।"

लेकिन थाने को केतु को गिरफ़्तार करने का कोई शौक नहीं था, इसलिए केतु गिरफ्तार नहीं हुआ। हाँ, यह अंदाजा ज़रूर लग गया था कि केतु कहीं आस-पास ही है।

राजसिंह ने महीरावण से कहा, "यह मेरी 'पेस्टिज' का मामला है। मेरी मौजूदगी में रुपए पर चोट हो गई! उस पर से मेरा कंधा भी ज़ख़्मी कर दिया। मैं इसका बदला ज़रूर लूँगा!"

इस तरह गरज़ता-बरसता, वह साइकिल लेकर निकल गया। राजा का अस्त्र था चाकू! चाकू चलाने में उसका हाथ भी अच्छा था। वह करीबी व्यस्त बस-स्टेशन और शहरनुमा कस्बा, पानीगढ़, ट्रांजिस्टर की बैटरी लाने गया था। इसके बाद की ख़बर के तौर पर, बस इतनी-सी जानकारी मिली कि वह पान खाकर, 'शोले' का मैटिनी-शो देखने, जेनरेटरचालित सिनेमा-हाल में दाखिल हुआ। उसके बाद से वह लुप्त! वह कहीं नहीं था। पानीगढ़ और बिनहनी के बीचोंबीच, एक परित्यक्त ईंट-भट्ठे

में राजा की गर्दन टूटी हुई लाश, साइकिल, घड़ी, यहाँ तक कि उसका पर्स भी मिला।

इधर जारांगडी में, अपने बहुत-से साथियों के साथ दारू के नशे में चूर केतु नज़र आया। सुबह ही, वह अपने समधी के घर आया था और शाम से दारू के दौर जारी थे।

इस बार केतु, गर्व-दीप्त कदमों से, अपनी डांग ठोंकते-ठोंकते, तिनहनी गाँव से होता हुआ, अपने घर लौटा! ब्राह्मण-महतो-मंडल-राजपूत लोगों ने अपने-अपने घरों के दरवाजे बंद कर लिए।

केतु मंद-मंद मुस्कराता रहा। हाँ, यही ठीक है! केतु किसी से नहीं डरता, सभी लोग उससे डरते हैं।

इसके कुछ ही दिनों बाद, केतु रखवाला बन गया।

दारोगा ने पूछा, ''लाइन छोड़ दी?''

''लाइन ही हम का छोड़ दिहिस–''

''अच्छा हुआ! बहुत अच्छा!''

''अब घर में बइठे-बइठे खावेंगे, देखें, कइसा बुझात है! तू क्या कहता है?''

दारोगा ने लंबी उसाँस फेंककर जवाब दिया, ''हाँ, सभी कह रहे हैं और बात बिलकुल सच भी है कि शवर लोग अब डांग से मार-पीट ना करें, तो भला! लेकिन, केतु, अब थाना का करेगा?''

केतु के निकष काले चेहरे पर जड़े अद्भुत सफेद दाँत एकदम से झलक उठे। वह हँस पड़ा।

''धान लेवेगा? धान?''

''न्ना!''

''कुछ न कुछ हो ही जावेगा! लेकिन खाली-पीली यह शवर लोगन की धर-पकड़ छोड़े दे, दारोगा!''

''तो रखवाला क्यों बन गया?''

''और का करता, बता? गिरि-कंदरा घूमता-भटकता...? ई राजा को कउन मारा?''

सच ही तो! राजा तो कत्ल हो गया। दारोगा सहसा वास्तविकता में लौट आया।

''चल, फिर यही सही, केतु!''

''हउ, रे...''

मंडल-महतो-पानिग्रही-चक्रपाणि-कर गिरि वगैरह अर्थनैतिक कंट्रोलर वर्ग ने भी दारोगा के सामने अपने-अपने मन की इच्छा जाहिर कर दी। अब, केतु रखवाला है। थाना अब, बात-बात में उसे खींचे-घसीटे नहीं, धान बेहद पाप का भंडार है! पाप का जनक है! धान की रोपाई से लेकर, गोला तक पहुँचाने के दौरान, धान को 'पोटेक्शन' चाहिए। सन् 1951 में थाना-बिल्डिंग और कुछेक 'पर्सोनेल' वह

'पोटेक्शन' देने में असफल रहे। केतु का पोटेक्शन, आग मार्का रक्षा-कवच है। आजकल भूखे-नंगे, लोग बेतरह बौखलाए हुए हैं। कलिकाल के धर्म मुताबिक, वे लोग, 'कंट्रोलर वर्ग' के धान की ढेरी, गाय, सिंचाई-यंत्र-खाद और कीटनाशक वगैरह की शान देखकर, मारे ईर्ष्या के बेहाल हो उठे हैं। वामफ्रंट के तो ये लोग बज्र-शत्रु हैं। पके हुए धान लूट-पाटकर भाग खड़े होते हैं। धान से जुड़े पाप-चित्र असांप्रदायिक होते हैं। कुछेक दुर्धर्ष मुसलमान, कुछेक शवर के अलावा विभिन्न जातियाँ भी हैं, जिसमें राजपूत भी शामिल हैं। जब ये लोग लूट-पाट पर उतरते हैं, तो कोई-कोई बंदा, धान से शुरू करके, दरवाजा तोड़कर, संदूक तक ज़रूर पहुँचता है, संसार का यह नियम है। इन लोगों में गहरी साठ-गाँठ होती है। ऐक्शन करने के बाद, कोई-कोई शवर, मुस्लिम पनाह में भी पहुँच जाता है। दोस्ती और सौहार्द के प्रतीक स्वरूप शवर के नाम से उर्फ रहमान, उर्फ फिरोज भी घुस आते हैं। यह सब जब रोजमर्रा का वर्तमान है, तो दारोगा, केतु से छेड़छाड़ न करे।

दारोगा सब कुछ सुनता रहा!

"लॉ एंड ऑर्डर...नियम-क़ानून का क्या होगा?"

राजा बिना उत्तप्त, निरुपाय, महीरावण ने झुंझलाकर जवाब दिया, "यह लॉ एंड ऑर्डर...जिसे कहते हैं, कानून-शृंखला की वज़ह से, आजकल इस महीरावण की पिछाड़ी में पठनहया मिर्च की तरह जलन मची रहती है।

उसने दारोगा को तसल्ली दी कि केतु के रखवाला बनने से, दारोगा को जो अपूरणीय क्षति होगी, उसकी भरपाई हो जाएगी, महीरावण इस बात की गारंटी देता है।

दारोगा ने उसकी बात मान ली।

तीन

इस तरह उस दुर्गम अंचल में केतु ने अपने को रखवाले के रूप में प्रतिष्ठित कर लिया और जाति-अभिमानी राजनीतिक क्षमता प्रयोग में, ताजा-ताजा धनी बने—कुछ ही सालों में धनी-लोगों को उसने अपने पर निर्भरशील बना लिया।

ऐसे समय में, वह खुद किंवदन्ती बन गया।

ऐसे समय में, वह पूस महीने के मैदानी चूहों की तरह सुखी, प्रतापी और वित्तशाली बन गया।

शवर टोलों के लिए, वह अपने मन के दरवाजे, हमेशा खुले रखता था और गामा पूर्णिमा के दिन सकल शवरों को दावत देकर, उन्हें शराब, सूअर का मांस और भात खिला-पिलाकर उन सबकी खातिर-तवाजो करता था।

नंद बाबू ने कमल से कहा, ''यह बंदा सच्चा शवर है। सबके प्रति अपने रीत-नेम निभाता है।''

''लेकिन, केतु दादा, डांग मारना नहीं छोड़ेगा।''

नंद बाबू की आँखें चढ़ गईं, ''इन कमबख़्त शवरों की जात के हाथ से अगर डांग और धनुष छीन लिया जाए, तो पुलिस और जोतदार, मेहर-भतार की तरह मिलकर, उन्हें जड़ से मिटा देंगे। वैसे अभी चंद केतुओं की ज़रूरत होती है, भविष्य में भी रहेगी। चलो, 'शवर' के नाम का डर-भय बना रहे। जिंदगी भर ज़िलो की बदमाशी देखता रहा हूँ। उन लोगों से मार-डांग आखिर कौन कराता है? हम लोग! चोरी-डकैती भी क्या वे लोग ज़िला में अकेले ही करते हैं? महीरावण, अनन्तराम—इन लोगों की तरह, शवर लोगों को बाँध चोरी करना नहीं आता। जब धर-पकड़ का वक्त आए, इन शवरों को ही भर दो जेल में।''

''आजकल थोड़ा-बहुत कम हो गया है।''

''वह तो...उन लोगों में एकता हो गई, उनकी समिति बन गई, उनके हाथ की बनी कलाकृतियाँ मशहूर हो रही हैं, इस वजह से! लेकिन अभी भी...काफी कुछ बाकी है।''

''केतु दा को भी एकता की बात समझाऊँ?''

''वह समझता है! मेरी बात सुन रखो, वह सब समझता है।''

केतु, कमल की बातें काफी ध्यान से सुनता रहा।

''धत्त! इत्तना मत सोचा कर! हम टोपी खंचिया नाहीं बुनूँगा। लेकिन शवरों के लिए जो भी करने को कहेगा, हम कर दूँगा!'' उसने कहा।

वह काफी देर तक अपने झौव्वेदार बालों समेत सिर हिलाता रहा।

आरार गंडल ने कहा, ''देखता क्या है, केतु? धर्म का भात कितना मीठा होता है! अब तेरे बदन पर तेल चढ़ गया है, रे!''

केतु खीज उठा।

''हमने धरम का भात कभी नहीं खाया। भात खाने से देही में तेल-कचरा तो जमत ही है! लेकिन तू लोग? तू लोगन तो समुच्चा बाँध मार दिया! कुआँ हड़प लिया। अधरम का दाना-पानी हजम करके, तू लोगन के बदन पर का कम तेल चढ़ा है? ले, धान नाप! हमका टैम नाहीं है।''

आसर ने मन ही मन उसे गाली दे डाली—स्साला! लेकिन जुबान से, उसने एक सवाल उछाला, ''घर लेगा, तो दिला दूँ?''

''ना, बाप! ढब देकर, हम कुछ नाहीं लूँगा। मास्टर को पता चलेगा, तो वह मारेगा।''

''मारेगा? तुझे मारेगा?''

''मार तो सकता है! शवर लोगन का जहाँ कोऊ नाहीं है, वहाँ मास्टर है।

माँ बनकर हमें बचाता है। ला, दे–"

केतु की इन बातों में काफी आन्तरिकता थी। वह गंभीर हो आया। आसर चुप हो गया। उसने धान के अलावा, बड़ा-सा कुम्हड़ा भी थमा दिया।

लोकल कमेटी मीटिंग में यह बात उठाना होगी। केतु को ज़रा अलग खींच लेना ज़रूरी है। इतनी-इतनी तरह की योजनाएँ! उन लोगों के नाम इतने-इतने रुपए! केतु को एक अदद इंदिरा आवास-गृह, दुधारू गाय, सर्विस-शौचागार–यह सब उसे दे दिया जाए। उसे अन्य शवरों से दूर हटा लाना, बेहद ज़रूरी है। शवर लोग अब बदलते जा रहे हैं। उन लोगों को भी अब ज़रा नरम-गरम रखना ज़रूरी है।"

केतु ने ही बात छेड़ी, "घर लैकर का करिहौं? दुधारू गैया? तोरा तो माथा गरम हो गवा है, मंडल! घास कहाँ से पइहौं? सब कुछ तो कर अउर गिरि हड़प रहा है।"

"अब तो वोट आने वाला है, केतु!"

"वोट तू लोग ही लै ले! देख, हमका चिढ़ा मत!"

"तू भी अखनी घर-बारी बन गया है। धान का गोला..."

"जा, जा, घर जा!"

सारी कहानी सुनकर जारांगडी के दशरथ ने कहा, "वो तुझे तोड़ना चाहता है, जानता है, केता?"

"दुत्त साला! चल, आज दारू पीएँ! हाँ, तोहें रखवाले का काम करने को नाहीं कहा?"

"न्ना! हमका तो मार-डांग करने को कहा! मगर अब हम ई काम नाहीं करिहौं। बहुत भया–"

दशरथ भी जबर्दस्त शवर था। उसमें भी काफी ताकत, साहस और दक्षता मौजूद थी। दशरथ का गाँव भी कामकाज में काफी आगे बढ़ गया है।

"रखवाली करना हो, तो दासु..."

"वो बेटा नाहीं मानेगा! अभी तो मेघा..."

"हम तो उन घाघ-मानस को सब...ऊ लोगन हम सबन को खियावत हैं, हम सब उन लोगन का पेट भरत हैं।"

इस बीच अपनी साइकिल हँकाता हुआ, मेघा भी आ पहुँचा!

"मार-डांग ही करूँगा, लेकिन मोरा मन तो कहता है, किसी दिन पंचग्राम ही लूट करा देवें! साले, गिरि का डीजल पंप, कइसा खट्-खट् चलत है, काका! समिति-सम्मेलन बइठेगा, तू हमका एक मन चावल देवेगा?" उसने पूछा।

"दे दूँगा–"

"छोड़ो तो इसकी बात! पूछत है, एक मन चावल देगा? अरे, केता क्या गिरि है?"

केतु ने ज़ोर का ठहाका लगाया।

शवर-सम्मेलन को पंचग्राम, गिरबांधा, चाक्या, धवन, खामसुन और तिनहनी के लोगों ने भली आँखों से नहीं देखा। उन्हें यह आयोजन सख़्त नागवार गुज़रा! गाँव में जो श्रेणी, राजनैतिक क्षमता के दम पर जो लोग शक्तिशाली हो उठे थे, ये शवर लोग उन लोगों को बाद देकर, अपनी ज़िंदगी चला रहे हैं, इस बात को सह पाना मुश्किल था। जंगली-गँवार जात! 'वोट' शब्द सुनते ही कहते हैं–"भूट तो बहुत लिया है...फिर लै लेना।"

पता नहीं, यह किस राजनीति का खेल है।

"नन्द बाबू, कमल–ई लोग वोट की बात नाहीं करते?"

"न्नाः! हम लोगन की तो एक बात है। जो, जिसको 'भूट' देवे चाहे, दै दे। लेकिन, समिति में 'भूट' की कउनो बात नाहीं होवेगी।"

इस बात पर भरोसा करना निहायत तकलीफदेह था। जब वोट का स्वार्थ नहीं जुड़ा है, तब नन्द बाबू, कमल वगैरह शवर-विकास में क्यों जुटे हैं? सबसे ज्यादा आपत्तिजनक बात यह है कि किसी से रुपए खाकर, दूसरे को डांग मारने वाले शवरों का मिलना, अब धीरे-धीरे मुश्किल होता जा रहा है।

इन लोगों को एकाध सबक़ देना ही होगा।

महीरावण ने कहा, "यह जिम्मा मुझ पर छोड़ दो! राजा की मौत, हम भूले नाहीं हैं! शवर लोगों की हिम्मत बहुत बढ़ गई है। उन लोगों को अगर सही सबक़ नहीं सिखाया, तो..."

"देखो, केतु को मत छोड़ना, हे, गिरि!"

"नहीं! नहीं! केतु को इससे अलग ही रखेंगे। उसकी बात अलग है।"

लेकिन केतु यह सब नहीं समझता था।

उसका सुपुत्र महा खुश-खुश एक मन चावल लादकर ले आया। संतुष्टि, सम्मेलन में शामिल होने चला गया। मालड़ी का छो-नाच देखकर, वह परम खुश हो गया।

उसने नन्द बाबू से कहा, "बाप रे बाप, थाने-थाने में इतने शवर हैं, मास्टर?"

"तुझे नहीं मालूम, मगर तेरे जेठू को बखूबी मालूम था। गामा पुन्निमा के दिन वह शवर-मेला लगा देता था।"

"वनदुर्गा भी तो उसी की थी? है न?"

"हाँ! मगर, मेरे बाप, तू साथ-साथ रहियो।"

"रहूँगा! रहूँगा!"

पालान गाँव की कुमी शवरिन पर नज़र पड़ते ही, केतु मन ही मन मंत्रमुग्ध हो उठा! अहा! मानो वनदुर्गा हो! तांबे जैसा रंग! वैसा ही सुडौल गढ़न! हँसी देखो, मानो कांदर के जल पर धूप चमक रही हो। अगर उसकी उम्र होती, तो वह इसी लड़की से ब्याह कर लेता।

कमल ने कहा, "कुमी अभी पढ़त है, काका! छठवीं किलास में! मलिन से बियाह होवेगा! इस्कूल में बच्चन को पढ़ावेगी।"

केतु के लहजे में सम्मान झलक उठा, "ई तो अच्छी बात है, कमल!"

वह मन ही मन बुदबुदाया—न्ना! अब शवर लोग शान से सिर उठाकर समिति में आवत हैं! अब, शवर लड़की भी पढ़ना सीख गई है! आगे भी, बच्चों को पढ़ावेगी। ऐसा तो पहले कभी सोचा भी नहीं था।

उसने आवेगभरे लहजे में कहा, "कमल, पहिले जदी ई कुछ लोगन रहे होते, तो गिरि लोग हमरी वनदुर्गा को नाहीं ले जा पाते। है न?"

"तोरा मन बड़ा दुखात है न, काका?"

"न्ना! अबहीं बस, खियाल आया। हमरी देवी मइया लै लिहिस! देवी-देवता जइसे धनकुंदरा पेड़ हो! ई गिरि लोग तो पहा-ड़ बन गए...पाथर...है कि नाहीं?"

"हाँ, ठीक बात है।"

"छोड़ौ! ऊ बेटी नाचत-नाचत चली गई! सुन, तू लोगन ने काम तो भला ही किया—"

"लेकिन तू तो होवेगा नाहीं!"

"न्ना, बाप! ऊ टोपा-टोपी, खंचिया, खेती-बारी, हल-बैल...हम नहीं कर सकूँगा! लेकिन खोज-खबर लेत रहूँगा।"

"कित्तने ही शवर तो 'पाट्टी' के नाम पर नाचत हैं।"

"अपनी जान से जावेगा?"

"ना, ना, काका! समझा करो—"

"यह शवर की आवाज़ नाहीं है, कमल!"

"सुन, एक शवर की देही पर डांग पड़े अउर दूसरे शवर के बदन में पीर होवे लागे, उस दिन समझ लेना, शवर जाग गवा है।"

"जाग जाएगा—"

केतु गंभीर बातें दूर तक नहीं चला पाता था। वह शवर शिशुओं का खिचड़ी-भोज देखने चला गया। अहा! खा, बाप, आस मिटाकर खा, जी भरकर खा! उन बच्चों को देखते हुए उसे अहसास हुआ, शवरों को अगर दोनों जून, पेट भरकर खाना नसीब हो पाता, तो शवर को जागने में देर नहीं लगेगी। वनदुर्गा चली गई। जंगल चला गया! जंगल चले जाने के बाद, शवर खाता क्या है? तू तिनहनी हो गई, मइया? भोग-क्षोभ के तौर पर खा रही है, गिरि को भी ठुँसा रही है! शवर तो तेरी ही संतान थे, मइयो! तू सब कुछ भूल गई?

दशरथ ने कहा, "अरे, कामकाज में उतर, स्साले! ला, पानी पिला!"

केतु ने कमर में गमछा कस लिया।

"लगा समिति, दासू! हम तोका दुई मन चावल दे दूँगा।"

तमाम शवरों ने ज़ोर का ठहाका लगाया।

पंचग्राम में श्मशान सी चुप्पी छाई रही। इतनी एकता भली नहीं है। केतु उन्हें सुरक्षा देता है, यह सच है!

लेकिन उसे धान भी तो मिलता है! अन्यान्य शवरों से उसकी स्थिति बिल्कुल अलग है! फिर वह उन लोगों से क्यों मिलता-जुलता है? ख़ासकर उस दशरथ मरदूद से? वह शख़्स अब किसी के भी हुक्म पर मार-पीट नहीं करता! जिसके बेटे, मेधा ने अंचल-प्रधान तक को चुनौती दे डाली थी?

महीरावण ने कहा, "मैं उससे बात करूँ?"

"बात करोगे किससे? केता कमबख्त तो कान का बहरा है।"

"देखता हूँ—"

महीरावण बड़े जतन से बातों की क्यारियाँ सजाने लगा। उसने अपने वक्तव्य में खूबसूरत-खूबसूरत शब्द पिरो डाले।

"नंद बाबू वोट में खड़े हो रहे हैं, तुझे पता है? लेकिन तुझे कहाँ से पता होगा? उनके दिल में तो साँप कुंडली मारे बैठा है।"

शाम के वक्त केतु कांदर के किनारे, चट्टान पर बैठा-बैठा दारू चढ़ा रहा था। उसे निखालिस शराब पीने की आदत थी। नम्बर वन शराब! दारू और प्याज, पेट में पड़ते ही, केतु का मन परम प्रसन्न हो जाता है। माटी, पत्थर और नदी उससे बातें करने लगती हैं! केतु के मन के अंदर बारिश की हल्की-हल्की फुहारें पड़ने लगती हैं। अपने मन के इस आलम में वह दशरथ या मागन या नाचन...किसी भी बड़े-बुजुर्ग शवर के अलावा, किसी को भी बर्दाश्त नहीं कर पाता है। गिरि, दंडपाट या कर को तो बिल्कुल भी नहीं। ऐसे समय में यह गिरि क्यों आ टपका?

"नन्द बाबू? मास्टर?"

"ई समूति-वमूति उनकी धंधेबाजी है, केतु?"

"लेकिन, इस सब धंधा ऊ हम सबन को काहे धरावेगा?"

"भूट के लिए! अउर काहे को?"

"कहता जा...कहता जा...काहे को ...?"

"कांग्रेस से रुपइय्ये खाता है! ऊ लोगन, कांग्रेस से कहिन है कि शवर हैं न! हम सब वोट खींच लूँगा! फिकिर की का बात है।"

"महतो तो तब गया—"

"नहीं रे, पदा महतो उसे नहीं देखता, रे? नन्द ही जाकर, उसे कलकत्ता से..."

"ई समिति वगैरह धंधा है?"

"धंधा नाहीं है? अरे, 'भूट' में उतरे के लिए 'गवरमिन' रुपैइय्ये देत है। सब का सब उसने मार दिया—"

"तब, क्या किया जावे, गिरि?"

"उन लोगों से रिस्ता-नाता काट ले–"

"हाँ, कहा तो तूने ठीक ही..."

केतु के दिमाग में दारू का नशा सुई की नोक पर लगी, पानी की नन्ही-नन्ही बूँदों की तरह, पोर-पोर में उतर चुका था। इस वक्त फालतू की बकवास करने से, नशा पानी हो जाएगा। इसके अलावा अप्रत्याशित रूप से अच्छी-ख़ासी बारिश हुई थी, इसलिए कांदर में ढल-ढल पानी उमड़ा पड़ रहा था। जल, पत्थर, आकाश, वाताश, नदी पार वह खजूर का पेड़–सबके साथ उसके मन का टेलीफोन कनेक्शन जुड़ गया है! अब बतकही छेड़कर, वह ऐसा मनभावन समय नष्ट नहीं करना चाहता था।

"तू घर जा, गिरि!"

"अब तोरा एक...वो जो कहत हैं, 'पोजीसन' बन गवा है। उन सबन के साथ तोरा सभा-सुमिति करना, भला नाहीं है...?"

"जा, तू घर जा! हम स-ब सीधा कर दूँगा।"

"अरे, चोर-छिछोरे चोर...शवर तो बढ़ते जाय रहे हैं, जी!"

"घर जा!"

केतु बोतल और प्याज सामने रखे, बैठा रहा। न्ना, मन की तरोताज़गी, फुर्ती पर यह कमबख्त गिरि, पानी ढलका गया। यह कौन जात का इंसान है भला? वैसे, आषाढ़ के महीने में इतना पानी कभी नज़र नहीं आया। बाँध-कुआँ नाले-नद्दी-नहर, सब पानी से लबालब हैं! पेड़-पौधे-लता किस कदर हँसते हुए! पंछी-पखेरू, कीड़े-मकोड़े चुगते हुए! बहू-बेटियाँ भर-भर कलसी पानी लेकर आती-जाती हुईं! यह सब देखते हुए, तोरा मन नहीं मोहता?

केतु ने लंबी उसाँस भरी! नन्द बाबू काँग्रेस का खा रहा है। उन लोगों के नाम दिए गए सरकारी रुपए, वह मार देता है–यह सब झूठ बात है! सरकारी रुपइय्ये तो पंचायत खर्च करती है। पाट्टी बाबू दिमाग भिड़ाते हैं, बेलाक बाबू बस, सिर हिलाते रहते हैं। कुल मिलाकर बात यह है कि बाबू ऐसे झूठ-झमेले में रहने वाला बंदा, हरगिज नहीं है।

लेकिन गिरि यह सब बकवास क्यों कर गया?

कांदर के किनारे-किनारे चलते हुए, केतु डारांगीडी चला आया। दशरथ का बेटा जानता है, दासू जानता है। केतु भला क्या जाने? वे लोग जिस राह चल रहे हैं, उसमें उसका नैतिक समर्थन है। लेकिन, वह ऊँची जगह में रहता है। अपने धान, चावल, बहू-बेटे, नाती-नातिन, बोतल, काठ-चिराई, बीवी के साथ सैर-सपाटे! यानी ज़िंदगी जीने का मौज़-मज़ा ही, उसका समूचा 'टैम' खींच लेता है।

दासू और मेघा ने एक-दूसरे की तरफ देखा।

यानी शवरों पर एक और मार पड़ने वाली है! लेकिन, यह मार किस तरफ

से आने वाली है? किस तरफ से? दारोगा आखिर किस टोले के शवरों को बाँध ले जाएगा? किन-किन के घरों से चोरी का इतना-इतना माल बरामद होने का मामला दर्ज किया जाएगा? किन-किन के नाम गैर-जमानती वारंट का केस दायर किया जाएगा? कौन लोग पश्चिम बंगाल के बड़े-बड़े जेलों में गुम होकर रह जाएँगे? इन सबका हिसाब-किताब कोई भी नहीं जान पाएगा, विचाराधीन रहकर दशक गुज़र जाएँगे, लेकिन अदालत में ये मामले नहीं उठेंगे और एक दिन वे लोग बिल्कुल ही गुम हो जाएँगे।

यही है शवर जाति का इतिहास! यह इतिहास लिखते हैं, ग्रामीण जोतदार, हर पार्टी के लोग! यह इतिहास रचती है, पुलिस और अंधी और निर्मम सरकार! 'राज्य बनाम फलां शवर' केस में सरकार की तरफ से सरकारी वकील, अर्धनग्न शवरों के खिलाफ इल्ज़ाम लगाता है। इधर शवर लोग, शवरों का कोई और ही इतिहास रचते-गढ़ते रहे हैं। लेकिन, इतिहास का यह बयान क़ागज पर कलम के जरिए नहीं लिखा जाता। इसके पाठक भी और तरह के लोग होते हैं।

मेघा ने गहरी आंतरिकता भरे लहजे में कहा, "जा, घर जा, काका।"

"ये साले कोई कांड करने वाले हैं।"

"देखा जावेगा।"

"अब तू क्या करेगा, मेघा?"

"लड़ूँगा! जंग करूँगा।"

"अपनी जान देकर?"

"नहीं, काका! एक मरेगा, तो दस पैदा हो जावेंगे। चलूँ, मास्टर से बात करूँ। और हाँ, ज़रा सबको होशियार कर दे काका!"

"आकास तो झमाझम पानी बरसा रहा है, रे! अइसी बरखा-बूँदी में तू जावेगा कहाँ? नद्दी में तो लहर-लहर तूफान उठ रहा है, रे, हमका बता, हम सबको खबर दे दूँगा।"

केतु को ज़्यादा दूर नहीं जाना पड़ा! उसे शवरों के कुछेक मुहल्लों के ही चक्कर लगाने पड़े। पंचग्राम ने 'टार्गेट' किया, पालान गाँव! मान बाज़ार बॉर्डर के एक गाँव में चंद स्थानीय जोतदार समर्थक, शवर हाथ लगे थे। किसी समय ये लोग मार-डांग के काम में लिप्त रहते थे, इसलिए बाबू लोगों ने इन लोगों को थाना पोटेक्शन और बीच-बीच में लूट-मार करके खाना जुटाने का अधिकार दे रखा है। लेकिन इन लोगों को बाद दे दिया जाए, तो बाकी शवर, यहाँ तक कि इनके बेटे भी सुमिति में शामिल हो चुके थे। कुम्मी शवरिन का पाणि-प्रार्थी, मिलन शवर बेहद शरीफ और तेजस्वी लड़का था। अब केंद्रीय सरकार अगर सुमिति को थोड़े-से रुपए दे दे, तो उत्तोलन-सिंचाई की ट्रेनिंग लेने के लिए, जिन लोगों को रांची भेजा जा सकता था, उनमें मलिन भी एक होता।

बहरहाल, यहाँ फैसला यह किया गया कि पालान को सबक़ सिखाया जाए। केतु के पंचग्राम पर हाथ नहीं डाला गया। इन दिनों केतु काफी व्यस्त था। सावन-पूर्णिमा में अब दिन ही कितने रह गए थे? इस बार गामा पूर्णिमा थी। केतु ने प्रस्ताव दिया कि इस बार कांदर के टीले पर, सभी शवर टोला मिलकर उत्सव मनाएँ। 'कांदर का टीला'! वह ज़मीन वन विभाग ने ले लिया था! लेकिन वन विभाग का यह पुराना खेल था। फॉरेस की ज़मीन वे लोग यूँ ही फेंक रखते थे। इस ज़मीन में वन-सृजन के लिए मिले हुए रुपए हड़पने के बाद, जो रुपए आते थे, उसका आवाहन और विसर्जन गुपचुप होता है। इतने हेक्टर ज़मीन पर वन-रोपण का कार्य हुआ—यह रिपोर्ट भी चली जाती है। इस बार अच्छी बरसात हुई थी, इसलिए कांदर के टीले पर कासी घास गहगहाकर उग आई थी। काठ के लिए, जड़ें छोड़कर, काटे गए बनैले पलाश के पेड़ों के डाल-पत्ते हरिया उठे थे। तमाम पेड़ नए-नए पत्तों से भर गए। गामा पूर्णिमा, वनदुर्गा की याद में मनाई जाती थी। वह उत्सव, इस बार यहीं...कांदर के टीले पर हो।

केतु का उत्साह देखकर नन्द बाबू ने भी कहा, "चलो, ठीक है। ऐसा ही करो! तुम लोग एकजुट होकर उत्सव-परब मनाएँ, तो अच्छा ही है।"

"जमकर दारू पीवेंगे। तुम 'ना' मत करना।"

"चल, पी लेना।"

इसलिए व्यस्त...काफी व्यस्त था केतु!

वह भयंकर खबर, इसी दौरान आ पहुँची।

गाँव-परधान, गिरि, गिरबांधा में पंचायती बाँध बनवा रहा था। इस काम में, काफी सारे शवर, ओरांग, भूमिज, राजवाड़ के लोग शामिल थे। बाँध के किनारे, आसन मंडल का घर किराए पर लिया गया था, जहाँ कुदाल, फावड़ा, टोकरी वगैरह रखे जाते थे। घर का किराया, आसर वसूल कर रहा था। उस घर का वैतनिक केयरटेकर था स्वरूप राजवाड़! वर्षा में काम रोक दिया गया था। पालान के मलिन शवर, आत्ता शवर और हज़ारी शवर, अपने बकाया रुपए लेने, तिनहनी आए थे। उन दिनों नेताइ कर, अपनी बेटी के लिए दामाद की खोज में बाहर गया हुआ था। लौटते वक्त वे लोग घर का ताला तोड़कर, कुदाल, फावड़ा और तीन हायज़ैक, पॉलीथिन शीट्स वगैरह चुरा ले गए।

स्वरूप ने कहा, "हाँ, झमझमाकर बरखा हो रही थी। वे लोग काफी देर तक आसन की ईंट-भट्ठे की एक परित्यक्त कोठरी में बैठे रहे। लेकिन रात को करीब सात बजे चले भी गए।"

मलिन! उजली-उजली आँखों वाला! शर्मायी-सी हँसी बिखेरता, वह लड़का? जिससे कुम्मी का विवाह होने वाला था!

केतु ने गिरि से कहा, "ई तू लोगन ने का किया? कुदाल, हँसिया किसके

घर में नाहीं है? उनका मोल भी भला कितना है?"

"तू न, बिल्कुल नहीं समझता! ज़रा भी अक्किल नाहीं है तुझमें! हे तिनहनि मइया! ई चोरी-डकैती की वजह से ही मइया ने तू लोगन को छोड़ रखा है! तू भी न, बस...अरे, सब लोग क्या बराबर होत हैं? आत्ता के घर में हायजैक! मलिन के गऊथान में पॉलीथिन! हजारी के घर के पिछवाड़े, पुआल तले दबाए हुए कुदाल..."

"पुलिस ने स-ब बरामद कर लिया है न?"

"हाँ, और क्या? यह शवर जात आखिर क्यों ...तोहे देखकर भी काहे नाहीं सीखी?"

"अब केस कौन करेगा? परधान?"

"थाना! और कौन? अब नन्द को ही दौड़-धूप करना होगी। करे! तू वहाँ हरगिज मत जाना, बाप!"

"तू तो साले, अपने बप्पा को ही सुनाता रहता था। इसीलिए तो परधान को शौक चर्राया कि वह तुझे अपना बाप मान ले।"

केतु हनहनाते हुए, नन्द बाबू के यहाँ दौड़ पड़ा। इस बरस गामा पूर्णिमा का उत्सव मनाया जाने वाला था, यह क्या हो गया? कैसा भयंकर कांड!

"उन लोगन को थाने में ही रखा है या चालान दै दिया है?"

"चालान..."

"फिर?"

"केस तो झूठा है। लेकिन जमानत देकर छुड़ाय लाऊँगा।"

"थाना गए थे?"

"हाँ, रे!"

"हमका लेकर, टाउन काहे नाहीं गया?"

"तू बस, यहाँ सब बात पर नज़र रख!"

बहरहाल, जमानत तो मिल गई, मगर कुछ देर से, क्योंकि उन पर अनगिनत इल्ज़ाम थे। उन तीनों ने स्वरूप राजवाड़ और दोनों मंडल लोगों को 'थ्रेट' करके... धमकी देकर, माल हठाया है। उस रात तीनों शवर पालान नहीं लौटे, चाक्या के शवर टोला में रहे थे, हालाँकि यह इल्ज़ाम झूठा था। दोनों मंडल और गिरि की शिकायत पर, पुलिस ने अगली शाम पालान पर हमला बोल दिया। उस वक्त शवर औरतें हाथ में पहसुल लेकर, उन पर टूट पड़ीं। उन्हें खदेड़ दिया। इन तीनों शवरों के नाम लंबा रिकॉर्ड है...वगैरह-वगैरह!

केतु पथराया हुआ बैठा रहा!

अगले ही पल वह लंबे-लंबे डग भरता हुआ चहलकदमी करने लगा।

"ऊ लोग आवेंगे! ऐन पुन्निमा के दिन हमलावर होवेंगे! ई पुन्निमा को रहने ही दो, भादों की पुन्निमा को उत्सव मनावेंगे।"

"रीत-रिवाज का पालन नाहीं करोगे?"

"कैसी रीत? कौन-सा रिवाज? वनदुर्गा कहाँ है? शवर के जब वश में होवेगा, तब उत्सव मनावेगा।"

बहरहाल, सावन-पूर्णिमा की शाम, वे लोग आ धमके। कांदर के टीले पर ग़ज़ब का उत्सव चल रहा था। झमाझम बरखा होती रही, नगाड़ा-मृदंग बजते रहे, शवर लोग नाच रहे थे। नन्हे-से पलाश-पेड़ की डाल-डाल पर मालाएँ झूल रही थीं। वही क्या वनदुर्गा थीं?

कुछ ही दिनों बाद, केतु अपने छः बेटों और तीन दामादों की फौज लेकर निकल पड़ा।

उसने पंचग्राम की परिक्रमा की।

उसके बाद, उसकी हुंकार गूँज उठी, "केतु शवर, अब तू लोगन का रखवारा नाहीं होगा। न वह धान लेवेगा, न तू लोगन की जान बचावेगा। केतु शवर अब राखदार नाहीं होवेगा? अब बचा सके, तो बचा ले अपने-अपने धान!"

पंचग्राम थर्रा उठा! बेतरह काँप उठा!

केतु कहता रहा, "केतु शवर...आज से...अब से शवर लोगन का रखवारा बन गया!"

पंचग्राम में मरघट का सन्नाटा छा गया!

अब क्या होगा?

गिरि ने लंबी उसाँस छोड़कर कहा, "अब सारा केस उठा लेना होगा–"

"तो क्या केतु लौट आवेगा?"

गिरि को नहीं मालूम! गिरि नहीं जानता!

लेकिन केतु नहीं लौटा!

केतु ने अपने लिए परमिट निकाली और सपरिवार काठ काटने के लिए, जंगल में समा गया।

केतु किंवदंती बन गया।

अन्न, अरण्य, अन्न, अरण्य...

एक

अरण्यचरण कर नाम, सुनने में भला नहीं लगता, लेकिन दिक्पाल कर, कोई काम बेवजह नहीं करते थे। ज़िंदगी में तरह-तरह के अनगिनत कामकाज करते-करते, बिल्कुल आखिरी चरण में वे जंगल किराए पर लेकर, काठ-कटाई के ठेकेदार बन गए। उसके बाद काठ-चिराई के मिल मालिक और काठ चालान देने का कारोबार चलाने लगे और बड़े कारोबारी बन गए। पेड़ के अनगिनत पत्तों की तरह उनके पास अनगिनत रुपए खनकने लगे। उन्हीं दिनों उनका तीसरा और सबसे छोटा बेटा पैदा हुआ। जाहिर है, उसका नाम अरण्याचरण रखा गया और उसके पुकार का नाम पड़ा—जंगली। दिक्पाल कर उत्कल के ब्राह्मण थे और स्वभाव से बेहद नरम! जब वे कांथी में थे, तो उन्होंने पान की खेती शुरू की थी। इसी वजह से उन्होंने अपने बड़े बेटे का नाम ताम्बूलचरण रखा। दिक्पाल के सीने में तीर भोंककर, उस बेटे ने अदालत के जरिए अपना नाम बदलकर, 'अनिर्वाण' रख लिया। बाप के कारोबार को कूड़ा-कचरा मानकर, डब्ल्यू बी सी एम हो गया और किसी जगह का महकमा हाकिम बन बैठा। बेटे को ऊँची शिक्षा दिलाने का यह कुपरिणाम हुआ। यार-दोस्तों ने कहा कि इससे तो बेहतर था पार्टी-वार्टी करता, तो काम देता। बेटी के जन्म के समय, दिक्पाल ने भागलपुर में रेशम का कारोबार शुरू किया, इसलिए उसको नाम दिया—रेशमी! बेटी अब अपनी ससुराल की हो गई, इसलिए वे इस जिम्मेदारी से मुक्त हो गए।

अभयाचरण उर्फ अरण्य उर्फ जंगली का स्वभाव बिल्कुल अपने नाम के मुताबिक था। उसके बदन में असीम बल! शारीरिक इंद्रियों का बेतरह दास! सच तो यह था कि चौबीस साला उम्र में, लड़कियों से छेड़छाड़ करने और औरतबाज़ी की हरक़तों के लिए, वह कई बार मार भी खा चुका था। लाचार होकर, दिक्पाल अब उसके लिए उपयुक्त लड़की खोज रहे थे। उसका ब्याह कर देने के अलावा, अब और कोई उपाय नहीं था।

अरण्य भी जान चुका था, विवाह के अलावा, अन्य किसी दवा से उसका बुखार

नहीं उतरेगा। यह सब जान-समझकर भी, वह भातखौ की लड़की, अन्नबाला से काफी लपट-झपट करता रहता था। अन्न पितृहीना थी और उसकी माँ ने भी उसे त्याग दिया था। जब से उसने होश सँभाला, लोधा गाँव, वासुली ही उसका ठौर-ठिकाना था। नायब कोटाल की बीवी, उत्तमी ने उसे अपने घर रख लिया और उसे खाना-कपड़ा भी देती रही। लेकिन उसे कभी 'माँ' पुकारने का हक़ नहीं दिया।

"भई, तू शरीफ घर की लड़की है। न तेरा कोई है, न मेरा कोई, इसलिए तुझे पाल लिया। लेकिन, इस वजह से मुझे 'माँ' हरगिज़ मत बुलाना। मुझे 'पालनी-माँ' बुलाया कर।"

अन्न को अन्न का खासा लोभ-चाव और नायब कोटाल को क्रॉनिक अन्नाभाव!

जब यहाँ वासुली फॉरेस यानी जंगल मौजूद था, तब उन लोगों का चल जाता था। जंगल से पांडा, फल-मूल, केंदा, सर्प, छिपकली, खरगोश, पंछी, धूना, मधु, फूल, शाल बीज मिल जाते थे इसीलिए अन्न वगैरह की कोई कमी नहीं थी। अन्न वगैरह की यादों में डूबी, वह आज भी बेतरह रो पड़ती थी। वह जंगल दिक्पाल बाबू के काठ-चिराई कारखाने में निश्चिह्न हो गया। अब वहाँ सिर्फ सामाजिक अरण्य, यूकैलिप्टस! अन्न को पता था कि वासुली जंगल के लंबे-लंबे पेड़ों की छाँव में उसका रहना-सहना अब ख़त्म हुआ। अन्न जब तेरह बरस की हुई, उत्तमी, दिक्पाल मालकिन के आँगन में खड़ी-खड़ी, उसे भतुआ बनाकर छोड़ गई। शर्त यह थी कि उसे खाना-कपड़ा और साल के अंत में धान और रुपए दिए जाएँ।

उत्तमी ने दिक्पाल मालकिन से कहा, "अधर्म मत करना। तुम उसे अपने अन्न-कपड़े पर रख लो। बैल की तरह जी-तोड़ मेहनत करेगी और अपने हिस्से का खाएगी। तुम बस, उसे खाना दे दिया करना, मैं तो उसे खिला नहीं पाती थी। रुपए उसके नाम जमा करती जाना। अगर तकदीर में होगा, तो उसका ब्याह भी हो जाएगा।"

इतनी सब हिदायतें देकर, उत्तमी देशान्तरी होकर जामबनी थाने की तरफ चल दी। अरण्य के सान्निध्य में! लोधा लोगों की यही तकदीर होती है। जंगल के बिना, वे लोग रह नहीं सकते! आदि अरण्य जब उजाड़ दिया जाता है, वे लोग भी वहाँ से विदा लेते हैं। लोधा लोग हमेशा ऐसी जगह खोजते हैं, जहाँ कोई पथ-घाट न हो, जहाँ तक विकास न पहुँचा हो। ऐसी जगह में ही अरण्यका, अपना चेहरा छिपाए रहती है। शाल-महुआ के पत्तों पर हवा की थाप पड़ती है, अरण्यका थर-थर काँप उठती है।

उत्तमी अरण्य की तलाश में निकल पड़ी।

अन्न, अपनी बनैली सेहत, घने-बिखरे बालों का जूड़ा और जी-तोड़ मेहनत की अपार क्षमता समेत, दिक्पाल की बाइस गायों के लिए भूसा-बियाली काटती, सानी तैयार करती, गोशाला की साफ-सफाई करती और उपले पाथती थी। वे गाएँ दिक्पाल-गिन्नी का स्त्री-धन थीं। उसने दूध-घी का रोजगार जमा लिया था। अन्न

को देखते ही, वह समझ गई। रुपए और धान देने का सवाल ही नहीं उठता था। पेट भर खाना, पहनने को कपड़े और तेल-साबुन-फीता। बस, यही कुछ! हाँ, कभी-कभार एकाध सिनेमा, बस, इसी से पूरा काम वसूल किया जा सकता था। दिक्पाल-गिन्नी काफी निश्चिंत हो आई। कापकाटा में बैठे-बैठे, बिना किसी ख़र्च के, ऐसी भतुआ मजूरिन मिलना संभव ही नहीं था। कापकाटा, झाड़ग्राम के काफी क़रीब! आजकल संथाल, मुंडा, महाली, कोड़ा, लोधा वगैरह काफी सजग हो चुके थे। कभी यह झंडा उठाए, कभी वह झंडा उठाए—'देना होगा, देना होगा।' और 'नहीं मानेंगे, नहीं मानेंगे', 'नहीं चलेगा, नहीं चलेगा।' वगैरह नारे लगाते हुए, मीटिंग करते, जुलूस निकालते थे। इसके अलावा, मालिक के घर में रात्रिवास नहीं करेंगे, नहीं करेंगे।

दिक्पाल-गिन्नी अन्न के लिए खुद खाना परोसती थी। पहाड़ आकार में भात, साग, तरकारी, दाल, मछली—जितना चाहे खाओ! पहनने को अच्छी साड़ी-ब्लाउज़-साया!

दिक्पाल ने कहा, "इन्वेस् नथिंग! बिना कोई पूँजी लगाए, अच्छा रिटर्न मिल रहा है। भई, बिजनेस तुम जितना समझती हो, काश, जंगली का दिमाग़ भी उतना चल पाता—"

"अरे, सब कुछ कहीं संभव है भला!" गिन्नी ने जवाब दिया।

"तामले तो बैरकेपुर में घर बनवाने जा रहा है।"

"तो बनाने दो न!"

"इतने सब कारोबार की देखभाल कौन करेगा?"

"उसका बियाह कर दो। जंगली ही सारा कुछ सम्हालेगा।"

लेकिन जंगली उर्फ अरण्य की नज़र कारोबार पर नहीं, अन्न पर गड़ी रहती थी। दिनोंदिन अन्न के चेहरे पर पॉलिश चढ़ता जा रहा था। समूचे अंग-प्रत्यंग में गोबर की गंध; पाँवों में बिवाई! इसके बावजूद वह बेहद लोभनीय! बेहद सतेज, हरी-भरी!

अन्न गायों की देखभाल करती थी। रात को गोशाला के पास खड़-बिचाली-भूसी और खली की कोठरी के, एक कोने में सो जाती थी। लेटते ही पट् से गहरी नींद में गुडुप्! इसके बावजूद उसे अपनी पालनी-माँ की याद आती रहती थी। ऐसे नाना पकवान उसे पहले कभी नसीब नहीं हुआ था।

अन्नबाला काफी निश्चिंत होकर सो जाती थी। दिक्पाल-गिन्नी की इस पर कड़ी नज़र रहती थी कि उसके आस-पास कभी, कोई मरद न फटके।

महाराजिन मौसी कहती थी, "बाबू की तरफ से कउनो डर-भय नाहीं है! डर है, उस छोकरे का—"

अन्न की निगाहों में लक्ष्मी का वास! स्वभाव बिलकुल जंगली! संक्षिप्त बातचीत! हाँ या ना! हँसती कम थी, पैर धपधपाकर चलती थी।

उसने मौसी से कह रखा था, "हमसे लगने आया, तो दाँव से..."

"ब्याह हो जाएगा, तो क्या करेगी?"

"ब्याह हो कहाँ रहा है?"

महाराजिन मौसी के लहजे में अशेष करुणा उमड़ आई, "हाँ री, माँ-बाप हैं नहीं, सात कुल में कोऊ नाहीं है, बियाह भला कौन देगा–?"

दिक्पाल-गिन्नी, अन्न को सीधी-सच्ची बात समझाती रहती थी।

"जब तक ब्याह का फूल न खिले, ब्याह नहीं होता। मेरी बेटी रेशमी के चेहरे पर हल्की-हल्की मूँछ थी। इसलिए बियाह का फूल खिल ही नहीं रहा था। आखिरकार डेढ़ लाख रुपैय्ये नकदी निकालना पड़ा, तब जाकर ब्याह का फूल खिला। दामाद गइयों का डाक्टर है। अगाध प्रैक्टिस है! तेरे भी ब्याह का फूल खिलते ही, हम तोरा बियाह करूँगी। मेरे पास तेरे रुपइय्ये तो जमा हो ही रहे हैं। हम अपने पास से भी रुपइय्ये लगावेंगी।"

आखिरकार अरण्य ने एक दिन अन्न को दबोच ही लिया।

"तू निरी गधी है या गइया? मेरी माँ तुझे कित्तने रुपए थमाती है कि तू कामकाज में अपनी हड्डियाँ तोड़ती रहती है?"

"हमार रुपइय्ये उनके पास जमा हो रहे हैं।"

"अच्छा! तू रुपइय्ये लेगी! ले, यह ले रुपइय्ये!"

"तू मोका रुपइय्ये काहे दे रहा है?"

"बताता हूँ–"

अरण्य उसके करीब आ गया। उसे सूँघता रहा।

"धत्त्! तेरी देह से गोबर की गंध आती है। ले, ये रुपइय्ये, साबुन ख़रीदकर, बदन रगड़-रगड़कर साफ करना–"

खुशबूदार साबुन से नहाकर, अन्न जिस दिन तरोताज़ा हो आई, अरण्य ने उससे कहा, "सुन, रात को दरवाज़ा खुला रखना। मैं आऊँगा, तुझसे एक ज़रूरी बात कहनी है। मेरी माँ कभी, किसी दिन भी तुझे रुपये नहीं देगी। कोई चक्कर चलाना होगा।"

अन्न समझ गई, खुशबूदार साबुन के ऐवज उसे बहुत बड़ी कीमत चुकानी होगी।

"सो तो ठीक है, मगर बच्चा हो गया, तो क्या होगा?"

अन्न को यूँ सीधे-सीधे तीर चलाते देखकर, अरण्य भौचक्का रह गया।

लेकिन अगले ही पल, उसने अपने को सम्हाल लिया, "यही तो बड़े दुःख की बात है, अन्न! हमको तो बच्चा होगा ही नहीं। डॉक्टर ने जब मेरा एपेंडिक्स काटा, तब उसने मुझे बधिया भी बना दिया, वर्ना मेरा बाप, मेरा विवाह क्यों नहीं करता?"

मर्द को काट-कूटकर, बधिया बनाने की ख़बर, अन्न को भी थी। सो, वह

नीम राजी हो गई।

"देखना, कहीं..."

ख़ैर, अन्न नीम राजी, तो अरण्य भीम राजी!

कुछेक दिनों में ही अन्न को एक डिब्बा पाउडर, 'बबलू' मार्का चनाचूर का पैकेट, लिफाफे में वेजीटेबल चॉप, निरमा पाउडर के पैकेट भी मिल गए। ज़्यादातर इन्वेस्टमेंट! अन्न लंबी-लंबी साँसें भरती रही और धड़ाधड़ बिस्तर का कवर, चादर, मसहरी, साया-ब्लाउज़, धोती-कचारती रही। अब वह बालों में जूएँ मारने की दवा लगाकर, निरमा साबुन से सिर धोती थी। उसके अंग-अंग और बिस्तर से गोबर की गंध धीरे-धीरे गायब होती गई। इस तरह महीना भर गुज़रते ही, अन्न को चक्कर आने लगे। अरण्य ने अपने बारे में झूठ कहा था।

उन दिनों अरण्य अपने यार-दोस्तों के साथ पुरी-कोणार्क-भुवनेश्वर की सैर पर गया हुआ था। अन्न को कुछ दिनों इंतज़ार करना ही पड़ा। ऐसे में उसे अपनी पालनी-माँ ज़रा ज़्यादा ही याद आती रही। पालनी माँ को तरह-तरह की दवाओं की जानकारी थी। लेकिन...यह कोई रोग-बीमारी तो थी नहीं। उसका बनैला खून उसके दिमाग़ में चढ़ गया। यानी ऑपरेशन की बात झूठ थी?

उसने दिक्पाल-गिन्नी से पूछा, "तुमरे बेटा का अपरेशन भया था, क्या यह सच है?"

"चश्मेबद्दूर! मेरे बेटे के तन-बदन में बैल जैसा दम है!"

"लेकिन, तोरा छउंड़ा हरामी है।"

दिक्पाल-गिन्नी ने सही सुना या उन्होंने कुछ ग़लत सुना? दिक्पाल-गिन्नी दुविधा के भँवर में ऊबडूब करती रहीं। वे क्या दिक्पाल से बात करें? या बेटे के लौटने पर, उससे बात करें?

झाड़खंडी लोगों ने कापकाटा में कई-कई बार मीटिंग की और उनके पति के मुँह पर साफ-साफ ऐलान किया—तुम्हारा बेटा, जंगल, कसाई है! कसाई! दिक्पाल-गिन्नी सोचती रही, अब उस लड़की को खदेड़ दें! यह लड़की कहीं उन झाड़खंडियों की शरण में न चली जाए!

उन्होंने मिश्री का पानी पीया और मुँह में पान की गिलौरी दबा ली, तब जाकर उनका दिमाग़ ज़रा साफ़ हुआ।

इस लड़की ने उनके बेटे को नष्ट कर दिया।

इसे चालाकी से खदेड़ देना ज़रूरी है।

उसके सामने खाना परोसकर, उन्होंने पूछा, "हाँ, री अन्न, तुझे अपनी पालनी-माँ की याद नहीं आती? तू उससे भेंट करने जाएगी?"

"ना—"

"भेंट कर आ न! तुझे अच्छा लगता!"

"वह कहाँ है?" अन्न के चेहरे पर बर्बर हँसी झलक उठी, "वह ठहरी, जात की लोधा! जंगल की खोज में निकल गई। उससे हम कहाँ मिलने जावेंगी?"

गिन्नी का दिल बेतरह धड़क उठा!

लेकिन इसके बाद जो-जो घटा उन सबके लिए वे कतई तैयार नहीं थीं।

अन्न ने अन्न-जल त्याग दिया, कामकाज भी छोड़ दिया और दिन-दिन भर अपनी कोठरी में सोई रहती थी। उसने खाने को हाथ भी नहीं लगाया, लेकिन महाराजिन मौसी से कहकर, चार-चार वेजीटेबल चॉप, मुरमुरे, सौ ग्राम चनाचूर मँगाकर खाया और पानी पीकर पड़ी रही।

"यानी तबीयत बिगड़ी हुई है।" महाराजिन ने सिर हिलाया।

अन्न ने हिंस्र निगाहों से उसकी तरफ घूरकर देखा।

गिन्नी ने सिर पकड़ लिया।

दिक्पाल को भी पूरे मामले का अंदाज़ा हो गया।

वे गरज उठे, "कमबख़्त जंगल को और कोई वक्त नहीं मिला? वह कमबख़्त महेन किसकू, जात का वकील, एकदम से झाड़खंडी बन बैठा है। अभी कल ही फट् से कह बैठा—कर बाबू, मिनी-भीख या भरपेट खाना खूराकी पर बाँदी रखने का जमाना अब गुज़र चुका है।"

यह बेहद सर्वनाशी जुमला था। दिक्पाल-गिन्नी ने अपनी कल्पना की आँखों से आगामी दृश्य भी देख लिया। अन्न अगर कहीं बिफर गई, तो उसके पीछे लोगों की भीड़ खड़ी हो जाएगी।

"आजकल तो इंसान एक-दूसरे को बाँस दे सके, तो उसे और कुछ नहीं चाहिए। जंगल की इस अश्लील वाही-तबाही के लिए तुम ही जिम्मेदार हो। भैंस जैसी एक जवान-जहान लड़की भला कोई अपने घर में रखता है?"

"लेकिन, तब तो तुमने भी कहा था कि यह इनूवेस है! कोरा बिज़नेस!"

"बिजनेस गया चूल्हे में! यह कमबख़्त जंगल हमेशा से औरतबाज़! कितनी-कितनी मार भी खाई, लेकिन यह नहीं सुधरा! मेरा ख़्याल था, वह सुधर जाएगा। उसका ब्याह करने के लिए लड़की मिलना भी तो ज़रूरी है। इधर तुम उसे मांस-मछली जैसी इतनी गरम-गरम चीज़ ठुँसाओगी, तो उसका देह-खून गर्म होगा या नहीं? ऐसे में तो अगर गाय को भी साड़ी पहनाकर, उसके सामने खड़ी कर दी जाए, तो वह उस पर भी टूट पड़ेगा।"

"अब होगा क्या?"

"देखना पड़ेगा। उस कमबख़्त छोकरी को इस घर से खदेड़ना होगा, लेकिन बेहद चालाकी से! वैसे वह जिस हालत में है..."

"लक्षण तो साफ हाज़िर हैं। जंगल का नाम आना ही आना है..."

"यह क्या बात हुई, जी? इस घर में एक मैं हूँ, एक जंगली! घर के अंदर

तो मरद के नाम पर, मच्छड़ तक कदम नहीं रख सकता। नहीं, नहीं, जंगल ही बैड कैरेक्टर है! दुश्चरित्र! इससे पहले भी वह एक बार व्यभिचार कर चुका है...अब इस भ्रष्टाचार का जिम्मा, क्या मैं अपने सिर ले लूँ? यह लड़की भी बद्ज़ात है। उस छोकरे ने ज़रूर उसे रुपए-पैसे थमाए होंगे।''

''महाराजिन बता रही थी कि वह उसके लिए साबुन, वेजीटेबल चॉप, चनाचूर लाया करता था।''

''रोओ मत! रोओ मत! इन्वेस्टमेंट तो कुछ था नहीं–''

''अब ये सब बातें छोड़ो तो!''

''मैं उसे खदेड़ दूँगा। खदेड़कर ही मानूँगा! जिसे कहते हैं, चोरी का इल्ज़ाम देकर! चोर के रूप में बदनाम करके!''

लेकिन अन्न ने उन्हें यह मौका ही नहीं दिया।

घर लौटकर अरण्य को भी ख़बर हो गई कि अन्न अपनी कोठरी में पड़ी हुई है। धड़ाधड़ मसालेदार मुरमुरे खा रही है और कुछ-कुछ बुदबुदा रही है।

कोणार्क देखने के बाद, दुगने तेज़ और जोश के साथ अरण्य, अन्न की कोठरी में दाखिल हुआ। अन्न हाथ में धारदार दाँव उठाए, उस पर टूट पड़ी। भरपूर ताकत से उसने अरण्य के तलपेट पर लात जमाई और ज़ोर-ज़ोर से चीखने लगी।

''हर्रामी कहीं का! अपरेशन करके बधिया बना था न? झूठ-झूठ बातें जड़कर, तूने मोको पेट से कर दिया, बता, अब मैं तेरा का हाल करूँ?''

दिक्पाल और उसकी बीवी भी दौड़कर आ पहुँचे। अन्न दाँव घुमा-घुमाकर नाचती रही। कठौती में भरा चारा-सानी खाया, तो छड़ी की मार खानी होगी! माँ-बाप साँठ-गाँठ करके हमका चोर साबित करके, हमका धरा देवेंगे? हम...लोधा घर की बेटी...हमका चोर नाम दोगे? चोर तो तू लोग है! हरामी तो तू लोग है! तू लोग हमका का भगाओगे, हम खुद ही भाग जावेंगी। लेकिन जावे से पहिले, तोरे बेटा का अपरेसन हम कर जाऊँगी। हम ओका नाहीं छोड़ूँगी।''

सटीक निशाना साधकर, उसने अरण्य के तलपेट पर दाँव बिठा दिया।

आकाश चीरती हुई अरण्य की चीख गूँज उठी। दिक्पाल दुःख से चीत्कार कर उठा।

''हाय रे, हाय, अब तेरे ब्याह का क्या होगा? सारा कुछ चौपट हो गया...''

दिक्पाल-गिन्नी बेहोश हो गईं।

महाराजिन मौसी ने उसके जाने के लिए दरवाज़ा खोल दिया।

''भतुआ खूराकी पर रखकर, लोग-बाग अपने नाम, ओकी इज्जत लिखाय लेत हैं! कर बाबू के छंउड़े का कउनो इन्तजाम ज़रूर कर डालो'' अन्न बड़बड़ाती हुई, अँधेरे में ग़ायब हो गई। उसके पेट के फेंटे में मुरमुरे बँधे हुए थे।

यह है, अन्न और अरण्य की कथा का पहला उल्लास!

दो

घर पहचानने वाले कबूतर की तरह, अन्न दौड़ते-दौड़ते बासुली फॉरेस्ट की तरफ पहुँची और जंगल में समा गई। इस अरण्य-समाज में, सामाजिक सभ्य-भव्य पेड़, बिल्कुल बाबू लोगों जैसे नज़र आ रहे थे। अन्न को निरन्न करने में उन्होंने भी कोई लाज-संकोच महसूस नहीं किया। सच तो यह था कि वासुली फॉरेस्ट के यूकेलिप्टस पेड़, बाकी अन्य पेड़ों की तरह विचार-सक्षम, बुद्धिमान और शांतिकामी थे।

आदि वासुली फॉरेस्ट के साल, पियाल, सिधा, महुल, आसान, अर्जुन, कंदे, पलाश, सेम्हल, कुसुम, जामुन, आँवला, बहेड़ा वन तले के झोंप-झाड़ के जंगल, तुंगापानी, तरह-तरह के कंदे, लता, बेंहड़, लोना, इमली—ये तमाम पेड़-पौधे उजाड़कर, वे लोग प्रकट हुए थे, इसलिए वहाँ के तमाम यूकेलिप्टस मानो मन ही मन, अपने विवेक के सामने, अपने को बेहद अपराधी महसूस कर रहे थे।

उन पेड़ों की बातें सुनने-समझने में वह जंगल-अधिकारी बिल्कुल ही अक्षम था। लेकिन यूकेलिप्टस के सीने में भी दुःख दफ़्न था!

''हम सब समाज-अरण्य हैं। लेकिन, अरण्य जीवी इंसान हमसे कोई सामाजिक नाता-रिश्ता स्थापित नहीं करते।''

''हमें काटते हैं, जला देते हैं! हमें काटकर जलाते हैं।''

''एक ज़माने में गाजे-बाजे समेत, आम-महुल पेड़ों के साथ दूल्हा-दुल्हन का विवाह रचाते थे। उसके बाद मंडप में ले जाकर नियम मुताबिक ब्याह करते थे। लेकिन हमें वे लोग इस शुभ काम के काबिल ही नहीं मानते।''

''सरहुल पर्व मनाने के लिए, वे जंगल की तरफ कभी रुख नहीं करते?''

''हम लोग बस, उन्हें स्वीकार नहीं हैं। हम वन-विभाग का नहीं, विशाल जन-गण का प्यार चाहते हैं।''

वे सब पेड़, ये तमाम बातें, जंगल अफसर, उत्पल सेम राय से कहा-सुना करते थे।

उत्पल ने गार्ड लोगों से कहा, ''अरण्य का मर्मर सुन रहे हो? यूकेलिप्टस पेड़ों की हवा इज गुड फॉर लंगूस! फेफड़ों के लिए बेहद सेहतमंद है।''

गार्ड के कानों तक 'लंगूस' शब्द 'लॉन्ग' बनकर पहुँचा। उनके लिए इस शब्द का मतलब था नागर या रसिया!

पतित महतो ने कहा, ''ईहां कउनो रसिया नागर नाहीं आवेगा, बाबू! इहाँ तक कोऊ नाहीं घुसता।''

उत्पल ने लंबी उसाँस छोड़ी।

उत्पल नौकरी के तकाजे पर यूकेलिप्टस के बारे में प्रशंसा-मुखर हुआ।

गाँव में आयोजित मीटिंग में उसने कहा, ''आप लोग अभी तक नहीं समझे!

अगले पचास सालों में यूकेलिप्टस पार्ट ऑफ द पिक्चर हो जाएगा।''

महेन्द्र किसकू ने भी टका-सा जवाब सुना दिया, ''पचास सालों में तुम रिटायर हो चुके होंगे। मैं भी रिटायर! लेकिन मैं, इन सबको रिटायर करने के बाद ही जाऊँगा।''

मास्टर ने कहा, ''वे सब बिरादरी-बाहर ही रहेंगे।''

उत्पल के होठों पर विनीत हँसी झलक उठी। यूकेलिप्टस को प्रमोट करना उसकी लाचारी थी। लेकिन, जमाने पहले, इसी वासुली फॉरेस्ट दफ्तर में जो अधिकारी तैनात थे, उन्होंने आदि जंगल की सौ बीघा ज़मीन, काँटों से घेर दिया था। उसके करीब ही फॉरेस्ट क्वार्टर बन गया। उन्होंने उत्पल को बताया था—''हम लोग जंगल का खून कर रहे हैं। झाड़ग्राम या चिलकीगढ़ राज्य में कोई फॉरेस्ट डिपार्टमेंट नहीं था, बल्कि फॉरेस्ट था, पंछी-पखेरू थे। अरण्यजीवी इंसान साथ-साथ रसते-बसते थे; जंगल बचा-बचाकर इस्तेमाल करते थे।''

''वही अब पेड़ काटते फिरते हैं।''

''उनसे कटवाया जाता है। पेड़ काटने को वे लोग लाचार हैं। इसके पीछे छिपी हताशा, विपन्नता को समझो!''

''फॉरेस्ट अब यहाँ आ बसा है।''

''इसे मैं यहीं छोड़े जा रहा हूँ। अरण्य क्या चीज़ है, भविष्य में यही नज़र आएगा और इस बारे में यही सिखा-पढ़ा जाएगा। अरण्य का मतलब होगा—यूकेलिप्टस! सरकार यही कुछ कर रही है! यह उसका प्रतिवाद है।''

उत्पल दिन भर यूकेलिप्टस में ही रहा करता था। यही उसकी नौकरी थी। लेकिन अपने घर में, हर सुबह वह पंछियों की पुकार सुनते हुए जागता था। खिड़की पर खड़े होते ही, उस आम-जामुन (बनैले किस्म के), शाल, महुल, केंद, पियाल, अर्जुन पेड़ों के पत्तों की हिल्लोल नज़र आता था। उसकी साँसों में हरियाली बस गई थी। ऐसे में वह ज़ोर-जोर से साँसें लेने लगता था। यूकेलिप्टस नामक अवास्तविक मामले में उसे दिन-प्रतिदिन, महीनों गुज़ारने होंगे। असल में अरण्य को जैसा होना चाहिए, उसके इस छोटे-से प्रतिनिधि को देखने के बाद ही वह चल सकता है, आगे बढ़ सकता है! यहाँ वह गेहुँवन साँप, सात क़िस्म के साँप, इक्कीस किस्म के पंछी, बत्तीस क़िस्म की तितलियाँ, नेवले, लोमड़ी और बाघडांसा वगैरह देख चुका था। उन सबकी फेहरिस्त भी बना ली थी। पेड़ और कीड़े-पतिंगों के लैटिन नाम भी लिख लिया। अफसरपद ख़ारिज होने के बाद, संलग्न अफसर-बंगला, अब रेस्ट-हाउस बन गया था। वहाँ जो सब सरकारी लोग-बाग़ आते थे, वे लोग इस संरक्षित अरण्य खंड को 'डिवाइना' कहते रहे।

उत्पल के कान रेडियो की विविध भारती और कैसेट पर 'ओए ओए' संगीत-सुरों से बँधे हुए थे। वन-जंगल में वह कैसेट-प्लेयर लेकर चलता था। उसके कान के पर्दे बंबई संगीत-स्वर से बँधे रहते थे। नतीजा यह हुआ था कि वह जैसे लोधा लोगों

की बंगला, संथालों की बंगला, महतो की बंगला नहीं समझता था, यूकेलिप्टस पेड़ों के आहत-अभिमान की भाषा नहीं सुन पाता था, उसी तरह उसे वासुली फॉरेस विभाग का स्वभाव और अरण्य खंड के पेड़ों की बातों की भी समझ नहीं थी। अस्तु, सारे पेड़ उस पर बेतरह क्रुद्ध और ख़फ़ा थे।

"हम फलना-फूलना-फैलना चाहते हैं।"

"हम अपने आदि इलाके में जाना चाहते हैं।"

"हम बधिया होकर संरक्षण में नहीं रहना चाहते।"

"हम अरण्यजीवी इंसानों के काम आना चाहते हैं।"

लेकिन उनकी ये बातें अनसुनी करके ही वह जंगल-जंगल घूमता रहता था। यूकेलिप्टस के जंगल में दाखिल होकर, अन्न ने जो कैसा तांडव उत्पात मचाया, इसकी भी उसे ख़बर नहीं हुई।

अन्न हाँफते-हाँफते यूकेलिप्टस के जंगल में उस जगह जा पहुँची, जहाँ कभी वनदेवी वासुली, बाघ की आकृति में रक्षक बाधुत देवता, इंदर का थान हुआ करता था। उसकी आँखें लोमड़ी की तरह अंधकार भेदी बन गईं और पेड़ों के पत्तों और वाताश की फुसफुसाहट सुनते-सुनते, उसके खून के बूँद-बूँद में यह अहसास जाग उठा कि उसकी असहाय-निरुपाय हालत समझकर, यूकेलिप्टस के जंगल उसे हमदर्दी से अपने दल में खींचना चाहते हैं।

अन्न ने अब सिलसिलेवार लानतें देना शुरू किया।

"ओ, रे, हमार अरण्य, रे, देख, कर बाबू का छउंड़ा भी अरण्य था! ई सब भी अरण्य हैं!"

"तू लोगन से हमका कउनो काम नाहीं है। सबके सब पेड़ निकम्मों की जात! तुम सबन में न फल लागत है, न फूल! माटी अइसी, मानो खेल का मैदान! तू लोगन का हमरे पेट का भट्टा भर सकत हो? हमका खाना दे सकत हो?"

यूकेलिप्टस के तमाम पेड़ शर्म से गड़ गए।

"ओ, रे, हमार शाल-महुल! ओ रे हमार केंद-पियाल! ऊ सबके वन में हम उपासी नाहीं रहीं। धूना-मधु-फल-कंदा! आलू भी भरपूर फलत-फूलत रहा। ऊ भी तो अन्न ही था।"

अन्न अचानक हुंकार उठी, "तुम सबन को हम एक-एक करके काट डारूँगी और ई कसूर में जेहल चली जैबो। हमरी पालनी-माँ वही वन माँ जावे के लिए, अपना देस त्याग दिहिस! सरकार कहत है फॉरेस में भात-खाना देइहै। अब दे भात! खिला खाना! अन्न को अन्न दे।"

अन्न ही अरण्य है और अरण्य ही अन्न है—यह बात यूकेलिप्टस भी जानते थे।

"कित्तना-कित्तना रुपइय्या भरा है, कर बाबू के घर में, कित्तना-कित्तना अन्न

भरा है, अन्नदा गोलदार के खलिहान में! अउर अन्न, अन्न के दाने-दाने को मोहताज है!"

अन्न चीखती रही—मरें! मर जाएँ! सब मर जाएँ।

वह गला फाड़-फाड़कर अरण्यचरण को बुरा-भला कहती रही, समाज-अरण्य को लानतें भेजती रही। यूँ ही बड़बड़ाते हुए वह देवथान की माया से भी विरस हो आई। रात भी तो स्वप्न-कल्पना की ही रात होती है। अन्न ने देवथान में अपना आँचल फैला लिया और अपने बाल छितराकर सो गई।

यूकेलिप्टस के पेड़ों ने अपने पत्तों की सघन-मर्मर जुबान में अपने प्रति खेद प्रकट किया, "अब और नहीं! यह अपमान अब सहा नहीं जाता! जंगल-अफसर को पेड़ों की यंत्रणा सुनने-समझने की ट्रेनिंग नहीं है! वह बहरा है। उसके ठस-बहरेपन की वजह से ही अन्नबाला उन पर इस क़दर धिक्कार भेजती रही! अब और नहीं! चलो, अन्नदा गोलदार के गोदाम की तरफ चलो।"

उन लोगों ने बड़े एहतियात से खोदे गए, धूप और कीटनाशक ट्रीटमेंट से गुज़री टोपी या खड्ड या पिट छोड़कर, सरसराते हुए सीधे शून्य में जा चढ़े और 'अन्न दे, अन्नदा!' की गुहार लगते हुए, उत्तर-कापकाटा नामगंज की तरफ हल्ला बोला दिया।

यह है, अन्न और अरण्य कथा का दूसरा उल्लास!

तीन

अन्नदाप्रसाद कयाल अर्से से अन्नदा गोलदार के नाम से परिचित थे।

"अध्यवसाय ही व्यवसाय में तरक्की का मूलधन होता है—" यह कहकर, उनके बाप ने किसी ज़माने में एक सौ बयासी रुपए सात आने थमाए और उन्हें खदेड़ दिया।

अगर वे उसे खदेड़ते नहीं, तो खाने वाले मुँह की संख्या बढ़ जाती, क्योंकि अन्नदा विवाह के बाद, सात साल के दौरान, पाँच-पाँच बच्चों का बाप बन गया।

बाप ने कहा! बच्चे होंगे क्यों नहीं? होने दो! बीस बच्चे पैदा कर लिए तो उस ज़माने में पति-पत्नी दुबारा गाँठ जोड़कर, विवाह के पाटे पर बैठते थे। मेरे जेठू का भी ऐसा ब्याह हुआ था। चलो, तुम्हारा भी हो! अब खुद रोजगार करो। यह जान लो कि व्यवसाय में अध्यवसाय ही असली मूलधन होता है। गोलक कयाल, इससे ज्यादा तुम्हें और कुछ नहीं दे सकता। इससे ज़्यादा, मेरी औकात के बाहर है! बीस रुपए में मन भर चावल मिलता है। पूँजी लगाना आता हो, तो यही बहुत है, समझे? जैसे मादा-हथिनी, नर-हाथी पकड़ लाती है, इसी तरह यही रुपए, इस-उस

के रुपइय्ये भी खींच लाएँगे। तुम, बस देखते रहो। तुम कहाँ जाओगे, यह भी मैंने तय कर रखा है। तुम कापकाटा चले जाओ। वह जगह हमारी कांथी की तरह नहीं है! भरपूर जंगल से समृद्ध है। मेरे पुराने मुहर्रिर का बेटा, जगन्नाथ भी वहीं है। तुम उसी के यहाँ रहना और जंगल से आँवला, हर्रे, वगैरह-वगैरह टाउन में वासुली कंपनी को चालान देते रहना।''

अन्नदा-जननी ने काफी रोना-धोना मचाया, ''बेटे को बाघ के मुँह में भेज रहा है—''

लेकिन बीवी की तरफ से अन्नदा को बूँद भर भी प्रश्रय नहीं मिला।

बीवी ने साफ़ सुना दिया, ''ससुर की पीठ पर सवार होकर, अगर यूँ टुक्कड़ तोड़ते रहे, तो ससुर किसी दिन फकीर हो जाएगा। वह पहले पुत्रवधू है, उसके बाद वधू! अन्नदा, उसका पति, अगर सत्ताइस साल में भी कमाने-धमाने लायक नहीं हुआ, तो सत्तासी की उम्र में भी नहीं होगा।''

यह सब ठोंकाठोकी, बोली-आवाजें हजम करते हुए, बीवी को छठी बार संतान-संभवा बनाकर, अन्नदा ने विदा ली।

जाते-जाते वह कह गया, ''अगर दौलत कमा सका, तो लौटकर आऊँगा, वर्ना पुरी जाकर, संन्यासी हो जाऊँगा।''

गोलक ने बेटे को दुत्कारते हुए कहा, ''धत्, गुखौका का बेटा! (अफसोस, उसने खुद को ही 'गुखौका' कहा, लेकिन इस बात का उसे होश नहीं था।) तुझे खुद जंगल में जाने की ज़रूरत नहीं है। जो लोग वन के जीव हैं, उन्हीं लोगों को खिला-पिलाकर, उन लोगों के ठाकुर देवता को पूजा देकर, सबको अपने वश में कर लेना। ये सब चीजें, वही लोग तुझे ला देंगे, नाम-दाम देकर खरीदते रहना। वे लोग ऐसी जात हैं कि अगर उन्हें खर्चा-पानी थमा दिया जाए, तो वे लोग ही बैलगाड़ी में सामान लादकर टाउन तक पहुँचा देंगे, चोरी-चमारी हरगिज़ नहीं करेंगे। हुँहः संन्यासी बनेगा! अरे, इस कारोबार में इन्वेसमेंट एक रुपइय्या है और रिटर्न सौ रुपइय्या है। ऐसा तभी होगा जब उस जाहिल-गँवार लोगों के देश में पहुँचा जाए। किसी ज़माने में, सब कुछ मैं देख-सुन आया हूँ। वहाँ कुल दो रुपइय्ये में समूचा पाठा खाया है मैंने। लेकिन, एक बात ज़रूर है! वहाँ अगर तुमने दूसरा ब्याह रचाया, तो मैं तुम्हें त्याज्य-पुत्र कर दूँगा, यह जान लो। गोलक कयाल दस-पाँच रखैल पाल सकता है, पालता रहा, लेकिन ब्याह किसी से नहीं किया। तुम्हारी जैसी छुत्-छुत् की आदत है, हर रोज हर्रे खाया करना। हर्रे खाने से, देही की गर्मी, ठंडी रहती है। हर औरत को 'बहिन' कहने का मन होता है।''

इसी मुद्रा में, अन्नदा ने कापकाटा मंच पर प्रवेश किया, जब आज़ादी अपनी कच्ची उम्र में थी, जो अभी निरी दुधमुँही थी। पूरे आठ साल तक उसने एकछत्र राज किया। जब तत्कालीन सरकार ने बड़े स्नेह से अपने पोष्यपुत्र जमींदारों को काफी

पहले से ही इत्तला दे डाली कि अब जमींदारी छिन जाएगी, तब से जंगल की कटाई, ज़मीन बिक्री का सिलसिला चल पड़ा। अन्नदा ने जब मंच पर प्रवेश किया था, तब झाड़ग्राम स्टेशन से कापकाटा पहुँचने में पूरा एक दिन लगा था।

जगन्नाथ ने स्टेशन पर ही अन्नदा से कहा, ''काका बाबू बड़े सुसमय में तुम्हें भेजा है। इस पूरे इलाके में कोई भी पढ़ा-लिखा इंसान नहीं है। एक मैं था और अब दूसरे तुम हुए। तुम जितनी पूँजी लेकर आए हो, काफी है! ये लोग चोरी करना नहीं जानते। लेकिन, फिर भी भइये, होशियार रहना। खुद मुझे ही हाथ साफ करने की विलक्षण आदत है।''

कापकाटा में, जगन्नाथ के घर पर ही, अन्नदा ने पहली बार मुर्गी खाई। उसके बाद, कुछ ही दिनों में अन्नदा बखूबी समझ गया कि यहाँ के लोधा-संथाल-महाली-मुंडा-कोड़ा वगैरह भी महज मुर्गी हैं। अन्नदा और जगन्नाथ के पेट में समा जाने के लिए मानो वे तैयार बैठे रहते हैं। पाठा बलि देकर बाघुत और बड़ाम और शीतला देवी-देवताओं की पूजा का रिवाज़! नया कपड़ा और दारू चढ़ाकर सारहुल-करम-बांधना पर्व मनाया जाता था। अन्नदा ने एक कुआँ खुदवा दिया और एक जलाशय दान करके, मानों समूचे इलाके को ख़रीद लिया। नतीजा यह हुआ कि एक रुपया मन आँवला, रुपया मन हर्रे, रुपए में आधा मन धूना और एक रुपए में दस सेर मधु हासिल करने में, उसे कोई दिक्कत नहीं हुई। दूसरे ही साल उसने पितृऋण शोध कर दिया।

उसने बीवी से कहा, ''देखो, मैं किसी रखैल के चक्कर में नहीं पड़ा। लेकिन अभी तुम लोगों को भी वहाँ नहीं ले जाऊँगा। वहाँ न कोई इस्कूल है, सारा इलाका वज्र जंगल है।''

पाँच सालों के अन्दर ही उसने भट्ठा लगाकर पक्की ईंटें तैयार कराई और कापकाटा में पहला पक्का मकान खड़ा कर लिया। आठ साल बाद, जंगल जैसे-जैसे पीछे खिसकता रहा, वह ज़मीन ख़रीदता गया। इस तरह इस अंचल में उसकी तूती बोलने लगी। उसका प्रभुत्व बढ़ता गया। इसके बाद, अन्नदा ने दूसरा कारोबार भी शुरू कर दिया। वह अगहन के महीने में धान खरीदकर रख लेता था और चैत के महीने से डबल दाम में बेचने लगा। उन्हीं दिनों वह पहली बीवी की सातवीं संतान का बाप बन गया।

एक दिन उसके बड़े बेटे ने कहा, ''बप्पा, लड़के पूछते रहते हैं—तुम कयाल हो या मयाल या बयाल!''

यह बात अन्नदा के सीने में तीर की तरह चुभ गई।

उसने जवाब दिया, ''जब तक तुम्हारे दादा ज़िन्दा हैं, कुछ भी मुमकिन नहीं है। तुम्हारे दादा के बाद, मैं नाम बदल दूँगा।''

ख़ैर, आखिरकार गोलक स्वर्गवासी हो गए। उसके बाद ही अन्नदा अदालत

के जरिए अन्नदाप्रसाद गोलदार राय बन गया। बड़े बेटे के चेहरे पर अब मूँछें उभर आई थीं। अब उसने बड़े अंदाज़ से बाल सँवारना भी सीख लिया था। उसने अपने कार्तिक प्रसाद नाम और गोलदार राय पदवी पर हल्की-सी आपत्ति जाहिर की।

अन्नदा ने सपाट लहजे में जवाब दिया, "देखो, कयाल होकर ही तो एक सौ बयासी रुपए से शुरू करके तीन लाख रुपयों की सालाना आमदनी की जायदाद छोड़कर जाऊँगा। तकदीर में लिखा होगा, तो आमदनी बढ़ जाएगी। गोलदार राय की पदवी मैंने ग्रहण की है। अब जिसका जो जी चाहे, पदवी इस्तेमाल करे। अगर चाहो, तो नाम भी बदल डालो। लेकिन, हाँ, बालिग़ होने के बाद! रोजगार करो, कमाने-धमाने लगो, उसके बाद, अपनी मर्जी का करना।"

इसीलिए अन्नदा के तीन बेटे राय, दो बेटे गोलदार बन गए और दोनों बेटियाँ गोलदार-राय के तौर पर घाटाल और तमलूक में अपने-अपने पति का घर-संसार चला रही थीं।

बाप रहा नहीं, इसलिए बाप की निषेधाज्ञा भी नहीं रही। बीवी बाँझ भई, तो खोजो दुल्हन नई—कहावत है न! सात-सात संतान जनने के बाद, जब उसकी बीवी ने प्रवेश-निषेध जारी कर दिया, तभी...सिर्फ तभी अन्नदा गोलदार, कापकाटी की नई बस्ती से चंपा को ब्याह लाया। इस वजह से उसका अपनी माँ और पहली बीवी से घमासान लड़ाई छिड़ गई। कांथी में अन्नदा को कोई तवोज्जोह नहीं मिली। गोलक की दिव्य आँखों को शायद चंपा के दर्शन हो गए थे। वे अपनी ज़मीन-जायदाद अपने पोतों को सौंप गए। उन्होंने अपने बेटों को तीन आने छः पैसे; पोतों को दस आने दो पैसे; मालकिन-गिन्नी और पुत्रवधुओं को अपनी ज़िंदगी भर भोग-दखल और इकन्नी भर हिस्सा दे गए। अन्नदा से भी बेटों ने रुपए ऐंठ लिए। विराट कोठी, गोदाम, गोशाला, खगड़ा के कांसे के बर्तन, संदूक में सोने के गहने! चार-चार हट्टे-कट्टे बारहमासी मजूर।

इन सबके बावजूद, चंपा ने अब सिर पीटते हुए कहा, "मोरे रामकेष्टो और गिनीमाला को भिखमंगा बनाकर छोड़े जा रहा है।"

वैसे चंपा चोरी-छिपे चावल बेचती थी, लोगों के बर्तन-भांडे, गहना-गुरिया बंधक रखकर, रुपए उधार देती थी और ब्याज वसूल करती थी।

उसकी सौत ने उसे समझाया, "मरद बच्चे का क्या भरोसा? स्त्रीधन ही बिल्कुल अपना होता है। उस मानस के घर में चोरी करो, रुपए झूंसो! मैं तो अपनी ससुराल में इतने सालों से चावल-मुरमुरे-धान-पान—सारा कुछ बेचती रही और अपने दोनों हाथों से रुपए बटोरती रही। अरे हाँ, सोना-दाना भी वसूल करो। मेरे बप्पा ने मुझे पचास भरी सोना दिया था, ससुर ने बीस भरी दिया। इसके अलावा, कार्तिक के बप्पा एक-एक बेटा जनने पर दो-पाँच भरी सोना थमाते रहे...। तुम्हारे बप्पा ने कुल दस भरी सोना देकर, निपटा दिया। सुनो, चंपा, हाथ में अगर रुपए और गहने हों,

तो बेटे भी 'माँ-माँ' करेंगे। हमारे ससुर और पति जितना कुछ कमाकर रख गए। बेटे क्या उतना कमा-धमा सकेंगे।''

कार्तिक राय, गणेश राय, विष्णु राय—तीनों कॉन्ट्रैक्टर थे। कांथी, तमलूक, दीघा, मेदिनीपुर, खड़गपुर—उनके कर्मक्षेत्र! हृदि गोलदार और ऋषि गोलदार कपड़े और खाद-बीज-कीटनाशक का कारोबार करते थे। कांथी के मकान में सब अपने-अपने हांड़ी-बर्तन, रसोई-पानी का हिस्सा बाँट कर चुके थे। सभी बच्चे अपनी माँ और दादी को रुपए देते थे।

अन्नदा धान-चावल का कारोबार, राशन की डीलरशिप वगैरह के कारोबार में, दौलत कमा रहा था। आजकल डकैती का खौफ़ काफी बढ़ गया था। अन्नदा को ख्याल आता रहा कि पहले भी वह बाकी जनपद के मुक़ाबले, अमीर आदमी था। लेकिन उन दिनों डाकुओं का ऐसा भयंकर खौफ़ नहीं था। अब बाघुत-बड़ाम-शीतला भक्त लोग, करम-सारहुल-बांधना के परबिया लोग पीछे हटने को लाचार हो गए थे। लेकिन अभी भी दिन के अंत में उसका नायब कोटाल से गपशप करने का मन होता था या विलय सोरेन की जुबानी बाघमारा की कहानी सुनने का चाव होता था। यह भी अजीब उजबक मामला था। उन लोगों को तो हटाकर दम लिया था दिक्पाल कर और अन्नदा गोलदार ने! इसके बावजूद, उसके दिल के अंदर बैठा, अन्नदा, जो कभी उस हक्काने जंगल में अपनी तकदीर की तलाश में आया था, उन्हीं लोगों के लिए रोता था। उसके स्वभाव में पॉलिश नहीं था, आज भी नहीं है। कापकाटा के वर्तमान बाबू समाज में वह बेहद अचल था और अंग्रेजी सिखाने के लिए, लोग महेश्वर सोरेन के पास जाने लगे थे।

आज रात जाने क्यों तो नींद नहीं आई। यह रात भयंकर असहनीय रात थी। इस रात, निरन्न अन्नबाला समाज अरण्य के विवेक पर लात जमाने में सफल हो गई, अन्नदा गोलदार को इस बात का अदांज़ा नहीं हो सका। कोई भी सूक्ष्म-महीन बात समझ पाना अन्नदा की क्षमता के बाहर था। अब तक वह ट्रेन और बसों में, 'आदि रस में डूबी अरण्य रजनी', 'कालिदास की विविध कथाएँ', 'कामाख्यातंत्र' और 'रोगों का सहज निदान—डबल किताब'—वगैरह इकट्ठे करता रहा था। अपने पहले आगमन के संगी, विश्वस्त आर्य फैक्टरी की ट्रंक में, उसने एक लायब्रेरी ही बना रखी थी। उन किताबों में अलौकिक की जयजयकार थी। इसके बावजूद उसने अलौकिक पर विश्वास करना नहीं सीखा। हमेशा की तरह, आज रात भी उसके दिमाग़ में जगन्नाथ पोखर का और तीन आना, छः पाई हिस्सा हड़प लेने का ख्याल चक्कर काटता रहा। इस काम में वह सफल नहीं होगा। जगा का बेटा खगा उर्फ खगनारायण, पार्टी का जब्बर दादा है और वह सरकारी कागजात खंगालने, उसमें लिखे जुमलों की खींचतान में उस्ताद है। इस वजह से वह कामयाब नहीं होगा, उसे मालूम है, मगर यह सब सोचते हुए, उसे भला लगा।

ऐन उसी वक्त पूर्व, पश्चिम, उत्तर, दक्षिण, ईशान, वायु, अगिन, दक्षिण-पश्चिम, अधः दसों दिशाओं से ज़मीन-आसमान को थर्रा देने वाला प्रबल झंझावात साँय-साँय का शोर मचाता हुआ गहरा उठा। ऐरावत-पुंडरीक, वामन, कुमुद, अंजन, पुष्पदंत, सार्वभौम, सुप्रतीक नामक आठों दिग्गजों ने, अपनी-अपनी सूँड़ उठाए, निःशब्द चिंग्घाड़ से आकाश का सीना चीर दिया। इंद्र, अग्नि, यम, निर्झति, वरुण, वायु, कुबेर, ईशान, ब्रह्म, अनंत वगैरह दिक्पतियों ने भागकर, पुराण ग्रंथों के पन्नों में शरण ली और किसी तरह अपनी जान बचाई। ये तमाम अलौकिक कांड अन्नबाला ने ही किए और कापकाटा-महिषबाड़ी जैसे एक नंबर के अंचल को इसकी कानोंकान ख़बर नहीं लग पाई। इस रात अन्न अपार महिमामयी और शक्तिशालिनी हो उठी थी।

अकेला अन्नदा गोलदार विशाल मुँहबाए, डकैती की आशंका से चीख उठा।

अपने गोदामघर की खिड़की खोलकर, उसने पूरे दम से चिल्लाकर आवाज दी, ''रामा, रेऽऽ! भीमा रेऽऽऽ!''

जवाब में रामा, भीमा, बच्चन, जीतेन्द्र, मिठुन वगैरह पहरेदार भी आर्त स्वर में चीख उठे, ''सर्वनाश! सर्वनाश!''

गोदाम में हजारों-हज़ार बोरियों में, पूरे दस हज़ार क्विंटल चावल हिफाज़त से रखे हुए थे! यहाँ ज़्यादातर वे चावल ढेरियों में पड़े हुए थे, जो आदिवासी इलाकों के एम आर शॉप में बेचे ही नहीं गए। उन लोगों के चावल अन्नदा अपने गोले में उठवा लेता था और हाट में उन्हीं लोगों को दुगने दाम में बेचता था। कोई आदिवासी कभी भी राशन डीलर नहीं होता, और-और जात के लोग ही इसके अधिकारी होते हैं।

अन्नदा निःशब्द हुंकार सुनता रहा।

''अन्न दे, अन्नदा! अन्नदा को अन्न देना होगा! देना होगा! समाज अरण्य, जिंदाबाद!''

अन्नदा ने देखा यूकेलिप्टस के विशाल-विशाल पेड़ों ने अपने डाल-पत्तों-फुनगियों को बलिष्ठ हाथ बनाकर, धम-धमाधम वार किया और गोदाम की समूची छत तोड़-फोड़ डाली। चावलों की बोरियाँ उठा-उठाकर, अपनी दख़ल में लेते रहे।

यह नज़ारा देखकर, अन्नदा एकदम से बेहोश हो गया।

यह है, अन्न और अरण्य कथा का तीसरा उल्लास!

चार

समाज-अरण्य का आकाश-पथ पर गमन, दिक्पालों का पुराण-पोथियों में पलायन; दिक्नागों की फूत्कार—ये सभी उथल-पुथल वासुली फॉरेस बंगलों के आम-जामुन-शाल-महुल तक पहुँच गई। 'अपनी चीज़, खुद दखल करो।'—यह नारा उठाते हुए, वे तमाम

पेड़ अपनी-अपनी मिट्टी त्यागकर, शून्य में उठ गए और तेज़-अदम्य 'वेलोसिटी' से यूकेलिप्टस पेड़ों के परित्यक्त गड्ढों में जाकर जम गए।

गेहुँवन साँप चीख उठे, "हमारा क्या बनेगा, जी?"

जवाब में बूढ़े शाल पेड़ ने डपटकर कहा, "हमारी पिछाड़ी पकड़कर बस, चला आ!"

अस्तु गेहुँवन नाग, बाघडांसा, शाही, लोमड़ी, पंछी-पाखी, सर्पसमूह, तितलियाँ, कीड़े-मकोड़े-पतंग, चींटियाँ-चींटे—ये सभी पेड़ों के पीछे-पीछे दौड़ पड़े। इस तरह ही वासुली समाज-अरण्य! रातोंरात, क्षुद्र स्वभाव-अरण्य में वापस लौट आया। जितने सारे पेड़, गड्ढे उनसे भी ज़्यादा! यह रात स्वप्नसंभवा, अलौकिक रात थी।

तमाम पेड़ों ने एक-दूसरे से कहा, "दूर-दूर तक फैल काहे नहीं जाते।"

हर गड्ढे में पेड़ उगता गया!

मइया हो! वासुली मइया हो!

स्वयं वासुली देवी ने कहा, "सुनो, वत्स सकल, वन हमने सिरिज दिया!"

बाघुत-बड़ाम्-वासुली ने स्वमहिमा से अपने-अपने को प्रतिष्ठित किया।

अब वाताश ने टेलीग्राफ के जरिए यह संवाद जामवनी, नारायणगढ़, शालवनी वगैरह की तरफ भेज दिया।

"वासुली का जंगल लौट आया है—" लोधा, कोड़ा, महाली, संथाल, मुंडा वगैरह अगगिनत जात के लोगों में हलचल मच गई।

लोग-बाग सरपट दौड़ते हुए आ पहुँचे।

बाघुत थान में अन्नबाला मायावी नींद में अचेत पड़ी थी, इन तमाम कांडों के मूल में, वह स्वयं है, वह तो इस सच से भी बेख़बर थी। उसकी पालनी-माँ ने उसके सिर तले, एक बोरी ठूँस दी।

तमाम यूकेलिप्टस क्षमाप्रार्थी मुद्रा में, अन्न की चारों तरफ चावल की बड़ी-बड़ी बोरियाँ सजाते रहे!

"दख़लदार, निकल जाओ! दख़लदार, निकल जाओ।" खुसफुस आवाज में शाल-महुल का धिक्कार सुनकर, यूकेलिप्टस के तमाम पेड़ों ने गहरी उसाँस भरी और एकदम से शून्य में उठ गए और फॉरेस बंगलों के सामने फैली, सौ बीघे माटी में जम गए।

यह है, अन्न और अरण्य का चौथा उल्लास!

पाँच

सुबह होते ही, हर रोज की तरह, ज़ोर-ज़ोर से साँस लेने के लिए, उत्पल ने खिड़की

खोली। लेकिन...न पंछियों का कलरव, न हवाओं में खुशबू। शुरू-शुरू में उसे कुछ समझ नहीं आया।

अचानक उसकी नज़र कतार-दर-कतार फैले हुए यूकेलिप्टस पर पड़ी।

"हॉरिबल! हॉरिबल! मिराकूल! जाइ! सैबोटाज!" यही सब बड़बड़ाते हुए, वह अपने अंडरपैंट में ही दौड़ पड़ा।

दौड़ते-भागते वह नयाग्राम, सुवर्णरेखा, उड़ीसा, जाने कहाँ तो लापता हो गया। वह कहाँ गायब हो गया, यह रहस्य ही बना रहा, आज भी बना हुआ है। उसके अमीर ससुर ने बांग्ला, हिंदी, उड़िया, नेपाली—सभी भाषाओं के अखबारों में उसकी तस्वीर समेत-इश्तेहार प्रकाशित किया; दूरदर्शन के पर्दे पर उसकी तस्वीर दिखाई गई। राज्य वन विभाग→राज्य पुलिस→केंद्रीय जांच ब्यूरो ने ऐसे सैकड़ों के केस की खोज-बीन पलक झपकते सुलझाई थी। इस केस में भी छानबीन हुई। अंत में, गुप्त ख़बर यह थी कि मुमकिन है, उत्पल उग्रपंथी हो गया हो (लेकिन अचानक वह भाग क्यों खड़ा हुआ, कहीं इसलिए तो नहीं कि पिछली रात दारोगा ने उसे खाने पर बुलाया था? कहीं वह पुलिस के डर से...?) ज़रूर यही बात होगी या फिर सोफर्स स्कैंडल में, पच्चीस सोफर्स के अपहरण में वही मूल बदमाश रहा हो। इसी तरह उड़ीसा के चम्पुआ में, बरगद के पेड़ तले, वह जो कोपीनधारी इंसान रहा करता था, वह अचानक कहाँ गायब हो गया? वह आदमी, जो गाता रहता था और स्थानीय लोग उसे कभी-कभी खाना वगैरह दे जाते थे। अब उसका अता-पता कोई नहीं जानता।

फलदार आम के पेड़ तले वह बुदबुदाता रहता था, "छलनामयी! पापीयसी!"

लोग-बाग़ कहते थे, "साधु-संत जीव हैं!"

वही क्या उत्पल है? उत्पल क्या वही है?

अन्नदा गोलदार सुबह-सवेरे कापकाटा चौकी में डायरी लिखाने पहुँचा। अचानक उसे लगा, उसके पैरों तले की ज़मीन खिसक गई है।

"अच्छा? यूकेलिप्टस के झुंड के झुंड पेड़ चलकर आए, तो गोदाम तोड़कर, चावल उठा ले गए?"

"हाँ, सर!"

"रेमो, भेमो...ये लोग मौजूद नहीं थे?"

रामा, भीमा, अजन, बूधन और दिलीप—इन पाँचों का अटूट विश्वास था कि पिछली रात देवी-देवता की रात थी। आजकल वीडियो रूपमहल में फिल्में देख-देखकर, बालों की छाँट बदलना और अजन की जगह बच्चन, बूधन की जगह जितेन्द्र, दिलीप की जगह मिठुन के रूप में परिचित होने का चाव—यह सब पाप है! इंसान अगर पाप करता है, तो देवी-देवता उसे अभिशाप देते हैं। 'हम पाँच' फ़िल्म याद है न! सब एक-दूसरे की तरफ देखने लगे।

"हउ! हम सब वहाँ थे ज़रूर, मगर हमारा होस केहू हर लिया था! अजन

ने कहा...''

''यह अजन कौन है?''

''जी, हुजूर, हम हूँ!''

''तू, बच्चन नहीं है?'' अन्नदा ने चीखकर पूछा।

''ना, बाबू! बप्पा का दिया नाम पलटकर, हम बच्चन, जितेन्द्र, मिठुन भये थे। महापाप हुइ गवा हमसे! असल में हम अजन-बूधन-दिलीप हैं।''

''यह रामा...राम है! यह भीमा...भीमा है?''

''जी, हजूर, ऊ रामनगर! ऊ भीमपलासी!''

''तो तुम सबने नाम भुनाकर...हरे राम! हरे राम!''

''ऊ पाप हम सब क़बूल करत हैं।''

''ज्जा! अब मैं तुम सबको नहीं रखूँगा।''

''हम सब भी नाहीं रहेंगे। हम सबके पाप पर तो, बिरिख देवता गोदाम में उतरे नाहीं थे? गोदाम तो तुम्हारा था! तुम राशन मारते थे, कहाँ-कहाँ पाप करते रहे—ई सब तुम जानो! अब हम पाँच पापी-तापी लोगन को होय तो गुप्तमनि, होय तो बग्यभीमा, होय तो रामेश्वर...दिसा-दिसा, घूम-घूमकर चक्कर लगावे पड़ी। अउर कुछ नाहीं तो, हम पाँचों साले, सन्नासी हो जावेंगे।''

अन्नदा ने गुर्राकर कहा, ''लिखिए! लिखिए! यूकेलिप्टस के पेड़ चलकर आए और चावल लूट ले गए।''

''पेड़ों के नाम डायरी लिखाई जाती है भला?''

''अरे, पेड़ अगर पेड़ जैसे होते, तो डायरी लिखाता भला?''

''किसी ने तन-बदन पर पत्ते चिपकाकर डकैती तो नहीं की? 'पेड़ और डाकू' फ़िल्म देखी थी?''

''अरे, शून्य से उतर आए थे हज़ारों-हज़ार पेड़!''

''ऐसी उड़ी-उड़ी बातें न करें! कितने पेड़ थे?''

''उत्पल से पूछ लें—''

उस वक्त उत्पल की डबल आकार-प्रकारवाली पत्नी, सोनाली, अपने बिखरे-बिखरे बाल समेत अचानक आ धमकी और एकदम से रो पड़ी।

''सरबनास हो गवा, दारोगा बाबू! वो रेंजर, नगेन महतो, उनका दुस्समन है न! क्वाटर के पेड़-पौधे गायब कर दिए उसने उनकी जगह यूकेलिप्टस बैठाय दिहिस है। ऊ नजारा देखकर, समकी का बप्पा, अंडरपैंट में ही कहीं भाग खड़ा हुआ।''

''उत्पल बाबू नहीं हैं?''

''न्ना! वह तो साँस रोककर यह जा...वह जा! नौ-दो ग्यारह!''

''कितने पेड़ थे, और कौन बता सकता है?'' दारोगा ने पूछा।

''डायरी का क्या होगा?''

“लिख लेंगे! लिख लेंगे! इस वक्त घर पर कौन है?”

“मेरी बीवी, बाल-बच्चे!”

“कांथी में ही हैं?”

“हाँ, बीवी, माँ, बच्चों का झुंड!”

“आपको कहाँ भेजूँ?”

“मुझे?”

दारोगा का प्रचंड गर्जन सुनकर, अन्नदा गोलदार पर, मानो दुर्दिन उतर आया। अन्नदा गोलदार ही शक़ के घेरे में था। वह सरकारी समाज-अरण्य को मुजरिम ठहराते हुए, उनके खिलाफ डायरी लिखाना चाहता था। दारोगा बाबू ज़रूर लिखते, अगर प्रेसिडेंस होता!

“कहाँ का प्रेसिडेन? हिन्दुस्तान का या मेदिनीपुर के पौरसभा का? कौन पेसिडेन?”

“पेसिडेन नहीं, प्रेसिडेंट! मैं प्रेसिडेंट नहीं, प्रिसिडेंस की बात कर रहा था। यानी थाने में पहले कहीं, किसी दिन 'पेड़ ही डाकू'—ऐसा कुछ दर्ज़ होता, तो आज मैं भी लिख लेता। लेकिन, पहले ऐसा कहीं नहीं लिखा है, समझे आप? मुझे मालूम है कि आपका गुदाम तोड़ा गया है। मालूम है! मैंने कुछेक आदमी भी भेज दिए हैं। वे ईंटें उठा लाए। मैं अपने बैंगन के खेत में चारदीवारी उठाऊँगा। लेकिन, इस क़िस्म की डायरी लिखकर...पुलिस का मतलब है, राज्य सरकार! राज्य सरकार क्या वासुली समाज-अरण्य के पेड़ों के खिलाफ केस करेगी?”

“नहीं करेगी?”

“न्ना! इसका सबूत कहाँ है? अब पेड़ तो चलकर, झाड़ग्राम अदालत में गवाही देने आएँगे नहीं। अरे, अभी कल शाम को ही कर बाबू के बेटे, जंगल को, एक लड़की ने कटारी मारकर, उसे बधिया बना दिया। अब वह लड़का जिंदा तो रहेगा, मगर वह...मेरा मतलब है...समझ गए न? जादू क्या हुआ, पता है? ऐसा कांड करके, वह अँधेरे में ही गायब हो गई। कर बाबू ने मुझसे कहा—उसे गिरफ़्तार करें! उस पर केस चलाएँ—”

“केस नहीं चलाएँगे?”

“सबूत कहाँ है? किसी लड़की का नाम तो ज़रूर लिया। लेकिन, सच तो यह है कि कापकाटा की अनगिनत लड़कियाँ जंगल को कुट्टी काट डालना चाहती हैं। लेकिन चाहना एक बात है, कर गुज़रना दूसरी बात! चलिए, फूटिए—”

“मतलब?”

“घर जाइए! कापकाटा छोड़कर, बाहर न जाएँ। मैंने खुद भी क्या कहते हैं... कुम्हड़े की बागवानी कर रहा हूँ! लेकिन पेड़ के नाम डायरी? नेवर! इस मामले में, अपना गुदाम तोड़कर, चावल आपने ही खिसकाए हैं, इस शक़ में, छान-बीन में मदद

के लिए आपको ही घर में नज़रबंद रहना होगा, जैसा कि कानून है! जाइए।''

''जाता हूँ! तो फिर मैं चलूँ—''

अन्नदा गोलदार ने अचानक दारोगा की ठुड्डी थामकर, उसे चूम लिया और अपनी दोनों बाँहें शून्य में नचाते हुए, ''हाय, यह देश! यह देश किसको बनाया, थाना तुम्हारा नहीं—'' गाते-गाते अचानक अंतर्धान हो गए।

सोनाली अब तक बिल्कुल ख़ामोश थी।

अचानक वह दुबारा ज़ोर-ज़ोर से रो पड़ी, ''हमरी डायरी तो लिखेंगे न?''

दारोगा ने दाँत पीसते हुए कहा, ''आप भी अपने घर में 'इन्टामिक' रहें! रहें नज़रबंद! जैसे बद्‌जात पति की वजह से बीवी भाग जाती है, बद्‌जात बीवी की वजह से हज़बेंड भाग जाता है—इसका प्रिसिडेंस तो है। लेकिन अंडरपैंट पहने-पहने सरपट दौड़ जाना...! जाइए, जाइए, बाद में देखूँगा।''

सोनाली रोते-रोते ही बाहर निकल गई।

दारोगा एस डी पी को लिखने बैठ गया—''कापकाटा चौकी के लिए यह गुरुभार वहन करना संभव नहीं है! कतई संभव नहीं है। एक ही दिन में विभिन्न जातियों के छः लोग! अनजान कारणवश, अपनी जगह छोड़ गए, छोड़ रहे हैं। एक बस, छोड़ने ही वाला है। जंगल अफसर, उत्पल सेन राय, अति बौखलाई हालत में, अंडरपैंट में ही, सर पर पैर रखकर भाग खड़ा हुआ है। रामनगर दास, भीमपलासी दांड़पाट, अजन और बूधन महतो तथा दिलीप, दिगा के एक रहस्यमय चावल-गुदाम डकैती के बाद, विविध तीर्थों पर निकल गए हैं। अन्नदा प्रसाद गोलदार, जिनका वह चावल-गुदाम है, वे भी गाते-गाते दौड़ लगा रहे हैं। मुमकिन है, वे भी यह जगह छोड़ जाएँ। उत्पल की वजह से उसकी बीवी पर और गुदाम लूट की वजह से गुदाम-मालिक पर, मुझे शक है और मैंने उन दोनों को 'इन्टान्नी' ऑर्डर, नज़रबंदी का हुक्म दिया है। लेकिन कुल तीन अदद सिपाहियों के साथ, इतना बड़ा झमेला सम्हालना बिल्कुल भी संभव नहीं है। और पुलिस भेजने का हुक्म दिया जाए। अन्नदा गोलदार का कहना है कि यूकेलिप्टस के पेड़, शून्य-पथ से आए और डकैती करके चले गए। पेड़ ही डाकू हैं—ऐसा कोई प्रिसिडेंस मौजूद हो, तो कृपया सूचित करें। आपका जवाब अगर 'हाँ' में मिला, तो तमाम पेड़ों को चेन में बाँधने का इंतज़ाम करूँ।''

अन्नदा गोलदार नाचते-नाचते घर लौट आया। उसके बाद कार्तिक राय और ऋषि गोलदार नृत्यरत पिता को लेकर उड़ीसा के चम्पुवा जा पहुँचे। वहाँ कोपीनधारी एक शख़्स, बरगद के पेड़ तले बैठा-बैठा 'यहीं तो थे, गए कहाँ—?' गाना गाया करता था। उसके गाने की वजह से, बरगद का वह पेड़, देवथान बन गया था। दोनों बेटों ने अपने पिता समेत, वहीं धरना डाला! वैसे ये तमाम घटनाएँ बेहद धीरे-धीरे घटीं!

सबसे बड़ा मिराकूल...महानू जादू यह हुआ कि समाज-अरण्य की जगह स्वभाव-अरण्य, स्वभाव-अरण्य की जगह यूकेलिप्टस—यह देखकर भी किसी ने, कोई

सवाल नहीं किया। हर किसी को यही लगा कि इसके पीछे देवी का कोई न कोई उद्देश्य ज़रूर है।

यह है, अन्न और अरण्य का पाँचवाँ उल्लास!

छः

अन्न को दैवी नींद में डूबे-डूबे, पूरे दो दिन, दो रात गुज़र गए।

उसने वासुली और बड़ाम मइया, बाघुत देवता की प्राचीन महिमा को फिर से ज़िंदा कर लिया था। इसीलिए देवी-कृपा से उसकी पूर्व-स्मृति मिट गई थी।

जब उसकी नींद टूटी, उसने अपने आस-पास नज़र डाली। चारों तरफ शाल, पियाशाल, केंदो, महुल के पेड़ ही पेड़! वन-जंगल! उसने देखा, चारों तरफ अरण्य-संतानें अपना-अपना घर बाँध रहे थे। खाना पका रहे थे। कल-कल बहती वासुली नदी में लड़के-लड़कियाँ लाल पानी में खेलते-कूदते हंगामा मचा रहे थे।

उसकी पालनी-माँ ने उसका हाथ पकड़कर, उसे उठाते हुए कहा, ''घर काहे नाहीं चलती, बिटिया!''

अन्न पत्तों की छादनवाले, नए घर की छाँव में आ बैठी। अरण्य-लक्ष्मी की तरह ममताभरी आँखों से वह चारों तरफ निहारती रही। वह बार-बार हाथ जोड़कर, माथे से लगाती रही।

''वासुली मइया! हे मोरी बड़या मइया! तुमने हमारा खोया हुआ जंगल हमें लौटाल दिया। अब फिर कभी अपनी गोदी से दूर मत करना, मइया!''

पेड़-पत्तों ने उसे तसल्ली दी, ''जंगल में रहोगी, तो भात भी मिलेगा।''

''मइया, ऊ लोग ई जंगल, कहीं हमसे दुबारा छीन न लें—''

''न्ना!'' अरण्य ने विश्वास दिलाया।

''न्ना!'' वासुली ने आश्वस्त किया।

धीरे-धीरे वह जंगल, जनता की आँखों से ओझल हो गया। वह जंगल घोर मायावी हो आया।

अब उस जंगल को न कोई देख सकता था, न कोई वहाँ कदम रख सकता था। अदृश्य आड़ से जवान-जहान औरतों की खिलखिल हँसी, बच्चों की रुलाई, पानी के कलकल गीत, कानों में गूँजते रहे। खौलते हुए भात की सोंधी-सोंधी खुशबू, नाक तक पहुँचती रही। मानो यह अरण्य का संसार हो!

यह है, अन्न और अरण्य कथा का छठा और आखिरी उल्लास! वैसे यह कथा आज भी जारी है!

अर्जुन

अगहन का महीना, बस, जाने-जाने को था और पूस आने ही वाला था। वैसे सर्दी अभी भी ख़ास नहीं पड़ी थी, धूप में भी खुनकी नहीं आई थी।

विशाल महतो के खेत में कल धान की कटाई भी पूरी हो चुकी थी। खेत गोड़ने, धान पछोरने, चुनने-बीननेवालों के साथ, केतु शवर भी दिन भर धान बटोरने में जुटा रहा। शाम के धुँधलके में, उसके दिमाग़ में यह ख़्याल मँडराता रहा कि थोड़ी-सी दारू की जुगत कैसे और कहाँ जुटे। वैसे दारू कहीं नहीं मिलेगी, यह भी वह जानता था। लेकिन सोचने और चाहने में क्या हर्ज़ था?

उसकी बहुरिया, महनी अब नहीं रही। भतार जब जेल में था, तब वह धान की कटाई के काम पर, मान बाज़ार जाया करती थी। उन दिनों वह धान काटती थी, मिट्टी काटती थी, वन-जंगलों में डाँव-डाँव घूमा करती थी। केतु तो जब-तब जेल में होता था। जंगल की कटाई कराता था, राम हालदार, पकड़े जाते थे, केतु जैसे बंदे। केतु भी क्या करे, बताएँ?

कितनी ही बार उसने समझाना चाहा—बाबू, हम लोग तो दिन भर जी-तोड़ मेहनत के बदले, कुल चार रुपल्ली चाहत हैं। इसके लिए पेड़ काटने का हुकुम दो, काट देबों। मानस काटने को कहें, काट-कूट देंगे।

वैसे सचमुच वह इंसानों को काटेगा या नहीं, उसे चार रुपल्ली थमाकर, इसकी जाँच-परख किसी ने नहीं की। यह बात सिर्फ कहने के लिए कही जाती है, यह बात कोई नहीं समझता।

सरकारी जंगल काटने के जुर्म में केतु जेल चला जाता था।

राम हालदार को केतु जैसे दूसरे लोगों की तलाश होती थी।

इससे आगे केतु का दिमाग ही नहीं चलता था। पुरुलिया में, शवर घर में जन्म लिया, तो जंगल को हाथ लगाना ही होगा, जेल भी जाना ही होगा, यह निश्चित नियम था।

केतु जेल चला जाए, तो महनी को कामकाज की खोज में निकलना ही होगा, यह भी निश्चित नियम था।

ऐसे-ऐसे नियमों के राज में भी उसकी सूनी कुटिया में कुहासा जमकर बरसता रहता था। तन-बदन को दारू की तलब होती थी। थोड़े-से नशे की ज़रूरत; थोड़ा-सा भूले रहना!

उन्हीं पलों में अचानक विशाल महतो सामने आ खड़ा हुआ।

"केतु रे, तुझसे बात करना थी–" विशाल महतो ने कहा।

"वोट की बात न, बाबू?"

"अरे नहीं, नहीं, वह तो मैं जिससे भी कहूँगा, वह मुझे ही वोट देगा! उसे देना पड़ेगा! क्यों तेरा क्या ख्याल है?"

"हउ, बाबू!"

"राम हालदार तुझसे क्या कह रहा था?"

"वही...जो तुम बोले–"

"तूने क्या जवाब दिया?"

"वही...जो हम तुमसे बोले–"

"यह क्या बात हुई?"

"हमरे दिमाग़ में इतनी अक्किल नाहीं है, बाबू!"

"खैर, छोड़ो, वोट की बात रहने दो। एक काम की बात थी। ज़रूरी बात! सुनना हो, तो सुन ले–"

राम हालदार और विशाल महतो, दो अलग-अलग झंडों तले भले हों, मगर केतु की नज़र में दोनों ही बराबर थे। वह उन दोनों की निगाहों में बुद्धू-बक्काल ही बना रहता था, जवाब वगैरह भी बिल्कुल बुद्धुओं की तरह देता था। उसे दोनों की ज़रूरत थी। इन दोनों देवताओं को खुश न रख सके, तो इस अंचल में टिकना मुश्किल था।

वैसे उन दोनों को भी बखूबी पता था कि अपना काम निकालने के लिए, शवर लोग्र तो अपनी मुट्ठी में हैं। बार-बार जेल खटने में उनका रिकॉर्ड है। वे लोग भला झंडा बाबू की किसी बात के लिए 'ना' कर दें, उनकी यह मजाल कहाँ?

केतु के मन में कौतूहल जाग उठा। वोट के दिन नज़दीक थे। विशाल बाबू नाचते फिर रहे थे, सभाएँ करते फिर रहे थे। लेकिन इस वक्त वे वोट वगैरह की बात करने के बजाय किसी बेईमानी या मक्कारी की बात करने वाले थे।

"कउन-सी बात, बाबू?"

"वह जो ति-मुहानी पर अर्जुन का पेड़ है न, तुम्हें वह पेड़ काटना है।"

"काहे, बाबू?"

"बस, तुम्हें काटना है।"

"अभी-अभी तो जेल से आए हैं, बाबू!"

"अब तुझे दुबारा जेल में ठूँस दूँ, तो तू मुझे रोक सकता है?"

"ना, बाबू!"

"अबे, जंगल काटने का हुक्म, राम हालदार नहीं दे रहा है, जो तुझे जेल जाना पड़े? तू मेरे हुक्म पर सरकारी तिमुहानी का पेड़ काटेगा। तुझे जेल भेजे, किसकी मजाल?"

केतु के दिमाग़ में कुहासा तैरने लगा। सच ही तो । उसे तो यह ख़्याल ही नहीं आया था। राम हालदार के हुक्म पर जंगल काटने से जेल जाना पड़ता है। लेकिन विशाल बाबू ही यहाँ के मालिक-मुख़्तार हैं। शायद वे लोग ही देश चला रहे हैं। इसीलिए विशाल बाबू के हुक्म पर, सरकारी सड़क पर खड़े, छायादार पेड़ काटने से जेल-हवालात नहीं होगी।

अचानक वह चौंक गया।

"वोट लेने के लिए इस बार सड़क पक्की करा रहे हो न, बाबू? इसीलिए पेड़ कटा रहे हो?"

"पक्की सड़क? इस जगह? अरे, केतु, जो सड़क पिछले तीस सालों में नहीं बन सकी, वह कभी नहीं बनेगी।"

बर्फीला आकाश! बर्फीली वाताश! कैसेट पर 'सन्तोषी माँ' का यात्रा-नाटक। ये सारी बातें मिलकर, विशाल महतो की जुबान से सच बातें ही कहला लेती थीं।

"सड़क नहीं बनेगी रे, उस पेड़ की मुझे ज़रूरत है।"

"पुख्ता पेड़ है, बाबू!"

"हो, मुझे पुख़्ता पेड़ ही चाहिए।"

"ले कइसे जाओगे, बाबू?"

"राम बाबू का ट्रक है न!"

शाम अब रात की गोद में समाती जा रही थी। बेहद अजीब समय! बानडीही की वाताश में पके-पके धान की खुशबू। विशाल के हुक्म के धक्के ने अन्नहीन, सम्बलहीन, सद्यः जेल से लौटते हुए केतु के सीने पर मानो भारी पत्थर रख दिया। वह भी असहाय था, चंद्र संथाल की तरह! धान-कटाई की घमासान लड़ाई में उन लोगों ने चमु की छाती पर आधे मन का बटखरा रखकर, उसे दबोच लिया था।

भयंकर, भयंकर दबाव! विशाल महतो और राम हालदार, दोनों दो अलग-अलग झंडों तले के इंसान! एक पंचायत करता फिरता था, दूसरा जिले से बाहर, काठ-चिराई का कारखाना चलाता था। अपने-अपने भाषणों में दोनों एक-दूसरे के विरोधी! लेकिन विशाल बाबू के हुक्म पर अगर केतु और उसके साथियों ने अर्जुन पेड़ काट डाला, तो राम हालदार का ट्रक वह पेड़ चालान कर देगा।

केतु के सीने पर भी भयंकर बोझ! हाय! उस पेड़ को बचाया नहीं जा सका। वह पेड़, जमींदारी जमाने में वानडीही जंगल की आखिरी निशानी था। वह पेड़ देखते ही, केतु और उसके साथियों को अभी भी अपना अतीत याद आने लगता था।

जब यहाँ जंगल जैसा जंगल हुआ करता था; जब शवर यहाँ वनजीवी इंसान थे। जब किसी बाहरी इंसान को देखकर वे लोग डरे-सहमे खरगोश या खेड़िया की तरह जंगल की कोख में समा जाया करते थे—उन लोगों को ये बातें आज भी याद आती थीं। क्या इसीलिए क्या उनका नाम, खेड़िया शवर है?

बड़े-बूढ़े, बुजुर्ग लोग इस पेड़ को पवित्र और विराट मानते थे। देवता पेड़! उस पेड़ को केतु बचा नहीं पाएगा।

''हउ, बाबू, काट देबों।'' यह कहते हुए, उसने हाथ फैलाकर, दस रुपयों की मांग की!

अलौकिक! अलौकिक शाम!

केतु ने भयंकर विस्मयभरी आवाज़ में कहा, ''बाबू, दस ठो रुपइय्ये...''

''हाँ, हाँ, दारू पी, ताड़ी पी! अभी और दूँगा! वह पेड़ अकेले तो काट नहीं सकेगा! जितने लोग जेल से लौटे हैं, सबको जुटा ले! मैं तुझे रुपइय्ये दूँगा, दारू दूँगा।''

राम हालदार किसी एक क़िस्म के पेड़ का कारोबार नहीं करते थे। उनके और भी बहुत-से काम थे। 'वन बचाओ'—इश्तेहार चिपकाओ, सरकारी वन-जंगलों में डाके डलवाओ, गैर-क़ानूनी ढंग से वन जंगल उजाड़ो। उनमें से किसी को बड़ी-सी टॉर्च, फटाफट रेडियो, घड़ी, कैसेट प्लेयर, साइकिल देना और दारू पिलाना, उनकी रोजमर्रा की आदत में शामिल था। इंसान की औकात समझकर, उसे कोई सामान थमा दो। दोषी-निर्दोष शवरों के नाम, जंगल बाबू, थाना बाबू की तरफ से जाने कितने ही मुकदमे दायर किए गए हैं। उन लोगों को भला वे इतना क्या उठाकर दे देंगे? विशाल बाबू दे रहे थे।

''अभी मैं टाउन जाऊँगा, मीटिंग करूँगा! गाँव में साली कोई दीवार ही नहीं है...कहीं कुछ लिखा भी नहीं है! मैं लाऊँगा इश्तेहार!''

''थोड़ा हमको भी दे देना, बाबू!''

''तेरे पास दीवार कहाँ है?''

''माटी पर कुछ भी बिछा लो, बाबू, ठंडा जाता ही नहीं।''

''दूँगा! ज़रूर दूँगा! दो-चार दिनों में वह पेड़ काट डाल, केतु। लौटकर मैं वह पेड़ उठा लूँगा।''

''अर्जुन पेड़?''

''गोदा महापात्र का महामरण है, रे! मुझे वह पेड़ चाहिए—''

'बंदर-टोपी और स्वेटर शोभित विशाल को कुहासे और अँधेरे ने मानों निगल लिया। केतु परम परेशान मनःस्थिति में वनमाली, दीगा, पीतांबर के पास पहुँचा। चूँकि वह अपने साथ दारू भी ले गया था, इसलिए उसकी काफी खातिर-तवाजो भी हुई। वे सबके सब अभी-अभी जेल से लौटे थे। जो कुठार पकड़ता है, वह जेल

भी जाता है, यही नियम है। राम हालदार बांकुड़ा और पुरुलिया में घर बनाएँ, यही नियम है। नियमों के राज में अनियमित होने का कोई उपाय नहीं। इन लोगों में दीगा की, ज़रा ज़्यादा ही इज़्ज़त थी, क्योंकि वह उँगलियों पर गिनकर, पूरे चार दिन विधिमुक्त शिक्षा-कार्यक्रम की क्लास में शामिल हुआ था।

दीगा की गर्भवती बहुरिया, मुरमुरे और हरी मिर्च ले आई।

दीगा ने कहा, ''सोचना पड़ेगा!''

चार-चार शवर चुल्लू के नशे में डूबे-डूबे सोचते रहे। शादी-बियाह पड़ने पर, हम सब वहाँ जाकर ढोल-नगाड़ा बजाते हैं; मनौती के बाल मुंड़ाकर, वे बाल वहीं... उसी पेड़ तले गाड़ देते हैं। अरे, बड़ा देते-दानिया, दवाओं के गुणों से भरा पेड़ है, दीगा का बप्पा, उन औषधियों के गुण पहचानता था।

पीतांबर ने अस्फुट लहजे में कहा, ''संथाल लोग, बांधना-जागरण में गइयों को नचाने आते हैं।''

पेड़ काटने से भी जेल! न काटने से भी जेल। वन विभाग की ज़मीन पर समृद्ध वानडीही गाँव! लेकिन उस गाँव पर खेड़िया-शवरों का कोई अधिकार नहीं था।

सोचते-सोचते ही दीगा ने कहा, ''मरना ही है, तो हम अकेले काहे मरें। चलो, और लोगन को भी बताएँ। झूठमूठ के केस में हम मुजरिम बन गए। यह ख़बर तो सब जानेंगे, लेकिन उस पेड़ पर सब भक्ति करत हैं या नाहीं, बताओ ज़रा।''

वह अर्जुन पेड़ तो सड़क की तिमुहानी पर, अनादि-अनंत काल से खड़ा है, उसकी तरफ भला किसका ध्यान जाता था? लेकिन इस वक्त सभी को ऐसा लगा, मानों दिल पर कहीं चोट लगी हो। वन-विभाग की ज़मीन का मतलब सिर्फ वन ही नहीं, उसमें खाली पड़ी हुई ज़मीन भी शामिल थी। शवर लोग जहाँ भी जाते थे, उजाड़ दिए जाते थे। वे जंगल की जिस भी ज़मीन पर बस्तियाँ बराते थे, वह ज़मीन ही लुट जाती थी। सारा कुछ जाने कौन तो, किसे बेच देता था। शवर फिर त्रिशंकु की स्थिति में। लेकिन वही पेड़ जब जवान था, तब उस पेड़ को पूजा चढ़ाकर ही, वे लोग शिकार पर जाते थे। इस बुढ़ापे में भी उसका रूप कैसा अपरूप! श्वेत-शुभ्र तन, सिर आसमान की तरफ! पूरे चाँद के आलोक में पेड़ और चाँदनी मानो एकमेक हो गए हों। चैत-बैशाख में, यही पेड़ छाँह बिखेरता हुआ। तिमुहानी का वही पेड़...।

पीतांबर ने कहा, ''कितने जुगों से ऊ पेड़ हमारी पहरेदारी करत आया है, जी! जंगल के नाम पर ऊ अकेला पेड़! जंगल की संतान के नाम पर भी हम सब भी गिनती के घर रह गए। अब वही पेड़ उन्हें चाहिए?''

केतु ने भी दुःखी लहजे में कहा, ''भई, सभी लोग तो या विशाल बाबू के हैं या रामबाबू के...''

पीतांबर ने दुबारा कहा, ''जब हमने अपनी झोंपड़ी नाहीं बनाई थी, कित्तने

दिन उसी पेड़ तले रहता था...उसके बाद कहीं जाकर महतो लोगन ने घर बनाने को ज़मीन दिया–"

दीगा ने कहा, "हाँ जी, हाँ, राम बाबू ने जब संथाल लोगों का घर जलाय दिया, तब ऊ लोगन भी आकर, उसी पेड़ तले नाहीं रहे थे?"

इसी तरह, धीरे-धीरे उस पेड़ के बारे में अनगिनत लोगों को अनगिनत बातें याद आती रहीं। उन्हीं लोगों में से कुछेक लोगों को सहसा यह भी अहसास हुआ कि जिन लोगों को सरकार और समाज बार-बार उजाड़ते रहते हैं, इस्तेमाल करते हैं, जेल में ठूँस देते हैं, बहा देते हैं, इस अर्जुन पेड़ की हालत भी उन्हीं लोगों जैसी है।

दीगा ने पूछा, "विशाल बाबू तो शहर जा रहे हैं, उनसे मैं रुपए माँग लूँ?"

"यानी तू पेड़ काटेगा?"

"हाँ! इसके लिए पाँच बंदे ही काफी हैं। सबको सौ-सौ रुपए दें–"

"जेल जाना पड़ेगा, समझ ले।"

दीगा के होठों पर धूर्त और मक्कार हँसी तैर गई। बार-बार जेल जाने, दूसरे-दूसरे समाज द्वारा इस्तेमाल किए जाने पर, शवर लोग भी अपने चेहरे पर मुखौटा चढ़ा लेते हैं। उनके पास विशाल बाबू जैसे लोगों के लिए, एक चेहरा मौजूद होता है, असली चेहरा हमेशा छिपा होता है।

मिर्च चबाने जैसे अंदाज़ में दीगा ने कहा, "उस ज़माने में पुरुलिया में अंग्रेजों का थाना जलाने-फूँकने के लिए और आजकल के ज़माने में, पराई ज़मीन पर दख़ल ज़माने, पराए खेतों का धान काटने, पराए मानस लोगन की लाश फेंकने, सरकारी जंगल काटने के लिए, बाबू लोगन के लिए शवर बिरादरी ही आसरा-भरोसा होत है। इस तरह भाला-बरम चलाकर, सीधे जेल भला कौन जाता है? तू लोग फिकिर मत कर।"

अ से लेकर ह तक सीखे-पढ़े और जमशेदपुर, चाइबासा, मेदिनीपुर और बांकुड़ा जेल की हवा खाए हुए दीगा शवर ने बेहद ममतालु लहजे में विशाल बाबू को आश्वस्त किया, "तू निश्चिंत मन से वोट के लिए मीटिंग कर, बाबू! हमका रुपइय्ये थमा दे। परसों जब तू लउटेगा, तो देखेगा, पेड़ का अब नाम-निसान भी नाहीं है।"

"राम बाबू खूब गरजेंगे-तड़पेंगे।"

"देखा जावेगा। ऊ मानस तो तोको ट्रक देवेगा–"

"बाहर-बाहर से तो गरजेगा-तड़पेगा।"

"देखा जावेगा।"

झंडे-झंडे में बाहरी तौर पर लड़ाई-झगड़ा। अंदर-अंदर, दूध-केला! ए जी विशाल बाबू, बुद्धू-बक्काल शवरों को कैसा-कैसा पाठ पढ़ाया-सिखाया। जिसे कहते हैं, विधिमुक्त शिक्षा!

विशाल महतो चला गया। दोनों गँवई नेताओं ने गहरी दोस्ती की भंगिमा में एक-दूसरे से विदा ली। अब जन-सभाओं में दोनों एक-दूसरे पर गाली-गलौज करेंगे, एक-दूसरे पर कीचड़ उछालेंगे। कादर लोग यह सब नहीं समझते। वे लोग आपस में थोड़ा-बहुत खूना-खूनी करेंगे। खैर, यह सब तो होता ही रहता है। अर्जुन पेड़ को लेकर भी थोड़ी-बहुत तू-तू, मैं-मैं, विरोध-मतभेद उठ सकता है। लेकिन अब गाँव में राम के कितने चमचे बच रहे हैं! हर तरफ विशाल की ही विशाल प्रतिष्ठा!

टाउन जाते हुए सड़क पर पड़ने वाले तमाम हाट-बाज़ारों में जनसभा, राजतला में विराट मीटिंग! शहर पहुँचकर भी दौड़-धूप का सिलसिला! अपने मोपेड की लाइट की मरम्मत, नए हायज़ैक लैम्प की ख़रीदारी, बीवी के लिए शॉल, कुछेक दवाएँ...

काफी निश्चिंत मन से विशाल वनडीही लौटे। अफसोस! सड़क नहीं बनी थी। ऐसे में नेगसाइ, टटको नदी पर नदी पार करने के बाद, तब कहीं जाकर बस से उतरो और उत्तर-पश्चिम दिशा में, तेल जैसी फिसलनभरी, नुकीली चट्टान बिछे, ऊबड़-खाबड़ पागल रास्ते पर चलते चले जाओ। खैर, वोट का मामला भी काफी आश्वासनभरा था।

गाँव के करीब आते-आते, अचानक उनका सिर घूम गया। आसमान के नक्शे पर तेजस्वी अर्जुन पेड़ आँका हुआ! मानों वह गाँव का पहरेदार हो। किसी ज़माने में लाखों-लाख पेड़ों की फौज, इस क्षेत्र की हिफ़ाज़त करती रहती थी। अब वह अकेला खड़ा था। निश्चिह्न हुए संगी-साथियों की यादें मानों उसे अकेला और निश्चल कर गई थीं। अब वह अकेला पेड़, अपनी ताकत भर, उस मानभूमि की उपेक्षित-लुंठित धरती की पहरेदारी में खड़ा था।

"अर्जुन पेड़ के पत्ते, इंसान की जुबान जैसे होते हैं।"

जोर-शोर से बजते हुए बाज़े-गाजे, ढोल-दमामे, ढांक-नागरा के साथ विशाल ने गाँव में क़दम रखा। विशाल उत्तेजित हो उठा। वह तैशभरी चाल में गाँव में दाखिल हुआ। उस पेड़ को घेरे हुए विशाल भीड़! पेड़ के चारों तरफ आकंद की माला लिपटी हुई!

राम हालदार साइकिल थामे खड़ा था!

"क्या हुआ?"

"उस पेड़ को ग्राम-देवता बना दिया, जी!"

"कौन? कौन है वह? किस कमबख़्त ने यह हरकत की?"

"दीगा शवर को सपना आया। तुमने उसे रुपय्ये थमाए हैं कि उस जगह को पत्थर से घेरकर, उसे देवथान बना दे। इस वक्त वहाँ पूजा चल रही है। संथाल, खेड़िया, सहीस, भूमिज, सैकड़ों जात का जमघट लगा है वहाँ।"

"ग्रामदेवता!"

"हाँ, कतार-दर-कतार लोग आते चले जा रहे हैं। मेला बैठ गया है यहाँ! मैं

समझता था, ये कमबख़्त लोग निरे बुड़बक हैं! इन लोगों ने तो गोहारों को भी मात दे दी। क्यों? तुम क्या कहते हो?''

पराजय की हद का अंदाज़ा लगाने के लिए विशाल महतो कुछेक क़दम आगे बढ़ आया! उफ़! भीड़ ही भीड़! केतु हाथ में ढोलक थामे नाच रहा था, घूम-घूमकर चक्कर लगाते हुए नाच-कूद रहा था। विशाल जाने क्यों तो भयंकर दहशत से भर उठा! अंदर ही अंदर, उसने अपने को कहीं बेहद कमजोर महसूस किया। यह पेड़, ये लोग-बाग़—सभी उसके जाने-पहचाने। लेकिन, आज ये सब इस क़दर अनजान-अपरिचित क्यों लग रहे हैं? ख़ौफ़! भीषण ख़ौफ़!

तेतरी कहानी

एस ओ एस/विक्टर एको पापा कॉलिंग/मे डे, मे डे/बानइंग सम्मेलन की राह में 'काश्मीर प्रिंसेस' मुसाफिर विमान, जब आसमान में दुर्घटनाग्रस्त होकर ध्वंस हो गया, उस वक्त जो बौखलाई हुई ज़रूरी रेडियो वार्ता भेजी जा रही थी, मैं वही सिग्नल ही पाठकों के सामने रख रही हूँ, क्योंकि यह प्रसंग ज़रूरी है।

आप लोग इस कहानी को अ-आ, क-ख वर्णमाला के अद्याक्षर मान लें, मेरा यह निवेदन है। अब बेनाम होने का वक्त है। नामकरण सच ही अब संभव नहीं है। जिस दिन मैंने सुना कि एक लड़के का नाम वैलम्ब्य है, उस दिन से मैं नामों से डरने लगी हूँ। अब नाम नहीं! असली नाम वर्णमाला की आड़ में ही रहें। आप चाहे लाख बाँहें बढ़ाएँ, इसमें आप कोई भी नाम नहीं खोज पाएँगे। लेकिन अब यह नाम क्यों? वैसे यह कहानी भी क्यों? आप लोग निरुपाय हैं, क्योंकि जब तब शरद नामक वायरस सम्पादक-पाठक-लेखकों पर हमले करता रहेगा, तब तक कहानी चल रही है, चलती रहेगी।

बहरहाल मुखबंद के बाद अब अगले स्टॉप पर चलूँ।

(क) बाबू, एक विशाल उद्योगपति के पूर्वाचंल साम्राज्य के नियंता कार्यालय की महान् हस्ती था। कुछेक साल वे एक निजी तथ्यचित्र यूनिट चलाते रहे। (ख) उस यूनिट से कई अहम तथ्यचित्र बने, सुना है, वे सारे तथ्य चित्र असाधारण थे और इन फ़िल्मों का बाज़ार विदेशी टेलीविजन में अधिक है।

(क) बाबू के (ख) यूनिट में सबसे ज्यादा हुनरमंद इंसान (ग) एकमात्र उसी का नाम बताना ज़रूरी है, क्योंकि गौर को उसकी प्रतिभा ने डंस लिया था। उसे सिर्फ यह लगता रहा कि उसे एक संपूर्ण कथा-चित्र बनाना ही होगा।

यह अहसास उसे नहीं होता, अगर वह पालामऊ नहीं जाता और उस पागल, सिरफिरे (म) को न देखता। वैसे वह वहाँ गया ही था, तथ्यचित्र बनाने। म गले का 'घैग' विशारद था। हिंदी में जिसे 'घेथा' कहते हैं और रानी की अंग्रेजी में उसका नाम है—गँयटर! आहार, जल या शस्यदायिनी धरित्री में जब आयोडीन का अकाल पड़ता है, तो जनाब थायरॉयड ग्लैंड नाराज हो जाते हैं और ख़ासा फल-फूल उठते हैं।

(म) ने जानकारी दी कि यहाँ की मिट्टी और पानी में आयोडीन नहीं है। इसका नतीजा देख जाओ। तथ्यचित्र बनाओ। सबको बताओ।

तथ्यचित्र बनाने जाकर गौर, (म) के मोहजाल में कैद हो गया। (म) ने अपनी दक्षता दिखाकर, उन लोगों को चमत्कृत कर दिया। हाट-बाज़ार में जिस किसी भी शख़्स, यहाँ तक कि पुलिस की भी ठुड्डी से छेड़छाड़ करते हुए, दक्ष उँगलियों से दबा-दबाकर, "आप तो घेघा हैं।" कहना आसान बात नहीं है। (म) उन दिनों त्रिमुखी यानी तीन-तीन मोर्चों पर लड़ रहा था। घेघा लोगों की संख्या के बारे में दफ़्तर में जानकारी देना और आयोडीन युक्त नमक का इंतज़ाम करना, एक नंबर! घेघा लोगों को पकड़कर अस्पताल में लाना, दो नंबर! और तीन नंबर, किसके या किन लोगों के साथ जंग करना। यह कौन या कौन लोग, देशप्रेमी हैं। वे लोग चाहते हैं कि घेघा रहे। ये लोग पुलिस-मस्तान-सामन्ती ज़मीन-मालिक नहीं हैं, सिर्फ स्थायी व्यवस्था के समर्थक हैं। इन लोगों के प्रवक्ता एक स्वामी जी हाथ में चोगा लिए प्रचार करते थे—घेघा और घेघा लोग पालामऊ के इस इलाके में रहते आए हैं, रहेंगे। मेरा ही घेघा देखिए न! मानो ठुड्डी के नीचे कुम्हड़ा लटका हुआ है।

(म) ने गौर और उसके साथियों के रहने का इंतज़ाम किया था। पालामऊ में घेघा पर तथ्यचित्र तैयार करने के लिए आयोडीन कमी के आविष्कर्ता, अमेरिकी विज्ञानी डॉ. डेविड मेरिन की तस्वीर और जीवनकथा, बार-बार पर्दे पर दिखाना ज़रूरी है, यह सुनकर वह घबड़ा गया। वह फ़िल्म (म) ने जब कलकत्ते में (क) बाबू के दफ्तर के शीतताप नियंत्रित कक्ष में देखी, तो खुशी से नाच उठा कि एक प्रिंट उसे दान में दे दे। वह फ़िल्म दिखाकर इंसान को जागरूक बनाऊँगा और सरकार से अनुदान रुपए भी मंजूर कराऊँगा।

यह कभी होने का नहीं है, (म) फौरन समझ गया। उसके बाद, उसने गौर को लिखा किफ वह फ़िल्म इलाके में नहीं दिखाई गई, इसलिए घेघा लोगों को उस पर शक हो गया है। खैर, अच्छी-अच्छी फ़िल्में तो स्वदेश-विदेश में शहरी लोग देखते हैं। इन सब जगहों में लोग, 'काला धंधा, गोरे लोग' या 'एक मैं और एक तू' देखते रहेंगे। सभी यही चाहते हैं। लेकिन गौर ने माँ का दूध पीया है (ऐसे पागल, बावले जगह में रहते-रहते घेघाव्रती (म) की जुबान काफी बिगड़ गई थी), तो (म) ने उसे घेघा से परे, जो सब सैकड़ों सत्य कथाएँ सुनाई हैं, उन पर फिल्म बनाए न!

दूरदर्शन के लिए नहीं!

पब्लिक के लिए!

क्योंकि कुछेक दिन के कठिन प्रयासों के बाद, (म) समझ गया कि गौर के भीतर भी प्रतिभा का घेघा मौजूद है और वह बढ़ता जा रहा है। अगर अभी से कोई इंतज़ाम नहीं किया गया, तो यह रोग गौर को बेकाम कर देगा।

उन्हीं दिनों गौर के दिमाग़ में वह अवश ख्याल घर कर गया। क्यों न वह

हरिजन युवती, तेतरी भूंइन के अति सच्ची जीवन-कथा पर फ़िल्म बनाए? तेतरी की जीवन कहानी ऐसी है कि उसमें कोई रची-गढ़ी कहानी जोड़ने की कोई ज़रूरत नहीं होगी। फ़िल्मों में, तीसरी तरह की फ़िल्मों में भी (पहली और दूसरी तरह की फ़िल्में कौन-सी हैं? चूंकि तीसरी दुनिया का जिक्र आता है, इसलिए गौर तीसरी तरह की फ़िल्म के बारे में भी सोच रहा है? गौर, गौर, दिमाग के सारे कोष दूसरों के विचारों के अधिकार में चले गए हैं या अपने लिए भी दिमाग का कोई कोना मुक्त रखा है?) हाँ, तो तीसरी तरह की फिल्मों में भी हरिजन-आदिवासी-निम्न मध्यवित्त स्मिता पाटिल की तरह धरती की देवी या शबाना की तरह रहस्यावृता हिरणी जैसी हसीना होती है।

वास्तविकता में, जुल्म की शिकार तरुणी वैसी नहीं होती या खूबसूरत होती भी हैं, तो अपने ढंग से। वह अभिनेत्रियों की तरह सुंदर नहीं होतीं।

यह सच है कि तेतरी भूंइन शक्ल-सूरत से खूबसूरत थी। भौंहों की जोड़ी के बीच में गोदना! गोलमटोल चेहरा! बदन भारी होने के बावजूद सुडौल!

दो-दो बच्चों की माँ, विधवा तेतरी, विशाल भूंइया के इश्क में पड़ गई। उसके साथ घर भी बसा लिया। लेकिन यह बात तहसीलदार सिंह को (जिसका पेशा भी तहसीलदारी था) खास पसंद नहीं आई। तेतरी को उसने अपने घर बिठा लेने का प्रस्ताव दियां था। तेतरी ने उसके मुँह पर थूक दिया। यह सरासर ज़िद्दी हरक़त थी। असल में टाउन के आस-पास, कोयल नदी के तट पर घर हो, तभी मन में ऐसा दुःसाहस जागता है। इसके अलावा 'अशांति', 'लांगा', 'दुर्गा', 'बेआबरू', 'कहानी फूलन की' वगैरह फ़िल्मों में रीता भादुड़ी, जीनत अमान, परवीन बॉबी, हेमामालिनी वगैरह को गोलियाँ चलाते देखकर, मुमकिन है तेतरी के मन में भी साहस जाग उठा हो! अलीक साहस!

इन्हीं सब सोच और ख़्यालों से—"यहाँ थूका क्यों?" जैसे सवाल उठाकर, इस मामले की व्याख्या की जा सकती है।

लेकिन असल कारण कुछ और था।

तहसीलदार को यह बात अखर गई होगी कि ऐसी गहराई हुई जवान-जहान औरत, विशाल की क्यों नहीं होगी।

वैसे तेतरी के साहस की दो वजहें थीं, जो उसने (म) को बताई थीं और (म) ने गौर को बताई थीं। गौर खुद भी मुलायमगंज गया था। उस वक्त तेतरी ने उसे कुछ भी नहीं बताया। बस, अपने दरवाजे पर बैठी-बैठी आसमान की तरफ नज़रें गड़ाये रही।

छब्बीस साला विधवा तेतरी, अपनी दो-दो बेटियों (चार और दो वर्ष) समेत, साल भर के अंदर-अंदर, विशाल भूंइया के घर आ बसेगी, यह उनकी बिरादरी में अस्वाभाविक भी नहीं था। विशाल ने तेतरी की माँग में सिंदूर और हाथों में चूड़ियाँ

पहनाकर, पूरी बिरादरी को शराब पिलाई और सूअर का गोश्त खिलाया।

बस, समाज ने मान लिया।

विशाल तो भूंइया समाज में 'कैच' था। वह कोयल नदी के पार, पूर्त विभाग में चपरासी के काम पर बहाल था। जब वह सरकारी नौकरी करता था, तो तेतरी के मन में सुरक्षा का अहसास, नितांत स्वाभाविक था।

लेकिन तहसीलदार सिंह वार्म हो गया। पवित्र क्षत्रिय राजपूती तेज! उनको सबक सिखाना ही होगा। इसलिए, ब्रिज पार करके विशाल जैसे ही ताड़ी खरीदने आया, वह पुलिस के हाथों पड़ गया। पुलिस हालाँकि 'देशी ताड़ी का कारोबार नहीं चलेगा'—यह नारा लगाते हुए दक्षयज्ञ ज़रूर कर रही थी, मगर गिरफ़्तार सिर्फ विशाल हुआ।

उसके बाद अस्वीकार!

पूछ-ताछ करके, पुलिस ने उसे छोड़ दिया। कुछ दिनों बाद, विशाल डाल्टेनगंज के बाशिंदों तक पहुँच गया। वहाँ जितने लोग भी पानी पीते थे, वे सब विशाल का अणु-अणु अंश ग्रहण करते रहे। डाल्टेनगंज का हाल यह था कि कोयल नदी से पानी उठाओ, शोधन-परिष्कार मत करो, भेज दो पानी नल में!

और तेतरी ने जब उस कंकाल को (थोड़ा-बहुत मांस चिपका हुआ था) विशाल कहकर शिनाख़्त किया, आकुल रुलाई के साथ तहसीलदार और पुलिस को अश्लील गालियाँ देती रही (जो फिल्मों की नायिकाएँ नहीं करतीं), तब जाहिर है कि तहसीलदार उसे पुल के नीचे से उठा लाता। थाने का कहना था वह कंकाल विशाल की नहीं है, फिर भी तेतरी दौड़कर थाने में आ पहुँची थी। पुल के नीचे, दक्खिन तरफ, जानवर और इंसानों के मल से गंधाती, कोयल की रेत पर, वह लालटेन लिए बैठी रहती थी। करीब ही तोड़े गए ताड़ीखाने का खँडहर पड़ा हुआ था। कोयल नदी का पाट असल में लोगों का शौचागार था। वहाँ से उसे उठा ले जाना, काफी आसान था। कई दिनों बाद वह उसी जगह मिली। फटी-छिली, ज़ख़्मी हाल! लड़खड़ाते-लड़खड़ाते वह घर लौटी!

इसके बाद, वह जैसे दुबारा नई और कर्मवीर हो आई। किसी तहसीलदार ने गाँव में कदम रखा ही था कि पता नहीं क्यों तो तेतरी ने मार-मारकर उसे ज़ख़्मी कर दिया। तहसीलदार सिंह ने तहसील बदल ली थी। टाउन के उत्साही वकील बलराम की कोशिश-तदबीर से तेतरी को कुल छः महीने की जेल हो गई। उसके बाद तेतरी फिर विशाल के घर में! सुनने में आया कि उसने तहसीलदार सिंह को नोच-खसोटकर बुरी तरह ज़ख़्मी कर डाला था।

यह भी खबर मिली कि तहसीलदार ने पटना जाकर अपना इलाज कराया और उसके एक हाथ की एक उँगली काटकर अलग कर देनी पड़ी।

यह भी पता चला कि उसके मुलायमगंज न लौटने का और सुदूर टोड़ी में

बदली हो जाने का यही कारण था।

बूढ़े मुगल भूंइया ने गौर को बताया, ''तहसीलदार को तेतरी ने बुरी तरह काट खाया था। उसी समय वह काफी हिंस्र भी हो उठी है। नए तहसीलदार, मथुरा सिंह ने जैसे ही गाँव में क़दम रखा, वह उसे ही मार-पीट आई।''

(म) ने गौर से कहा, ''उसके शारीरिक तंत्र-प्रणाली में क्रोध घुसकर बैठ गया है। अब उसका कुछ भी नहीं हो सकता।''

तेतरी की कहानी को हूबहू फ़िल्म में उतारने की उम्मीद जहरीले साँप की तरह ही गौर को दंश मारती रही।

ख़ैर, मन ने जब तय कर ही लिया, तो फ़िल्म की स्क्रिप्ट चित्र-कथा लिख डालना, क्या ख़ास बात थी? मुलायमगंज में तेतरी का घर! गौर का जींस और कुर्ताधारी मूर्ति, आँखों पर काला चश्मा देखकर, तेतरी की जुबान से निकला—'शहर का कबूतर!' उसका निर्वाक बैठे रहना—इन सबसे यह बात साफ़ जाहिर थी कि तेतरी जैसी औरतें, गौर जैसे लोगों को बिल्कुल ख़ारिज किए बैठी हैं।

तेतरी को बखूबी अहसास था कि उसकी ज़िंदगी में जितनी सारी घटनाएँ और वारदातें हुईं, वह उसकी देह की वजह से हुईं। उसने तो अपने तन-मन से विशाल को ही चाहा था। उसके बाद, तहसीलदार ने उसका बदन चाहा। इस तरह देह भुना-भुनाकर खाना पड़ा तो वह सीधे रंडीखाने, देह के बाज़ार में पहुँच जाएगी। अगर उसने देह न भुनाई और सिर्फ गोइंठा-घास, लकड़ी-वकड़ी, भागीदारी में बकरी चराने का काम करे, तो वह सचमुच भूंइन औरत बन जाएगी। प्रबल ज़िद के साथ उसने भूंइन औरत की भूमिका का चुनाव किया।

उसने (म) से कहा, ''ऐसी ढेरों फिलिम बनी हैं, तू ही कहता है आइडस निमक (आयोडाइज्ड़ सॉल्ट) लाकर, तू घेघा ख़तम करना चाहता है या तेतरी पर फ़िलिम बनावे चाहता है। ऊ फ़िलिम देखेगा कौन?''

''देखेगा कौन?'' गौरव के दिमाग में यह सवाल, मानों पैठ गया। असल में आजकल दूरदर्शन और आंचलिक फ़िल्मों में समाजवास्तववाद, एक बृहद व्यापारिक उपदान बन चुका है। जिन लोगों ने फ़िल्म 'आक्रोश' के हीरो को हथियार को एक ओर घुमाकर यह कहते हुए सुना होता—'पुलिस को क्यों नहीं घायल किया?', तो वे भी यह जुमला दुहरा सकते थे। मगर, वे लोग ऐसी फ़िल्में नहीं देखते। जिन औरतों के बेटे-पति बिना किसी क़सूर के, लॉक-अप में ही दम तोड़ देते हैं, वे लोग 'अर्धसत्य' नहीं देखते और बॉन्डेड लेबर यानी बंधुआ मजदूर, जिला पालामऊ के ज़रखरीद गुलाम 'दामुल' फ़िल्म नहीं देखेंगे, यह पूर्ण सत्य है।

ये फ़िल्में क्या देश में चंद आम लोग (संख्या के अनुपात में) देखेंगे? सिर्फ

अमले देखेंगे? सिर्फ यूरोप देखेगा?

'म' ने हथेली में खइनी मलते हुए कहा, ''यह भी सिस्टम का प्रहार है, जी! फ़िल्मों में विप्लव ले आओ। लेकिन पर्दे पर दिखाना, सिर्फ उन्हीं लोगों को, जिनके खून में कोई ज़िन्दा रक्तकणिका न हो।''

''फिर?''

''ये सभी नक्शे हैं, भइये! चारों तरफ 'घेघा' फैल गया है। आयोडाइज़्ड नमक देने पर भी यह रोग ठीक नहीं होने का!''

''तेतरी ने ठीक ही कहा...''

''हाँ, कहा तो है। लेकिन, अब उसके मन में गुस्सा भर गया है। उसके अंदर गुस्से की आग जल रही है। तुम अकेले जाओ उसके पास, वह तुम्हारी जान ले लेगी।''

''चलो, देखते हैं।''

'म' का चेहरा पगलाया हुआ! बेतरह झक्की था वह। कपड़े मैले हो जाते हैं, इसलिए वह गेरुआ कुर्ता-पायजामा पहनता था। बाज़ार में बैठकर, वह तेल-मालिश वाले से अपने सिर पर बदबूदार तेल लगवाता था। वह बदबूदार तेल अपने बदन पर भी लगाता था। ऐसे तेल के बड़े-बड़े गुण होते हैं, जी! इससे बालों में जूँएँ नहीं पड़तीं, बदन में चिल्लर नहीं पड़ता।

(म) ने गंभीर संवेदना के लहजे में कहा, ''बनाओ, फ़िल्म बनाओ, ये लोग देखें–''

इसके बाद, ज़ाहिर है कि गौर ने अपनी महिला मित्र (न) से अपने मन की बात बताई। (न) ने कंप्यूटर में ट्रेनिंग ली थी। अच्छी-सी नौकरी करती थी। उसने यह भी साफ बता दिया था कि वह गौर से विवाह नहीं करेगी, मगर वह उसकी मित्र बनी रहेगी।

''विवाह और चीज़ है! सुरक्षा ज़रूरी है।''

'न' के पिता की निजी 'सुरक्षा सर्विस' दफ्तर मौजूद था। (न) की माँ हमेशा यही बोलती रही–''लड़कियों और औरतों के लिए सबसे ज़्यादा ज़रूरी है सुरक्षा।''

हाँ, उनका मतलब वैवाहिक सुरक्षा से था, क्योंकि राष्ट्रीय, सामाजिक वगैरह क्षेत्रों में औरतों की सुरक्षा के बारे में सोच सकें, इतनी बुद्धि उनमें नहीं थी।

इसमें हैरत की क्या बात है, अगर उनकी बेटियाँ विवाह के मामले में ही सुरक्षा की बात सोचें? (न) कविताएँ पढ़ती थी। कलकत्ता शहर मर रहा है, यह बात मानने को वह तैयार नहीं थी। वाद-विवाद और क्विज़ प्रतियोगिताओं में उसे अनगिनत मेडल मिल चुके थे। वह मशहूर अंग्रेजी साप्ताहिक में छपे राशि-चक्र भी पढ़ती थी और वह मैच करके साड़ियाँ पहनती थी। इसके अलावा, काफी मोहक आवाज़ में अक्सर ही दोहराती रहती थी कि गौर, (क) बाबू द्वारा शोषित हो रहा है।

"पति कभी दोस्त नहीं हो सकता, गौर, जैसे दोस्त कभी पति नहीं हो सकते। दोनों को मिलाओगे, तो उसका योगफल पाँच आएगा, यह निश्चित है।"

यह बात कहकर, उसने गौर को चुप करा दिया।

बेहद स्नेह भरी आवाज़ में उसने यह भी कहा, "तुम विवाह मत करना। तुम्हारी बीवी का भी कोई दोस्त हो ही सकता है। इन सबको मान लेना ही बेहतर है।"

गौर को अभी भी उम्मीद थी, (न) उससे ही विवाह करेगी। कम से कम वह अगर सुरक्षा दे सके, तभी...। मुश्किल यह हुई कि (न) 'सुरक्षा' शब्द से उसका क्या मतलब है, इसकी उसे कोई जानकारी नहीं थी।

"महीने में कितने हजार?"—सवाल करते हुए, गौर सहम गया।

लेकिन (न) ने उसे फ़िल्म बनाने के लिए उत्साहित किया।

"तुम फ़िल्म ज़रूर बनाओगे। आजकल, ऐसी ही फ़िल्मों के दिन आ चुके हैं। अगर तुम बाज़ी मार लो, तो तुम्हें भला कौन छू सकेगा?"

(न) के तन की खुशबू को दबाते हुए, (म) के बालों के तेल की दुर्गंध, गौर को अवश कर गई। (न) क्या सोच रही है?

'तेतरी कहानी' फ़िल्म बनाकर, गौर क्या दूरदर्शन पहुँच जाएगा? व्यावसायिक फ़िल्म न बनाई जाए, तो क्या तेतरी जैसी औरतें वह फ़िल्म नहीं देख पाएँगी?

(क) बाबू की सुबह सोना पत्ता भीगे पानी (कब्ज साफ रखने में बेजोड़), दोपहर बीयर, शाम स्कॉच और रात सूजी की रोटी और मागुर मछली के शोरबे में बँटी हुई थी। उससे बातचीत के लिए फुर्सत का समय दोपहर का वक़्त था। उसके दफ्तार का कमरा ठंडा। दीवार पर लाज़िरो की विमूर्त तस्वीर। उसकी आँखों पर सुबह से लेकर रात तक लाल आभावाला चश्मा चढ़ा होता था। इसकी कोई वजह ज्ञात नहीं हो सकी। जैसे आज तक यह पता नहीं चल सका कि वह दफ़्तर से बार-बार घर टेलीफोन क्यों करता है। फोन करते ही वह पूछता है, "सब ठीकठाक है तो?"

यह भी एक रहस्य है। विधुर (क) बाबू की गृहस्थी के नाम पर चंद कुत्ते थे, जिनकी देखभाल के लिए कुछेक नौकर-चाकर। उनके बाल-बच्चे, बहुत सालों पहले ही, सब अपनी-अपनी जिंदगी में, अन्यत्र मगन हो चुके थे। वैसे उनकी एक विधवा बहन भी थी, उसके लिए ही क्या यह रोज़-रोज़ बेचैनी है?

(क) बाबू के लंच का मतलब है, भालू! भालू को चूमते-चाटते हुए, वे गौर की बातें सुनते रहे।

"लिख डाला?"

"हाँ, सर!"

जीवन में चंद महीने (क) बाबू बिजनेस मैनेजमेंट प्रतिष्ठान में पढ़ा चुके थे, इसलिए अपने लिए 'सर' सुनना, उन्हें अच्छा लगता था।

"मुझे पढ़ाओगे?"

“हाँ ज़रूर!”

“लाओ, देखूँ!” उन्होंने स्वप्निल आवाज़ में कहा, तेतरी कहानी! कहानी अगर मुझे पसंद आ गई, तो मैं ही उसका प्रोड्यूसर बन जाऊँगा और...”

“और क्या, सर?”

“तुम निर्देशक होगे।”

“लेकिन, मैं...”

“क्या?”

“मैं व्यावसायिक फ़िल्म बनाना चाहता हूँ।”

“व्यावसायिक तो सभी कुछ है।”

“नहीं, इसलिए कि वह फ़िल्म सभी लोग देख सकें।”

“बेशक! बेशक!”

(क) बाबू कहानी लेकर चले गए। उत्साहित गौर ने (म) को लिखा, “सुनो, हो सकता है फ़िल्म बन ही जाए—”

उत्तर आया, करीब महीने भर बाद! (म) ने लिखा, जब तक आजमाया न जाए, भरोसा नहीं आएगा और यह भी हैरत है कि इतने सालों बाद (म) की कोशिश कामयाब होने जा रही थी। रांची से प्रकाशित एक अखबार में, (म) के कार्यक्षेत्र को 'घेघा इलाका' स्वीकृत किया गया। तेतरी भूंइन की कहानी भी उन लोगों ने छाप दी थी। फ़िल्म में तहसीलदार का नाम बदल दिया गया और तेतरी के बारे में चंद और ख़बरों की जानकारी देना भी ज़रूरी है।

तेतरी उन दिनों जीविका के लिए गोइंठा पाथ रही थी और दूसरे-दूसरे लोगों के साथ ट्रक पर सवार होकर, वह लकड़ियाँ चुनने भी जाया करती थी। लेकिन हर वक्त उसके होठों पर गुनगुनाहट होती थी—“डंका काहे क़ो बजाये, मोरा जीया लहराये, डंका काहे को...”। सभी ने एक स्वर में कहा कि यह गाना उसने कहाँ सीखा, यह पता नहीं चल सका।

विशाल भूंइया के चचेरे भाई ने तेतरी को अपने घर में बिठाना चाहा। तेतरी ने 'ना' कर दिया।

लेकिन जब युगल भूंइया ने कहा, “तूने ठीक किया, तेतरी, दो-दो बार विधवा हो गई, अब सधवा मत बन! फिर विधवा हो जाएगी।”

तेतरी ने आसमान गुँजाते हुए, उसे जोर-जोर से गालियाँ दीं और कहा, “वो लखना का घर हम नहीं बसाऊँगी। लेकिन हमका कुलच्छनी कहना, नहीं चलेगा मोरा पहला भतार मरा शोध-बुखार में। विशाल को मारा पुलिस ने। इसके लिए तेतरी को कुलच्छनी कहना नहीं चलेगा। नहीं चलेगा! नहीं चलेगा।”

गौर अजीब फज़ीहत में पड़ गया। फ़िल्म के मामले में सिलसिलेवार तारतम्य अहम है। तेतरी के चरित्र की जिस माप से कल्पना की गई थी, तेतरी हर रोज़

उस माप को तोड़-ताड़कर और-और बड़ी क्यों होती जा रही थी? चारों तरफ फैलती क्यों जा रही थी? 'डंका काहे को बजाए...' क्या कोई फ़िल्मी गीत है? उसका यह जानने को मन हो आया।

('म') ने कहा, "ना, यह कोई नीरस देहाती गीत है।"

ये बातें उसने (क) बाबू को बताईं। (क) बाबू को जैसे मसाला मिल गया।

उन्होंने कहा, "ग़ज़ब! बेमिसाल! इतना सब जान लेने के बाद, अब मैं कह सकता हूँ, हाँऽ, आगे बढ़ो।"

"बढ़ जाऊँ आगे?"

"बेशक! डिनर पर आ जाओ। सारा कुछ तय कर डालें। कहा नहीं जा सकता, मुमकिन है, प्रोड्यूसर का पुरस्कार मुझे ही मिल जाए। मिलेगा, तुम्हें भी मिलेगा।"

गौर, (क) बाबू के यहाँ डिनर खाने जा रहा है, यह ख़बर पाकर उसके तथ्यचित्र यूनिट के लड़के बेहद खुश हुए। (अ) ने कहा, वह काली मैया को फूल-पत्र चढ़ा आएगा। (प) ने उसे समझाया कि शिव के अलावा और किसी को फूल चढ़ाने में दिक्कत आएगी।

(अ) ने कहा, "चलो, मइया को बोतल भर दारू से नहला दूँगा।"

(प) आहत हो आया। दारू की भी बर्बादी!

लेकिन उन लोगों की शुभ कामनाएँ गौर के साथ थीं। गौर अगर फिल्म बनाए, तो वे लोग भी साथ देंगे। बहरहाल, पोलिओ के शिकार बच्चे, बाल-मजदूर, अत्यधिक रासायनिक खाद से ज़मीन की उर्वरता में गिरावट, जल-दूषण—इन सब विषयों पर आखिर कितनी फ़िल्में बनाई जा सकती हैं?

जबकि ये सारे विषय काफी ज़रूरी हैं, जबकि इस बात का बार-बार अहसास होता है कि हर विषय पर 'फुल लेंथ' फ़िल्म में प्रस्तुत किया जा सकता है, इस बारे में एस ओ एस सूचना भी भेजी जा सकती है।

अरे, अफसोस, इससे पहले की बात तो बताई ही नहीं।

(क) बाबू ने चुन-चुनकर उन्हीं लोगों को लिया, जो लोग तेज-तर्रार थे, और असीम अनुकंपा के साथ 'कुछ न कुछ करना ज़रूरी है।' यह महसूस करते थे। अकेले 'अ' ही व्यतिक्रम था। वह दक्ष कैमरामैन, अधेड़ उम्र का किसी एक लीक पर चलने का अभ्यस्त था।

दूसरे-दूसरे लोग, बिल्कुल अलग तरह के थे। गौर उन लोगों का 'दादा' था और घैघ-घेघा-घेधा नामक डॉकुमेंटरी बनाने के समय, वे लोग भी तेतरी, कोयल का बदबूदार पाट, भूंइन टोली का प्रागैतिहासिक चेहरा, पागल-छागल (म),—सारा कुछ देख आए थे।

(प) ने कहा, "यही असली हरिजन कहानी है। वर्ग-शोषण का असली चेहरा! वास्तविक और, हाँ, 'डंका काहे को बजाए' गाना भी जस-का-तस फ़िल्मा लेना होगा।"

गौर का मन हुआ कि वह (न) को भी ख़बर भेज दे।

(न) ने चेहरे का लावण्य क़ायम रखने के लिए, झट् से 'अभिनंदन' कहा और गाड़ी लेकर, दौड़ते-दौड़ते बाहर निकल गया। बहुत सारी सुरक्षाओं के ऊपर विवाह में सुरक्षा की तरह, स्वाभाविक लावण्य की अतिशयता के ऊपर दुकानों का लावण्य की (न) को बेहद ज़रूरत थी।

गौर अकेले ही चला गया।

सॉल्ट लेक में (क) बाबू के घर का विज्ञापन भी नज़र आया। जिन लोगों ने वहाँ घर बनाया है, उन लोगों के घरों के विज्ञापन के साथ! विज्ञापन में उत्सुक कुत्तों की भी तस्वीर थी। हालाँकि ऐसी शाम में डालमेशियन और गोल्डेन रिट्रीवर, अपने-अपने आवास में बंद थे। रात दस बजे एक कमरा खोल दिया जाएगा। अंदर से निकल आएगा, एक बुलडॉग रोवर! वह रात के वक्त घर का पहरेदार होता है। रोवर के आसरे-भरोसे (क) बाबू निश्चिंत सोते थे; निश्चित मन से दिल्ली, बंबई, विदेश उड़ जाते हैं।

बत्तख के अंडे की तरह लंबाकार बैठक; खाने का कमरा! हर कमरे में लाज़ारों की तस्वीर! सभी विमूर्त! कहते हैं, सभी असली तस्वीर! दुष्ट लोग कहते थे—कॉपी!

(क) बाबू ने गौर से कहा, "बैठिए।"

उनकी शाम स्कॉच की शाम थी।

"चलेगा?"

"मैं तो..."

"पीओ, पीओ, आज थोड़ा-सा..."

"ठीक है! बिल्कुल ज़रा-सा!"

"बाद में तो पीना ही पड़ेगा।"

"यह कोई ज़रूरी नहीं!"

"ज़रूरी है क्यों नहीं! बिल्कुल है! इंसान आखिर पीता क्यों है?"

कमरे के कोने में छोटा-सा, दीवाल में जड़ा कॉकटेल बार! (क) बाबू ने क्षिप्र और निपुण हाथों से शराब ढाली।

"पानी? सोडा? बरफ?"

किसी बेलेरिना की तरह वे तैरते चले आए।

"चीयर्स!"

"चीयर्स!"

"तेतरी कहानी!"

"तेतरी कहानी!"

(क) बाबू ने शायद काफी पहले ही अपनी शाम शुरू कर दी थी। अब चश्मे के काँच के अंदर, उनकी आँखें हिसाबी हो उठीं।

उन्होंने पहला जुमला जड़ा, "सनी आ रहा है।"

"सनी बत्रा?"

"हाँ, गौर!"

"वह तो बंबई में है।"

"उसका और तुम्हारा नाम रहा, तो..."

"आपने उसे कहानी सुनाई?"

"थोड़ी-बहुत बातचीत की है–"

"क्यों की? और फिर सनी..."

"देखो, सनी की फ़िल्मों में वक्तव्य होता है; लोग देखते भी हैं।"

"आपने उससे क्या बात की?"

"सुनो, एक बड़े बजट की फ़िल्म..."

"क्यों? मैं कोई बड़ा स्टार तो नहीं चाहता–"

"ट्विंकल, ट्विंकल, लिटिल स्टार? दूरदर्शन से किसी को लोगे? स्टेज से? अब तो छोटे-छोटे सितारे, बड़े पर्दे पर आ रहे हैं। ज़रा, वास्तविकता को समझो! रुपए तो सभी लेंगे–"

"और क्या सोचा है?"

"काफी कुछ! तुम्हारी फ़िल्म अंत कहाँ होती है?"

"नए तहसीलदार पर तेतरी ने हमला किया। पुलिस उसे ले जा रही है। वह अभिशाप देती-देती जा रही है। वह सबको...सबको, खूनी, बदमाश, तहसीलदार का आदमी कहती है। हुंकारकर कहती है–तुम लोगों का फैसला मैं नहीं मानती और वह थूक देती है! फ्रीज!"

"थूक...?"

गौर स्कॉच पीने में अनाड़ी है! वह उत्तेजित हो उठता है। तेतरी की कहानी सुनाते सुनाते वह उत्तेजित हो उठा। मन ही मन वह तेतरी के साथ, काफी अर्से से रह रहा था।

"उसने तो तहसीलदार सिंह पर भी थूक दिया था। आखिरी बार उसनें समस्त व्यवस्था के चेहरे पर थूका था।"

"समझा, समझ गया। लेकिन यह प्रतिवाद तो भयंकर स्पष्ट है, गौर! प्रतिवाद तो होगा..."

"कैसे?"

"लो, एक और पेग लो..."

"बहुत कम-सा!"

पॉलिशदार फर्श पर फिर एक बार तैरकर जाना! फिर एक बार स्कॉच लाना!

कुछ देर बाद, आपादमस्तक सफेद शिफॉन में लिपटी, भरी-भरी देहवाली एक

महिला, अचानक लहराती-तैरती नीचे उतर आई! उम्र यही कोई तीस से पचास के बीच! वह सुंदरी नहीं थी! खैर सुंदरी होने की उन्हें ज़रूरत भी नहीं थी। तन-बदन में ज़रूरी रेखाएँ और बाँक काफी उग्र! बाल खुले हुए!

"हाय-डीडी!"

"हाय!"

दीदी? यही महिला क्या उसकी विधवा दीदी है?

(क) बाबू ने कहा, "दीपदत्ता! चूँकि नाम में दो-दो डी डी है, इसलिए डीडी, इसलिए दीदी! ये तेतरी बनेगी!"

"ये तेतरी का रोल करेंगी?"

"येस!"

दीदी या डीडी ने जाने क्या तो अपने गिलास में उँड़ेल लिया।

(क) बाबू ने बताया, "ये हमारा दाहिना हाथ है।"

बुद्धू की तरह, गौर के मुँह से एक सवाल निकल गया, "ये आपकी दीदी नहीं हैं?"

"न्ना! ख़ैर छोड़ो।"

गौर का मन हुआ, वह अपने को सटासट चाबुक लगाए। दफ़्तर में पाँच लोगों की बात मान लेता, तो यूँ फँस जाता?

"बैठो गौर, अब तुम्हें सिर्फ सुनते जाना है। कहानी तुम्हारी ही रहेगी, मगर फ़िल्म के तकाजे पर..."

ये महिला दीदी नहीं, डीडी थीं और ये ही तेतरी बन सकती हैं और उसके दिमाग़ में स्कॉच घूम रहा था। गौर जाने कैसा तो हो आया!

"कौन-कौन अभिनय करेगा, यह आप क्यों सोच रहे हैं? देखिए, फ़िल्म अगर बनाऊँगा, तो मैं खुद अपनी फ़िल्म बनाऊँगा।"

"अपनी ही फ़िल्म तो बना रहे हो।"

"लेकिन..."

"सुनो ध्यान से सुनो। रुपयों का जिम्मा तो मेरा है न! तुम्हारी कहानी जस की तस रखी गई, तो रुपए कौन देगा?"

"क्यों, जस की तस नहीं रख रहे हैं?"

"ऐसा संभव है भला? तुम सुनो तो सही।"

ऐन उसी वक्त डीडी मानो तैरती हुई आ पहुँची, "हाँ, भई, पहले सुनो तो सही! राजा बेटे!"

उन्होंने चट् से गौर का माथा चूम लिया।

"डीडी!"

"हाँ, सुनाओ, मैं भी सुन रही हूँ।"

''तुम...इधर आकर बैठो।''

''तुम न...इतनी जलाधुर हो कि...''

गौर ने रूमाल निकालकर, अपना चेहरा पोंछा।

''सुनो, गौर कहानी के शुरू में तेतरी कुँवारी रहेगी। भई, उसका विधवा-टिधवा बनना नहीं चलेगा। उसके बाल-बच्चे भी छाँट सकते हो। असल में, विशाल-तेतरी-तहसीलदार, यही होगी कुल कहानी।''

''और इस कहानी का अंत...?''

''विशाल को पुलिस पीट रही है और पीटने की वजह है, तहसीलदार! तहसीलदार पहले ही तेतरी का बलात्कार कर चुका है। विशाल ने विरोध किया, इसलिए पिट रहा है। तहसीलदार तेतरी का घर तोड़ रहा है...''

''और आखिरी दृश्य?''

''तेतरी चली जा रही है...''

''इसमें विरोध कहाँ है?''

''तेतरी यह ऐलान करती है कि वह दुबारा फिर लौटकर आएगी। देखो, यह रही तुम्हारी कहानी! मैंने इसे नए सिर से फिर लिखा है। तुम्हारी फाइल बिल्कुल ठीक-ठाक है! लो, देख लो, देख लो।''

''बेहतर है, इसे मैं ले जाऊँ—''

''हाँ, यह भी ठीक है, तुम ले जा सकते हो।''

''आपकी कहानी भी अगर ले जाता...''

''भई, तुम्हें इसकी कॉपी मिल सकती है। बाकी कॉपियाँ इधर-उधर घूम रही हैं...''

''और क्या-क्या सोचा है?''

''चलो, अपनी मेज़ तक चलते हैं—''

''पहले, ज़रा बाथरूम हो लूँ...''

''बाथरूम सीढ़ी के नीचे है—''

बाथरूम भी सजा-सजाया! बिल्कुल फिटफाट! साबुन, टॉयलेट, कागज, तौलिया, शावर, बेसिन, ठंडा-गर्म पानी...हर तरह का इंतज़ाम!

गौर ने आँख-चेहरे पर पानी डाला! फिर भिगोया!

बाथरूम से निकलकर डाइनिंग कमरे में लौट आया। खाने के कमरे का इंतज़ाम और भी जटिल! पहियेदार कई-कई मेजों पर जलती हुई छोटी-छोटी गैस रिंग पर बड़े-बड़े ढक्कनदार बर्तन! डीडी के हुक्म पर एक आदमी आकर गैस बुझा गया।

''लो, प्लेट उठा लो, गौर! जो खाना अच्छा लगे, प्लेट में डाल लो।''

मुर्गी, मटन, मछली, पुलाव, फ्रायड चावल, रोटी, परांठा, पनीर-मटर, फूलगोभी का भुर्ता, चटनी, अचार, पापड़, पुडिंग, फल, आइसक्रीम!

(क) बाबू ने अनुभवी शिकारी की तरह शिकार करने की मुद्रा में सूजी की रोटी और मागुर मछली उठा ली।

डीडी ने अपनी प्लेट में मुर्गी और थोड़े-से फल डाल लिए।

गौर ने चार-पाँच प्लेट भरकर, सब तरह का खाना डाला और मेज़ पर रखता गया। (क) बाबू ने उन लोगों से, भूखे बच्चों पर एक फ़िल्म बनवाई थी।

अब वह भी मेज़ के सामने आ बैठा।

"आइए, बैठिए, अब बात कीजिए–"

(क) बाबू की आँखें चमक उठीं। गौर ऐसे हुक्मरान जैसे लहजे में बात क्यों कर रहा है? नहीं, उसे घर पर बुलाना ही नहीं हुआ। उन्होंने आँखों ही आँखों में डीडी से बात की। बनैले जीव वन में ही सुंदर लगते हैं, बच्चे माँ की गोद में! गौर जैसे मामूली-अदने छोकरों को होटल में खिलाना ही बेहतर है, मध्यवित्त घरों में नहीं! (क) बाबू अपने को मध्यवित्त ही समझते थे। विदेशी शराब का मज़ा भी किरकिरा हो गया। छोकरे का दिमाग गर्म हो गया। अगली बार से वे उसे होटल में ही बुलाएँगे और शराब हरगिज नहीं मँगाएँगे।

प्लेट में खाना कितना सारा डाला है, मानो वह राक्षस हो।

"हाँ, कीजिए न, बात तो करें–"

"यह वाइन है! खाने के समय..."

"ले लूँगा। पहले आप बात तो करें–"

"फ़िल्म रंगीन होगी। डीडी जैसे तेतरी का पार्ट...वैसे ही सम्राट रोहतगी बनेगा, विशाल!..."

"और तहसीलदार?"

"उस रोल के लिए, बॉबी अंसार के अलावा और कौन हो सकता है?"

"म्युज़िक?"

"म्युज़िक देगा धुंधुकर!"

"मराठी सुर देगा?"

"अलबत्त!"

"लोकेशन?"

"कोई संरक्षित जंगल!"

"फ़िल्म रिलीज़ कहाँ होगी?"

"दिल्ली, बंबई...!"

"व्यापारिक रिलीज़ नहीं होगी?"

"गौर! गौर! तुम तो निरे बच्चे ही रह गए। गाँव-देहात के सिनेमा-हाल मालिक क्या बेनेगल या निहलानी या सथ्यु की फिल्म कभी लेते हैं? एवार्ड जीतने वाली कौन-सी फ़िल्म, भला किस अंचल में दिखाई जाती है?"

"अगर नहीं दिखाई गई, तो फिल्म नहीं बनेगी।"

"नहीं बनेगी?"

"नहीं! यह फ़िल्म नहीं बनेगी।"

"एवार्ड मिलेगा, विदेशों में जाएगी–"

"आपकी कहानी में धंधेबाज़ी है।"

"धंधेबाज़ी?"

"हाँ, यह विरोध मैं नहीं मानता।"

"तुम क्या मानते हो?"

गौर ने उँगली उठाकर कहा, "नो डीडी, नो स्टार! नंगी, बर्बर फ़िल्म! विधवा तेतरी! भात के गाँव का असली वर्ग-शोषण की तस्वीर! ट्रू तेतरी स्टोरी! तेतरी की सच्ची कहानी। अंत में कोई धंधेबाज़ी नहीं। तेतरी समूची समाज-व्यवस्था पर थूक देगी; हिंस्र गालियाँ देती हुई, यह घोषणा करेगी कि तेतरी जैसी औरतें, इस समाज को, इस व्यवस्था को नहीं मानतीं।"

"वक्तव्य भी नंगा होगा?"

"हाँ, क्योंकि वह वक्तव्य बेहद ज़रूरी है।"

"नहीं, गौर, नहीं!"

"सौ बार 'हाँ' और 'हाँ' समाज-परिवर्तन की तस्वीर, टीवी दर्शक और दिल्ली और विदेश भला देखेगा?"

"सिस्टम यही चाहता है।"

"मैं नहीं चाहता।"

मेज का संगरमरमरी कवर उसने हाथों में कसकर दबोच लिया और कुर्सी पीछे धकेलते हुए वह एकदम से उछलकर खड़ा हो गया।

उसने भयंकर दर्द से छटपटाकर कहा, "ऐसा मैं नहीं चाहता...हरगिज़ नहीं चाहता। अगर मैं बना सका, तो अपने मन-मुताबिक फ़िल्म बनाऊँगा।"

वह मेज़ का कवर खींचता रहा...खींचता रहा। मेज़ का काँच झनझनाकर फर्श पर गिर पड़ा! साथ ही पूरा खाना, शराब और फूल भी फर्श पर गिरकर बिखर गया।

डीडी चीख उठी, "रोवर को खोल दो–"

(क) बाबू चीख उठे, "गौ-र!"

गौर ने कहा, "टा-टा!"

ख़बर मिली कि सनी बत्रा की 'तेतरी कहानी' अन्तर्राष्ट्रीय बाजार में जाएगी। 'डंका काहे को बजाए...' गाने के लिए धुंधुकर को विशेष सम्मान मिला। तेतरी की भूमिका में अभिनय करने के बाद, डीडी को विज्ञापन-प्रचार की फ़िल्मों में मौका मिलने लगा।

(क) बाबू अब पूरी तरह पूरी दीर्घ फिल्मों के बाज़ार में उतर पड़े।

तथ्य-चित्र की यूनिट ख़ारिज!

गौर अब (म) के लिए आठ मिलीमीटर में किसी और तरह की फिल्म बना रहा है; जो फ़िल्म मुलायमगंज में भी दिखाई जाएगी। इस फ़िल्म का विषय है—अनाज के दुश्मन—कीड़े!

सिर्फ ढेबू, माझरा, पिंगड़े जैसे कीड़ों के चेहरे इंसानों जैसे—जमीन-मालिक, पुलिस, तहसीलदार, महाजन—इन लोगों को भी कई-कई बार दिखाया जाएगा। उसके बाद किसानों के अनाजों के नाशक कीड़ों के बदन पर उन लोगों के चेहरे बिठा दिए जाएँगे।

इस ख्याल में कला-शिल्प बेहद कम है!

लेकिन (म) ने कहा, "काम चल जाएगा।"

(म) ने लिखा है, तेतरी अब कोई और ही गीत गाती है—छउड़िया झूड़न में हिरनिया उदास—यह भी कोई फ़िल्मी गीत नहीं है। इसके अलावा तेतरी का क्रोध अभी भी उसके अंदर धधक रहा है। उसी दिन वह पूर्त विभाग में हल्ला मचाकर लौटी थी—विशाल की जगह मुझे नौकरी दो!

गौर ने वह ख़त बार-बार पढ़ा। अंदर ही अंदर उसे कहीं मनोबल मिला। तेतरी कोई माप-जोख नहीं मानती। वह तो हर माप-जोख को पीछे छोड़ते हुए, लगातार बड़ी...विराट होती जा रही है।

गौर यह फ़िल्म लेकर मुलायमगंज जाएगा।

सनी और क-बाबू विदेश जाएँगे।

गाँधी मैदान और रघुआ दुसाध

चरण, कानेरा प्राथमिक विद्यालय का प्राथमिक शिक्षक, पटना की राह पर, रात ग्यारह बजे चलता जा रहा था। समूची नगरी आलोकहीन! अँधेरे में साइकिलरिक्शा, जीप, गाड़ी, स्कूटर, लोग-बाग़—सब कुछ हत्यारे-से लग रहे थे। गुप्त हत्यारे। चरण का मन, इस वक्त ऐसी कोई गुफा या कन्दरा खोज रहा था, जहाँ उसे छिपे रहने के लिए पनाह मिल सके। उसके कंधे पर सोता हुआ एक बच्चा!

छः साल के बच्चे, रघुआ को गोद में लादे-लादे चलने की ताकत, चरण खोता जा रहा था। उसकी शक्ति जवाब देती जा रही थी। रघुआ चूँकि सो गया था, इसलिए जैसे और भारी लग रहा था।

चरण का मन, इस वक्त बलि-स्थल बन गया था। किसी भी याद में सुरक्षा का नामोनिशान भी नहीं था। हर याद का चेहरा मानो क़ातिल का चेहरा हो। चरण विवश, असहाय! जिन विश्वासों के सहारे, चरण ने इतने-इतने साल गुज़ार दिए थे, हर विश्वास झूठा और बेईमान निकला।

उसके पीछे-पीछे, बिल्कुल खामोशी से चलते हुए, तीन अदद और लोग। तीनों ही बूढ़े! और रघुआ के दद्दू, विशाल दुसाध का एक पैर ज़ख़्मी! ज़ख़्म पर पट्टी बाँधे, लाठी टेकते हुए, वह आगे बढ़ रहा था। चाँद और राजाराम के बदन पर कोई ज़ख़्म नहीं था, फिर भी वे दोनों इस वक्त जरा, आतंक और शोक से लाचार थे।

चरण को लगा, समूची नगरी मृत हो चुकी है, एकमात्र वे लोग ही ज़िंदा हैं। या फिर समूची नगरी जिंदा है, वे लोग ही मर चुके हैं। कौन-सा सच है, कौन-सा झूठ!

चरण ने छात्रों को क्या, कभी इतिहास पढ़ाया था? उसने बच्चों को कभी नक्शा दिखाया था? ''तुम लोग गया जिला में ही हो, मगर, देखो, पटना, मोतिहारी, पूर्णिया, सासाराम—ये सब कितने-कितने ज़िला हैं। समूचे राज्य में सत्रह ज़िला हैं।''

किसी दिन उसने बच्चों के सामने मगध, पाटलिपुत्र वगैरह आश्चर्यजनक नामों का ज़िक्र किया था? कभी वह, तीन सालों तक कलकत्ता में भी रहा था। ज़रा अटक-अटककर, काफी कोशिश से, उसने एक आश्चर्यजनक कहानी पढ़ी थी। गौतम

बुद्ध ने शोण और गंगा के संगम पर एक अरण्य-वलय दिखाकर भविष्यवाणी की थी, किसी दिन यहाँ एक समृद्ध नगरी बस जाएगी।

चरण यह कहानी अपने छात्रों को भी सुनाया करता था।

उसने बताया था, ''ऐसी नगरी, सचमुच बस गई थी। उसका नाम पाटलिपुत्र था। अब उसका क्या नाम है?''

''पटना! पटना!''

''हमेशा याद रखना, बच्चो, पटना के साथ सम्राट अशोक का नाम जुड़ा हुआ है और गया के साथ महात्मा बुद्ध का!''

ये बातें क्या चरण ने ही कही थीं? युगों-युगों पहले?

चरण क्या हर रोज बन्दर छाप दंतमंजन से दाँत माँजकर, चाय-रोटी का नाश्ता करके, स्कूल पहुँचकर, बच्चों के साथ खुद भी गाता था—'जन-गण-मन अधिनायक' और उसके बाद 'रघुपति राघव राजाराम' गाया करता था?

यह ज़रूर मौर्य युग या उससे भी पहले की बात होगी। सच तो यह था कि पिछले चार महीनों से, वह जिला के नक्शे पर जितना गौर कर रहा था, उतना ही उसे लगा कि जहानाबाद तो पटना की सीमा पर है, लेकिन वह गया जिला में शामिल है। तो क्या महात्मा बुद्ध जहानाबाद होकर पटना गए थे? कब? किस अतीत में?

जहानाबाद की धरती पर तो चरण ने भी पूरे सात साल गुज़ार दिए। यहाँ की धरती पर इतनी हिंसा, इतनी घृणा, जात-पाँत का इतना भेद-भाव, इतने अत्याचार-अनाचार का बीज क्यों है?

इतिहास ने तो यह बात नहीं कही।

चरण का इतिहास पढ़ना झूठ पड़ गया! बेकार की बर्बादी!

''तू सोया रह, रघुआ। अगर मैं ज़िंदा रहा तो सच्चा इतिहास मैं लिख जाऊँगा।''

''मास्टर जी, और कितनी दूर?''

''बस, थोड़ा-सा रास्ता और, विशाल!''

''मास्टर जी...!''

''हाँ, कहो, विशाल!''

''वे लोग...वे लोग बच तो जाएँगे न?''

रघुआ का बप्पा मर गया। चाँद का भाई भी मर गया। राजाराम की बीवी के दोनों हाथों में सुई! ग्लूकोज़ और सेलाइन चढ़ाया जा रहा था। तेतरी दुसाधिन, मुलुक दुसाध ज़ख़्मी हो गए थे।

ये लोग विशाल के खून के रिश्ते में कोई नहीं थे।

लेकिन विशाल के सवालों में ऐसा कुछ था, जिसने चरण को अवाक् कर दिया। विशाल लिखा-पढ़ा नहीं था। चरण की तरह उसने कलकत्ता, गया, पूर्णिया नहीं देखा था। उसने सहजानंद की जीवनी भी नहीं पढ़ी थी। खेतिहर-मज़दूरों की लड़ाई के

बारे में भी अनजान था।

उसने चैपलिन की फ़िल्म भी कभी नहीं देखी थी, जिसे देखते ही छाती गज-गज भर की हो जाती है और मन में अचानक टीस भी होने लगे।

चरण इन सबसे गुज़र चुका था।

विशाल का अपना घर था। बकरी थी! और पोता था। पोते को स्कूल पहुँचाना था! वह रोज़ लिट्टी सेंकता और कमर-दर्द से परेशान रहता था।

अभी चार दिन पहले ही, उसने रघुआ के बप्पा से पूछा था, "का रे, हरवा, चाय की दुकान में काम करेगा? दिन भर वहाँ रहना और घर के बारे में सोचना।"

"किसके बारे में सोचना?"

"तू ब्याह कर ले–"

"बाप रे! ब्याह कैसे कर लूँ?"

विशाल बेतरह अचकचा गया।

"अरे, नउआ ने लखपतिया के बाप से बात तो कर ली। वह भी राजी है। बस, तूने 'हाँ' किया नहीं कि चटपट ब्याह!"

हरवा ने चकित निगाहों से उसे देखा।

"ब्याह हो जावेगा, तो लखपतिया माँ बनेगी।"

"तो क्या हुआ?"

"रघुआ की माँ की तरह उसे भी अस्पताल ले जाना होगा।"

"तो, ले जाना।"

"उसी की तरह, इसको भी अस्पताल नहीं देखेगा और दर्द में रोती-चिल्लाती, तकलीफ झेलती-झेलती उसका भी साँस टूट जावेगी और वह भी मर जावेगी। तब डॉक्टर...सरकारी डॉक्टर बोलेगा–पेट काटकर बच्चा निकालने में रुपइय्ये लगते हैं, रे, हरवा दुसाध! रुपइय्ये लगेंगे–पाँच सो।"

"वह बात तो गुज़र गई।"

हरवा ने कहा, "गुज़री नाहीं, बाप! अभी भी मोरी छाती में धक्-धक् जल रही है। बिटिया भई थी। मसान में माँ-बेटी को अलग कर देना पड़ा। ज़िंदा लड़की, माँ के पेट में मर गई और रघुआ की माँ...ना, भइया, बियाह हम नाहीं करूँगा।"

"अपनी तकदीर!"

बेहद असहनीय और अव्यक्त, मगर भयंकर क्रोध की मुद्रा में, हरवा दबी-दबी आवाज़ में गरज उठा, "हमारी तकदीर में रघुआ की माँ मर काहे जात है? अउर उसी अस्पताल से, मोहरचंद की माँ ज़िंदा कैसे लउट आती है?"

विशाल ने सिर हिलाया।

"देख, मैं बूढ़ा भया! रघुआ अभी बच्चा है। तू बाहर-बाहर ही रहता है। मरद-बच्चा कभी गिरस्ती चला सकत है?"

"मोका नहीं पता–"

यह सब तो, अभी चार दिनों पहले की ही बात थी।

हरवा अब नाम नहीं, कल तक, उसके पाँव में चिरकुट बँधा, एक नंबर भर था। आज सुबह, बाँस घाट पर, हरवा और चाँद का भाई, अवधलाल जलकर खाक़ हो गए।

रह गए विशाल और रघुआ!

घाट पर खड़े-खड़े, विशाल सूखी-सूखी आँखों से, हरवा के चीर-फाड़ किए हुए, सड़े हुए पेट समेत देह को, दबी-दबी आवाज़ में अकथ्य गालियाँ देता रहा।

"बूढ़े बाप के मुँह पर लात मारकर चला गया? बाप के कलेजे पर लात झाड़कर, उसकी छाती फाड़ दी और खुद चलता बना?"

उस वक्त चाँद, रघुआ को सीने से लिपटाए, ज़रा दूर बैठा हुआ था।

राजाराम ने सूखी आवाज़ में चरण से ही कहा, "बिचारे विशाल से रोया भी नहीं जा रहा है, इसलिए गालियाँ दे रहा है! तुमने अभी दुनिया नहीं देखी, मास्टर, मैंने देखी है। उसकी तो समूची दुनिया में ही आग लग गई! है न, मास्टर?"

आज सुबह ही जिसकी दुनिया जलकर खाक़ हो गई, पटना की बारिश से सराबोर, क्रुद्ध-मटमैली गंगा की तीर पर, दाह-संस्कार हो जाने के बाद भी, जो मसान छोड़कर लौटना नहीं चाहता था, वही इस वक्त विशाल से क्या पूछ रहा था?

"वे लोग बच तो जाएँगे न?"

"देखते हैं–" चरण ने धीमे से जवाब दिया।

"मास्टर जी!"

"कहो, राजाराम!"

"ये पत्रकार लोग कानेरा की ख़बर छापेंगे?"

"अरवाल, कन्सारा...वे लोग भी बहुत थक गए होंगे, मास्टरजी! कितनी बार लिखेंगे, बताओ?"

चरण मन ही मन चकरा गया।

पत्रकार राकेश भी वहीं मौजूद था। राकेश, उसका असली नाम नहीं था। गैवीनाथ शिव की चरण-पूजा के फलस्वरूप प्राप्त बेटे का नाम गैवीनाथ ही था। लेकिन चंद अख़बारों में स्वतंत्र पत्रकार हो जाने के बाद, अदालत जाकर, उसने राकेश नाम ले लिया था। उसके बाद, इंडियन 'इंसान' नामक अखबार में दाखिल हो गया था। यह ख़बर सुनकर, वह हताश हो गया और अनगिनत मुश्किल-मुश्किल सवाल उठाकर, उसने चरण को थका डाला।

"अरवाल...? बहोत सारी आवाज़ें? डेपुटेशन? विधानसभा? लोकसभा?"

"हाँ, राकेश!"

"उसके बाद भी कन्सेरा?"

"बाद में भी बहुत सारे..."

"जितनी सब फौज हैं, वह सभी तो निषिद्ध हैं आजकल!"

"ये सब बातें छोड़ो, भइये!"

मोहनचंद जैसे लोगों की फौजें निषिद्ध होने के बावजूद, शक्य मुनी और सम्राट अशोक के मौर्य देश में कोई फर्क़ नहीं पड़ता। उनकी फौजों में पुलिस तो मौजूद ही रहती है। भूमि-लोरिक-ब्रह्मर्षि सेना, क्षणिक विश्राम के लिए जा ही सकती हैं। उन लोगों का काम पुलिस पहले भी निभाती रही है, आज भी निभा रही है और भविष्य में भी निभाती रहेगी।

जो लोग हरवा के लिए लड़ते हैं, उन्हें जड़ से उखाड़ फेंकने के लिए ही तो यह निषेध जारी होता है।

चरण कुछ कहने जा रहा था, मगर वह चुप रह गया। अभी ढेर सारा काम पड़ा है। मृतकों का दाह-संस्कार, घायलों की देखभाल और इस विशाल नगरी में, विशाल लोगों के साथ-साथ रहना!

राकेश यह समझने को तैयार नहीं था।

"जहानाबाद की मिट्टी में क्या है?"

"संथाल परगना, गया, बिहार की मिट्टी।"

"ऐसा क्या है? अरवाल के बाद कन्सेरा, उसके बाद भी कानेरा—यह क्यों होता है?"

चरण के चेहरे पर उदारा हँसी झलक उठी, "ज़मीनों की मिल्कियत में मनमानी स्वच्छंदता, जात-पाँत का प्रबल विष। सबकुछ तो मौजूद है।"

"विरोध करते ही..."

"भइये, सभी तो रामअवतार के आदर्श हैं। राम जी हैं, बिहार में मालिकों के आदर्श! आदर्श पुरुष तो खैर हैं ही! क्या नहीं किया उन्होंने? शम्बूक-वध, बाली-वध, आदिवासी जाति को दबाने के लिए बहू को जलाना, उसे खदेड़ना..."

"रिसर्च का विषय है।"

"ख़ैर यह सब गवेषणा तुम खुद करो! सिर्फ यह ख़बर..."

"ख़बर..."

"हाँ, लेकिन, किस ढंग से लिखूँ..."

"क्यों, कोई अड़चन है?"

"ऐसा है कि बहुत ज्यादा लोग तो मरे नहीं..."

"दो लोग मरे! तीन लोग घायल हुए!"

"जंग छिड़ी किस बात पर?"

"वह सब तो मैंने लिख दिया है, राकेश!"

"सुनो, यहाँ एक पत्रकार सम्मेलन हो रहा है—इस बच्चे को अगर..."

"उसी का बाप तो..."

"मैं तो यह सोच रहा हूँ कि यह ख़बर अख़बारों में आई क्यों नहीं?"

पिछले कुछ दिनों में, चरण की उम्र एकदम से पाँच हज़ार वर्ष हो गई।

अनगिनत युग-युगों के पार से चरण ने थकी-थकी आवाज़ में कहा, "कानेरा काफी छोटी-सी जगह है। बलियापुर थाने की पुलिस..."

"ख़बर की नज़र से एक ही अफसर हो, तो..."

"ख़बर के नज़रिए से बेहतर होता। यही न? लेकिन, वह तो काफी छोटी जगह है। मोहरचंद की ताकत बहुत ज़्यादा है..."

चरण ईषत हँस पड़ा, "अरे भई, बीस-पच्चीस लोग नहीं मरे। कुल्लमकुल सात परिवारों की ही तो बस्ती थी। दो मर गए, तीन ज़ख़्मी हो गए। इसी वजह से ख़बर नहीं पहुँची।"

"तुम किस फौज में हो?"

"फौज में तो नहीं था।"

"अब तो हो गए।"

"अगर हो भी गया, तो...कानेरा ही मुझे...वे लोग भी मास्टर जी को पहचानते हैं...। अब मैं चलता हूँ, राकेश!"

"बच्चे की तस्वीर ले लूँ?"

"मसान चले जाओ। सब मिल जाएँगे। मेडिकल कॉलेज गए, तो घायलों की ख़बर मिल ही जाएगी।"

"कहाँ जा रहे हो? यहीं रुक जाओ न!"

"हम पाँच लोग हैं, राकेश!"

चरण बाहर निकल आया।

राकेश ठीक समय पर श्मशान नहीं पहुँच सका। चिता की लपटें भी अब मंद पड़ गईं। आसमान में सूर्यास्त की चिता। जले हुए मन-प्राण समेत तीन अदद वृद्ध और रघुआ!

रघुआ फिर गूँगा हो आया। वह सिर्फ फटी-फटी आँखों से देखता रहा। फिर भी राकेश ने अपने हॉट-शॉट से उनकी तस्वीर ले ली।

"कल करीब तीन बजे पत्रिका का सम्मेलन बुला लूँ?"

"हाँ, बुला लो।"

अब हज़ारों-हज़ार साल से पाटलिपुत्र की सड़क पर चलते-चलते, बढ़ते-बढ़ते चरण को लगा वह किसी दुःस्वप्न में फरार असामी है। इस शहर में सिर्फ एक रात सोने जैसी सुरक्षित जगह कहाँ है?

"झड़प किस बात पर शुरू हुई?" राकेश ने सवाल किया।

"राकेश! राकेश! दो निरे गरीब दुसाध को क़त्ल करने, सात घर जलाने और तीन लोगों को ज़ख़्मी करने के लिए, किसी तर्कसंगत वजह की ज़रूरत नहीं पड़ती। इसका नाम बिहार है। बिहार की भूमि और जात-पाँत व्यवस्था में वर्ग-शोषण, निर्यातन सहज और स्वाभाविक नतीजा होता है।"

"कुछ भी, और ढंग से करने जाओ, तुम राज्य और देश को विपन्न कर रहे हो। तुम मुजरिम हो।"

तुम्हें प्राणदंड देने के लिए सारी व्यवस्था मौजूद है। मोहरचंद जैसे लोग, प्रशासन और मंत्रालय को, मोहरचंद लोगों के चमचे, पुलिस, सरकार वगैरह, सभी जल्लाद बनने के लिए खुशी-खुशी आगे बढ़ आते हैं।

चलो, बीस लोगों को आरोवाल कर डालो–

समूचे देश में उत्तेजना!

कोई बात नहीं! लगाओ कन्सारा!

प्रतिवाद! प्रतिवाद!–लेकिन प्रशासन बहरा है।

राज्य प्रशासन की शिक्षा इंद्रप्रस्थ में! मारो, फिर मारो! इस धरती से विरोध, प्रतिवाद का चारा जड़ से उखाड़ फेंको।

लेकिन कानेरा का मामला और भी संक्षिप्त! बेहद तुच्छ कारण से घट गया था।

आरोबाल की छाया! आरोवाल की छाया!

सात घर दुसाध! न गाँव, न शहर जैसे कानेरा की धुर सरहद पर, वैसी ही जगह पर, रैयती ज़मीन पर, पिछले तैंतालीस सालों से वे लोग रसे-बसे हुए थे। उस तरफ कोई क़दम भी नहीं रखता था।

मूल जनपद और दुसाध टोली का सीमा-निर्देशक था–एक गंदा-सा नाला! उस नाले में उठौव्वा पखाने का मैला और बाकी तमाम कूड़ा-कर्कट बहता रहता था। चूँकि दुसाध लोग उसी पर से होकर आते-जाते थे, इसलिए उस नाले पर काठ का एक तख्ता डाल दिया गया था, जिसे कभी-कभार बदल भी देते थे।

कानेरा जब धीरे-धीरे घनी बस्ती बन गया, तो वहाँ मोहरचंद ऑटोमोबाइल गैरेज, 'जवानी' सिनेमा हाल और अब 'वीडियो पैलेस' भी बन गया! पेट्रोल पंप भी बैठ गया। उन्हीं दिनों नाले के उस पार सर्विस प्रिवि भी बन गया।

इस नाले की यात्रा, प्रस्तावित कानेरा दुमकाना सिंचाई नहर के सूखे सीने पर ख़त्म होती थी। महान उद्देश्य से खोदी गई यह सिंचाई नहर, गंगा के जल से भरी-भरी कानेरा नदी से, चार फुट की ऊँचाई पर तैयार की गई थी। नतीजा यह हुआ कि पानी आता ही नहीं।

बहरहाल, नहर निर्माताओं के जान में और पब्लिक के अनजाने में, किसी

कारणवश, नहर का मुँह, कानेरा नदी की तरफ ढलानभरा था। नतीजा यह हुआ कि साल भर तक, जनपद का सारा बदबूदार कूड़ा-कर्कट, नहर की छाती पर जमा होता रहता था और बरसात के साथ वह बड़े गर्व से बहता-उतराता, कानेरा नदी में जाकर मिल जाता था।

कानेरा की हवा में बदबू बिल्कुल स्थायी बन चुकी थी।

हँसुए की तरह मुड़कर, उस नाले ने दुसाध टोली को द्वीप बना रखा था।

सात घर दुसाध! साढ़े दस कट्ठा ज़मीन! राजाराम का बेटा, सरपंच दफ़्तर में झाड़ूदार, उसी दिन से फ़रार था।

चाँद का भाई, मोहरचंद के ठेकेदारी कारोबार में, किसी वर्ग का कर्मचारी था, अब वह मर चुका था। बाकी लोग हरवा की तरह ही इधर-उधर खोद-बीनकर खाते थे।

प्राथमिक विद्यालय और बालवारी केंद्र, नाले के उस पार स्थित था।

आजकल चरण, हरवा और उसके साथियों को साथ लेकर, पूरे नाले पर, सीमेंट का ढक्कन डालने के लिए ब्लॉक और कार्पोरेशन ऑफिस, बलियारपुर तक दौड़-धूप कर रहा था।

बलियारपुर असल में तीन माइल दूर था। लेकिन यूँ सैकड़ों योजन दूर! क्योंकि केनारा के दुसाधों की बात, बलियारपुर ने नहीं सुनी।

"भई, ऐसे नहीं होता–" अफसर ने कहा।

"तो कैसे होता है। रास्ता तो बताएँ।"

"विशिष्ट नागरिकों से इस पर दस्तखत कराएँ। मोहरचंद जी, ऊधम जी, कर्नल जी..."

"अच्छा, देखता हूँ।"

दफ़्तर से निकलकर हरवा ने कहा, "नाला ढाँका जावे, इसमें उनका क्या? वे लोग भला दस्तखत क्यों करेंगे?"

गणित के हिसाब-किताब में कितनी ही भूलें रह जाती हैं।

या हिसाब में भूल नज़र आती है, दरअसल वह ठीक होता है।

चरण को भी लगा था, यह क्या दो-दूनी पाँच हो गया? या पिछले तीन महीनों से पोते की प्राप्ति के लिए, यज्ञ-हवन करते हुए, मोहरचंद का हृदय-परिवर्तन तो नहीं हो गया?

क्योंकि मोहरचंद जी अपनी गाड़ी रोककर, लाठी के सहारे चलते हुए, काठ की पुलिया पर आ खड़े हुए!

उन्होंने सिर हिलाकर कहा, "ऐसा नहीं चल सकता। कानेरा कोई माँग करता है, तो बलियारपुर उस पर कान नहीं देता। ऐसा नाला भला खुला रहे? क्यों? दुसाध लोग क्या इंसान नहीं हैं?"

''टाउन की हवा में भी तो बदबू फैली रहती है।''

''आप ठीक कहते हैं, मास्टर बाबू!''

''सिंचाई नहर भी तो...''

''हमें ठेकेदारी दे दी होती, तो सही होता। सिंचाई मंत्रालय का वह प्यारा ठेकेदार है न! इसी से यह हाल है! खैर, छोड़ो, यह नाला ढँक दिया जाए, इस बारे में मैं देखता हूँ।''

सारी बात सुनने के बाद, विशाल ने सिर हिलाया।

''भरोसा मत करियो, मास्टर जी! मोहरचंद कभी बिना किसी स्वार्थ के, कोई काम नहीं करता।''

''चलो, देखते हैं।''

बहुत जल्दी ही नाले के ऊपर सीमेंट का ढक्कन पड़ गया। उसके बाद ही सड़क! दुसाध पट्टी कानेरा के साथ यूँ जुड़कर, विच्छिन्नतावाद की बदनामी से मुक्त हो गया।

उस दिन हरवा लोग क्या खुश! बेभाव खुश! चरण को भी क्या यह देखकर अच्छा नहीं लगा कि टोली के चार-चार शिशु और बच्चे, काफी खुश-खुश नाला पार करके चले आ रहे हैं?

बालोवारी केंद्र के कमला श्रीवास्तव ने कहा, ''अब दुसाधिनों को भी यहाँ आना पड़ेगा। केंद्र के साथ उन लोगों का कोई संपर्क ही नहीं है।''

इसके बाद ही मोहरचंद ने फरमाया, ''मास्टर बाबू, नाला ढँका होना चहिए, सो ढाँक दिया। लेकिन, एक बात है। दारोगा बाबू कह रहे थे, मैं भी सोच रहा था, आप उन लोगों के यहाँ इतना आना-जाना क्यों रखते हैं।''

''मेरा स्कूल तो हरिजन प्राथमिक स्कूल है। मैं भी हरिजन शिक्षक हूँ। वैसे हरिजन छात्र तो कम ही मिलते हैं। इसीलिए उन लोगों को समझाने-बुझाने जाता हूँ। वे लोग भी मेरे यहाँ आते रहते हैं।''

''शादी भी नहीं की आपने—?''

''की थी, मर गई।''

''बाल-बच्चे नहीं हुए?''

''एक बेटी है! मेरी माँ के पास रहती है; पढ़ाई-लिखाई करती है। पाँच-सात साल बाद, उसी की शादी कराऊँगा।''

''ख़ैर, हाँ तो उन लोगों के साथ उठना-बैठना...यह जहानाबाद बहुत बुरी जगह है। पढ़ा-लिखा मानस, छोटी जात के लोगों से मिले-जुले, यह ठीक नहीं।''

''मैं भी तो आपके मुकाबले 'छोटा आदमी' हूँ।''

''अरे, आजकल तो आप ही लोगों का राज है।''

''कैसे?''

"रिजर्वेशन...यानी संरक्षण से!"

"मोहरचंद जी, शिक्षा ही नहीं, जिसके घर में खाने को भात है, उसके बेटे को ही संरक्षण की सुविधा मिलती है। भूखा-नंगा-निरक्षर इंसान को, संरक्षण भला बचा सकता है?"

ऐसी बातें छिड़ते ही मोहरचंद को मन ही मन लाल संकेत नज़र आने लगता है। यह मास्टर कमबख्त, बाहर जितना भला लगता है। उतना यह है नहीं। उसके मन में भूखे-नंगों के लिए इतना दर्द क्यों है? तुम तो न भूखे हो, न नंगे! उस पर से लिखाई-पढ़ाई भी जानता है!

"इस हरवा के बारे में आपका क्या ख़्याल है?"

"कैसा ख़्याल होना चाहिए?"

"आजकल उन लोगों का गुस्सा और तेज़ काफी बढ़ गया है। मैंने उससे कहा–हरवा, नाले का इंतज़ाम कर दिया न! अपनी इस बात का जवाब क्या मिला, जानते हैं? उसने कहा–इंतज़ाम तो ख़ैर, आज न सही, कल हो ही जाता। सड़ी-गली हवा में गरीबों को कुछ नहीं होता, लेकिन अमीरों को तो तकलीफ हो रही थी न!"

"असल में बीवी के मर जाने के बाद, वह जाने कैसा तो हो गया है।"

"अब आप मुझे हँसाने की कोशिश ना करें, मास्टर बाबू! बीवी मर जाए, तो उन लोगों को तकलीफ होती है। इधर शादी कर लेते हैं, मगर परिवार नियंत्रण नहीं बूझते।"

उस दिन चरण ने बात आगे नहीं बढ़ाई। चरण और मोहरचंद, दोनों के रास्ते, दो अलग-अलग दिशाओं में मुड़ गए थे। खैर, मुड़े हुए तो पहले से ही थे या समानांतर थे। ये दोनों रास्ते कहीं नहीं मिलते, कभी मिलेंगे भी नहीं।

आरोवाल! आरोवाल की छाया!

लंबी होते-होते, उस छाया ने समूचे जहानाबाद को ढँक लिया। आरोवाल! कन्सेरा–मोहरचंद के मन को अलक्ष्य से नियंत्रित कर रहा था।

सिर्फ सुनते रहे! सुनते रहे!

और हाँ "और अरावल नहीं चलेगा–" यह नारा लगाते हुए, जो जुलूस निकला था, उसमें हरवा भी अपने पाँच-सात साथियों के साथ शामिल हुआ। क्यों न होता? उस जुलूस में कौन नहीं गया था?

चरण को भी जाना था। चरण गया था।

पत्थर का प्रशासन मगध से इन्द्रप्रस्थ सिर्फ नज़र आता है। सिर्फ दिखाई पड़ता है।

इसी दौरान, हरवा लोगों को चमत्कृत करते हुए, उन लोगों के चेहरे पर तमाचा जड़कर, मोहरचंद ने नाले पर बने ढँकने के ऊपर क़तार-दर-क़तार टिन की कोठरियाँ खड़ी करने का बंदोबस्त कर दिया।

चरण उन लोगों के साथ दौड़ गया।

"यह क्या है, मोहरचंद जी?"

"क्या?"

"यह आप क्या कर रहे हैं?"

"दुकान बिठा रहा हूँ।"

"वह तो पब्लिक सड़क है।"

"कानेरा में हम ही पब्लिक हैं।"

"दुसाध लोग आएँगे-जाएँगे कहाँ से?"

"वह क्या मुझे जानना चाहिए।?"

"ऐसा आप नहीं कर सकते।"

"नहीं कर सकता? देखिए, हँसाइए नहीं, हँसाइए नहीं। अब वहाँ सैलून, कैसेट-रेडियो-बैटरी दुकान, हलवाई की दुकान और स्टेशनरी की दुकान खुलेगी। वे लोग बयाना दे गए हैं। तीन साल की लीज़। मैं और ऐसा नहीं कर सकता? कर तो रहा हूँ।"

"वे लोग इतने सालों से आ-जा रहे हैं। इस जगह पर उनका हक़ है। इसके अलावा यह पब्लिक रोड..."

"तो उनसे कहिए न, अपना घर उठाकर, सिंचाई नहर के किनारे चले जाएँ—?"

मोहरचंद ने गंभीर आवाज़ में अगला वाक्य जोड़ा, "जहाँ नाला था, वहाँ दुकान, बिजली, सड़क भी भली लगेगी। कानेरा का विकास ज़रूरी है या सात घर दुसाध ज़रूरी हैं?"

"सात घर दुसाध बेहद ज़रूरी हैं, मोहरचंद जी! समय पर दस कट्ठा ज़मीन भी बेहद ज़रूरी हो जाती है। आपके पास तो ढेरों है। उनके पास कुछ भी नहीं है।"

"टाउन की दस कट्ठा ज़मीन भी काफी क़ीमती होती है।"

"खरीदना चाहते हैं?"

"बेचेगा कौन? उन लोगों को क्या पट्टा मिला था?"

"ज़मीन राजस्व रिकॉर्ड दफ्तर में ज़रूर दर्ज़ होगा। वे लोग तो ख़ज़ाना भी देते हैं और उन्हें रसीद भी मिलती है।"

"तब तो कोई बात ही नहीं है।"

चरण लोग लौट आए।

हरवा को मानो अपने तन-बदन में संचित, धुआँ-धुआँ क्रोध को बाहर निकालने की राह मिल गई।

"देखिए, दुकान-टुकान हम तोड़ दूँगा। सब उखाड़कर फेंक दूँगा।" हरवा ने चिल्लाकर कहा।

“उसके बाद?” चरण ने सवाल किया।

“देखा जावेगा!”

“देख, गेहुँवन साँप के पूँछ पर पैर न रख!” विशाल ने आगाह किया।

“पाँव न रखने से ही तो गेहुँवन फन काढ़े खड़ा है।”

“रुक जा, पहले देखें तो सही!” चरण ने कहा।

वे लोग ब्लॉक ऑफिस, तफशीली-आदिवासी दफ्तर, पूर्त विभाग, सरपंच, पौर ऑफिस—सब जगह दौड़ गए और अर्जी दे आए।

मोहरचंद देखता रहा!

चाँद का भाई, बहेड़ा, असल में बहरा नहीं था। लेकिन, चाँद के बाद, जुड़वाँ बेटों की मौत हो जाने की वजह से, चाँद की दादी ने, यम की नज़र से बचाने के लिए अपने पोते-पोतियों का नाम रख दिया—बहेड़ा, लँगड़ा, गूँगी!

बहेड़ा मोहरचंद के ठेकेदारी ऑफिस में झाड़ूदार था। वह बिजली-मिस्त्री था, पान-सिगरेट लानेदार भी था और वक्त पड़ने पर कामकाज की साइट पर लेबर भी था। वही यह बुरी खबर लेकर आया।

“गोदाम में, दुकानों के लिए टिन, बाँस और खम्भा आया है। बयाना-टयाना किसी ने नहीं दिया है। सारी दुकान मालिक की है।”

चरण लोग फिर थाने दौड़े।

“ग़ैर-कानूनी दुकानें बना रहे हैं। दुसाध लोगों के आने-जाने की सड़क बंद किए दे रहे हैं। हम थाने में ख़बर देने आए हैं। आप लोग आइए।”

“क्यों, हंगामा होगा?”

टुकड़ा भर कागज के दम पर ताकतवर चरण ने कहा, “हरिजन मायेल की बात पर, पूर्त-पथ विभाग ने कह दिया है कि दुकान बनाना गैरक़ानूनी है।”

“तो फिर पूर्त-पथ विभाग आकर क्यों नहीं खड़ा होता?”

“इंस्पेक्टर आएगा। लेकिन आप लोग भी आएँ।”

“क्यों, दंगा-फसाद करेंगे?”

“ना, अफसर!”

“छोटा दारोगा।”

“ख़ैर, आप जो कहें। दंगा-फसाद ये लोग नहीं करेंगे। हाँ, रास्ता रोकेंगे। सड़क बनी रहे। वहाँ अगर दुकान बनी, तो बाधा देंगे। उसके बाद भी, वहाँ कोई दुकान हरगिज नहीं बनेगी। अदालत इंजेक्शन भी दे सकती है।”

“हाँ, हाँ, बाबूराम वकील से....”

“वकील चाहे जो भी हो, ये बातें बाद में कर लेंगे।”

छोटा दारोगा कोई बात छिपा ले गया और बेहद हमदर्द बनकर, उसने आश्वासन दिया, “जाएगी! पुलिस भी जाएगी! देखिए, कानून मत तोड़िएगा। फिलहाल...आप

ही लोगों का तो जहानाबाद में राज है! लेकिन यहाँ पुलिस की जो हालत..."

विशाल ने सिर हिलाया!

"आप तो शिक्षक हैं न?"

"हाँ, हरिजन शिक्षक!"

"यह क्या शिक्षकों जैसा काम है?"

"हाँ-जी, मेरे छात्र जो वहाँ रहते हैं।"

"जाएगी! पुलिस जाएगी।"

पुलिस मौजूद रहेगी! रोड इंस्पेक्टर मौजूद रहेगा। ऐन वक्त पर मायले नहीं मिला। वह पटना चला गया था। किसी अनाम निर्देश पर बालोवारी केंद्र उस दिन बंद मिला।

वारदात के दिन ट्रक में सवार होकर मस्तान, टिन, बाँस और खंभे आ पहुँचे। गाड़ी में बैठकर मोहरचंद भी हाजिर हुआ।

पुलिस आई। रोड इंस्पेक्टर नहीं आया।

सात परिवारों की बस्ती! बूढ़े से लेकर शिशु तक—कुल मिलाकर जनसंख्या इकतालीस! दो दुसाध माताओं के पेट में बच्चा था यानी जो 'आनेवाले कल' थे।

वे लोग अपनी जगह पर गोल घेरा बनाकर खड़े थे और देख रहे थे।

मस्तान लोग, ट्रक से उतरते ही, लाठी ताने, उन लोगों की तरफ दौड़ आए। उन लोगों को घर के अंदर धकियाने की कोशिश करने लगे। साथ ही ट्रक से धड़ाधड़ बाँस, बोरे भी ज़मीन पर पटकते रहे।

चरण पुलिस की शरण में दौड़ा।

"देखिए, देखिए, क़ानून व्यवस्था कौन तोड़ रहा है, देखिए! आप लोग चलिए।"

पुलिस निरुत्तर!

छोटे दारोगा ने हवा की आड़ करते हुए, अपनी सिगरेट सुलगाई और जाने किस बात का इंतज़ार कर रहा था।

चरण उसी तरह दौड़कर वापस लौटने लगा।

छोटे दारोगा ने कसकर उसका हाथ पकड़ लिया, "अभी उधर मत जाइए।"

"छोड़िए, मुझे छोड़ दीजिए—"

"मत जाओ उधर, मास्टर, ऊ लोग हरिजन हैं।"

चरण ने देखा छोटे दारोगा की आँखों में बेभाव क्रोध, बेतहाशा नफरत। क्या बात है? क्या हुआ? आरोवाल और कन्सारा के बाद, नाम के वास्ते क्या उन लोगों को फिर कोई निर्देश मिला है? 'आदिवासी हरिजन क्षेत्र में धीरज रखो। ऐसा कुछ मत करो, जिससे बाद में बदनामी हो।'

चरण ने झटककर अपना हाथ छुड़ा लिया और दौड़ पड़ा, क्योंकि तब तक

हरवा लोग, दुकान के बाँस उठा-उठाकर मस्तानों पर ही पिल पड़े थे। वे लोग बाँस फेंक-फेंककर मार रहे थे। मानो युद्धरत इंसानों का जंगल हो।

पुलिस की तीखी सीटी सुनकर, मस्तान सहसा भाग खड़े हुए! भाग-भागकर वे जीप के पीछे जा खड़े हुए।

अब जाकर चरण की समझ में आया कि नाटक का यह दृश्य बाक़ायदा रिहर्सल के बाद मंचस्थ हो रहा है, क्योंकि पुलिस तत्काल दौड़ पड़ी।

धाँय-धाँय गोलियाँ चलने लगीं।

एक राउंड! दो राउंड! कितने ही राउंड!

जाने किसने तो पेट्रोल में भीगे कपड़े में आग लगाई और तेतरी की झोंपड़ी पर फेंक दी। भयार्त! क्रन्दनरत औरतें! शिशु, भागकर नाले के पार जा पहुँचे। भोलानाथ की माँ, गांगी, अपनी आसन्नप्रसवा पुत्रवधू को अपनी आड़ में लेकर, छाती तानकर खड़ी हो गई।

"मास्टर जी ईऽऽऽऽऽ!"

हरवा छिटककर, दूर जा गिरा।

चरण के सामने, लमहे भर में सारा कुछ घट गया। चरण पागलों की तरह, भयंकर ख़ौफ से भागते हुए मर्द-औरत-बच्चों को घसीट-घसीटकर अपने स्कूल के पीछे ले गया। एक-पर-एक लोगों को खींच-खींचकर ले जाता रहा।

कितनी जल्दी इस नाटक का दृश्य बदल गया।

मोहरचंद की ट्रक में ही मृत, घायल और कई अन्य लोगों को सवार कराया गया। उनके साथ पुलिस भी थी।

राकेश! राकेश!! यह अति सच्ची हरिजन कहानी है। लेकिन यह कहानी सिर्फ हरिजन की नहीं है। यह कहानी बेहद मनोहर है। इसके चरित्र, बिहार की माटी, मोहरचंद जैसे लोग, हरवा जैसे लोग, चरण जैसे लोग और पुलिस है! दस कट्ठा ज़मीन, जो दिनोंदिन साबुन की तरह क़ीमती हो उठती है...एक अदद नाला...

उसके बाद?

उसके बाद, पटना मेडिकल कॉलेज, मुर्दाघर, राकेश और उसके साथियों की मदद से रुपए जुटाकर, विशाल, राजाराम, चाँद और रघुआ को खिलाना, मिटिया कॉलेज के अहाते में पड़े रहना, बाबूराम को धर-पकड़कर अग्रिम जमानत की व्यवस्था करना—अभी भी ढेरों-ढेरों काम बाकी थे।

दुकान में ताला मारना!

जले हुए झोपड़-झुग्गियों पर घर बनाना!

ऐसी छोटी और नगण्य, 'सच्ची हरिजन कहानी' के बाद, विभिन्न दफ़्तरों से

सहायता की माँग, पुनर्वासन की माँग।

कल दीपक अग्रवाल के पास जाना होगा।

यह मुहूर्त ही तो अंतिम मुहूर्त नहीं है।

"विशाल!"

"बोलो, जी!"

"आरोवाल, कन्सारा..इसके साथ कानेरा को भी जोड़ना होगा, नहीं तो हम लोग बहुत ही अकेले पड़ जाएँगे। है कि नहीं?"

अँधेरे में ही विशाल की आवाज़ तैर गई।

"यह तो जुड़ी-जुड़ाई है, मास्टर जी!"

अब चरण, अतीत से वर्तमान में लौटने लगा। संत्रस्त प्राचीन अँधियारे मगध से संत्रासकारी पटना में!

देह के अंदर ऐड्रेनालिन असर कर रहा था, मनोबल लौट रहा था।

अचानक रघुआ के बदन में हरकत जाग उठी।

"बस, गाँधी मैदान हम पहुँच गये। किसी पेड़ तले सो रहेंगे।"

"यही है गाँधी मैदान?"

"हाँ, राजाराम!"

लेकिन चार दिन के बज्र गूँगेपन के बाद, रघुआ ने अचानक अपनी खोई हुई रुलाई वापस पा ली। वह अपने दद्दू को खोज रहा था।

वारदात के दिन, रघुआ के दिमाग की सारी अनुभूतियाँ प्रचंड आघात से गूँगी हो गई थीं। अब कानेरा की वही सुबह उसकी आँखों के आगे तैर गई। उसे हरवा की चिता नज़र आने लगी।

"ना, ना, गाँधी मैदान नाहीं! गाँधी मैदान नाहीं। ए हो दद्दू, तुम ही बोले थे कि गाँधी इस्कूल था, फिर भी आरोवाल..! हमरे इस्कूल के सामने भी गाँधी जी की मूर्ति...ना, ना, गाँधी मैदान नाहीं...मत जइयो, दद्दू! ऊ लोग फिर मरिहैं, तो हमनी कहाँ जाउब? गाँधी मत बोलो..."

अधेड़ चरण, तीन-तीन बूढ़े, रघुआ की आवाज़ में थरथराते आतंक के आघात से पत्थर हो आए।

चरण आनेवाले कल की बात सोच सकता है। मगर इक्कीसवीं शती के जन्म से चौदह साल पहले 'गाँधी' नाम के विस्फोट से रघुआ के कान कैसे बचाए जाएँ?

विशाल ने कहा, "सड़क पर ही सो लो, मास्टर जी! रघुआ को हमनी को थमा दो।"

चरण ने एहतियात से रघुआ को अपनी गोद से नीचे उतारा। रघुआ कोई सवाल पूछने जा रहा था। चरण लेट गया। रघुआ के सवालों का जवाब खोजना होगा।

"रघुआ, तू ही जवाब खोज लेना! अकेले हम सब जवाब नहीं दे सकते। यह एक घमासान जंग है! इसमें काफी दिन लग जाएँगे।"

राजाराम ने कहा, "फुटपाथ पर ही सो जाएँ।"

वे लोग फुटपाथ पर चले आए।

चरण ने सिर के नीचे बैग रख लिया। आरोवाल-कन्सारा-कानेरा को एक सूत्र में गूँथने से ही नहीं चलेगा। रघुआ ने आज मौलिक सवाल उठाया है और बच्चों का परमप्रिय होने के लिए, निरुत्तर रह जाने से भी नहीं चलेगा। रघुआ जैसों के लिए, गाँधी का एक और नाम, क्या आतंक है?

बटोरनी का बेटा

"माँ का नाम?"

"बटोरनी..."

"बेटे का नाम?"

"जूड़न..."

"बेटे का बाप कहाँ है?"

"कोऊ कहता है, खदान में फेंक दिया। कोऊ कहता है, कागज के कारख़ाने के सड़े-गले कर्कट बहाने वाले नाले में।"

"तुम नहीं जानतीं?"

"ना बाप, हम नाहीं जानतीं। हमका नाहीं मालूम, बाप! तुमरे पाँव धरत हों, जूड़न के बाप के बारे में हमसे ना पूछो।"

"यह कैसी बात?"

"लधा की मेहरिया की बात अउर कइसी होवेगी, बाप? कइसी बात होवेगी?... नाहीं मालूम, हमका नाहीं मालूम..." यह कहते-कहते बटोरनी जंगल से बाहर निकल आई।

सिर पर काठ की गट्ठर! पेट के फेंटे में तुंगा, आलू हाथ में खुरपी और दाँव!

दाँव से काठ काटत हूँ। खुरपी से शकरकंद खोदकर निकालत हूँ। अउर कांटा-आलू, चूना आलू, पान-आलू, चुरका-आलू, जब जो मिल जावे?...लइहौं, घर-घर बेंचबो। कंदा, पके फल, भुंइ-कुम्हड़ा, बेहंची, बेर, सींया बेर, बोदा-बेर, पियाल, आँवला, जब जो फल मिलिहै, लै आउब!

असल में वन-जंगल ही तो लधा लोगों को बचाता है! यह जंगल ही उनका जीवनदाता है।

अगर पूछो क्यों?

तो कहे बटोरनी—सुनो।

लधा लोग वनचंडी की संतान हैं। लाखों-करोड़ों साल पहले, जब समूचे देश भर में अपार वन फैला हुआ था। उस युग में लधा जाति के आदि-पुरखे वन में

जाया करते थे।

उसका नाम था—कालकेतु! उसकी मेहरारू का नाम था—फुल्लरा! नगरवासी राजा चंडी-पूजा करता था। चंडी देवी हर रोज़ नीले गंधराज की माला पहनती थीं। लेकिन चंडी तो कालकेतु के हाथों की पूजा चाहती थीं। कालकेतु को इसकी ख़बर नहीं थी। वह शिकार करता था। उसकी बीवी, मांस, छाल, सिंग, पंख, तरह-तरह के जंगली सामान लेकर, हाट में जाती थी।

उस दिन नगर में काफी हलचल मची हुई थी। राजा का माली इधर-उधर, किधर-किधर दौड़ भाग रहा था। फूल की सूनी डलिया फेंककर, वह खूब-खूब रोता रहा।

''ए हो, राजा जी, नील गंधराज की गंध से समुच्चा जंगल महमहाता रहत है, लेकिन आज एक भी फूल नाहीं मिला।''

''फूल कौन ला सकता है? उसे मैं धन-दौलत दूँगा, सैकड़ों सामान दूँगा—घर टूटा हो, तो उसे पूरा करा दूँगा; गोशाला सूनी हो, तो उसे भर दूँगा! अनाज का गोला खाली पड़ा है, तो उसे भी अनाज से भर दूँगा। सब कुछ दूँगा।''

उस राजा के राज में दिशा-दिशा में टूटे घर, सूनी गोशाला, खाली गोले पड़े हुए थे। लोग इधर-उधर, किधर-किधर दौड़ पड़े। नील गंधराज नहीं मिला। फूल! फूल, तुम कहाँ हो? वन के बीच में फूल की झाड़ कहे हँसके, जो हमें देखे, हम उसके। कोई भी तो फूलों पर नज़र नहीं डालता और मंदिर में बैठी देवी वनचंडी आकुल-व्याकुल होती रही। मैं हूँ वनचंडी! क़ालकेतु वन का व्याध! मुझे उसकी पूजा चाहिए। वह फूल लेकर क्यों नहीं आता?

इधर कालकेतु तीर-वेग से जंगल-जंगल भटकता रहा। आज जंगल में हाथी क्यों नहीं चिंघाड़ रहा? बाघ क्यों नहीं दहाड़ रहा? हिरण चौकड़ी क्यों नहीं भर रहा है? मोर नाच क्यों नहीं रहा है? आज क्या जंगल से जंतु-जानवर गायब हो गए हैं? शिकार किया, तभी न गोश्त मिलेगा? वह गोश्त फुल्लरा बाज़ार में ले जाकर बेचेगी। गोश्त बिकेगा, तो वह चावल खरीदेग, तब जाकर हम भात खइबों।

खैर, जंतु-जानवर तो हैं नहीं। लेकिन वह पीला गुलाब, वो स्वर्णगोधा यानी सुनहरा सर्प, घास में लोट रहा है। और मुझे टुकुर-टुकुर देख रहा है, यह तो अशुभ है! जाऊँ, उस स्वर्णगोधा को ही पकड़ूँ!

अच्छा, रुको-रुको, पहले फूल की तलाश करूँ। यह देखो, कित्तने-कित्तने नील गंधराज। हरे गंधराज! हरे-भरे जंगल में नील गंधराज जुगनू की आभा से जगमगा उठता है। खुशबू से वाताश भारी हो आया था। फूल नहीं मिला, इसलिए आज देवी की पूजा नहीं हुई। कालकेतु ने वे फूल अपने फेंटे में बटोर लिया। अगले ही पल, वह मंदिर की तरफ दौड़ गया।

''हे, पुजारी ठाकुर, लो, फूल लो। देवी की पूजा करो। बुलाओ राजा को।

दिखाओ उनको, कितना-कितना फूल, कालकेतु लाया है। अरे, व्याध हैं हम! पक्के शिकारी! हमका क्या देगा राजा? हाट के 'बेपारी' लोगन से कह दे कि वे लोग कालकेतु से लाख काहन कौड़ी की छाल, सींग, मधु, मोम, धूना अब कानी कौड़ी के मोल ना खरीदे। हमरे पास न गऊशाला है, न गोला। सु-दाम की चीज़ें कु-दाम में बेचता हूँ। यही शिकारी का दुःख है।"

"अरे, अरे, व्याध, तूने देवी के मंदिर में क़दम रखा, सब कुछ अपवित्र कर दिया?"

पुरोहित ने प्रहरी को आवाज़ दी। प्रहरी ने कोड़े मार-मारकर मंदिर से निकाल बाहर किया।

काफी दुःख और गुस्से से कालकेतु ने सारे फूल फेंक दिए और जंगल की ओर दौड़ पड़ा—देवी, वनचंडी, तोरी पूजा के फूल लेकर गया, हम इतने बेइज्जत हुए। अब आज हम तोरा वन उजाड़ दूँगा। सारे जनावर मार दूँगा।

लेकिन, हाय, वन में तो पशुओं का नामोनिशान भी नहीं था। वह स्वर्णगोधा, कालकेतु के रोष को बेहद कौतुकी निगाहों से देखता रहा। कालकेतु उसे ही बाँध-छाँदकर ले गया।

"फुल्लरा! बहू! जा, चावल माँग ला। हम नहाने जाता हूँ। आज गोधा का ही मांस खाऊँगा।"

फुल्लरा और कालकेतु, दोनों दो दिशाओं में चले गए। और वे लौटे कब?

उस वक्त नीले गंधराज की माला पहने, वनचंडी कालकेतु के घर में विराजमान थीं।

"वत्स, कालकेतु, तुम व्याधनगर बसाओ। मेरा मंदिर बनवाओ।"

कालकेतु और फुल्लरा हाथ जोड़कर खड़े रहे।

यही है वह कहानी। कालकेतु की वजह से आज भी लोधा मौजूद हैं।

"समझा, जूड़न?"

शिकार के लिए जाते बखत, गोधा देखना अपशकुन मानत हैं अउर दुर्गाष्टमी के दिन वन में जाकर, जो लधा मानस गोधा मारत है, ऊ कालकेतु की तरह महावीर होत है।

ये सारे किस्से बटोरनी ही सुनाया करती थी। यह कहानी सभी जानते हैं। जानेंगे क्यों नहीं, भला बताओ? जूड़न का बाप था, किस्से-कहानियों का जादूगर! वह लधा था!

वह लधा लोगों को बुला-बुलाकर कहता था, "अरे, लधा की जिंदगानी में क्या कउनो भली बात नाहीं है? लधा की जिंदगानी में क्या सिरिफ अँधियारा है?"

"और क्या है?"

"तो फिर, सुनो—"

"हाँ, बताओ।"

लधा के घर, खियासल गाँव में, रात को बत्ती नहीं जलती थी। मिट्टी का तेल कहाँ पाते? हद से हद कुप्पी जला लो। टूटे-फूटे घर में वास, तलैया के पानी से कामकाज।

"अँगना में क्यों नहीं बैठते? पहले यह बताओ कि आज खाया क्या, भइया? सुबह क्या खाया?"

"हाँऽ, सबेरे-सबेरे जंगल गया, तो 'गारड' की लाठी खाई। काठ बेचने गई मोरी बंहुरिया, तो बाबू का हूरा खाई और जो छंउड़ा बेगार खटता है, वह बाबू के बेटे के हाथ बेभाव पिटाई खाकर लउटा। इस तरह, आज का गुरु-भोज भया।"

"गुरु-भोज सबका भया, भइया!"

"तब तो भइया, लधा के अंदाज से ठीक ही आहार जुटा। उस पर भी बाबू लोगन कहते हैं कि जिसने 'परान' दिया, वही आहार भी देवेगा।"

"हाँ, हाँ जिन्होंने हमको सिरजा है, उन्होंने ही लात-लाठी, दाँव का कोप, थाने का मुक्का, जेहल की मार, जइसा पंच-पकवान देकर भेजा है।"

"बाबू लोगन को जिन्होंने जीभ दिया है, वही आहार भी देवेंगे। भात रे, मुरमुरे रे, मांस-मछली-तरकारी—सब देकर भेजे हैं।"

"इसीलिए तो कहत हैं, भइये, लधा की जिंदगानी में क्या-क्या है, सब जानना होगा।"

"तुम बताते काहे नहीं?"

"किस्सा-कहानी तो सुनाता था, जूड़न का बाप! कालकेतु की कथा, रांगाहाड़ी विषय चंडी की कथा, कालारुद्र देवता की कथा, लधा घरों में पूजित, देवता जगन्नाथ की कथा—ई सब कथा-कहानी, जूड़न का बाप सुनाता था।"

लधा जाति का दुर्भाग्य यह था कि उनका सब कुछ छीन-छानकर उसका मजा बाहरी समाज के लोग लेते थे। इसी वजह से कालकेतु ने राज्य गढ़ा ज़रूर मगर खो दिया और अपनी संतानों को वनचंडी के वनांचल में रख गया।

लधा जाति का दुर्भाग्य यह था कि ब्राह्मण लोग भगवान जगन्नाथ को पुरीधाम ले गए और लधा लोग देखते रह गए। आज लधा जाति सबसे पीछे है।

बटोरनी बेटे को सुलाते हुए, उसकी ये सब बातें सुना करती थी।

सभी लोग कहते थे, "बटोरनी, तोरे भतार, लोचन दिगार जइसा ज्ञानी-जन, लधा-घर में कोई नाहीं है।"

क्या कमाल की बातें! क्या कमाल की बुद्धि!

बाबू लोग भी कहते थे, "लोचन चोरी-डकैती नहीं जानता, मेहनत-मशक्कत करता है। उसके जैसा लधा अक्सर कहीं नजर नहीं आता।"

बटोरनी जब जंगल में दाखिल होती थी, तो उसे ये तमाम बातें याद आती

रहती थीं। उस वक्त अगर तुंगा आलू मिल जाता, तो बटोरनी उसे अपनी साड़ी के फेंटे में बाँध लेती थी। अगर कोई आस-पास नहीं होता था, सिर्फ वह और जूड़न होते, तो धीरे से बिल्कुल आड़ में, उसके मन की तृणभूमि में नील गंधराज की खुशबू व्याप्त हो जाती थी। यह खुशबू बादलों की तरह घनी और ममतामयी होती थी। नील गंधराज की खुशबू में बसी, वनचंडी आती थी और मन के समूचे प्रदेश पर छा जाती थी।

देवी मानो लधा-घर की कोई खूबसूरत तरुणी हो। बटोरनी ने उसे अपनी आँखों से नहीं देखा, लेकिन उसे बखूबी जानती थी। देवी का रंग तांबे के बर्तन जैसा मँजा हुआ! रूखे बाल, जो ऊपर की तरफ उठाकर तिरछे जूड़े की तरह बँधा हुआ था। गले में गुंजों की माला! कलाई में मूँगा-काठी का बाला! डोरिया साड़ी फेंटे की तरह कमर से कसी हुई! कानों में पीतल की लटकन! देवी के दोनों पाँव धूल-धूसरित!

"मइया! हे वनचंडी मइया!"

"मैं वनचंडी हूँ! माँगो, क्या माँगती हो?"

"उसे एक बार देखे चाहत हौं।"

"किसे?"

"जूड़न के बप्पा को।"

"क्यों?"

"उसके बिना मोसे रहा नहीं जाता।"

"तुमसे रहा नहीं जाता?"

बटोरनी के दुःख से वनचंडी का मन शायद हाहाकार कर उठा। उन्होंने लंबी उसाँस छोड़ते हुए, कहीं और जा छिपीं। पेड़-पौधे सरसरा उठे, पेड़ के पत्ते झर-झर झरते रहे, वन-जंगल के वाताश में मरमर की आवाजें।

बटोरनी पेड़ से टिक गई। तेरह की उम्र में ब्याह, सोलह में माँ, बाइस में विधवा। अब तो तीन साल और गुज़र गए।

फिर भी उसकी याद क्यों आती है?

उसके ब्याह के समय किन लोगों ने तो गाना गया था। बटोरनी धीरे-धीरे गुनगुना उठी—

पर्वत-पहाड़ जइबों, आलू-तुंगा खइबों
जेके हाथ में देखिहौं फरसा-कुदाल, ओके संग जइबों
दइहौं बरमा की मार, खोद निकलिहौं आलू-तुंगा हजार
आलू-तुंगा खइबों, पर्वत-पहाड़ जइबों

वह घर की तरफ बढ़ती गई।

वनचंडी को पीछे छोड़कर, वह रोज घर लौट आती थी।

"आज का-का मिला रे, बटोरनी?"

"तुंगा, रे, दीदी!"

"हाँ, बहिना, जंगल है, तो हम सब हैं। लेकिन, वन तो गया।"

"वनचंडी भी मुँह फेरकर नाहीं देखती।"

"अरे, दीदी वन गया तो समझो, ऊ भी गई। वन है, इसलिए वनचंडी है। वन ही नाहीं रहेगा, तो देवी कहाँ रहेगी?"

"लधा लोग का करिहैं?"

"यह तो नहीं मालूम।"

बटोरनी नहीं जानती थी। वनचंडी की क्षमता में ही क्या उसका भरोसा रह गया था? लोचन को देवी जिंदा नहीं रख पाई। देवी माहात्म्य का कथाकार, लोचन आज कहाँ है?

देवी मइया का वन भी अब कहाँ रहा? शाल पेड़ों का मृत्युकांड घट चुका था। यह दंड माफ नहीं किया जा सकता। अब जितने सारे वन-जंगल हैं, सब समाज-आधारित हैं। यूकेलिप्टस। इस जंगल में माटी जली हुई! झाड़ जंगल, कंद-मूल फलों का नामोनिशान नहीं था। बटोरनी जैसी औरतें, आखिर कहाँ जाएँ?

बटोरनी लौट आई। लता-पत्ते, काठ-कुठार, रांधने-पकाने का इंतज़ाम करके, वह नहाने चली गई। लोचन, जाने से पहले, तलैया में तो नहा चुका था। लेकिन नया पंचायती पोखर नहीं देख पाया। सुना है, इस अंचल के लधा लोगों के विकास के लिए, कितने ही सालों से, कितने ही रुपय्ये आते रहते हैं।

लोधा लोगों ने वे रुपए, अपनी आँखों से नहीं देखे।

"लधा लोगन ने वो रुपिए नाहीं देखे, जूड़न के बप्पा! बाबू लोगन ने देखा है।"

"यानी इस बार पोखर बन जाएगा।"

"तब तो...कहीं वोट का दिन तो नहीं आय रहा है?"

नए पोखर में नहा-धोकर बटोरनी घर लौटी। उसने भात और साग पकाया।

नए पोखर में जब सितारों की छाया तैरने लगी, जूड़न सामने आ खड़ा हुआ।

"मइयो!"

"लौट आया, जूड़न?"

"हाँ, लउट आया, मइयो।"

"आ बैठ! खाना देती हूँ—"

दोनों ने मिट्टी की एक ही रिकाबी में खाना खाया। उसके बाद, बेटे को अपनी बगल में लेकर, बटोरनी लेट गई।

"आज तो बाबू ने नहीं मारा?"

"ना, मइयो।"

"चरण बाबू गाँव में नाहीं हैं। ऊ आ जावें, तो ऊहाँ से तोका छुड़ाय लेबों।"

"सच्ची, छुड़ाय लेगी?"

"हाँ, बच्चे! आज खाया क्या?"

"काहे? दाल-भात!"

"मछरी नाहीं होती?"

"होती काहे नहीं, मइयो, इत्तना-इत्तना होत है कि ऊ लोग खा भी नहीं सकते! इत्तनी मछरी होती है। आज पोखर में जाल फेंका था न!"

"तुझे नहीं दी?"

"कभी देत हैं?"

बटोरनी, जूड़न के बदन पर हाथ फेरती रही। कौन कहेगा कि जूड़न दस साल का होने वाला है? अभी भी मानो सात साल का बच्चा! अब क्या करे? पेट भर खाना भी तो जुटता, वर्ना चरण बाबू तो इस बार काफी हल्ला-गुल्ला मचाया था।

"जब गाँव में ही स्कूल है, तो लोधा बच्चे पढ़ने क्यों नहीं जाते? यह कैसी बात?"

"हाँ, यह बात तो है।"

"कौन-सी बात?"

"बाबू, भुवन जदी मोरी ओर आँखी फाड़-फाड़कर देखे और गुर्राकर कहे—तुमनी के बच्चे जाते काहे नाहीं? तब हम लाचार हैं।"

"यह तुम क्या कह रही हो?"

गुलाबी आगे बढ़ आई।

"हम बताती हैं। एक बात! हमनी के बच्चे, चार बरिस पढ़े के बाद भी अ-आ नाहीं सीख पाते। हम अपने बच्चों को काहे भेजें? मास्टर जैसे ही लोधा-बच्चा देखत है, फट् कहत है—तू लोग जदी पढ़ेगा, तो बाबू लोगन के इहां बेगारी कौन करेगा?"

अब सारी की सारी लोधा औरतें कलकल करके अपनी-अपनी शिकायतें सुनाने लगीं। वैसे लोधा औरतें काफी शर्मीली होती हैं।

"हमनी के बच्चन को देखते ही, हुकुम झाड़त हैं—बगान में पानी दे दे; काठ चीर दे।"

"कहते हैं, कैसे नंग-धड़ंग हो तुम लोग!"

"कहते हैं, करेगा तो चोरी ही न! जा, चोरी विद्या सीख जाकर!"

"हाँ, लोधा जात में जो लोग चोरी करत हैं, वो लोग करत हैं। खियासल में कउन चोर है भला?"

"ऐसे ही घर में भात नहीं जुटता, सो बच्चों को बेगारी के काम भेजकर, घर पर उनके लिए खाना नहीं जुटावे पड़त। फिर भी तुमरा खोंटा खाकर, कुछ लड़कन को पढ़ाया था। लेकिन मास्टर ही जदी, दुरदुराये, धुत्कारे तो वो तो बच्चे हैं, ऊ काहे जावे चाहेंगे "

"उप्पर से किताब दो, कॉपी दो। तुम तो कहते थे कि सब सरकार देगी?"

"बच्चों के नाम कपड़े आए। ऊ कहाँ बेच दिए गए, तुमका नाहीं मालूम? हम तो यही सुनत हैं कि लोधा चोरी करत हैं। बाबू लोगन का चोरी नाहीं जानते?"

"फालतू बात करे से कउनो फैदा नाहीं। संथाल मास्टर या लोधा मास्टर नाहीं दे सकत हो?"

इतनी सारी बातें सुनकर, चरण बेतरह फज़ीहत में पड़ गया। लेकिन, इस बार उसके हाथ में तुरुप का पत्ता था। उसने वही पत्ता निकाल लिया।

"एक बात है—" उसने कहा।

"हाँ, कहो न, कहो—"

"मैं क्या तुम्हारे साथ कोई बुरा बर्ताव करता हूँ?, मैं क्या तुमसे नफ़रत करता हूँ?"

"नाहीं, यह सब तुम नाहीं करते।"

"फर्ज़ करो, अगर मैं तुम लोगों का मास्टर बन जाऊँ?"

"थियासल में?"

"हाँ-जी!"

"फिर...?"

सबको चुप कराते हुए, अब गुलाबी आगे बढ़ आई।

उसने सीधे सवाल किया, "तब तुम हमारे बच्चों को किताब दोगे? कपड़े दोगे? दुपहरिया को खाना दोगे?"

"अलबत्!"

"तो फिर हम सबके बच्चे जावेंगे।"

"अच्छा, मैं ज़रा टाउन का चक्कर लगा आऊँ।"

"तुमको काहे देंगे? तुम तो पार्टी करते नाहीं? फिर काहे देंगे?"

"चलो, वह समझ लेंगे।"

चरण परिवार के लोग, इस अंचल में जमीं-जमा में अमीर थे और उसी जमीं-जमा की रक्षा के लिए उसके बहुत-से लोग, कई सालों से पार्टी कर रहे थे। चरण ने उसी दम पर सारा इंतज़ाम पक्का कर लिया।

लेकिन चरण तो अभी तक नहीं लौटा। चरण जब यहाँ नहीं था, तो उस बाँझ समय में, बटोरनी के बेटे, जूड़न ने, एक दिन महापात्र बाबू के यहाँ, गाय की बेगारी का काम पकड़ लिया। बाबू तो खैर, बटोरनी के पीछे लगा ही हुआ था।

"दे, अपने बेटे को हमें दे दे! घर के बच्चे जैसा रहेगा मेरे पास। महीने में तीन रुपए तनख्वाह! सुबह का नाश्ता! दोपहर का खाना! साल में एक पैंट और एक गमछा।"

"चरण बाबू आय जावेंगे, तो वह पढ़ाई करेगा, बाबू।"

"अरी, चरण की बातों में आएगी, तो उपासी मर जाएगी। बेगार खटेगा, तो दस पैसे तो कमाएगा। उस पर से वह ठहरा, लोचन का बेटा! लोचन भी हमारे यहाँ काम करता था। अब जो हुआ, सो तो हो ही गया। लेकिन फिर भी ख़्याल तो आता है, इसीलिए कहता हूँ—"

"लेकिन, उसने तो चोरी नहीं की थी, बाबू! वह तो चांदविला गया था, अपनी बुआ के घर! अउर सर्दी में जाड़े से बचे के लिए, आगी जलावे को तुमरे ईहाँ से चार आंटी फूस लै गया। उसने चोरी तो नाहीं किया था।"

"अरे, वहाँ तो चोर-चोर का शोर मच गया था। अँधेरे में खूब पिटाई भी की। वह बंदा लोचन है, यह मुझे कहाँ पता था?"

"हम तो उसे देख भी नाहीं पाई, बाबू! पुलिस उसे झाड़ग्राम ले गई। उसके बाद, उसे लौटाया भी नहीं।"

"वह बात तो आई-गई हो गई, रे।"

"जूड़न का काम कर सकेगा, बाबू?"

"कर सकेगा, भई, कर सकेगा। अगर नहीं कर सका, तो तेरा चलेगा कैसे? अब देख न, तेरी झोंपड़ी तो लोचन सनातन के हाथ बेच गया है। मैंने ही कहा, दखल मत लो, भई! मामूली से ढाई सौ रुपए की बात है, न हो, वह मैं ही दे दूँगा।"

"सनातन के पास?"

"हाँ, री तू मान ले, वह रुपए मैंने ही दे दिए। यह भी तो एक तरह का... जिरो कहते हैं; उपकार ही है न! अहसान!"

बाबू ने ये बातें काफी कोमल लहजे में कही थीं। मानो, आटे की गरम-गरम रोटी पर दूध की मोटी मलाई बिछाकर, उस पर चीनी छिड़क रहा हो। इस कोमल बात की आड़ में, जो धमकी छिपी थी, उसे बटोरनी ने पहचान लिया था।

"जरा, सोच लूँ बाबू!"

"मैंने तो तुझे ही भतुआ रखना चाहा था।"

लोधा औरतें शक्ल-सूरत से मोहक होती थीं। बटोरनी तो हमेशा ही सुदर्शना थी। इतने दुःख में भी उसका चेहरा नमकीन! सलोना! जाहिर था, अगर अच्छा खाए-पीए, तो चेहरा खिला-खिला, निखर आएगा। बाबू का 'भतुआ' रखने का प्रस्ताव इसीलिए था।

बटोरनी ने उसकी बातों को कोई अहमियत नहीं दी। जिसने लोचन को पीट-पीट कर मार डाला, उसके घर वह भतुआ रहेगी? उन लोगों ने लोचन को मार डाला है, यह ख़बर सुनकर वह बेहोश हो गई थी। इसीलिए तो वह लोचन की झलक भर भी नहीं देख पाई। पुलिस लोचन को झाड़ग्राम ले गई। किसी लोधा को मार डालने की वजह से, उस वक्त जो थोड़ा-बहुत हो-हल्ला, गुस्सा-तैश उभरा था। बस्स!

यह सारी वारदात, काफी व्यवस्थित ढंग से निपटाई गई।

पुलिस आई, लाश ट्रक में झाड़ग्राम ले गई। ट्रक में जोड़ी साइकिल का मचान बाँधा गया था! बैलगाड़ी में! लोधा लोगों के कंधों पर! सब कुछ व्यवस्थित ढंग से!

झाड़ग्राम में चीर-फाड़ हुई। फिर लाश किसी गड्ढे या झाड़ग्राम पेपर मिल के नाले में!

सब कुछ बेहद व्यवस्थित!

उसके बाद, फाइल बंद! बंद क्यों नहीं होगी बताएँ? किसी लोधा की हत्या होने पर, खूनी को भला कोई गिरफ्तार करता है? किसी लोधा को मारकर लौटने के बाद, सारे कामकाज स्वाभाविक तौर पर ही चलते हैं। जाओ, बाज़ार जाओ, खेत की देखरेख करो, बच्चे को गोद में लेकर दुलार करो। पड़ोसी से कहो—इस बरस गेहूँ क्या बेच पाऊँगा? लगता तो नहीं। मेरे फलदार ज़मीन में...समझे...?

लोचन जैसे जाने-पहचाने, निरीह इंसान को पीट-पीटकर मार डालने के बाद, उसकी जवान बीवी से भतुआ बन जाने की बात कही जा सकती है। लोधा लोगों का सब कुछ ही तो बाबू लोगों का होता है।

किसी लोधा के मरने पर, उसकी माँ-बीवी-बहन घर में रोती हैं, मगर बाहर उनका चेहरा बिल्कुल अविचल नज़र आता है।

बटोरनी का मामला बिल्कुल अलग था। वह अभी भी लोचन में ही कैद होकर रह गई थी।

बाबू के घर से लौटकर, बटोरनी सनातन किसकू के घर भी गई थी।

''तुम अढ़ाई सौ रुपइय्ये में मोरा घर कब खरीदे थे, माँझी?''

इस घर में सिर्फ तीन घर ही सनातन परिवार थे। महापात्र बाबू के घर में सनातन मजदूर था। जाने कब तो उसने उधार लिया था और मजदूर बनने से पहले कैसे उसने अपनी ज़मीन खो दी थी, लेकिन वह मजदूर कैसे बन गया, कैसे उसने काम शुरू किया, यह उसे बिल्कुल याद नहीं था।

उस वक्त बटोरनी की बात सुनकर, आगे वदेनार्त, म्लान और मलेरिया बुखार से पीली पड़ी आँखें उठाकर, उसकी तरफ देखा।

''कौन? जूड़न की माँ?''

''हाँ, जी, माझी!''

''तुमने क्या पूछा?''

बटोरनी ने अपना सवाल दोहरा दिया।

''जूड़न की माँ, खाते में तो मैं वर्गादार भी हूँ, लेकिन वर्गा का हिस्सा मुझे नहीं मिलता। यह बात, बाबू की धोखाधड़ी है। अपने नाम से ख़रीद नहीं सकता। इसलिए उसने खाते में दिखा दिया, आदिवासी सनातन ने आदिवासी लोचन की ज़मीन ली। लेकिन यह उसका छल है। वह तुम्हारे बेटे को ले लेगा और तुम्हें भी अपने क़ब्जे में कर लेगा। हाँ, यही बात होगी और कुच्छ नहीं...''

"काहे, माझी?"

"तुम तो जवान माँ हो! बाबू को तुम नहीं जानतीं?"

"इससे पहले, हम कटारी से ओका कुट्टी-कुट्टी काट नाहीं दूँगी? उसको भी काट डालूँगी और अपने गले पर चक्कू चलाय लूँगी।"

"अरे, बिटिया, इन दिनों बाबू काफी ताकतवर है..."

सब जान-समझकर भी, बटोरनी ने जूड़न को काम पर लगा दिया। जूड़न रो पड़ा।

"तुम तो कहती थी, हम पढ़ूँगा?"

"पहले चरण को तो आ लेने दे।"

"लेकिन, हम काहे जाएँ, मइयो?"

"जूड़न रे, घर में अगर खाना धरा होता। तो हम तुझे जाने देती? वन में जात हौं, मोरे पास परमिट भी है, फिर भी 'गारड' कैसे खदेड़ देत हैं, कित्तनी बार जुर्माना ठोंक देत हैं। तोरा बप्पा जाते-जाते, जदी मोरी जवानी भी लै जाता, तब तो इतना दुख नाहीं झेले पड़ता। अब यह सब बातें तुझे का बताई?"

बटोरनी ने बेहद शांत लहजे में, अगला जुमला जोड़ा, "घर में तो भात भी नसीब नाहीं होत, जूड़न। बाबू के घर में तुझे कम से कम खाना तो मिलिहै। इसीलिए...! चरण लउट आवेगा, तो तोका छुड़ाय लाऊँगी।"

"बाबू लोग खाना दइहैं?"

"कहा तो यही है कि ऊ लोग जो खावेंगे, तुझे भी खिलावेंगे।"

यह सुनकर जूड़न बेतरह खुश हो गया। बाबू लोग रकम-रकम की चीजें खाते हैं और रोज ही भरपेट खाते हैं। बाबू लोग जो खाते हैं, जूड़न भी वही खाएगा? उस वक्त, जूड़न के मन में एक सवाल भी जागा था। उस सवाल की वजह काफी परेशानीभरी थी।

कुछ दिनों पहले ही जूड़न और उसके साथी पतंग उड़ा रहे थे। उनके साथ बाबू के घर के मजदूर, सनातन का नाती, किरण भी था। जूड़न और उसके साथियों को प्यास लगी। किरण उन्हें पानी पिलाने के लिए बाबू लोगों के बागान में ले आया। वह उन लोगों को चापाकल का पानी पिलाना चाहता था। सभी बच्चे बेतरह प्यासे थे।

बाबू के काका ने उन्हें बगीचे में घुसने ही नहीं दिया।

"ये लोग भी काफी ढंगबाज़ हैं और तुम लोग भी बढ़ावा पा-पाकर सिर पर चढ़ गए हो। बागान में चापाकल ज़रूर है और यह नल तुम लोग छूते हो, यह भी मुझे मालूम है। लेकिन, मेरी आँखों के सामने तो यह काम मत करना। तुझे पानी पीना है तो जा, होइ पुष्करिणी में पी। बगान में तो फूलों के पौधे भी हैं। कभी-कभी पूजा के लिए, मैं भी वहीं से फूल लेता हूँ। अब मेरी आँखों के सामने ही लोधा,

ाल, यहाँ पानी को हाथ न लगाएँ, तो बेहतर।"

वैसे बाबू इन दिनों पंचायत भी करता था और छुआछूत भी नहीं मानता था। यह न मानने का मामला बाहर के चापाकल तक ही अनुमोदित था। घर के भीतर? बाप रे!

अगर कोई कुछ कहता भी था, बाबू का जवाब होता था, "भई, हम सब, नए ज़माने के इंसान हैं। हाँ, इस राज्य में, भेद-भाव मैं नहीं रहने दूँगा। लेकिन घर के अंदर तो माँ लोगों का राज है न! वहाँ हम कुछ भी नहीं कर सकते। इस राज्य में जब हम आ गए हैं। तब यहाँ मैं कोई भेदभाव नहीं रखूँगा।"

"माँ लोग"—यह शब्द महत्वपूर्ण था। बाबू की तीन-तीन माँ थीं और तीनों ज़िंदा थीं। छोटी माँ तो बाबू की ही उम्र की थी। इस अंचल में ऐसे एकाधिक विवाह अक्सर होते रहते थे।

पुराने दिनों में बाबू लोग आदिवासियों को हमेशा दुत्कारते ही रहते थे और उनकी छाया तक से बचते रहते थे। अभी भी छुआछूत काफी कठोर है, लेकिन पहले से कम!

जूड़न ने फिर पूछा, "मुझे खाना-पीना देंगे, बाबू लोग यह बात मानेंगे न?"

"हाँ, मानेंगे।" बटोरनी ने कहा।

"लेकिन हमका छुड़ा लाना—"

"लाऊँगी।"

यह भी कोई झूठमूठ का आश्वासन नहीं था।

लोचन कहा करता था, "मोरा तो नाहीं भया रे, अब मोरा बेटा जदी इस्कूल जाए, जदी पढ़ाई-लिखाई करे, तो हमका सांती मिले। शालबनी, नारायनगढ़, डेबरा में तब भी थोड़ी-बहुत लोग पढ़त-लिखत हैं। हमरे बेलवाड़ी थाने में अइसा नाहीं चलता। ईहाँ कोऊ नाहीं पढ़ता। ज़रा-सा पढ़ाई किया, उसके बाद भाग गए।"

"घर में खावे को भात नाहीं है—" बटोरनी कहती।

"वह तू-हम जुटाय लेंगे। देख, पढ़-लिखकर ही आँखी में गियान फूटता है। ई लोधा जात, आँखी रहते, अंधी है! पहले हम लोग अइसे नाहीं थे।"

"कब नहीं थे?"

"अरे, दिसा-दिसा में, देवी-देवता के मंदिर में लधा-पुजारी काहे बदे हैं? पहिले के जमाने में लधा लोग जरूर सबसे ऊपर थे, नाहीं तो देवी-देवता के पुजारी हो सकते थे भला?"

"अपना सुदिन कब डूब गया?"

"ई हम नाहीं बता सकते। अगर हमका पढ़ना आता, तो खोज-खाजकर पढ़ते-जानते। लेकिन मोरा तो नहीं भया। जब कमर में इजारबंद भी नाहीं था, तभी से हम बेगार बन गए। उसके बाद भतुआ! उसके बाद मजूर! लधा बिना बाबू लोगन

का काम नाहीं चलता, फिर भी ऊ लोग बदनाम करत है कि लधा लोग कामचोर हैं।''

''देस भर में जित्तनी सब चोरी होत है, सब लोधा करत हैं?''

''लोधा को मिलत है कानी कौड़ी और ऊ लोग मार खा-खाकर मर जात हैं। लोधा लोगन का घर बनावे के लिए, रुपैइय्या! लोधा लोगन को बकरी देवे के लिए, रुपैइय्ये, लोधा की खेती-बारी के लिए, रुपैइय्ये! लेकिन लोधा लोगन की तकदीर में कछु नाहीं होत है, हाँ, बाबू लोगन का दलान-कोठा, दुकान-पाट, खेत-खलिहान बढ़त जात है।''

''हाँ, जूड़न के बप्पा, लोधा लोगन को कुछ नाहीं मिलता। जिसके हाथ में फरसा-कुदाल देखबों, ओके संग जइबों। लेंगामारा गाँव में हमरी मउसी का घर था। हम ऊँहा जाती थी। ऊ लोग जिस तलैया में बर्तन माँजती थीं, उसी में सूअर तक उतरने में घिन्ना करते थे।''

''पढ़ेगा, अपना जूड़न पढ़ेगा।''

ख़ैर, लोचन तो अब रहा नहीं। शांत, निरीह इंसान! हँसती हुई आँखें! ताँबे रंग के घुँघराले बाल! उस बार झमाझम बरखा में उसने बटोरनी को अपनी गोद में भर लिया था और आँगन में लाकर, उसे खूब-खूब भिगोया था। और वो आम का पेड़? वह रहेगा, जूड़न आम खाया करेगा। अभी तो उस पेड़ में बौर तक नहीं आए।

लोचन की मौत के कुछेक महीनों बाद, अड़ोसी-पड़ोसी, नाते-रिश्तेदारों ने उसे समझाया था कि अपने रिश्ते के देवर, पंचकौड़ी से बियाह करके, अपना घर बसा ले।

बटोरनी ने इनकार में सिर हिला दिया। लोचन की जगह, पंचकौड़ी? ऐसा कहीं होता है? या हो सकता है? जूड़न को काफी समझा-बुझाकर, वह उसे बाबू लोगों के यहाँ दे आई थी।

अब बटोरनी जब जंगल की तरफ जाती, जूड़न को गायों का झुंड लेकर जाते हुए देखती थी।

कभी उसे बाबू लोगों के साथ हाट की तरफ जाते हुए देखती थी।

जूड़न कभी बस-सड़क पर नज़र आ जाता था। उसकी पीठ पर अरवी की बोरी। बाबू लोग दूर-दूर से हाट-बाज़ार में सब्ज़ियाँ भेजते थे।

यह सब देखकर उसकी छाती फटने लगती थी। लेकिन ऐसे दृश्य तो सभी लोधा-माँ देखती थीं। बटोरनी की छाती क्यों फटती थी?

नहीं, छाती तो अन्य लोधा-माँ की भी फटती थी। लेकिन कम से कम एक बेला उन्हें खिलाना नहीं पड़ता, यही सोच-समझकर उन लोगों की जुबान नहीं फूटती थी।

ऐसे ही दिन गुज़रते रहे।

अचानक एक दिन बाबू ने बटोरनी को बुला भेजा।

"क्यों री, जूड़न तुझे रुपए देता है?"

"अउर किसको देवेगा, बाबू?"

"उस दिन हाट में लेवनचूस जो खरीद रहा था?"

"हम ओका पइसा दिहिन थी।"

"अच्छा, अच्छा, ये बात है!" बाबू के चेहरे पर बेहया-सी हँसी तैर गई, "मैंने सोचा, कहीं चोरी-चमारी न की हो।, लोचना ही तो...आखिर लोधा जो ठहरा!"

"लोधा तो चोरी ना करके भी चोर होत है। डाका ना डालकर भी डकैत। लेकिन जदि तुमका शक पड़ा है, बाबू तो ओका छोड़ दो। ओका बप्पा तो चोर ना होकर भी, चोर कहाया। जूड़न को बुलाय दो, हम ओका लै जाइ!"

"अरे, तू तो बज्र नासमझ है। सनातन से कहकर, मैंने इतनी बड़ी चीज़ रोक रखी है। उन पैसों का तो कोई हिसाब ही नहीं किया। अब तेरे बेटे को भी रुपए दे रहा हूँ। लेने दो, उसको तीन रुपए लेने दो। तू भी अगर गोशाला में या पाट-काम करती, तो दस रुपए के हिसाब से काटता जाता। सारे रुपए भी दो साल में शोध हो जाते।"

बटोरनी की आँखें एकटक बाबू के चेहरे पर गड़ी रहीं। उसकी निगाहों में, उसके मन के भाव नहीं उभरे। आदिवासी, तपशीली या जो कोई भी गरीब इंसान, जब गाँव के किसी अमीर आदमी की तरफ देखता है, उनकी दृष्टि ऐसी होती है। धनी लोगों के लिए, गरीबों की यह निगाह ही सर्वाधिक आपत्तिजनक वास्तविकता होती है। ये गरीब लोग क्या सोच रहे हैं, इसका अंदाज़ा नहीं मिल पाता।

थोड़ा ठहरकर बटोरनी ने कहा, "चलती हूँ, बाबू!"

बटोरनी ने काठ का भारी गट्ठर माथे पर उठा लिया और चल पड़ी। उसकी तरफ देखते हुए बाबू के सीने में आग सुलग उठी। अच्छा खाती-पीती, तो यही औरत कैसी गदरा आती! अंग-अंग भरा-भरा दिखता। ऐसी जवान-जहान, भरी-पूरी औरत पहुँच के बिल्कुल करीब है, फिर भी बाबू के हाथ नहीं आ रही है, यह बहुत बड़ा अन्याय है। उसे हथियाने का क्या उपाय है?

सारा कुछ खासा गड़बड़ होता जा रहा था। गाँव की ये बेटी-बहुएँ अब बाबू लोगों की ऐश के लिए आना ही नहीं चाहतीं। वैसे कुछेक औरतें मिल भी जाती हैं, लेकिन उनकी चाह कहाँ होती है?

आजकल सारा कुछ गडमड था।

बटोरनी का गुस्सा, बाबू ने जूड़न पर उतार डाला।

"देख, गायों को इधर-उधर छोड़ कर, गिल्ली-डंडा खेलने में मत जुट जाना। तू काम करने आया है या खेलने?"

"हम तो खेलते नाहीं, बाबू!"

बाबू की गिन्नी ने कहा, "खेलने को मिल जाए, तो इसकी तो ऐश हो जाए। इसकी मक्कारी तुम नहीं जानते। उड़े-उड़े मन से काम करता है और बड़के मुन्ना के पीछे-पीछे घूमता फिरता है।"

"क्यों?"

"पूछता रहता है, 'अ' कैसे लिखते हैं, दादा? 'आ' कैसे लिखें? आगे चलकर, करेगा तो वही चोरी-चकारी! अब पढ़े बिना, लोधा लोगों का चोरी-चमारी का काम भी नहीं चलने वाला? दिन-काल बहुत बीहड़ होते जा रहे हैं।"

"अच्छा? अब यह मक्कारी सूझी है?"

"हाँ, जी! लोधा का बेटा, विद्यासागर बनने चला है।"

बाबू ने इस बात को काफी गंभीरता से लिया, क्योंकि एक तो जूड़न अगर उसके पास अटका रहा, तो बटोरनी भी बेटे की वजह से उसकी मुट्ठी में रहेगी। दूसरे जूड़न अभी छोटा है, लेकिन है तो लोचन का लायक बेटा। उसके कामकाज का हाथ भी काफी अच्छा है। उसका यह मैदान जितना बड़ा आँगन, जूड़न झाड़ू-बुहार करके और गोबर से लीपकर बिल्कुल चमकाए रखता है। बागान के झाड़-झंखाड़ भी उखाड़कर साफ रखता है। तीसरे, बटोरनी, जूड़न को जो स्कूल में भर्ती करना चाहती है, उसके पीछे कहीं स्वाधीन कामकाज करने की चाह छिपी है। बस, इसी बात में बाबू को सख़्त एतराज है।

गाँव के सारे बच्चे लिखाई-पढ़ाई करेंगे, यह सब तो सरकारी प्रचार मात्र है। घर में खाना न हो, तो लड़के हरगिज़ पढ़-लिख नहीं सकते। बेगार के रूप में ही जिंदगी शुरू करना ही होगी। इसके बाद बटोरनी जैसी औरतें, जूड़न जैसे बच्चों को स्कूल भेजना शुरू कर दें, तो बाबू लोगों का दखल हिल जाता है। बहरहाल, अभी तक तो दखल कायम है। हिल गया तो सर्वनाश! बाबू कभी तो सरकार के विरोध में खड़ा हो जाता था, फिलहाल अभी तो समर्थन में है, लेकिन दख़ल छोड़ना क्या संभव है? दख़ल क्या छोड़ा जा सकता है?

बेहद झुँझलाहट से बाबू ने जूड़न पर दाँत किटकिटाया, "साले को ग़रीब जानकर, मैंने उस पर मेहरबानी की और वही अब मुझे ठेंगा दिखाएगा? 'अ' कैसे लिखते हैं? साले, तुझे ही तोड़-मरोड़कर 'अ' बनाकर, पेड़ की डाल में न टाँग दिया, तो कहना! साले, चिरकाल तो हमारी जूठन खा-खाकर जिंदा रहे या हमारा ही चुरा-चुराकर खाते-जीते रहे, अब पढ़ाई-लिखाई किए बिना नहीं चलेगा? साले, तुम लोगों जैसे बीस-बीस लोधा, इस जिला में, हर साल काटकर फेंक दिए जाते हैं। इससे भी तुम लोगों को सबक नहीं मिला?"

उस वक्त तो जूड़न ने सिर हिलाकर कहा, "हाँ, बाबू जी, अब्भी करता हूँ—"

उसने नाच-नाचकर आँगन में गोबर छिड़का और अपने काम में जुट गया।

बाद में उसने सनातन से पूछा, "नानू, चोरी करने पर लोधा लोगन को मारत-पीटत हैं, यह तो हम जानत हैं। लेकिन बाबू कह रहा था, लिखाई-पढ़ाई सीख लिया, तब भी मारेंगे? तुमको कुछ पता है?"

"धत्त्, मूरख, वह तुझे डरा रहा है।"

"लेकिन हमरे बप्पा ने तो चोरी नाहीं किया तब ओका चोर कहकर जान से काहे मार डाला?"

"देख, जूड़न, लोधा लोग को..."

जूड़न खामोश हो रहा। "लोधा लोग को..." लोधा के रूप में जन्म लेना बेहद... बे-हद बुरा है, जूड़न इससे पहले उतना नहीं जानता था। यह तो उसे बप्पा की मौत के समय पता चला। हालाँकि उस वक्त उसकी उम्र कुल छः साल थी, लेकिन वहाँ जमा हुए लोगों की बातें सुन-सुनकर वह पल भर में बड़ा हो गया। अब तो तीन साल गुज़र गए। लेकिन, अब भी जब उसे उस दिन की याद आती है, तो वह बेतरह परेशान हो जाता है।

बप्पा का उसे ख़्याल नहीं आता था, हालाँकि पहिया लगी, लाल रंग की एक लाठी, उसके हाथ में देकर किसी ने कहा था, "अपने बेटे के लिए लाए हैं।"

बप्पा की उसे ख़ास याद नहीं आती। छः साल की उम्र में उसने पिता को खो दिया, अब उसकी उम्र दस साल होने को आई। इस वक्त मन तेजी से बदलता रहता है। लेकिन उसे गुलाबी बुआ की सूखी और छाती चीर जाने वाली, क्रुद्ध रुलाई, अब भी याद आती थी। जो लोचन, इतना भला, इतना शरीफ था, वह मर कैसे गया? इसलिए कि वह लोधा था? आओ, बाबू, हम स-ब लोगों को बटोर लाता हूँ, सबको तुम कुट्टी-कुट्टी काट डालो, बाबू! चलो, तुम सुख-चैन से रहो। लोधा लोगों को...आज एक, कल दस, परसों छः लोगों को, किस्तों में मारने की ज़रूरत नहीं है। सबको एक साथ मार डालो, मारकर चैन से रहो।

जूड़न को खींचकर वे लोग उसके बप्पा की लहूलुहान लाश के पास ले आए थे और उसके पैरों पर डाल दिया था। जूड़न से उसके पाँव छूकर प्रणाम कराया था।

"अब अपने बप्पा को फिर कभी नहीं देख पाएगा। तोरे हाथ से, उसकी चिता को आगी भी नसीब नहीं होगी।"

सनातन ने कहा, "चरण बाबू के लौटते ही तू चले जाना, वर्ना ये लोग तुझे मार देंगे।"

जूड़न थप्पड़-तमाचे, मुक्के, उछालकर फेंके गए जूतों की मार ही खाता रहता था।

बटोरनी ने उसे तसल्ली दी, "स-ब दुःख चला जावेगा, बाप, जब तू पढ़ेगा..."

"पढ़ाई से दुःख चला जात है?"

"तोरा बप्पा तो यही कहत था–"

"बप्पा सब जानता था?"

"सब जानता था! तू भी जानेगा। जइसे तोरे बप्पा की जुबान से कहानी-किस्सा सुने के लिए, लोग आकर जमा होत रहे, तोरी बात सुनने के लिए भी आवेंगे। ई अंगना भर जावेगा।"

"तब हम एक लालटेन खरीदूँगा।"

"ख़रीद लेना! हम तो नाहीं खरीद सके।"

हाँ, तब लालटेन जला करेगी! जूड़न जब उठकर खड़ा होगा, जब लोग-बाग़ आ जुटेंगे, तब शायद यह घर भी भला-भला लगे। फिर किसी दिन जूड़न की बहुरिया आ जाएगी। लेकिन उनके जीवन में...उस अनागता पुत्रवधू के जीवन में वही गीत, कहीं सच न हो जाए–

जिसके हाथ में हँसिया-कुदाल देखिबों
उसके साथ हम जइबों!

हाँ, कभी वह हँसिया-कुदाल लेकर चलती थी, अब नहीं चलती। चलना संभव भी नहीं था।

दइहौं बरमा की मार, खोद निकलिहौं आलू-तुंगा हजार!

ना, अब वे दिन नहीं रहे! जंगल भी अब नहीं रहा। वे लोग रहने नहीं देंगे। जिस वन में आलू-तुंगा होता है, वहाँ शाल, पियाल, कंदा, अर्जुन, सिधा, बहेड़ा और आँवला के पेड़ भी होते हैं। अब वे लोग ऐसे वन नहीं रहने देंगे। 'फॉरेस' बाबू, जंगल-ठेकेदार बाबू–सब मिलकर वन-जंगल ख़त्म कर रहे हैं और गला फाड़-फाड़कर कहते हैं कि गाँव के लोगों ने वन-जंगल उजाड़ डाला।

यहाँ के जंगल का मतलब है–यूकेलिप्टस! जलावन का काठ, दातुन, पत्ते, फल, छाल, धूना–कुछ भी नहीं देता और जंगल की माटी भी जला डालता है।

अब हाथ में हँसिया-कुदाल लिए लोधा, उसके पीछे-पीछे उसकी मेहरिया–अब यह सब सोचने से कोई फ़ायदा नहीं है।

जूड़न ज़रा बड़ा हो ले। उनके जमाने में सब कुछ और तरह का होगा।

विवाह के समय, विवाह के नियम मुताबिक, जूड़न फूस की किसी छादन पर चढ़ेगा और डरने का नाटक करते हुए कहेगा, "हम गिर जाऊँगा! गिर गया, तो मर ही जाऊँगा।"

उस वक्त जूड़न की बहुरिया जवाब देगी, "तुम नीचे उतर आओ। हम तुंगा-आलू जुटाकर, तुमको खिलाऊँगी।"

लेकिन वह सब महज नियम निभाने के लिए नियम मुताबिक किया जाएगा। वास्तव में तो होगा यह कि जूड़न शायद कहीं नौकरी कर रहा होगा या दुकान खोलकर बैठा होगा। उसकी बहुरिया बत्तख-मुर्गी पाल रही होगी, घर-गृहस्थी की देखभाल कर

रही होगी।

इसी तरह दिन गुज़रते रहे। सैकड़ों-हजारों अभावों के बावजूद, बटोरनी, जूड़न की तनख्वाह के रुपए, टिन के डिब्बे में भरकर, मिट्टी तले गाड़कर रखना नहीं भूलती थी।

वैसे जूड़न को उसने यह बात नहीं बताई थी।

उसने बेटे से सिर्फ इतना ही कहा, "सारे पइसे खरच हो जात हैं, बाप! तीन ही रुपइय्ये तो मिलत हैं।"

लेकिन वे रुपए, वह जमा करती जा रही थी। कुछ-कुछ जमा होता रहेगा, तभी तो वह आश्चर्यजनक चीज़ खरीदी जा सकेगी, जिसे कहते हैं, लालटेन! लोधा संचय करना नहीं जानते, जी! लोधा तो बस, इतना ही समझते हैं कि रुपए हाथ में हों तो खा-पीकर उड़ा दो। लेकिन लोचन, उसके पति ने संचय का मोल सिखाया था।

लोचन कहा करता था, "देख, चाहे दस पैसे ही सही, डिब्बे में जमा करती रह! सोच लेना कि वे पैसे हैं ही नहीं!"

दिन इसी तरह गुज़रते रहे।

एक दिन भरत कोटाल ने बात छेड़ी, "कुछ सुना, बटोरनी?"

"क्या?"

"चरण बाबू आ रहे हैं।"

"मास्टर होकर?"

"बे-शक़! मास्टर तो ख़ैर वह हो ही चुका था। सिर्फ इसलिए टाउन गया है कि उसे खिसियाल टाउन में नियुक्ति मिल जाए।"

"अच्छा है! यह तो बहुत अच्छा है!"

अचानक चरण धड़धड़ाता हुआ आ पड़ा। छिचरण पटनायक अपने भतीजे को यहाँ लाना चाहता था।

लेकिन चरण ने कहा, "यह सब भूल जाएँ, दादा! एस टी इलाके में स्कूल है। इसमें एस टी ही पढ़ेंगे। आप लोगों के रहते, यह हो नहीं पा रहा है।"

"अच्छा?"

"अच्छा क्या? अच्छा ही अच्छा!"

अपने हड़बड़िया स्वभाव मुताबिक चरण ने असंभव धचका देते हुए कहा, "अब पेट भरने के लिए भात कहाँ से जुटेगा, पता नहीं। लड़का भेजो, लड़की भेजो! तुम लोगों के इतने-इतने बच्चे पढ़ रहे हैं, यह मैं दिखाऊँगा। स्कूल को आठवीं क्लास तक ले जाऊँगा और अगर कहीं पचास बच्चे और दिखा सकूँ, तो एकदम से 'बोर्डिंग' बनाने की कोशिश करूँगा। लोधा, संथाल...इन लोगों की जिंदगी में मोहताजी तो होती ही है। लेकिन लड़कों को पढ़ने के लिए स्कूल भेजो, नहीं तो हमारे मुँह पर

कालिख पुत जाएगा।''

जूड़न के मालिक ने कहा, ''पढ़ेगा? अच्छा है, बहुत अच्छा है किसने पट्टी पढ़ाई? चरण ने? अंत में तू चरण के जाल में फँस गई, जूड़न की माँ? तुम लोगों के बच्चों को पढ़ाकर, वह नाम खरीदेगा? बेटा पंचायत में घुसेगा? वोट के लिए खड़ा होगा?''

बटोरनी ने कोई बात नहीं की।

''मेरे हिसाब का क्या होगा?''

''हिसाब? किस बात का हिसाब? कैसा हिसाब?''

''तेरा मूल कर्ज़ा?''

''हम तो हिसाब बूझती नाहीं! चरण बाबू से बात करूँगी। ऊ आयकर, हिसाब कर देवेंगे।''

''देखो, चरण का हिसाब-किताब मैं नहीं मानता। उसके काका के साथ, मेरे दादा का मुकदमा चल रहा था। वह जो हिसाब देगा, वह ज़रूर उल्टा-पल्टा होगा।''

''कउन हिसाब मानोगे?''

''तू यहाँ काम पर लग जा।''

''बेगारी करूँ?''

''घाट गऊशाला की देखरेख करना!''

बटोरनी ने इन बातों का कोई जवाब नहीं दिया। घर लौटकर, वह चरण से सलाह-मशविरे के लिए पहुँची। वह घर पर नहीं मिला।

गुलाबी ने कहा, ''सब झूठ बात। लोचन ने अपनी झोंपड़ी बेची और हमें पता नहीं चला? और वे रुपइय्ये भला कहाँ गए?''

''अब हम क्या करूँ?''

''अब करना क्या है? खैर, तूने अगता पैसा तो नहीं लिया?''

''नहीं! लेकिन ऊ बाबू बिल्कुल साँप की नजर से देखत है हमका। अगता पइसा लेवे के लिए, मुँह फोड़कर बोले पड़ता न! सो हमने नाहीं लिया।''

''बस, जूड़न को कल से मत भेजना।''

''ई का धरमं की बात हुइहै?''

''बाबू के मामले में धर्म-करम कैसा, री? वह तो धर्म से चला नहीं। बाघ देखकर करो भजन और साँप देखकर करो प्रणाम! बाघ या साँप तुम्हें प्यार करेगा भला?''

''खैर, कल जावे दे, परसों से नाहीं भेजूँगी। चल, कल हम दोनों गुप्तमणि में पूजा दे आएँ।''

गुलाबी परम खुश हो गई, ''हाँ, चल बहिना, लोधा की ज़िंदगी में और क्या धरा है? न सुख-चैन, न आराम! कल सुबह सवेरे ही निकल पड़ेंगे। रास्ते में, केंदुसल

में थोड़ी देर बैठकर सुस्ता लेंगी। टुक देर, बहिन के घर जुड़ा लेंगी। गुप्तमणि ठकुराइन तो हम लोगन की ही देवी है। लोधा पुजारी है। इस देवी की पूजा दिए बिना, क्या काम सफल हो सकता है?"

बटोरनी ने जूड़न के सारे रुपए और कुछ अपने रुपए साथ ले लिए। आज वह गोपाल माहतो की दुकान में बारह रुपए जमा रखकर, एक लालटेन ख़रीदेगी। बाकी चार रुपए, वह अगले हफ़्ते चुका देगी। जूड़न लालटेन जलाकर पढ़ा करेगा—अ, आ, इ, ई! उसकी पैंट भी चीथड़े-चीथड़े हो गई है। लेकिन खैर, एक जाँघिया है उसके पास! गाँधीराम, 'पूजा' से पहले पुरानी कमीज़-पैंट बेचने आता है, उससे वह एक पैंट भी खरीद लेगी।

गुप्तमणि में बटोरनी ने बेटे के नाम पूजा चढ़ाया! लोचन की आत्मा की शांति के लिए भी प्रार्थना की। अफसोस! उसकी पारलौकिक सद्गति तो उसकी हो नहीं पाई। झाड़ग्राम में उसकी चीर-फाड़ की गई थी, उसकी लाश भी वहीं कहीं फेंक दी गई थी। लोधा-जनम सचमुच अभिशाप होता है। खैर, अब तुम जहाँ भी हो, तुम्हारी आत्मा को शांति मिले। तुम्हारा जूड़न कल से पढ़ने जाएगा, तुम्हें शांति मिलेगी। जूड़न तुम्हारा अब पढ़ने जा रहा है। तुम कहा करते थे न लोधा लड़का अगर पढ़ना न जाने, तो वह निरुपाय होता है।

देवी की पूजा देकर, लालटेन खरीदकर, बटोरनी परम प्रसन्न थी। बटोरनी लोधा-बहू थी। लोधा-माँ थी। उसका मन अपार अरण्य था। आज मन के उस अरण्य अँधेरे में नीले गंधराज खिल उठे थे। गंधराज की उस खुशबू में उसका मन जुड़ा आया।

जैसे ही उसने खिसियाल में क़दम रखा, गुलाबी की बेटी, छीरू, शंकर—कई बच्चे उसकी तरफ एक साथ दौड़ पड़े।

"मौसी, कितनी देर लगा दी पूजा में? इतनी देर कहाँ रहीं? बाबू ने जूड़न को बिल्कुल मार ही डाला है।"

"जूड़न को?"

बटोरनी के हाथ से लालटेन छूटकर गिर पड़ी। पूजा का प्रसाद भी छिटक गया। किसी आशंका से वह क्रुद्ध बाघिन हो उठी। वह दौड़ पड़ी। बाबू, तुमने मेरा पति छीन लिया, अब क्या बेटे को भी छीन लोगे? अगर ऐसा हुआ, तो कटारी से तुम्हें कुच्ची-कुच्ची काट डालूँगी। तुम्हें काटकर, भले फाँसी चढ़ जाऊँ।

बटोरनी हवा से भी ज़्यादा तेज़ रफ़्तार में दौड़ पड़ी।

चील-माँ की तरह अपने पंखों से झपट्टा मारते हुए, वह भरपूर दम से चीख उठी, "'जू-ड़-न रेऽ ऽ ऽ! चरण बाबू लउट आए, तब भी तोको नाहीं छोड़ेगा?"

बाबू के आँगन में भीड़ ही भीड़! उनके आँगन में हाइजैक जलता हुआ! तो क्या उसका जूड़न नहीं रहा? जूड़न कहाँ है? जू-ड़-न रेऽऽ ।

बटोरनी आ पहुँची।

भरत कोटाल, सनातन, कई लोधा और माझीपाड़ा के कितने ही लोग! जूड़न कहाँ है? भरत वगैरह कुछ बोल क्यों नहीं रहे?

मौसी हेऽऽऽ तुम ही तो जूड़न को इस धरती पर लाई थीं। इस वक्त उसे गोद में लेकर, पत्थर की बुत बनी क्यों बैठी हो? बटोरनी छाती पीट-पीटकर रोती रही।

"अरे, यह औरत ऐसे क्यों कर रही है? अरे, तोरा बेटा ज़िंदा है। चरण लोग डॉक्टर बुलाने गए हैं।"

"ज़िंदा है? जूड़न जिंदा है? लाओ, मोरी गोदी में डाल दो।"

बटोरनी बेटे को गोद में लेकर बैठ गई, "ना, ना हम एका हिलावेंगी-डुलावेंगी नहीं! कहाँ-कहाँ मारा है, मोरे लाल?"

"जहाँ-जहाँ मार सका।"

"काहे मारा?"

"हम कुछ नहीं जानते। सनातन ने जाकर ख़बर दी, जूड़न मर रहा है। इसलिए हम सब दौड़े चले आए। भुवन लोग, चरण को उसके घर से ले आए। जब हम यहाँ पहुँचे, तो बेटा पिटाली पेड़ से बँधा हुआ था। इन लोगों का कहना है, उसने काँसे की थाली चुराई है–"

"थाली चुराई है?"

बेटा अभी तक बेहोश था! पूजा की वजह से उपासी बटोरनी के चेहरे पर, बेहद दर्दभरी, अबूझ-सी हँसी तैर गई।

चरण वगैरह डॉक्टर के साथ आ पहुँचे। उनके साथ, गाँव-सेवक, विष्णु माहतो भी नज़र आया। चरण ही उसे पकड़ लाया था। प्रबल पराक्रमी बाबू के यहाँ उसे विरोधी दल के साथ आना पड़ा, इस वजह से विष्णु काफी कुंठित नजर आ रहा था।

डॉक्टर ने हिदायत दी, "इसे लिटा दें–"

उसकी जाँच करने के बाद, डॉक्टर ने कहा, "दवा दिए देता हूँ। लेकिन इसे एक बार केन्दुसल के स्वास्थ्य-केंद्र ज़रूर ले जाओ। यह जो कट-फट गया है, इस पर टाँके लगाने होंगे और इंजेक्शन भी लेना चाहिए।"

लोक-बल की वजह से चरण का पलड़ा भारी हो उठा। वह ज़्यादा ताकतवर हो उठा। चूँकि उसने ऐसी किसी वारदात में, प्रभावशाली भूमिका निभाई थी, इसलिए इसे गाँव में पैर जमाना, उसके लिए और मुश्किल हो आया। इसके बावजूद, वह मन के खिंचाव की वजह से ही वहाँ आ पहुँचा था।

चरण ने बाबू से कहा, "गाड़ी निकालिए।"

बाबू ने अपने बेटे से कहा, "जा–"

बटोरनी ने चरण की तरफ देखा।

"जूड़न बच जाएगा न?"

"बच जाएगा! बच जाएगा!"

बटोरनी के चेहरे पर अब तीखी, धारदार हँसी झलक उठी, "जूड़न का बप्पा जाड़े में अलाव तापने के लिए, थोड़ा फूस लै गया, वह चोर बन गवा। बाबू ने उसे जान से मरवा दिया—"

"सभी जानते हैं।"

"एका कोऊ नियाव-विचार नाहीं है?"

"अब उस बात से क्या फ़ायदा?"

"बाबू कहत हैं, तोका काम में लगे पड़ी। कइसा है यह बाबू, वह भला बताने लायक है? ऊ जूड़न से काम करावेगा, अगर ऊ काम नाहीं करेगा, तो हमका करे पड़ी।"

बाबू निरुत्तर!

"हमका काम काहे करना पड़ी? कहते हैं, जूड़न के बप्पा ने सनातन को अपनी झोंपड़ी बेचकर, ढाई सौ रुपए लिया था। बाबू जी ठहरे दया के सागर! ऊ रुपइय्या शोध कर दिए। इसलिए हमका उनका गऊथान की देखरेख करे पड़ी।"

बटोरनी की यह बात सुनकर, सभी लोग एकदम से अस्थिर हो उठे!

बाबू ने कोई सफाई देने की कोशिश की।

बटोरनी तीखी आवाज़ में हुंकार उठी, "जूड़न का बप्पा अढ़ाई सौ रुपया लिया, हमका पता नाहीं चला? हमने सनातन से भी पूछा। उसने बताया, बाबू हमरे नाम वर्गा 'रिकाड' करावत है। लेकिन हम सिरिफ कागज पर ही वर्गा हैं। सो, जूड़न की माँ, आदिवासी लोधा का घर, बाबू नाहीं ले सकता। हाँ, कउनो आदिवासी का नाम ज़रूर लिखा सकता है। सो, जिसने बेचा, ऊ नाहीं जान पाया, जिसने खरीदा, ऊ भी नाहीं जानता। जानत है, सिरिफ बाबू! अब, आप लोगन सोच देखें—"

विष्णु माहतो ने कहा, "अगर उधार-कर्ज़ लिया हो, तो ऐसा होता तो है, लेकिन..."

चरण एकदम से बोल उठा, "किसकी तरफ पलड़ा झुका रहे हो? किसके पक्ष में?"

चरण के चेहरे पर विजेता-सी मुस्कान झलक उठी, "अब इस घटना का नतीजा, अंत तक देखना ही होगा।"

लोगों की आँखें बाबू के चेहरे पर गड़ गईं। बाबू की आँखें भी लोगों पर थिर हो आईं। उसके बाद, वह पीछे मुड़ा और अपने घर के अंदर समा गया।

बैलगाड़ी आ पहुँची। जूड़न को गाड़ी में सवार करा दिया गया। बटोरनी बेटे को लेकर बैठ गई। गुलाबी ने उसके हाथ में लालटेन थमा दिया। बटोरनी ने वह

लालटेन भी, अपनी बगल में रख ली। जूड़न के बदन में जब हरकत जागेगी, जब वह पूरी तरह होश में आ जाएगा। तब यह लालटेन उसे दिखाएगी।

गाड़ी चरमराहट की आवाज के साथ, धीरे-धीरे चल पड़ी।

भरत ने कहा, ''सड़क पर पहुँचकर, हम गाड़ी को धकियाकर ऊपर उठा देंगे। सड़क काफी ऊँचाई पर है। है कि नहीं?''

बटोरनी, जूड़न को अपनी छाती से चिपकाए बैठी रही। इस वक्त उसके आस-पास, चारों तरफ यह कैसी खुशबू महक रही है? नील गंधराज की? यह खुशबू अन्य लोग क्यों नहीं महसूस कर रहे हैं?

बटोरनी का मन धीरे-धीरे शांत हो आया! स्थिर! बैलगाड़ी चलती रही...चलती गई।

मौलिक अधिकार और भिखारी दुसाध

वह जगह, नवागढ़ की सीमा पर और बस-सड़क के ऊपर थी। नवागढ़ एक छोटा-मोटा स्टेट या बड़ी-सी जमींदारी! वहाँ के जमींदार को 'राजा' का खिताब मिला था। स्वाधीनता वर्ष में राजा साहब की उम्र थी, एक वर्ष! इसके बावजूद वे 'राजा साहब' नाम से ही परिचित थे। ताल्लुका चले जाने के बाद भी, राजा साहब बेसहारा नहीं हुए थे। राज्य-समूहों के हस्तांतरण के समय ही, बहुत सारी ज़मीनें, प्रचलित नियम मुताबिक, करीब पच्चीस ख़ास-ख़ास देवताओं के नाम कर दी गई थीं। इसके बावजूद राजा साहब पर चरम अन्याय हो गया। राज्य सरकार पाप कर बैठी। बस-सड़क और रेल-पथ बनने की वजह से राज्य और केंद्रीय सरकार ने वह ख़ास ज़मीन हड़प ली।

यह सब तभी घट गया था, जब राजा साहब किशोर थे। दक्ष राजमाता और उनका आज्ञाकारी वकील, इस चरम अन्याय की वजह से, अंदर ही अंदर तिलमिला उठे। उसके बाद रांची और पटना में वकीलों से सलाह-मशविरा! इधर राजा साहब के लिए दिन-गुज़ारने का इंतज़ाम–ये दोनों साथ-साथ चलते रहे। आबादी, ज़मीन, जंगल कटाई ठेकेदारी और काठ-चिराई कारखाना, लॉरी-ट्रांसपोर्ट का व्यवसाय–यह सब सुदृढ़ कर लेने के बाद प्रतिकार के लिए दौड़-धूप शुरू हो गई।

पूरे छः साल की कोशिश-तदबीर के बाद थोड़ा-बहुत बचाव हो ही गया। आज नवागढ़ में ख़ासी धूमधाम थी। प्राथमिक विद्यालय में छुट्टी हो गई। राजमाता ट्रांसपोर्ट की एक सौ लॉरियों की छुट्टी! राजा साहब के आवास 'शूर निवास' से रंगीन कागजों से ढँके मिष्टान्न की डाली-थालियाँ, तोहरी की कचहरी, टाहाड़ के शिवमंदिर वगैरह-वगैरह जगहों में सौगात भेजी गईं।

अर्से बाद, नवागढ़ में लोग-बाग ने राहत महसूस की। राजा साहब ने ऐलान किया कि खुशियाँ मनाओ, धूम मचाओ, घर-घर दीप जलाओ। लेकिन अपने-अपने ख़र्च पर! खैर, ऐसी धूमधाम न सही, मगर लोग हल्के हो आए।

करीब दस महीने पहले, राजा साहब की ज़मीन के बँटाईदार किसानों में प्रबल विक्षोभ जाग उठा। पिछले आठ सालों में, किसी भी बार यहाँ पुलिस नहीं बैठी थी।

बँटाईदारों को पहले राजा के आदमियों ने पीटा, उसके बाद पुलिस भी आ गई। पुलिस ने जिसको भी समझा, बँटाईदारों के झुंड के नेताओं को पकड़ ले गई।

खैर, ऐसा तो होता ही आ रहा है; होता ही आया है। नवागढ़ की मिट्टी जितनी पुरानी थी, ये सब घटनाएँ भी उतनी ही पुरानी थीं।

इस दौरान साल-दर-साल बँटाइदारों की संख्या बढ़ती गई। खेतों के अनाज के बँटवारे या अधिकार के बारे में, उनकी चेतना भी बढ़ गई थी। पुलिस को शक़ था कि इसमें कोई तीसरी शक्ति काम कर रही थी।

यह भी अंदाज़ा लगाया जा रहा था कि वह तीसरी शक्ति किसी एक दल में सीमित नहीं थी।

''कोई कमूनिस हो या आदिवासी स्वार्थ का संरक्षक या उग्रपंथी हो, स-ब साले, गरीब किसानों को मदद देते हैं।''

इस बार, इसमें कहीं कुछ गड़बड़ लगा। तीन महीने पहले, बँटाईदारों ने जो जंग छेड़ी थी, उस वक्त उन लोगों ने एक कपड़े पर लिखा था—'मेहनत की फसल के आधे बट्टे पर हमारा मौलिक अधिकार है।'

उस कपड़े को दो बाँस के सिरे से बाँधकर, वे लोग घूमते फिरे थे। ये बातें काफी परेशानी जगाने वाली थीं। उनका आशय भी काफी गंभीर था। राजा साहब के खेतों का बँटाईदार होकर वह कहेगा कि मेहनत-पसीने से उगायी फसल में उसे अपना वाजिब अधिकार चाहिए? फसल में अपना हक़ माँगेगा? यह तो ठीक नहीं है। इसके अलावा, उन बँटाईदारों में लिखना कौन जानता है? लिखकर किसने दिया?

राजा साहब को लगा यह तो भयंकर मक्कारी है। अन्याय है, सरासर अन्याय! शोषित तो वे हैं; अत्याचार के शिकार तो वे हैं। सरकार ने उनकी ज़मीन लेकर, उस पर बस-सड़क और रेल-सड़क बनवा लिया। वैसे यह गौण बात है कि सरकार ने रेल-सड़क, बस-सड़क तैयार कर दिया, तो उनके राजमाता ट्रांसपोर्ट की लॉरियाँ, उन रास्तों पर काठ, कोयला, अनाज, कुली वगैरह लादकर लाने-ले जाने लगी हैं, रेलगाड़ी के वैगन, उनके चिरे हुए काठ ले जाते हैं। अभी इस अन्याय का कोई निपटारा हुआ भी नहीं कि अब बँटाईदारों की तरफ से यह कैसा अन्याय शुरू हो गया? अब यह नई माँग कि फसल में हिस्सा चाहिए? सरकार के श्रम दफ़्तर के नियम-मुताबिक हिस्सा चाहिए?

इस बार बँटाईदारों ने राजा साहब के आदमियों को फसल नहीं उठाने दिया। उन लोगों ने कहा—''मारो! मारो सालों को!'' उन लोगों ने मथुरा सिंह को मारते-मारते घायल कर दिया; चंदनमल की बंदूक छीन ली। खुद राजा साहब को गोली चलानी पड़ी। उन लोगों का भी एक दल मारा गया।

ऐसा तो होता ही आया है, होता ही रहता है। नवागढ़ की माटी जितनी पुरानी है, ये तमाम घटनाएँ भी उतनी ही पुरानी थीं। बच्चे को सुलाते हुए, कोई नानी,

अपने नाती को परियों की कहानी सुनाने के लहजे में कहा करती थी–"उसके बाद आ गए राजा साहब! बोले, "क्या, दुखिया, यह कैसा खच्चड़पन है? तोरे नाना बोले, क्या खच्चड़पन किया हमने? फसल दिया करो अपने हत्यारे सिपाहियों को जाने को कहो।" उसके बाद राजा साहब ने गोली दाग़ दी। मार दिए तोरे नाना को। फाट गया उनका कलेजा और इतना...इतना खून उफन आया, जैसे भादों के महीने में गंगा जी में पानी!"

ऐसा तो होता ही आया है, होता ही रहता है। ज़मीनों के मालिक और गरीब किसान, खेत-मजूर, बँटाईदारों की कहानी ऐसी ही होती है। इस कहानी को कोई नहीं बदल सकता।

लेकिन इस बार, फर्क़ था। वे लोग मारते-मारते, मार खाते-खाते नारे लगा रहे थे–

मेहनत की फसल का
आधा बट्टा हमारा
हमें चाहिए
मौलिक अधिकार हमारा

नवागढ़ की माटी के जीवनकाल में ऐसा कभी नहीं घटा। नतीजा यह हुआ कि नवागढ़ में पुलिस बैठ गई। दुखिया की लाश चालान कर दी गई। घायल लोग अस्पताल पहुँच गए। बँटाईदारों के नाम शांति-भंग और कानून-भंग का केस! अचानक एक नया कांड घट गया। बँटाईदार यूनियन ने भी अदालत में अर्जी पेश कर दी। वे लोग भी लड़ेंगे।

इन सब कारणों से, नवागढ़ में पुलिस की तैनाती से सभी लोग काफी सहम गए। तीन महीनों तक बिल्कुल ख़ामोशी! इस बीच क्या राजा साहब को कोई राहत मिली? हाँ, बिल्कुल बद्ध हवा, थोड़ी हल्की ज़रूर हुई। लोगों की जुबान पर एक ही बात, पता नहीं क्या हुआ है।

भिखारी, दुसाध को किसी ने भी तवोज्जोह नहीं दी। खैर, देने जैसी बात भी नहीं थी। वह शख़्स नितांत डरपोक और निरीह था। घूम-घूमकर बकरियाँ चराना ही उसकी जीविका थी। बकरियों के कामकाज में बकरियाँ ही सहाय होती हैं। उन्हें देखभाल की ज़रूरत नहीं होती। वे लोग क़िस्म-क़िस्म के पत्ते-पत्तियाँ चबातीं, घास तो खैर, खाती ही हैं। साल में कई-कई बार, कई-कई बच्चे पैदा करती थीं।

और कोई आदमी होता, तो बकरियों से ही अपनी किस्मत चमका लेता। लेकिन भिखारी की यह कैसी तकदीर? उसकी बकरियों के झुंड में परिवार नियोजन का सिलसिला! दो बकरी-एक बकरी, वर्ना एक बकरी-दो बकरे। इनकी संख्या, इससे ज़्यादा बढ़ती ही नहीं थी। 'हम का करी, महाराज?' भिखारी करमजला!

और कोई होता, तो बकरियाँ चराकर ही अपनी क़िस्मत चमका लेता। तेरी

तकदीर क्यों नहीं चमकती?

"कैसे चमके मोरी तकदीर? जंगल-जंगल चराने ले जाता हूँ। बकरियाँ लकड़बग्घा लै जात है; सियार खींच लै जात है। चलो, पौव्वा भर सतुआ दे दो, लाला और ज़रा-मनी नीबू का अचार! पाँच पैसे का! पाँच पइसे का निमक भी दै दो।"

"बस्स? हो गया?"

"हाँ, लाला जी!"

"सुन रे, भिखारी, बकरी हाट में क्यों नहीं बेचता? हाट में बेचे, तो जास्ती दाम मिलेगा।"

"अब क्या किया जाए? हमका तो जास्ती दाम कोऊ देवे ही नाहीं चाहत!"

भिखारी के चेहरे पर सहमी-सी हँसी झलक उठी, मानो वह अपने ही अवांछित अस्तित्व के लिए बेहद शर्मिंदा हो। वह चुपचाप वहाँ से चला गया।

कभी-कभी वह गोद में बच्चा लिए, कोई बूढ़ी-अधेड़ बकरी को खदेड़ते हुए, जंगल की तरह भागता-दौड़ता नज़र आता था। उसके चेहरे-आँखों में भयंकर दहशत और परेशानी! होठों के कोनों में झाग! भिखारी जब भी डरा हुआ होता था, उसकी जुबान सूखने लगती थी और होठों की कोरों में झाग जम जाते थे।

शुरू-शुरू में नवागढ़ के लोग अवाक् हो उठते थे।

"क्या भया, ओ, भिखारी?"

"पुलिस आई है, पुलिस!"

"तो, तेरा क्या?"

"ई लोग बकरा उठाय लै जात हैं।"

भिखारी भाग खड़ा हुआ। जंगल में चीता, सियार होते हैं, बकरियों के दुश्मन! भिखारी का एक ही दुश्मन! पुलिस! वह जंगल में घुस गया और दाँव से पेड़ की डालें काट-काटकर उसने बकरियों के लिए पानी की गड़ही बनाई। वहाँ सब बकरियों को उसने ठूँस दिया, खुद उस गड़ही के सिरे पर बैठा-बैठा थर-थर काँपने लगा।

संपत्ति के नाम पर उसके पास और कुछ नहीं था। उसकी संपत्ति, बस वही बकरियाँ थीं। न जमीं-जमा, न बीवी-बच्चे, न कोई काम-काज! बदन पर लंगोटी और बस, बकरियाँ चराओ! खैर, यह कोई बुरा काम नहीं था। अगर कभी उसके पास दस-पंद्रह बकरियाँ हो गईं, तो भिखारी उन्हें पहले सुमादी हाट ले जाएगा। खू-ब सारे रुपयों में बेचेगा। गाभिन बकरी रख लेगा, बाकी सब बेच देगा।

उसके बाद, वह बड़ी-सी धोती खरीदेगा। हमेशा वह छोटी धोती ही खरीदता था और उसे लंगोटी की तरह लपेटे रहता था। इसके अलावा वह नया गमछा भी ख़रीदेगा।

उसके बाद वह सुमादी या अन्य कहीं, या दुसाध टोली में पता करेगा। वैसे हाट में भी नाऊ लोग आते हैं, वे लोग भी बता सकते हैं। वह किसी विधवा या

अधेड़ दुसाधिन से ब्याह कर लेगा। तब तक उसके पास शायद एक घर भी हो जाए। जब दो-दो प्राणी होंगे तो बकरियों की तादाद भी बढ़ जाएगी।

लेकिन भिखारी के जीवन में किसी तरह भी उसका सपना सच हो लेने का नाम नहीं ले रहा था। बाढ़ा गाँव के दुसाधों ने जंगल-ज़मीन पर दुसाध टोली बना ली थी। वहीं भिखारी आराम से ही था। लेकिन क्या किया जाए, महाराज? बाढ़ा का गणेशी सिंह गाँव का मालिक था। दुसाधों के साथ पता नहीं उसकी क्या अनबन हुई। दुसाधों ने गणेशी को मार डाला। गाँव में पुलिस बैठ गई। अब पुलिस ही उनकी बकरी-बकरे उठा ले जाती थी। भिखारी की भी कई बकरियाँ छिन गईं।

कितना रोया था भिखारी! उसके पास और कुछ नहीं है। ये बकरे-बकरियाँ ही उसका सहारा हैं। लेकिन पुलिस कुछ नहीं समझती।

आखिरकार बांका दुसाध ने कहा, ''सुन, गाभिन बकरी लेकर भाग जा। नाढ़ा गाँव में कोई गोल-माल नहीं है। चराने के लिए मैदान भी है। बरगद के पेड़ तले रह लेना।''

सो, अब बरगद के पेड़ तले, काश की झोंपड़ी! बकरी को भी बच्चा हो गया। वह बच्चा बड़ा भी हो गया। नाढ़ा के मालिक, परवार राजपूत लोग थे। वे लोग मांस खाते थे। देह से भी काफी बलिष्ठ थे। उन लोगों ने भिखारी की तरफ कभी आँख उठाकर भी नहीं देखा। जब भी गोश्त खाना होता, वे लोग बकरा ख़रीद लेते। क़ीमत बहुत कम देते थे। आठ रुपए-दस रुपए! दस-बारह-पंद्रह सेर मांस का दाम, क्या इतने से में निकलता है? क्या किया जाए, महाराज? सब कुछ क्या सबके नसीब में होता है? लेकिन नाढ़ा के मालिक परवार ने किसी औरत को गोली मार दी। वह औरत होली-गायकों के दल में शामिल थी। बस, नाढ़ा में भी पुलिस आ धमकी।

पुलिस के आते ही, मालिक परवार ने कहा, ''जा, भिखारी दुसाध के यहाँ से एक बकरा ले आ।''

तीन दिन में तीन बकरे देने के बाद, भिखारी नौ-दो-ग्यारह हो गया।

सबके लिए यह दुनिया बहुत बड़ी नहीं होती। भिखारी के लिए भी यह दुनिया काफी छोटी थी। नाढ़ा के बाद, भिखारी अपना टूटा दिल लिए टाहाड़ चला गया। टाहाड़ के शिव मंदिर के पुजारी, हनुमान मिसिर को प्रणाम भी कर आया।

हनुमान मिसिर का क्या चेहरा था! बदन का दमकता रंग! देह से जैसे रोशनी फूट रही हो। ऐसा भला क्यों नहीं होता? रोज़-रोज़ देवता दूध पीते थे, दूध में नहाते थे, भगवान महादेव से बातें करते थे।

भिखारी वनांचल में दुसाध गंज की टोली में गया था। टाहाड़ के दुसाधों ने उसकी बड़ी खातिर की और उसे अपने यहाँ बुला लिया। जब वह बकरी चराने जाता था, एक बूढ़ी दुसाधिन, उसकी गाभिन बकरी की अच्छी देखभाल कर देती थी। वह उसके लिए खाना भी पका देती थी।

वहाँ के लोगों ने कहा, "यहीं रह जाओ। हमारी बिरादरी में घर-घर लोग बढ़ते ही रहते हैं। हम तुम्हारे ब्याह का भी इंतजाम कर देंगे।"

भिखारी वहाँ काफी मज़े में ही था। लेकिन देवता जी के पास एक दिन दारोगा आ धमका। वह टाहाड़ में सात दिन टिका रहा।"

देवता जी ने कहा, "भिखारी दुसाध, दारोगा जी के लिए एक बकरा ले आ।"

"हम तो यह बकरा बेचने जा रहे थे, देवता!"

"क्या कहा? पुलिस-दारोगा देवी-देवता और बाम्हनों से ऊपर! उनके खाने की चीज़ के लिए, पैसे की बात?"

बकरा भेंट देकर, भिखारी ने टाहाड़ भी त्याग दिया। टाहाड़ के दुसाधों ने अफसोस भी जाहिर किया। मगर क्या उपाय? भिखारी तो उन लोगों की तरह मजदूरी या खेज-मजूरी का काम करता नहीं था। परमिट लेकर जंगल की सूखी लकड़ियाँ बीनने का काम भी नहीं था उसके पास। वे बकरियाँ ही उसकी एकमात्र सहारा थीं। उसका काम था बकरियाँ पालना, बेचना! पुलिस बार-बार उसकी रोज़ी-रोटी बर्बाद कर देती थी।

उसे टाहाड़ की दुसाध टोली काफी पसंद भी आई थी। वह गरीबों से भी ज़्यादा गरीब था, इस वजह से भिखारी को कोई नीची निगाह से नहीं देखता था। बुढ़िया माँ उसके लिए घाटो और कुंदरू की तरकारी बना दिया करती थी। हरवा की बीवी अपने बेटे के हाथ करौंधे का अचार, छठ परब का प्रसाद भेज दिया करती थी। हरवा ने एक बार सजारू मारा था। उसका मांस भिखारी ने भी खाया था।

सब कुछ छोड़-छाड़कर, अंत में नवागढ़! प्राइमरी स्कूल-मास्टर, सुखचंद, शरीफ आदमी थे। स्कूल की खपरैल के करीब, बरगद के पेड़ तले, वे बैठे-बैठे भिखारी से बतियाते रहते थे। कम उम्र! इन सब जगहों की रीति-रिवाज से अनजान थे।

उन्होंने ही भिखारी से कहा, "रात को मैं प्रौढ़-शिक्षा की क्लास लेता हूँ। तुम भी आ जाया करो, भिखारी?"

"क्या किया जाए महाराज? तुम भिखारी को पढ़ना सिखाओगे? बस्स हो गया! भागो भिखारी नवागढ़ से! राजा साहब खदेड़ देंगे! पुलिस आ धमकेगी! लाला उसे सौदा नहीं बेचेगा! कुएँ का पानी नहीं मिलेगा।"

सुखचंद ने कहा, "ई कइसी बात?"

"कइसी, क्या बात? हमने ओके इहाँ एक 'टरच' बाती देखा! दाम पूछ लिया—कित्ता दाम है, लाला जी? लो, लाला तो गुस्से से आगी हो गवा! तू भिखारी, दुसाध! छोटा काम करने वाला! अब तू टरच जलावेगा?"

नवागढ़ में भिखारी ने एक टूटी-बस को अपना घर बना लिया। टूटी-बस, टूटी लॉरी—सा-रा कुछ राजा साहब का वकील ही खरीद लेता था। जमते-जमते जब काफी सारी टूटी बस-लॉरी जुट जाती थी, तो वह उन्हें तोड़-तोड़कर लोहा-लक्कड़

के तौर पर बेच देता था। भिखारी वहीं रहने लगा। वहाँ कई घर भिखमंगे रहते थे। बस और लॉरियों के बीच-बीच में घास की झोंप-झाड़! वहाँ बकरियाँ चरती रहती थीं। वैसे बकरी-चराई के लिए नवागढ़ में मैदान वगैरह अभी भी मौजूद थे। लेकिन भिखारी के पास इतनी बकरियाँ तो थीं नहीं कि वह मैदान नष्ट करता।

जंगल में बैठा-बैठा, भिखारी यही सब सोचता रहता था। लगातार सोचता रहता था। पुलिस भी लाला जी की दुकान नहीं लूटती थी, ग्वालों की गाएँ भी नहीं छीनती थी। जिसके पास जो भी है, रहने देते थे। फिर उसी की बकरियाँ ही क्यों छीन लेते थे? बकरियों के अलावा तो उसके पास कुछ भी नहीं है।

उसके बाद, अपनी बकरियाँ एक गढ़ी में रखकर, मन ही मन राम जी को याद करके, उनसे अपनी बकरियों की रक्षा करने की प्रार्थना करते हुए, वह धड़कते दिल से नवागढ़, अपने डेरे पर आ पहुँचा। लंगड़े ने उस समय उसकी काफी मदद की। इसके अलावा कानी और कोढ़ी छोकरा, दोरा भी उसके काफी सहाय हुए? उन्होंने ही ख़बर दी—पुलिस यहाँ अभी भी मौजूद है। तू भाग जा!

पानी की कलसी और सत्तू-गुड़ लेकर, भिखारी फिर जंगल में चला गया। राम जी कभी उस पर कृपालु होते। उसकी बकरियाँ अक्षत रहतीं। कभी वे भिखारी की प्रार्थना भूल जाते थे, तब उसकी किसी-किसी बकरी को लकड़बग्घा उठा ले जाता था। बकरे को साँप डँस लेता। बकरी के बच्चों को सियार खींच ले जाता था।

जंगल में ले जाकर भिखारी उन जानवरों को पानी पिलाता था। अपनी धोती की खूंट में, सत्तू-गुड़ सानकर, खुद भी खाता था। इस तरह कभी-कभी दो-तीन दिन भी गुज़र जाते थे। नवागढ़ उसे रोज ही जाना पड़ता था। पुलिस के चले जाने के बाद, वह लौट आया।

इस बार तो पुलिस पूरे तीन महीने नवागढ़ में टिकी रही। भिखारी एकबारगी जंगल का ही हो गया। जंगल के किनारे-किनारे वह राढ़ा की तरफ चला जाता था। वहीं के जंगल में अचानक रांका दुसाध से उसकी भेंट हो गई। अगर रांका ने मदद न की होती, तो वह इतने दिनों जंगल में नहीं रह पाता।

रांका ने उसकी समस्या काफी ध्यान से सुनी।

''रुक जाओ, मैं देखता हूँ!''

रांका दो-चार दुसाध छोकरों को लेकर, जंगल के बिल्कुल बीच में चला गया। उसने काफी मज़बूत सी गढ़ी बनाई। उसके ऊपर घने पत्तों की डाल की छादन डाल दी।

''अब रहो यहाँ! उस नाले से तुम्हें पानी भी मिल जाएगा।''

''खाऊँगा क्या?''

''पइसे दो! खरीदकर दे जाऊँगा।''

''लो।''

चंद दिनों बाद रांका ने कहा, "कितने दिन रहना हो, पता नहीं! तुम यह बकरा बेच दो।"

"कहाँ?"

"हाट में!"

"तोहरी में?"

"और कहाँ?"

"वहाँ तो मैं कभी जाता नहीं–"

"भरोसा हो, तो मुझे सौंप दो–"

"यह कइसी बात, रांका? भला तुम्हारा भरोसा नहीं करूँगा?"

"देखता हूँ–"

रांका ने बकरा बेच दिया और भिखारी अपने हाथ में साठ रुपए पाकर, अपने को बादशाह समझ बैठा। इन्हीं तीन महीनों के दौरान उसकी बकरी को बच्चा हुआ। भिखारी ने एक और बकरा बेचकर, रांका को खुराकी के रुपए अदा कर दिए।

रांका ने ही कहा, "आजकल पुलिस नहीं है। कभी-कभार आकर, टोली में चक्कर लगा जाया करो।

राढ़ा की टोली में ही, एक दिन कनु दुसाध ने ख़बर दी, "नवागढ़ से पुलिस चौकी अब उठने वाली है।"

"सच्ची?"

"हाँ, सुना तो यही है।"

भिखारी ने सोचा, अब वहीं चला जाए। उसके पास आठ बकरे-बकरियाँ हैं। दो बकरी, दो बकरे और चार बच्चे!

रांका ने समझाया, "पुलिस को जा लेने दो, फिर चले जाना।"

पुलिस चली गई। चौकी उठ गई। भिखारी नवागढ़ रवाना हो गया। अपने डेरे पर लौट रहा है, यह सोच-सोचकर वह काफी खुश था। जब वह नवागढ़ में दाखिल हुआ, अपने डेरे पर पहुँचा, तो उसे देखकर भिखारियों का झुंड महाखुश।

कानी ने झाड़-डाल से झटपट उसके डेरे की सफाई कर डाली।

उसने अपनी एक ही आँख से सारा कुछ देख लिया और भिखारी से कहा, "देख ले! सब कुछ सलामत है न?"

"हाँ, हाँ, सब सलामत है! घास की बुनी हुई चटाई, गर्दन-टूटी बोतल, टिन की कुप्पी–सब है।"

"हमारे पास एक ख़बर है, भिखारी!"

"क्या?"

"दोरा तो भाग गया–"

"कहाँ?"

“सुमादी! हाट में बैठने से ज्यादा पैसे मिलते हैं और लंगड़ा क्या रहा है, मालूम? दाली को खदेड़कर दूसरी कोई औरत ले आया है।”

“और तू?”

“मुझे कौन लेगा, बता? एक आँख से दिखाई नहीं देता। दोनों आँखों से काना होता, तो ज़्यादा पैसे मिलत। उतना बूढ़ा भी नहीं हुआ हूँ। इसलिए लोग धिक्कारते हैं—मेहनत करके नहीं खा सकता? वैसे मेहनत मैं कम करता हूँ? तोहरी नहीं जाता? इतना सारा रास्ता पैदल-पैदल पार नहीं करता?”

“हाँ, सच ही तो!”

“अरे, बाप रे! कितने सारे बकरे-बकरियाँ?”

“कल ही बेचने के लिए निकलूँगा।”

“नवागढ़ की और भी ख़बर है!”

“क्या?”

“राजा साहब को सरकार की तरफ से क्या तो मिला है। इसलिए काफी धूमधाम है। आज खाना-पीना भी है! शाम को पटाखे भी चलाए जाएँगे।”

“तुम लोगन का मज़ा है!”

“अरे, नहीं, नहीं, ये लोग क्या ऐसे मानस हैं कि जूठी ही सही, फेंके हुए पत्तल में कुछ छोड़ देंगे? हम लोगों को भला खाना नसीब होगा? वह तो खाने जैसा खाना तब खाया था, जब तोहरी के बैजनाथ लाला की माँ मरी थी। इत्तना-इत्तना पूड़ी-कचौड़ी!”

“हाँ, हाऽऽ!”

“तू जा कहाँ रहा है?”

“एक बार ज़रा सुखचंद जी के यहाँ हो आऊँ।”

हाँ, सुखचंद उसे दुसाध या बकरी-चरैया कहकर, उससे नफ़रत नहीं करता वर्ना नवागढ़ में दाखिल होने के बाद, किसी ने नहीं पूछा, “का हो, भिखारी, कैसे हो? इत्तने दिन कहाँ थे?”

वह जब यहाँ रहता था, उस पर किसी की निगाह नहीं पड़ी। अब वह फिर लौट आया है, तब भी किसी ने उसकी तरफ आँख उठाकर नहीं देखा।

क्या किया जाए, महाराज? यह तो होता ही आया है, होता ही रहता है। बकरी का गोश्त, दूध—यही सब जुटाने के लिए भिखारी की ज़रूरत होती है। बेहद सस्ते दामों में मांस और दूध जुटाने के लिए! लेकिन इसलिए उसे किसी खातिर में लाना? नहीं, नहीं, ऐसा हरगिज नहीं हो सकता। यह कहानी बड़ी पुरानी है। नवागढ़ की माटी से भी ज़्यादा पुरानी!

सुखचंद के स्कूल में आज छुट्टी! छुट्टी! छुट्टी! सुखचंद बरगद तले बैठा हुआ था। नवागढ़ के ग्वाले अतिशय संपन्न लोग थे। मोतिहर और भगत बैठे-बैठे कुछ

सुन रहे थे। कम उम्र! समझने-समझाने का भरपूर उत्साह था। सुखचंद उन लोगों को काफी विशद रूप से कुछ समझा रहा था।

"आओ, आओ, भिखारी, कब आए?"

"आज भोर-भोर, सुखचंद जी!"

"अच्छे तो हो?"

"अब राम जी जइसे रखें! आप मजे में हैं?"

"हाँ, भिखारी! आओ, बैठो।"

भिखारी के चेहरे पर फिर वही डरी-सहमी हँसी! वह हाथ जोड़कर, ज़रा फासले पर बैठ गया। ग्वालों के पाँवों में मोटा नागरा! कान में पीतल का छल्ला! हाथ में लाठी! सिर पर पगड़ी! भिखारी उन लोगों से काफी डरता था।

मोतिहर ने भिखारी दुसाध को बिल्कुल ही तवोज्जोह नहीं दी।

"नहीं, नहीं, सुखचंद जी, एक बार फिर बताइए।"

"शुरू से?"

"हाँ! हाँ!"

"बताया तो—"

"फिर भी समझ में नहीं आया। राजा साहब की ख़ास ज़मीन पर रेल लाइन बैठी, बस-सड़क बनी, यह तो होता ही रहता है। क्यों, भगत? सरकार क्या आकाश पर लाइन खींचेगी, बस-सड़क बनाएगी! ऐसा भला होता है?"

"हाँ, हाँ मोतिहर, ठीक! ठीक!"

इस वजह से राजा साहब मामला काहे ठोंक दिये? यही बात हमको समझ ना आई।"

सुखचंद ने कहा, "ठोंकेंगे क्यों नहीं? देखिए, वह ज़मीन किसकी थी? राजा साहब की थी?"

"ज़रूर! ज़रूर और भी कितनी-कितनी ज़मीन है!"

"उस ज़मीन पर राजा साहब का हक़ था?"

"ई कइसी बात करते हैं, जी? हक़ ज़रूर था।"

"यह जो निजी संपत्ति पर हक़ होता है न, भारतीय संविधान में इसका नाम है—मौलिक अधिकार! मौलिक अधिकार सात तरह के होते हैं और संविधान का कर्तव्य है, हर भारतीय नागरिक के मौलिक अधिकार की रक्षा करना।"

"अरे, ई कइसी ताज्जुब की बात है? मौलिक अधिकार कउनो बुरी बात नाहीं है, जी?"

"ठीक बात है न?"

"बुरी बात कइसे है? लेकिन, यह ख़्याल आपको आया कइसे, हाँ, मोतिहर जी?"

मोतिहर ने जवाब दिया, ''उस बरवत बँटाईदार चिंचिया रहे थे न 'मौलिक अधिकार', 'मौलिक अधिकार!' इसीलिए न पुलिस आई।''

''मौलिक अधिकार कइसा होत है, जी?''

सुखचंद खुश हो गया, क्योंकि उसे अपनी विद्या जाहिर करने का मौका मिल गया।

उँगलियों की पोरों पर गिनते हुए उसने बोलना शुरू किया, ''सबसे पहले समता का मौलिक अधिकार। जात-पाँत, धर्म, कोई भी वजह दिखाना नहीं चलेगा। इस नज़र से सब समान हैं। इन सब कारणों से किसी पर अन्याय नहीं किया जा सकेगा। इसी का नाम है, पहला मौलिक अधिकार!''

''यह बात लिखी भई है?''

''बे-शक!''

अपने विश्वास की सच्चाई के दम पर उसने दर्प भरे लहजे में कहा, ''यह ज़रूर अंग्रेजों ने लिखा होगा। जात-पाँत, धर्म में भला कोई फर्क़ नहीं होगा? अब, मैं और भिखारी दुसाध क्या समान हैं?''

''अलबत! संविधान यही कहता है।''

''फिर भी तो यह झूठ है। यह तो हर समय ही नज़र आता है! जात की वजह से भिखारी दुसाध को, किसी ऊँची जात का आदमी अपने घर में घुसने नहीं देगा, उसका छुआ पानी नहीं पीएगा। यह जरूर किसी दुश्मन की रची-गढ़ी बात है! क्यों, सुखचंद जी? जवाहर जी थे प्रधानमंत्री! इंदिरा जी थीं। हमने तो ऐसी बात न कभी सुनी और न आँखों से देखी कि दुसाध और बाम्हन को कोई बराबर इज्जत देता हो।''

सुखचंद ने बर्रे के छत्ते को नहीं छेड़ा। उसने यथासाध्य सीधी-सरल भाषा में आजादी के मौलिक अधिकार क्या-क्या हैं यह समझाने की कोशिश की।

अब भगत ने जुबान खोली, ''झूठ बात!''

''क्यों?''

''जो भी आदमी जो भी कामकाज करेगा, उसकी आज़ादी है?''

''बेशक!''

''मुसलमान जो खाते हैं, वह धंधा नवागढ़ में करने देंगे?''

सुखचंद हँस पड़ा।

उसने जवाब दिया, ''बाकी सब भी सुन लें। वैसे मैं तो कहता हूँ, शाम के वक्त मैं बड़ी उम्र के लोगों को पढ़ाता हूँ, क्लास लेता हूँ। आप लोग उस क्लास में आया करें न! औरों को भी साथ ले आएँ। पढ़ना सीख जाएँगे, तो आप लोग खुद पढ़ सकते हैं।''

''यह कैसे संभव है! भला इस उम्र में?''

"अरे, पढ़ने-लिखने के लिए क्या कोई उम्र होती है?"

"जरूर!"

"अब क्या बोलूँ! अच्छा, सुनें! ध्यान से सुनो, मोतिहर और भगत!"

भिखारी ने एक बार भी जुबान नहीं खोली। वह मौलिक अधिकारों के बारे में सुनता रहा और सुखचंद के प्रति परम सम्मान से देखता रहा।

अब मोतिहर ने जुबान खोली, "वो आखिरी बात.. हाँ, किसी की संपत्ति, वह चाहे जो भी हो, उससे उसे वंचित करना नहीं चलेगा! हाँ, यह बात अच्छी लिखी है।"

"इसीलिए राजा साहब को छः लाख रुपए मिले हैं।"

"छः ला-ख?"

लेकिन भिखारी के मन में छः लाख रुपयों के जिक्र से कोई भावांतर नहीं घटा, क्योंकि छः लाख रुपए होते कितने हैं, इस बारे में उसे कोई अंदाज़ा ही नहीं था। लेकिन मोतिहर और भगत बिल्कुल चुप्प मार गए। छः लाख रुपए!

सुखचंद को निम्न प्राइमरी टीचर की अनुमोदित वेतनमान के मुताबिक ही तनखाह मिलती थी। रुपए के अंक का जिक्र करते हुए, उसके चेहरे पर भी कोई भावान्तर नहीं आया। वह मौलिक अधिकार को ही स्पष्ट करने की कोशिश में जुटा रहा।

"वही बात तो मैं भी कह रहा हूँ। राजा साहब का अपनी ज़मीन पर मौलिक अधिकार था। सरकार ने जब उनकी ज़मीन दखल करके लाइन बिछाई, सड़क काटी, तो उसने उनके अधिकार पर ही तो चोट किया—"

"कइसे?"

"अरे, इसके लिए राजा साहब से अनुमति तो ली नहीं! उन्हें लगा था, वह सरकारी ज़मीन ही थी। कहीं, कोई गड़बड़ हुई?"

"हाँ, हाँ, उसके बाद?"

"राजा साहब ने बालिग होकर केस कर दिया।"

"किसके नाम?"

"रेल विभाग, पूर्त विभाग के नाम!"

"वे केस जीत गए?"

"अलबत्त!"

"हाँ, यही बात अच्छी है, संपत्ति का मौलिक अधिकार! तब तो पास में ज़मीन होनी चाहिए। है न?"

"नहीं, नहीं, भगत जी! अब क्या बोलूँ? देखिए न आपकी संपत्ति, घर, गाय-भैंस, असबाब, वासन ही सब कुछ है। मोतिहर जी के पास भी वही कुछ है! मेरी संपत्ति हैं—ये कपड़े-लत्ते, खटिया, किताबें! भिखारी की संपत्ति वे बकरियाँ हैं! चल-अचल सभी संपत्ति! इनमें से, किसी से, कोई कुछ भी छीन ले, उसे क्षतिपूरण...मुआवजा

देना ही होगा।"

"समझ गया। सच्ची, सारी बातें जानकर, बड़ी शांति मिली।"

"अच्छा, फिर आइएगा।"

विदा लेते समय मोतिहर ने कहा, "अब आप विवाह कर लीजिए। आपकी जात की लड़की, नवागढ़ में मिल जाएगी। वे लोग खेती, भैंस, हल, साइकिल, सब कुछ देंगे।"

"अरे, नहीं, नहीं!"

"चलता हूँ, सुखचंद जी!"

"हाँ, जी फिर आइएगा।"

वे दोनों चले गए।

अब भिखारी मानों किसी नई जानकारी की चोट से बौखला गया।

"सुखचंद जी!"

"कहो, भिखारी!"

"आपने वो जो बात कही, ऊ का सच है?"

"हाँ, सच है।"

"ऊ मौला अधिकार...?"

"मौला नहीं...मौल...यानी मौलिक!"

"और हम सोचते थे...वो बँटाईदार लोग, जो नारा उठाए थे, वो बात भी यही थी...! ऊ लोग भी तो यही कहते थे।"

"हाँ, भिखारी।"

"राजा साहेब की ज़मीन उनकी ही संपत्ति है?"

"हाँ–"

"अउर हमार बकरा-बकरी मोरी संपत्ति है?"

"बे-शक़!"

"तो राजा साहेब की ज़मीन सरकार छीन लिहिस और ना जाने कित्तना रुपया दिहिस?"

"हाँ–"

"तो पुलिस जो मोरी बकरी-बकरा उठाय ले जात है, सुखचंद जी! वो ही डर से हम जंगल में भाग जात हैं। तो मोरी बकरी-बकरा जो पुलिस लै जात है, हमका तो कभी एक रुपल्ली भी नाहीं मिली! तो का सरकार पुलिस को ई मौलिक अधिकार की बात बताना भूल गई?"

"वही तो जुल्म करती है, भिखारी!"

"लेकिन राजा साहेब को तो रुपइय्ये मिले, सुखचंद जी। तो का हरजाना सिर्फ राजा साहेब और अमीर-अमीर लोगन को ही मिलत है?"

सुखचंद के होठों पर दर्दभरी मुस्कान उभर आई, "कामकाज में शायद यही स्थिति है, भिखारी, लेकिन संविधान में सही बात ही लिखी है। मैंने उस वक्त बताया न!"

"हम का जानें, सुखचंद जी, का लिखा है।"

"राजा साहब को जो मिला, वह तो मामला करके मिला। संविधान में यह भी लिखा है कि मौलिक अधिकार नष्ट हो जाए, तो तुम मामला कर सकते हो ।"

"हम? हम मामला कइसे कर सकत हैं, सुखचंद जी? हम मामला-मुकदमा का जानें? पुलिस जदी बकरी लै जाए, तो कउनो दुसाध, ओके नाम मामला कर भी नाहीं सकते।"

"नहीं, कर सकते हैं! करने का हक़ है उन्हें।" सुखचंद ने कहा।

"कइसे?"

"मतलब, हक़ है।"

"रुपइय्या कहाँ है? दुसाध में इतनी हिम्मत कहाँ?"

"ई हक-वक की बात हम नाहीं समझते, सुखचंद जी, इससे कुछ काम तो होत नाहीं—"

"हाँ, यह भी सच है। हम तुम्हें क्या बताऊँ...?"

"बतावे को का है?" सुखचंद को विभ्रान्त और परेशान देखकर, अचानक भिखारी उसे दिलासा देते हुए हँस पड़ा, "आप का करें? धरती पर जो चल रहा है, ऊ तो चलबे करेगा। है कि नाहीं?"

"ऐसा नहीं है, भिखारी! जो लिखा हुआ है, वही सही है। वह हमारे काम नहीं आता, क्योंकि ग़लतियाँ हमारे अंदर हैं! यह तो हम सबका भी काम है। है कि नहीं?"

"हम नाहीं बूझत! ई मोतिहर जी अउर भगत जी, बाप रे! उन लोगन के पास कित्तनी-कित्तनी गाय-भैंस हैं। ऊ लोग तो बहुत जानत हैं। ऊ लोगन ने जो कहा, वो ही सच है! जात-पाँत भला एक समान हो सकत है?"

सुखचंद खुद भी, भिखारी के छुए हुए खाने की बात सोच भी नहीं सकता। लेकिन, उसका ख्याल है कि वह जात-पाँत, छुआछूत नहीं मानता, क्योंकि छपी हुई किताब में लिखा है, जात-पाँत, छुआछूत झूठ है और छपे अक्षरों पर उसका अटूट विश्वास है!

उसी विश्वास के दम पर सुखचंद ने कहा, "असल में, जाहिल गँवार ही इस बात पर विश्वास करते हैं! इस पर न जवाहर जी विश्वास करते थे, न इन्दिरा जी।"

"फिर भी छुआछूत तो है न! और ई रहेगा भी! देखिए, यह तो भगवान जी की सृष्टि है। राम जी ने काहू को बाम्हन बनाया, काहू को दुसाध। इसी से छुआछूत भी चलत है। हमें तो कुछ भी नहीं मालूम, लेकिन टाहाड़ के देवता जी, हनुमान

मिसिर तो अच्छे बाम्हन हैं न? हैं कि नाहीं? ऊ दुसाध की छाया तक पर कबहू पाँव नहीं रखते। उनके साथ तो बाबा विश्वनाथ की बातचीत होत है। देवी-देवता की इच्छा ऊ जानत हैं।''

सुखचंद ने लाचार होकर हथियार डाल दिए, ''अच्छा, छोड़ो। तुम यह बताओ, भिखारी, तुम्हारे दिन कैसे गुजरे?''

इस सवाल पर भिखारी का चेहरा चमक उठा।

उसने हँसकर जवाब दिया, ''अच्छे ही गुजरे। हम मजे में ही थे। इतने मजे में रहवों, ई हमने सोचा भी नाहीं था। सबसे अच्छी बात यह भयी कि अब दस बकरा-बकरी हुइ गए।''

''दस? अरे, गज़ब!''

''बकरे दूनो जवान हैं। यही कोई पंद्रह-सोलह सेर मांस जरूर होवेगा। हाट में मांस बिकात है, आठ रुपइय्या सेर। जदी समुच्चा माल छः रुपइय्या सेर भी खरीदें, तो कितना भया?''

''दोनों के लिए लगभग दो सौ रुपए मिल जाएँगे।''

''दुइ सौऽऽऽ रुपइय्ये?''

''हाँ, भिखारी!''

भिखारी की आँखों में आँसू आ गए, ''यही अशीष दीजिए, सुखचंद जी, दुई सौ रुपइय्ये मिल जावें, तो मोरा सब दुःख आसान हो जावे।''

''कैसे?''

''कइसे नाहीं? अब देखें न, तब हम बियाह भी कर सकता हूँ। अपनी भी घर-गिरस्ती हो जावे। दुसाध अउरतें बड़ी खिटपिटिया होत हैं, जी! बकरा-बकरी में ही गुजारा हो जावेगा। कहीं एक झोंपड़ी कर लेबों—बर्तन-भांडे गिरस्ती में सब कुछ होवेगा, जइसा, जइसा होत है।''

''तुम्हारा घर कहाँ है, भिखारी?''

''वोऽऽ बीजूपाड़ा से आगे—''

''तुम्हारा कोई भी नहीं है?''

''ना—''

''भगवान करें, तुम्हारा शुभ हो! भला हो!'' सुखचंद ने दिल से दुआ दी।

भिखारी को लगा, वह नितांत अपना व्यक्ति है।

''अब चलूँ, सुखचंद जी!''

''हाँ फिर आना!''

''अरे हाँ, सुना है, आज पटाखे चलेंगे।''

''हाँ, सुना तो है!''

भिखारी अपने डेरे की तरफ चल पड़ा। जाने क्यों, आज उसे बेहद अच्छा-अच्छा

लग रहा था। उसका मन हुआ, वह अपने बकरे-बकरियों को खूब-खूब प्यार करे। पुलिस उसका एक भला तो कर ही गई। नवागढ़ में अगर पुलिस चौकी न बैठी होती, तो वह बाढ़ा कभी न भागता।

राढ़ा गया था। तभी न रांका की मदद मिली। उसकी मदद मिली, तभी न बकरी की तादाद बढ़कर दस हो गई।

रास्ते में उसने आटा, नमक, मिर्च और सूखी अरवी खरीदी।

उसने लाला से पूछा, "आप अच्छे तो हैं, लाला जी?"

लाला ने उसकी बात का जवाब तक नहीं दिया। वह ठेकेदार, रामधारी की बातें सुनने में व्यस्त रहा। सौदा लेते-लेते भिखारी ने सुना कि शाम को शूर-महल के सामने वाले मैदान में पटाखे छोड़े जाएँगे। पूरे पाँच हज़ार रुपयों के पटाखे छोड़े जाएँगे। उसने तय किया, शाम को वह भी पटाखों का नज़ारा देखने जाएगा। अब उसने कपड़े धोने का छोटा-सा साबुन भी ख़रीद लिया। आज वह साबुन से अपने कपड़े भी चमका लेगा।

आज वह अरवी का भुजिया बनाएगा और कड़ी-कड़ी रोटियाँ सेंक लेगा। आज और कल, दो दिन तो चल ही जाएँगे। दो सौ रुपए। लंगड़ा अगर दूसरी औरत ला सकता है, तो उसे भी एक बीवी मिल ही जाएगी। शुरू-शुरू में उसे बकरी चराना होगा। उसके बाद, कहा नहीं जा सकता, उसके पास शायद कुछ ज़मीन भी मिल जाए। जब उसका ब्याह हो जाएगा, तो भिखारी को नाते-रिश्तेदार, मित्र समाज मिल जाएगा। वो लोग भी उसकी जरूर मदद करेंगे। यूँ अकेले-अकेल भला चलता है? राढ़ा-टाहाड़-नाढ़ा—ढेर-ढेर रंक इंसानों की मदद और संग-साथ से मन में कितना ज़ोर समा जाता है।

भिखारी ने अपने कपड़े धो डाले। खाना पकाने में कुछ वक्त गुज़र गया। खाते-खाते सूरज भी ढल गया। अपनी बकरियाँ गिनकर उसने बस में सवार कराया और जैसे ही झाँप गिराने वाला था, वे लोग आ धमके।

राजासाहब के सिपाही, दो अदद पुलिस!

पुलिस!

भिखारी बेतरह डर गया। वह झाँप पर पीठ टिकाकर खड़ा हो गया। यह क्या चक्कर है? पुलिस चौकी नहीं है, पुलिस भी नहीं है, इसीलिए तो वह नवागढ़ लौटा था। लेकिन यहाँ पुलिस?

"क्या हो, भिखारी, डर गए क्या?"

सिपाही गजानन हँस पड़ा। उसके मुँह से शराब की गंध आ रही थी।

"दो बकरे निकाल! राजा साहब पूरे थाने को निमंत्रण दे बैठे हैं। अब गोश्त कहाँ मिले?"

"नहीं, नहीं, हमरे पास बकरा ना है।"

"तो बकरी निकाल—"

"अइसा मत करें, सिपाही साहब, आपके गोड़ लागी। पैर पड़ूँ आपके! वही हमारी जान-प्राण है, देवता हमरी सहारा! इनको ना लें, साहेब!"

"भाग, साला, दुसाध!"

गजानन की हथेली का भरपूर चाँटा भिखारी के गाल पर पड़ा! नाक की खाल और होठ फट गए! खून झरने लगा।

भिखारी फिर भी चीख उठा, "पुलिस के डर से हम तो बेमौत मर गए। हम राढ़ा भाग गए थे। बकरी ना लो, सिपाही जी! अरे, पुलिस जी बकरी मत उठाओ... हाय, ऊ तो लेकर जाय रहे हैं।"

"काहे ना लें? राजा साहब ने पत्ता फेंका, तभी न पुलिस आई? अब गोश्त का ख़रीदकर खाएँगे? तू राजा साहब के मुलुक में रहता है न? चल, भाग, स्साले!"

भिखारी मुसीबत देखकर बौखला गया! पागल हो गया।

"देखो, बकरा-बकरी पर हमरा उतना ही हक़ है, जितना राजा साहब का उनकी ज़मीन पर! जब ओका ज़मीन छिन गवा, तो उसके बदले में ओका रुपइय्ये मिले। हम अपना हक़ काहे छोड़ें?"

"क्या? क्या कहा तूने, दुसाध कहीं का!"

सिपाही और पुलिस, दोनों ने मिलकर भिखारी को खूब मारा। दक्ष, निपुण, पेशेवर, प्रशासनिक अनुमोदित मार! मारते-मारते उनका दम भी नहीं फूला।

भिखारी पर अंधाधुंध लात-घूँसे जमाते हुए, वे दोनों धाराप्रवाह बकते भी रहे, "इनकी बातें सुनीं, भाई गजानन? बँटाईदार लोग लड़ाई करते-करते इनको भी पट्टी भी पढ़ा गए। इनको भी हक़-टक का ज्ञान दे गए। अबे, साले, पुलिस बकरा नहीं खाएगी? और कौन खाएगा, ज़रा सुनूँ? पुलिस होकर, खाएगी नहीं? अरे, हाँ, भइया गजानन, नवागढ़ में यह एक और राजा साहब बन गए हैं न! राजा साहब की ज़मीन पर हक और एक बकरे पर हक, एक ही बराबर तो है।"

उन लोगों ने भिखारी को मार-पीटकर, लहू-लुहान कर डाला और उसे एक किनारे फेंककर, उन दोनों ने झांप खोली। महाउल्लास में, उन दोनों ने चारों बकरियाँ समेट लीं और नौ-दो-ग्यारह हो गए।

भिखारी जानवरों की तरह बिलबिलाता रहा। वह रोता रहा, रोता ही गया। मारे दर्द के वह हिल-डुल भी नहीं पा रहा था। वह जख़्म से ज्यादा वंचना के दर्द से रोए जा रहा था। झूठ बात, सब झूठ बात, सुखचंद जी! बकरा-बकरी पर उसका अधिकार क्या मौलिक अधिकार है? संपत्ति पर अधिकार, सातवाँ मौलिक अधिकार है! मौलिक अधिकार छीने न जाएँ या उन पर चोट न लगे, भारतीय संविधान क्या यह देखता है? झूठ बात! सब झूठ बात! भिखारी के मौलिक अधिकार पर बार-बार चोट पड़ती रही है। राजा साहब को मुआवजा मिलता है, भिखारी को क्यों नहीं मिलता?

राजा साहब को हरजाने में पूरे छः लाख रुपए मिलते हैं। लेकिन भिखारी दुसाध के बकरा-बकरियों के साथ जीने के मौलिक अधिकार पर अगर चोट पड़े, तो उसे सुरक्षा देने की क्षमता भारत सरकार को नहीं है। इसीलिए भिखारी को मुआवजा नहीं मिलता?

अचानक उसके बदन पर ठंडक की छुअन! कानी और लंगड़ा! लंगड़ा की औरत, भिखारी को धर-पकड़कर, उसे हटा लाई। लंगड़े की औरत ने ही कपड़ा भिगोकर, उसके बदन पर बहता खून पोंछ डाला। कानी ने उसके चेहरे पर लगा खून पोंछ दिया।

"ले, पानी पी ले, भिखारी!" लंगड़े ने कहा।

लंगड़े की औरत ने कहा, "हम ज़रा चूना ले आवें। चूना लगाने से खून बंद हो जावेगा और दरद भी नाहीं होगा।"

तीन अन्य भिखारी, उसकी परिचर्या करने में जुट गए। जख़्म सूखने और उठकर खड़े होने में, भिखारी को करीब दस दिन लग गए।

भिखारी ने कहा, "चल, लंगड़ा, बकरी के बच्चे बेच आवें। जो भी पइसे मिल जावें—"

भिखारी ने बीस रुपयों में चार बच्चे बेच दिए। अब उसकी कमर कभी सीधी नहीं होगी। उसके क्षत-विक्षत चेहरे पर मौलिक अधिकार रक्षा के पहले और आखिरी प्रतिवाद के परिणाम-चिह्न हमेशा बने रहेंगे। खैर, ज़ख़्म सूख जाएँ, तो सिर के बाल मुंड़वा देना होगा।

"अब का करोगे, जी, भिखारी?"

"भीख मँगबे—"

"भीख?"

"हाँ, भीख माँगब!"

"ईहाँ?"

"ना—" भिखारी ने इनकार में सिर हिलाया।

उसने उन लोगों को तीन-तीन रुपए थमा दिए। लाला की दुकान का बकाया चुकाने में छः रुपए दे दिए। बकरी की रस्सी देने के लिए, उसने दो रुपए मोतिहर के नौकर को थमा दिए। बाकी बचे तीन रुपए, उसने अपनी टेंट में खोंस लिए। पेड़ की एक डाल छीलकर, उसने अपने लिए लाठी बनाई। अब वह तोहरी के हाट से एक कटोरा खरीद लेगा। भिक्षापात्र! भीख का कटोरा! छः आने, टके-टके नीलामी में ऐसा कटोरा मिल जाएगा।

सुखचंद उसे देखकर, अपने दरवाजे से बाहर निकल आया। वह भी पिछले दिन की घटना सुन चुका था।

"भिखारी!"

"हम जा रहा हूँ, सुखचंद जी!"

"कहाँ, भिखारी, कहाँ?"

"जहाँ भीख मिल जाए—"

"भीख? भीख मिलेगा?"

"हाँ, सुखचंद जी!"

"लेकिन तुम्हारे बदन में अभी भी..."

"अब क्या किया जाए, महाराज, आप तो मोसे झूठ बोल दिए। मोरे लिए तो ई मौला अधिकार है ही नाहीं। यह तो सिरिफ राजा साहब के लिए है। चलत हूँ, सुखचंद जी!"

भिखारी दुसाध लाठी टेकते हुए, धीरे-धीरे, परम निर्भीक मुद्रा में आगे बढ़ चला। अब वह पुलिस को देखकर बिल्कुल नहीं डरेगा। दुसाध के पास अगर बकरा-बकरी, ज़मीन, बासन-बर्तन हों, तो उसे पुलिस से डरना पड़ता है। जंगल में भागे-भागे फिरना होता है। दुसाध देखकर पुलिस ज़रूर पीटेगी। उसका सब कुछ छीन लेगी। हाँ, अगर कोई दुसाध, भिखारी, रंक और निःस्व नज़र आया, तो उसे हाथ नहीं लगाएगी। ऐसे आदमी को वह कभी नहीं पीटेगी। अब जाकर भिखारी को अहसास हुआ कि यह बात उसे क्यों नहीं पता थी? अपनी मातृभूमि में दुसाध अगर राजा साहब, लाला जी, पुलिस, हनुमान मिसिर जैसे लोगों से क्षमा पाकर, जीना होता है और इसकी एकमात्र राह है, भिखमंगा बन जाना। जो सब दुसाध, बकरी-चरैया, भिखारी दुसाध की तरह, अपनी मातृभूमि से, इंसान की तरह जीने का रसद खोजने निकले, तो वे लोग, उन पर आगभभूखा हो उठते हैं।

अब वह अपने को अकेला भी नहीं मानता! भिखमंगे कहाँ नहीं हैं? कानी, लंगड़ा, दोरा जैसे लोग हर जगह होते हैं। अब भिखारी एक बड़े, विशाल समाज के सदस्य हैं।

सुखचंद उसकी तरफ अपलक देखता रहा। उसने देखा कि भिखारी दुसाध भले सात नम्बर मौलिक अधिकार से वंचित हो गया हो, लेकिन तीन नंबर मौलिक अधिकार की पनाह मिल गई। स्वाधीनता का अधिकार! आज़ादी का हक़! किसी भी पेशे या जीविका का अधिकार! भिखारी ने भिखमंगे का पेशा चुन लिया। वह जन्म-जन्मांतरों तक भिखमंगा ही रह जाए, भारत का संविधान इसका ज़रूर ख्याल रखेगा। अगर कोई उसे बेहतर उन्नत जीवन या जीविका में रूपांतरित करना चाहे, तो? मौलिक अधिकार में वह हस्तक्षेप भारत का संविधान कतई बर्दाश्त नहीं करेगा। भारत में जहाँ-जहाँ ऐसा अन्याय घटेगा, भारत का संविधान, वहाँ पुलिस, रिज़र्व पुलिस, जंगी फौज, सेना विभाग, टैंक, जंगी-विमान उतार देगा।

भिखारी दुसाध बमुश्किल पाँव घिसटते-घिसटते रास्ते के नुक्कड़ तक पहुँचकर, अदृश्य हो गया। अब उसके पास खोने या हारने को कुछ भी नहीं था...।

शून्य स्थान पूर्ण करो

दिल्ली से जिस संस्था ने सुकुल को भेजा था, उसने तो कोई भरोसा नहीं दिया था ना।

उन लोगों ने सिर्फ इतना ही कहा, "सिंहभूम में, जहाँ तुम्हें भेज रहे हैं, वह जगह बेहद विच्छिन्न है। तथ्य-खोजी दल सिंहभूम के बारे में खोज-खबर कमोबेश ले आए हैं। वह सब तुमने पढ़ भी लिया है।"

"फिर मुझे क्यों भेजा जा रहा है?"

"भई, चक्रधरपुर तक तुम जा ही रहे थे। चाइबासा भी असानी से पहुँच जाओगे। कोई ख़ास दूर नहीं है।"

"चूँकि चक्रधरपुर और चाइबासा पास-पास हैं, इसीलिए क्या मुझे भेजा जा रहा है?"

"नहीं, सुकुल, चाइबासा से गोइलकेरार के रास्ते में एक गाँव है, हलदी! उसी हलदी गाँव में।"

"शशि महतो का गाँव?"

"हाँ! शशि और भुजंग लापता हैं। शशि की माँ बस-सड़क के किनारे, कहीं चाय की दुकान चलाती है। वह किसी शर्त पर भी जुबान खोलने को तैयार नहीं है, हालाँकि वह वारदात उसकी आँखों के सामने ही हुई। उसकी जुबान का बयान अगर मिल जाए, तो रिपोर्ट पूरी हो जाए।"

"मैं वहाँ क्यों जा रहा हूँ?"

"भई, हम तो तुम्हें वहाँ जाने का खर्च भी नहीं दे रहे हैं। कोई ज़ोर भी नहीं है। फिर भी तुमसे अनुरोध कर रहे हैं।"

"वह जो बड़ी-सी टीम गई थी, उसमें महिलाएँ भी थीं?"

"शशि की माँ मुँह ही नहीं खोल रही है। शहर के लोगों को देखकर डर के मारे सिमट गई।"

"मैं क्या यह काम कर सकूँगा?"

"देखो, उन लोगों ने असंभव प्रतिरोध का मुक़ाबला करते हुए कामकाज किया।

तुम तो अक्सर ही पुलिस और प्रशासन के अत्याचारों की रिपोर्ट अकेले ही ले आए हो और मुंडारी भाषा भी जानते हो। वे लोग तो दुभाषिया लेकर घूमते थे। जब वहाँ तक जा ही रहे हो, तो एक बार तुम भी कोशिश करके देखो न!''

''अच्छा, देखता हूँ।''

''चक्रधरपुर में किसके पास जा रहे हो?''

''मोती बाबू! मोती बाबू कोयार! पुराने राजनीतिक कार्यकर्ता हैं। आजकल 'शाल बचाओ, सागौन हटाओ' आंदोलन में जुटे हैं।''

''हाँ, हाँ, शाल और सागौन! उन लोगों की रिपोर्ट में भी ये दोनों नाम बार-बार आए हैं। यह चक्कर क्या है? हज़ार हो, सागौन तो बड़ा दामी काठ है। जंगल महल को तो इससे बहुत ज़्यादा फ़ायदा है। अंचल धनी होगा।''

''आपको इसकी कोई जानकारी नहीं है?''

''ना, सुकुल!''

''शाल पेड़ आदिवासियों के लिए लगभग धार्मिक देवता जैसा होता है। राज्य और राष्ट्रीय अर्थनीति में सागौन ज़्यादा क़ीमती है। लेकिन आदिवासी अर्थनीति में शाल ही ज़्यादा मूल्यवान है। शाल काठ, बीज, पत्ते, उन लोगों को तरह-तरह से बचाते हैं। महुआ भी उनके लिए काफी महत्वपूर्ण है। सरकार आजकल शाल और महुआ काटकर, सागौन लगा रही है। जाहिर है, आदिवासी नाराज हैं। गर्मी के मौसम में खाद्य-शस्य की कड़की रहती है। वे लोग महुआ फूल कच्चा ही खाते हैं, फूलों की पंखुड़ी सुखा-पीसकर चपाती बनाकर भी खाते हैं। फूल से शराब तो ख़ैर बनाते ही हैं। महुआ के फल और बीज से तेल भी निकाल लेते हैं।''

''लो, तुम्हें तो सब मालूम है।''

''कभी मोती बाबू के साथ काफी घूम-फिरा हूँ।''

''तब तो शायद हलदी गाँव के बारे में भी जानते होंगे।''

''यह नाम तो याद नहीं आ रहा है। बहुत दिनों पहले की बात है।''

''अब क्यों जा रहे हो?''

''शाल-सागौन की लड़ाई देखने!''

''सागौन लेकिन बहुत ज़्यादा क़ीमती है।''

चंद दिनों बाद, मोती बाबू ने कहा, ''हाँ, हाँ, सागौन बहुत ज़्यादा क़ीमती है, यह हम भी जानते हैं। जंगल विभाग रोज़ ही यह जानकारी भेजता रहता है। आदिवासियों का जो बिल्कुल निजी जंगल है, उन खूंट-कट्टे जंगलों में भी सागौन रोप रहे हैं। वैसे सागौन में करोड़ों रुपयों का मुनाफा होता भी हो, तो भी क्या?''

''यह कैसी बात? राज्य का राजस्व बढ़ेगा या नहीं?''

''हाँ, हाँ, खूब जानता हूँ। सिंहभूम तो छोटा नागपुर का ही हिस्सा है। छोटा नागपुर की खानों और जंगलों से, बिहार सरकार के राजस्व के तीन हिस्सों में से

दो हिस्सा, यहीं से आता है। उसमें से पाँच में से कुल एक हिस्सा ज़िला के पीछे ख़र्च किया जाता है। वह भी उन जगहों में अफसर-अमले-पुलिस के लालन-पालन में ख़र्च होता है। हमें उससे क्या फ़ायदा?''

''आप भी क्या आदिवासी बन गए?''

''क्यों?''

''हमें—कह रहे हैं न!''

''अब मैं 'शाल या सागौन' की लड़ाई में शामिल हो गया हूँ।''

''तब, यहाँ बैठकर क्या कर रहे हैं?''

मोती बाबू ने धूर्त कुचक्री की तरह हँसकर कहा, ''क्यों? समाचार साप्ताहिक छाप रहा हूँ न!''

''बंद नहीं कर दिया?''

''साइक्लोस्टाइल करता हूँ। तुमसे पहले, जो लोग यहाँ आए थे, उन लोगों को काफी ख़बरें देता रहा हूँ।''

''जेल क्यों गए?''

''पिछली नवंबर में हाट में गोली चलाने के विरोध में मीटिंग की थी। वैसे गोली चलाने की ख़बर भी हमने ही छापी थी।''

''चलो, अच्छा है!''

''चाइबासा क्यों जा रहे हो?''

''हलदी गाँव जाना है।''

''हलदी? क्यों?''

''चुप क्यों हो गए?''

''वो शशि महतो! भुजंग महतो...''

''मामला क्या है, बताइए तो?''

''वही वारदात! चलो, चाय पीते हैं।''

मोती बाबू ने छोकरे को आवाज़ दी। छोकरा केट्ली में चाय ले आया। उसी ने दो गिलास में चाय उँड़ेल दिया।

चाय की चुस्की लेते-लेते मोती बाबू ने कहा, ''मैं, बस, वही एक ख़बर छापने से रह गया।''

''क्यों?''

''क्या हुआ था, वह तो पता नहीं। हाँ, अंदाज़ा लगा सकता हूँ। लेकिन प्रत्यक्षदर्शी कौन है? शशि की माँ?''

''उसने आपको कुछ नहीं बताया?''

''मुझे उस अंचल में जाने की मनाही है।''

''किसने मना किया है? पुलिस ने?''

"हाँ, पुलिस ने!"

"आपको क्या लगता है, वहाँ क्या हुआ होगा?"

मोती बाबू एक चुप, हज़ार चुप!

थोड़ा ठहरकर उन्होंने कहा, "अब मेरी उम्र हुई।"

"कितनी उम्र हुई?"

"बहुत ज़्यादा!" मोती बाबू झुककर बैठ गए। घुटने पर कोहनी! माथे पर हाथ!

उन्होंने दुबारा कहा, "क्या ज़रूरत है! तुम, चन्द्रकान्त सुकुल, काम ख़त्म होते ही दिल्ली लौट जाएँगे। शाल या सागौन? हाँ, यह भी ठीक है।"

"कैसे?"

"कैसे नहीं?"

"हल्दी में जो हुआ, वह भी तो शाल या सागौन का ही एक अध्याय है! है या नहीं?"

"इससे क्या होता है? हल्दी में कुछ हुआ है, पुलिस तो यह मानने को तैयार ही नहीं है।"

"कैसे?"

"अब कैसे समझाएँ?"

"बताइए तो सही!"

"यह कैसी घटना है, मालूम? सन् चौहत्तर की ही घटना लें न! आदिवासी लोगों में उन दिनों एम. एल. ए. भी काम कर रहे थे। उन दिनों गोढ़ा में हाटतोला आंदोलन शुरू हो गया और वह आंदोलन तेज़ी से फैल भी गया। तब मार्च महीने में क्या हुआ? गोढ़ा में गोलियाँ चलीं और पाँच आदिवासी मर गए! हाँ, जी, पाँच आदिवासी!"

"वह तो कोई और आंदोलन था।"

"देखो, मैं फालतू बात तो करता नहीं, इसकी वजह भी है! हम लोग, हाँ, मैं, मोती कोयार और प्राथमिक शिक्षक यूनियन का दिलीप, अखंड झारखंड आंदोलन का रवि—हम सबने काफी जोर-दबाव डाला। एक जाँच कमीशन बैठाने की भी बात हुई, मगर जाँच कमीशन नहीं बैठी। लेकिन, मजे की बात यह थी कि शुरू से लेकर अंत तक पुलिस यही कहती रही—दो जन मरे! सिर्फ दो जन मरे। मैंने कहा, मैं जानता हूँ। मृतकों को भी पहचानता हूँ। मैं मृतकों के माँ-बाप-बीवी से मिला भी था। उनका बयान भी छापा था बस्स! एकाध दोस्त की भी तो ज़रूरत होती है। सो, पकड़ लिया, साले मोती कोयार को। अब वह साल भर के लिए तड़ी-पार! उस इलाके में साल भर कदम भी नहीं रख सकता। क्योंकि वह ग़लत-सलत ख़बरें छापता है।"

"उसके बाद?"

''नथुनी महतो ठेकेदार था! उसने हाट बुलाया और हाट में हफ़्ता भी वसूल किया। लड़ाई उसी के साथ थी! पुलिस भी नथुनी ने ही बुलाया था। वह मस्तानों के साथ आ पहुँचा और उसने हमारे अख़बार के दफ़्तर में हमला बोल दिया। उन दिनों मैं वहीं सोया करता था।''

''हमला कर दिया?''

''हाँ, यह देखो न!''

मोती बाबू ने गर्दन घुमाई! गर्दन से अपना मैला-कुचैला कुर्ता उतारा। लाखों ज़ख्म के निशान!

''पीछे से वार किया था। ख़ैर, छोड़ो! हाँ, तो मैं कह रहा था, पाँच आदिवासी मर गए। गोलियाँ चली थीं, पुलिस ने इस बात से इनकार नहीं किया, लेकिन मरने वालों की संख्या, सिर्फ दो पर ही टाँग दी। बाद में इस बारे में अनगिनत विस्तृत रिपोर्टें निकलीं। लेकिन, सुकुल, तुम ही बताओ। अगर यह लिखा जाए कि पुलिस सूत्र से यह पता चला है कि इसमें दो लोग मर गए! गैर-सरकारी के हवाले से कहा गया—मृतकों की संख्या पाँच! अब बताओ, तुम्हें क्या लगेगा?''

''अरे, भई, पुलिस रिपोर्ट पर भला कोई विश्वास करता है?''

''बेशक करता है! वर्ना छोटा नागपुर में पुलिस राज कैसे चल सकता था? बिहार में भी पुलिस राज चलता है। पुलिस उच्च-वर्ण की होती है और उन्हें हरिजन और आदिवासियों पर गोलियाँ बरसाकर ख़ास मज़ा आता है। यह तो इस राज्य की ख़ासियत है।''

''समझ गया!''

''अभी भी नहीं समझोगे? सिगरेट है?''

''आप पीएँगे?''

''क्या करूँ, भइया? मेरा एक खुसखुस खत्म! बस, एक ही इंजन पर चल रहा हूँ। हलदी मैं जा नहीं सकता, सिगरेट मैं पी नहीं सकता, छापाख़ाना चलाने की मनाही है। अब 'शाल या सागौन' का काम चल रहा है, बस! समाचार हमने छापा या नहीं, इससे किसको क्या फर्क़ पड़ता है?''

''ख़ैर, इतना मत सोचिए!''

''सच्ची, किसी का कुछ नहीं आता-जाता? मैंने क्या राजनीति की? अब, मन दुःखी हो जाता है। साफ देख रहा हूँ, प्रशासन कुछ नहीं करेगा, उसने कुछ किया भी नहीं! समस्या है—शोषण! हमने तो जो सीखा, वही कहता रहा। अर्जी भेजो, डेपुटेशन लेकर जाओ, विरोध जाहिर करो—अख़बार मैं छाप दूँगा। लेकिन जिस वजह से बात शुरू हुई, वह...''

''..............................''

''बीच-बीच में बड़ा खालीपन लगता है। लगता है निःस्व हो गया हूँ। अब

उम्र हो गई। हाँ, अब इतनी बात क्यों? गोली चलाई, यह कबूल करने के बावजूद खाली जगह पूरी नहीं करने देते। उसे सूना ही रख छोड़ते हैं। हलदी का मामला बिल्कुल अलग है, सुकुल!"

"और क्या मामला है?"

"पुलिस कहो, एस. डी. ओ. कहो, कोई भी यह मानने को तैयार नहीं है कि हलदी में कुछ हुआ था। शशि कहाँ है? भुजंग कहाँ है? वे लोग कहते हैं कि वे लोग चोर-डाकू-दग़ाबाज़ हैं। उन लोगों के नाम सैकड़ों केस दर्ज़ हैं। इसीलिए वे भाग गए।"

"अच्छा, ऐसा कहते हैं?"

"हाँ-हाँ!"

उत्तेजित होकर मोती बाबू और उसने थूक दिया।

मोती बाबू ने मुँह पोंछकर कहा, "लेकिन...लेकिन मैं उन दोनों को जानता हूँ। शशि को ज़्यादा जानता हूँ। शशि के बहन का पति, पलुस माहतो। उसकी बहन ने ईसाई से ब्याह कर लिया था, लेकिन पलुस को उसने बताया कि वह नक्सल है।"

"पलुस कौन?"

"सागौना आंदोलन में शशि का साथी।"

"वह नक्सल नहीं है?"

"सुकुल, सच्ची वामपंथी हमारी पार्टी है। और वह पार्टी सिर्फ यहाँ है। सभी लोग...पार्टी के सभी लोग यही कहेंगे। लेकिन सागौना आंदोलन में सभी एक हैं! है न? इसलिए जो भी हक़ की बात उठाएगा, पुलिस पहले उसे अलग कर देती है और अलग फाइल खोल देती है। उसके बाद घोषणा करती है कि वह नक्सल है। जेल में चोर-डाकू-दग़ाबाजों के साथ रहना पड़ेगा, इसलिए वे भाग खड़े हुए। सब कहते हैं, सागौना आंदोलन में यह हुआ, वह हुआ। लेकिन हलदी का नाम उठते ही सब चुप्प!"

"फाइल खोल देते हैं?"

"हाँ, हाँ, क्यों नहीं खोलेंगे? वे तो तारीख मिलाने की भी कोशिश नहीं करते। 25 नवम्बर से शशि और भुजंग लापता हैं। फाइल में लिखा है—सत्ताइस नवंबर, छः दिसम्बर, पन्द्रह जनवरी को उन लोगों ने कई-कई जगह डाका डाला था।"

"फिर?"

"इसलिए क्यों जाएँ? पुलिस ने वहाँ जो कांड मचाया और हलदी तो पुलिस की नजर में एक शून्य स्थान है! बच्चों की कॉपी में शून्य स्थान जैसा।"

"हुआ क्या था?"

"वैसे यह मेरा अंदाज़ा है..."

"क्या अंदाज़ा है?"

"सागौना आंदोलन तो शुरू हो ही चुका था, ख़ासा जम भी गया था। शशि माहतो पहले हमारी पार्टी में था, लेकिन धान काटनी आंदोलन के वक्त, पार्टी के खेत-मजूर फ्रंट में शामिल नहीं हुए। अब सुन रहा हूँ, 'रोटस' में सम्मेलन भी हुआ और अब खेत-मजूर और किसानों का संयुक्त फ्रंट भी बनने वाला है। भैया, मोती कोआर अब बहुत बुरा बन गया है। मन में बहोत-बहोत संदेह उठने लगे हैं।"

"कैसा संदेह?"

मोती बाबू, एक जीर्ण-शीर्ण बूढ़ा था। जिंदगी की पश्चिमी छोर पर आकर, इतने समय के राजनीतिक दल पर संदेह करने के अपराध-बोध में, वह कुछ देर अपने को मीरज़ाफर समझता रहा।

थोड़ा ठहरकर उसने कहा, "उस वक्त मैं तो पूर्णिया में था। लेकिन ख़बर पढ़ी थी। तेभागा आंदोलन के समय खेत-मजूर भी, शरीफ किसानों से लड़े, जान भी दी, लेकिन उन लोगों को कोई न्याय नहीं मिला। तब आज मैं खेत-मजूरों की मदद क्यों माँग रहा हूँ, बताओ, सुकुल? इससे छोटे किसानों का भला होगा। लेकिन खेत-मजूर क्या दुबारा मार खाएँगे? इतने दिनों तक, कोई यह मानने को राजी ही नहीं हुआ कि खेत-मजूर भी किसानों के शरीक हैं।"

"आपने ठीक ही कहा।"

"शशि माहतो को मैं जानता था। उसका बाप, बलराम माहतो भी बड़ा तेज़-तर्रार इंसान था। 'हाटतोला' के बारे में प्रतिवाद करते हुए, नथुनी के बाप के ज़माने में, गोली खाकर अस्पताल में भी भर्ती था। शशि बेहद भला लड़का है। मैं ही उसे पार्टी में लाया था। कुछेक खेत-मजूरों को धान-कट्नी आंदोलन में पार्टी की मदद नहीं मिलेगी, इसी दुःख से मैं बैठ गया।"

उन दिनों शशि घर में ही रहा करता था। लेकिन जहाँ भी, जो भी छिड़ा हो, उसमें उनको दखल देने की, जैसे उसे आदत पड़ गई थी। इसी तरह वह सागौन आंदोलन से भी जुड़ गया। उन दिनों सरकार भी सागौन पेड़ लगाने को दृढ़संकल्प! शशि थोड़ा-बहुत लिखना-पढ़ना भी जानता था। उसी ने गाँव वालों को समझाया कि सरकार सागौन से जो मुनाफा कमाएगी, उससे मंत्री-हकीम-अमले-पुलिस पोसेगी। शाल और महुआ पेड़ तो गरीब और आदिवासियों के प्राणरक्षक हैं! जीवनदाता हैं।

शशि ने यह भी कहा था कि उसका बहनोई, पलुस सागौन आंदोलन से जुड़ा हुआ है। 'सागौन हटाओ।' यह आंदोलन शुरू करना ही होगा। उन्हीं दिनों पलुस और भुजंग हलदी आए और अभागे, जंगल-आश्रित, दीन-हीन इंसानों के मन में उम्मीद जाग उठी। जंगल विभाग से जब आदिवासियों के बिल्कुल निजी ज़मीन, टुक्का भर, चंद फूस-कट्टी जंगल में सागौन का चारा रोपने की योजना बनाई गई। आदिवासियों को लगा, उन्हें किसी कोने में घुसेड़ दिया गया हो। उस वक्त पलुस, शशि, भुजंग

और अन्यान्य सागौन आंदोलनकारियों के हस्तक्षेप से, वह किसी तरह थम गया और हलदी गाँव में आनंद का ज्वार उमड़ आया।

उस वक्त हलदी गाँव से आध माइल दूर, बस-सड़क के पास, शशि की माँ ने चाय की एक दुकान खोल ली। बेहद छोटी-सी दुकान! दिन भर में कुल तीन रुपए से ज्यादा की बिक्री नहीं होती थी। यह काम पलुस ने संभव कर दिखाया। वह अपने बीवी-बच्चों को हलदी में छोड़ गया और पूरी तरह 'सागौन हटाओ' आंदोलन में उतर पड़ा।

'सागौन हटाओ' कोई विच्छिन्न आंदोलन नहीं था। इसकी विशेषता यह थी कि आदिवासियों ने खुद ही इसमें नेतृत्व लिया था और यह आंदोलन शुरू किया था। उस वक्त अनगिनत राजनीतिक दल, अपने-अपने दल और मतभेद भुलाकर या हटाकर, आदिवासियों के स्वतंत्र राज्य की माँग को बल दिया और उसे एक आंदोलन का रूप दे डाला और पलुस ने वे सब नारे, शशि तक पहुँचा दिए।

हलदी गाँव के सामने बुरु नंगा ठूँठ पेड़ खड़ा था। ऊपर, पत्थर, पत्थर की दरार में सूखी घास! ठूँठ के पीछे और एक ऊँचा ठूँठ। दोनों ठूँठ के बीच में एक खाई। उसकी दोनों तरफ पत्थर ही पत्थर! खाई के करीब ही शाल का एक विशाल पेड़! इस बूढ़े शाल के पेड़ को हलदी के लोग बराबर ही देखते आए थे, शशि भी! लेकिन इस अद्भुत परिस्थिति में, चिरकाल का वह जाना-पहचाना बूढ़ा शाल पेड़, एकदम से प्रिय देवता बन बैठा। असल में, वह पेड़ विशाल ऊँचा था, शशि लोगों की आँखों में वह और भी ऊँचा, आसमान चीरकर ऊपर उठ जाने वाला शाल पेड़ बन गया। शशि ने ही उस पेड़ को इतना दीर्घ बना दिया था।

इतनी दूर तक की कहानी बयान करने के बाद मोती बाबू ज़रा दम लेने को रुक गया। उसने पानी पिया।

अचानक उसने ईषत् विस्मय भरे लहजे में कहा, "सुकुल, यहाँ मेरी समूची जिंदगी कट गई, फिर भी मैं आदिवासी नहीं हूँ। मेरी नज़र में बड़े-बड़े शाल, बड़े-बड़े सागौन, बिल्कुल एक जैसे हैं। शाल पेड़ कैसे देवता बन जाता है, मैं किसी दिन भी नहीं जान पाऊँगा। मैं जब-जब सोचता हूँ, मुझे ताज्जुब होता है, मेरे सीने में कैसी तो पीर जाग उठती है, मन बड़ा दुखता है। हम भले आदिवासी न हों, मगर तसलीम सब समझता था।"

"यह तसलीम कौन है?"

"मेरा ही एक कॉमरेड था। इन दिनों, वह सागौना मामले में उसने जान लड़ा दी है और उसी पार्टी में शामिल हो गया है—एम. सी. सी. में! अब तो वह टाउन की ओर रुख ही नहीं करता। जब मैं गोढ़ा गया था, तब वह साला, आदिवासियों की तरह छोटी-सी धोती पहने, नंगा-सा चेहरा बनाए, मुझे लेने आया था। उसी साले ने तो मेरी जान ले ली। क्योंकि वह हमारे समाचार के लिए ढेरों रिपोर्ट भेजा करता था।"

"अब नहीं भेजता?"

"ना...."

"उसके बाद क्या हुआ?"

"हाँ, शाल देवता बन गया।"

शशि लोगों के गाँव के सामने जो नंगा ठूँठ था, शाल पेड़ को देवता बनाने का प्रारंभिक काम वहीं संपन्न किया गया। उस ठूँठ के नीचे काफी सारी जगह थी। वहाँ जंगली बेर और आँवले फलते थे। सर्दी के और शरद के मौसम में आदिवासी यहाँ फल बीनने आते थे। कभी-कभी भालू भी आ धमकते थे, तो उन्हें खदेड़ना पड़ता था।

हलदी से दो माइल दूर पर बिहार राज्य विकास कार्पोरेशन की सागौन-नर्सरी स्थित थी। वहाँ शाल काटकर, सागौन का चारा लगाया गया था। बारिश का पानी पाकर चारे हहराकार बड़े हो गए। सतेज और हरे-भरे। मानो उद्धत, तरुण सेनानी की एक सशस्त्र बटालियन हो!

एक दिन वही सेना दल हलदी की हवा-माटी को कँपाते हुए, एक ट्रक में सवार, हलदी को दखल लेने चले आए। जंगल कार्पोरेशन के लोगों ने आँवले और बेरियों के झाड़ काट डाले। सेनानी असीम उद्धत मुद्रा में चुपचाप इंतज़ार करते रहे। जगह साफ़ हो जाए तो वे सब क़तार-दर-क़तार खड़े हो जाएँ। आदिवासी अंचल में, जंगल के अफसर रौब-दाब में, पुलिस की तरह ही जबरजंग, क्षमतावान्!

सर्वतोमुखी क्षमता के असीम अहंकार से भरे-भरे अफसर ने कहा, "अब यह घास-फूँस का फॉरेस नहीं है! अगर एक सागौन ख़त्म, तो समझो, एक आदमी ख़त्म। क्यों शशि, सुना तूने?"

"सुना..."

अफसर चला गया।

पलुस ने कहा, "अब क्या किया जाए, शशि? खड़ा-खड़ा देखता रहूँ?"

शशि की आँखों में सपना उतर आया। वह एक पेड़ से टिककर खड़ा हो गया।

उसने कहा, "बैठे-बैठे देखो! अगर उसमें मन न लगे, तो लेटे-लेटे देखता रह, जैसे मन चाहे।"

सुकुल ने इसके आगे कुछ कहने से मोती बाबू को रोक दिया और अपनी तरफ से एक सवाल किया, "इतनी सारी बातें, आपने कैसे जानीं?"

"अरे, भइये, उन दिनों तो मैं वहाँ हर घड़ी जाता था। तब तो कुछ हुआ नहीं था और कोई मनाही भी नहीं थी मुझ पर! कहा तो, शशि को मैं उसकी नन्ही उम्र से देखता आया हूँ।"

"हाँ, हाँ बताइए!"

"तब से सब कुछ लिखे जा रहे हो?"

"शून्य स्थान पूर्ण कर रहा हूँ। आप कहते रहें..."

"पलुस ने इस बात का मतलब नहीं समझा। शशि ने कहा कि यह भादों का महीना है। बारिश आ लेने दो। अगहन की ठंडक में ये चारे बड़े हो जाएँ, तब मैं अपना करिश्मा दिखाऊँगा। अभी अगर पौधे उखाड़े जाएँ तो उनके सीने में आग नहीं लगेगी। बात तो तब है, जब उनके सीने में आग लग जाए। क्यों ठीक है न?"

"इतनी देर करेगा?"

"यह तो काम-काज की जगह नहीं है, पलुस! तू भइलि को देखने आया है, उसके बेटे को देखने आया है, देखकर चला जा। अभी तो और भी काम हैं।"

"कैसा काम?"

शशि ने आहिस्ते से कहा, "जो भी करूँगा, पुलिस तो आएगी ही। इसलिए कोमे गाँव के लोगों को भी समझाना होगा और जिसे नाम दिया गया है 'सागौन सूतिकागार', वह नर्सरी भी ख़त्म करना होगी। वहाँ गाँवों के लोगों से बात करना होगी।"

उन्हीं दिनों भुजंग भी शशि के गाँव में चला आया। भुजंग और शशि व्यस्त रहने लगे। काफी व्यस्त रहने लगे। भुजंग झाड़खंडी आंदोलन का आदमी था। अब शशि भी वही बन गया। इसी वजह से प्रशासन भी उनके बारे में चौकन्ना नहीं था क्योंकि बिल्कुल बुनियादी स्तर पर आंदोलन शांतिपूर्ण और गणतांत्रिक था। इस आंदोलन ने स्वतःस्फूर्त भाव से आदिवासियों को आकर्षित किया था; क्योंकि यह आंदोलन उनकी अन्यतम माँगों और ज़रूरतों का प्रति उत्तर था। यह आंदोलन संगठित तरीके से आकार ले सका था, इसीलिए यह बुनियादी-स्तर पर या गाँव-रूट स्तर पर समर्थन भी पा रहा है।"

भादों की मूसलाधार बारिश, अगहन की सर्दी में सागौन के पेड़ और ज़्यादा सतेज और खूबसूरत हो आए। उसके बाद, नवंबर आ पहुँचा। वाताश में सर्दी की बर्फीली ठंडक! आदिवासियों के घर-घर में रुई के बोरे निकल आते थे। उन बोरों में घुसकर सोने से शिशुओं की देह गर्मायी रहती थी। अलाव तापने के दिन! इस मौसम में सूरज ढलते ही दिन उदास हो आता था; गाय-भैंस के गले की घंटियाँ बजने लगती थीं। धान की कटाई भी पूरी हो जाती थी। आजकल खेत-खेत में धान की भरी हुई बालियाँ बटोरने के दिन थे।

पच्चीस नवंबर आ पहुँचा। हलदी गाँव में सुबह-सुबह ही औरत-मर्द हाथ में हँसिया लेकर निकल पड़े। वे लोग नारे लगाते रहे। ये नारे, झाड़खंडी आंदोलन की मेहरबानी से सीखे गए थे। ये नारे पलुस और भुजंग के लाए हुए थे।

—सागौन-रोपाई नहीं चलेगा।

—सागौन-रोपाई बंद करो।

वे लोग नारे लगाते रहे। लगातार लगाते रहे। उनके बोलते ही बोलते, उनकी आँखों के सामने ही, सागौन के चारों के चेहरे बदलते गए। जैसे-जैसे उनके खून का उबाल बढ़ता रहा, वैसे-वेसे...। धीरे-धीरे वे तमाम पेड़, पेड़ नहीं रह गए। उनके बदन पर हरी वर्दी, माथे पर सूर्यकिरणों के हेलमेट! डाल-पत्तों में बंदूक की बेयनेट नज़र आने लगी। 'निकल जा सागौन!'—चीत्कार करते हुए शशि और उसके साथी दौड़ पड़े और हिंस्र आक्रोश से पेड़ों को काट-काटकर फेंकने लगे। मर्द पेड़ काटते गए, औरतें-बच्चे उन पेड़ों को खींच-घसीटकर, एक तरफ ढेर लगाते गए। जब वे पेड़ सूख जाएँगे, तो जलाने के काम आएँगे। उसके बाद, वे लोग सागौन-सूतिकागार की ओर लपके। कोमे गाँव के आदिवासी भी आ पहुँचे।

—सागौन-रोपाई नहीं चलेगा।

—सागौन-रोपाई बंद करो।

डेढ़ सौ लोगों के गले से निकला हुआ यह नारा, बेहद भयंकर सुनाई दे रहा था। हँसिया पर धूप झिलमिला उठी। दूर से उन लोगों को आते हुए देखकर, नर्सरी के रक्षक भाग खड़े हुए! इस वक्त पुलिस की ज़रूरत है। आदिवासी लोगों ने बलवे की घोषणा कर दी है।

उन लोगों ने काँटा-तार का बेड़ा भी उखाड़ फेंका। रक्षकों को भागते देखकर, उन लोगों ने फिर नारा लगाया—इस पार से उस पार!

जाओ बिहारी गंगा-पार।

आदिवासी अंचल में पुलिस-प्रशासन, जंगल-अधिकारी और कर्मचारी-दीकू! ये सब बाहरी लोग थे। जाओ, जाओ, तुम लोग जाओ। शशि और उसके साथी सागौन के पेड़ काटते रहे, सागौन के पौधे भी निःशेष करते रहे। सब कुछ उखाड़-उखाड़कर फेंकते रहे। इस तरह बिहार अरण्य विकास कार्पोरेशन के करोड़ों-करोड़ रुपयों के राजस्व का सपना कट-पिट गया। उन रुपयों में से, बिहार सरकार, छोटा नागपुर पर जो ख़र्च करती, उससे और-और अफसर, और-और पुलिस तैनात किए जाते। जो लोग आदिवासी नहीं थे, उच्च वर्ण के थे; जिन लोगों के लिए आदिवासी और हरिजन, स्वाधीनता के हर दशक में सिर्फ बन्दूक के निशाना भर थे। शशि बार-बार यही दोहराता रहा। शशि और भुजंग, दोनों नारे लगाते रहे।

उसके बाद, वे लोग हलदी लौट आए। वे लोग हाथ में मृदंग लेकर, नाचते-गाते, अब उसी बूढ़े शाल की तरफ चल पड़े।

शशि ने कहा, "यह शाल ही हमारा देवता है। आज से, यही हमारा देवता है! इनका मान रखने के लिए, वो दीकू सागौनों को ख़त्म कर रहे हैं।"

शाल देवता!

सागौन दीकू!

कहो तुम लोग—शाल देवता, सागौन दीकू।

शाल आदिवासी, सागौन दीकू!

औरतों ने दोनों सिरों से खुली हुई माला उस शाल पेड़ के इर्द-गिर्द लपेट दी। तने पर सिंदूर लेप दिया। उसके बाद नाच-गान का उत्सव शुरू हो गया।

पुलिस आ पहुँची! पुलिस आई भी। जंगल विकास अधिकारी भी आ पहुँचे। सागौन में शत-प्रतिशत लाभ था। सागौन में विद्यमान गोंद, पानी और कीड़ों का प्रतिरोध करते थे। तमाम स्थायी कामों में सागौन काम आता है। महाराष्ट्र के कार्ला गुफा के भीतर, सागौन की सीलिंग, दो हज़ार सालों से खड़ी है। पुलिस शशि माहतो और भुजंग माहतो की तलाश में थी।

हँसिया और तीर! बंदूक! शाम की झुटपुटी रोशनी! पत्रहीन ठूँठ के ऊपर शशि और भुजंग! हाथ में धनुष! एक पुलिस जख्मी! जख्मी जंगल अधिकारी! हलदी गाँव के लोगों की मदद के लिए कोमे गाँव के लोग भी आ पहुँचे। गोलियों का पथराव! तीरों की चोट से बंदूक गिर पड़े। हँसिया का कोप! पुलिस भाग खड़ी हुई। इस पार से उस पार, जाओ बिहारी गंगा पार—यह नारा तेज रफ़्तार में भागती हुई, डरी हुई, भगोड़ी जीप को खदेड़ता रहा। का-फी, काफी दूर तक!

''उसके बाद? मोती बाबू, उसके बाद?''

''अगले दिन पुलिस की विशाल फौज आ गई।''

''उसके बाद?''

''उसके बाद, हलदी गाँव, एक निषिद्ध नाम हो गया। शशि और भुजंग का पता नहीं! शून्य स्थान! कहा न!''

''पता ही नहीं है?''

''नहीं, सुकुल! वैसे मेरा क्या ख्याल है, मालूम है?''

''क्या?''

मोती बाबू ने कहा, ''पुलिस को तो काफी दिनों से देख रहा हूँ। पुलिस का राग-रंग भी समझता हूँ। मेरा ख्याल है, शशि और भुजंग, उस पच्चीस दिसम्बर को ही किसी तरह फ़रार हो गए थे।''

''फ़रार हो गए?''

''या हो सकता है, पलुस के पास चले गए हों। पुलिस का ख़्याल है, वे दोनों ज़िंदा हैं। इसीलिए पच्चीस तारीख के बाद, इतनी सारी तारीखें दिखाकर, उन दोनों के नाम केस खड़ा किया है।''

''यह तो पुरानी तरकीब है! आंध्र के नक्सल जब जेल में क़ैद थे, तब उनके नाम, बहुत बाद की तारीखें मढ़कर, केस सजा लिया था। बहुत-बहुत पुराना कौशल है।''

''नए कौशल की ज़रूरत क्या है? दवाएँ या कॉस्मेटिक, जो भी कहो, पहले जाँच-परख करते हैं, उसके बाद, उसे पेटेंट करके बाजार में छोड़ते हैं। नक्सलों के

मामले में भी आंध्र प्रदेश, पश्चिम बंगाल में जिस तरह 'षड्यंत्र मामला' सजाकर, तारीखें बदलकर अब तक जाँच-परख रहे थे। अब पेटेंट कर लिया। अब सभी विद्रोह कुचलने के लिए, यही पेटेंट चला रहे थे।

"आप कुछ कह रहे थे न?"

"पुलिस को तो यही शक है कि शशि और भुजंग भागे हुए हैं। इतने-से ही, उन लोगों ने दुबारा सागौन नहीं लगाया। जब हलदी में दाखिल होते हैं, तो नज़र रखते हैं। कोमे गाँव में पुलिस चौकी बिठा दी गई। लेकिन, सूतिकागार में दुबारा नए सागौन नहीं लगाए गए। हाँ, पलुस की तलाश जारी है। इन्हीं सबसे लगता है कि पुलिस भी यही सोचती है कि वह मरा नहीं है। जंगल का कोई अफसर तो उधर जाता ही नहीं।"

"हलदी को आपने क्या तो कहा?"

"शून्य स्थान! बच्चों को कहते हैं न, शब्द बिठाकर शून्य स्थान पूर्ण करो? हलदी में क्या हुआ था? कुछ भी तो नहीं! यह मोती बाबू क्यों परेशान कर रहे हैं? जंगली लोगों ने जहाँ-जहाँ उत्पात मचाया, उसकी रिपोर्ट आपने छाप दी। बंबई-दिल्ली-पटना, सब जगहों के अखबारों में भी छप गया। दिल्ली से एक बहुत बड़ी टीम भी यहाँ का चक्कर लगा गई। पुलिस ने कोई ख़बर नहीं छिपाई, बल्कि सहयोग किया। अरे, सहयोग क्यों नहीं करेगी, भई? इसमें तो छिपाने जैसी कोई बात है, न शर्मिंदा होने जैसी! सहयोग करने पर भी अखबार वाले यही समझते हैं कि पुलिस मरने वालों की संख्या छिपा रही है। है न ताज्जुब की बात?"

"समझ गया!"

"पता है पुलिस मुझसे क्या कहती है? लेकिन आप वहाँ मत जाइए, मोती बाबू! सागौना की लड़ाई बदमाशों की लड़ाई है। हलदी में तो कुछ हुआ नहीं था, फिर आप वहाँ क्यों जाएँ? आप अब बूढ़े हुए! घरवाली भी नहीं रही। बाप-बेटा खुद पकाते हैं, खुद खाते हैं। आप वहाँ दौड़-दौड़कर क्यों जाएँ? ख़बरों की तलाश में? सब उसे ही सरकारी रिपोर्ट मान लेते हैं। आप इलाका पहचानते हैं, आदमी पहचानते हैं। भाषा जानते हैं। आप जाते हैं, इसीलिए तो गैर-सरकारी रिपोर्ट छपती है। ये कागजिया लोग बड़े खचड़े होते हैं, बंबई-दिल्ली-पटना के अखबारों में आपकी भी रिपोर्ट छाप देते हैं। पुलिस ने आपका क्या बिगाड़ा है, बताइए? जितनी बार, जेल में बंद किया, उतनी बार यह भी तो कहा—नहा लीजिए, खाना खा लीजिए। यह सब आपको याद है? ना, आप मत जाइए..."

"यह सब कहा आपसे?"

"हाँ, और सुकुल, अब मैं जैसे रोज़-रोज़ मर रहा हूँ। इतना बूढ़ा मैं क्यों हो गया? इतना बीमार क्यों हूँ मैं? अब नज़र धुँधलाने लगी है; साँस लेने में भी तकलीफ होती है, कैसी तो खाँसी आने लगी है! हलदी जाने की ताकत नहीं रही। ना, वे

लोग मुझे जेल में ठूँस देंगे, मैं इस बात से नहीं डरता। लेकिन, बस में जाना होगा, चलना होगा। अब यह ताकत नहीं रही, सो हिम्मत नहीं पड़ती।''

''छोड़िए, मैं ही जाऊँगा।''

''जाओ, शून्य स्थान पूर्ण कर दो। हलदी गाँव की कहानी मैं तुम्हें लिख दूँगा।''

''वहाँ मैं रहूँगा कहाँ?''

''पेड़ तले! अगर रात को रुक गए, तो पेड़ ही आसरा है। खाना साथ ले जाना! पुलिस वहाँ का दौरा कर गई है! गाँव में पड़वा घास का दाना तक नहीं मिलेगा। वहाँ बस से जहाँ उतरोगे, वहाँ शशि की माँ, झारी माहतो की चाय की दुकान है। पलुस और महुली के लड़के, उसकी मदद करते हैं। देखूँ, शून्य स्थान पूर्ण करने वाले शब्द, मैं खोज पाता हूँ या नहीं! मुझसे पहले भी तो और-और लोग आए थे। तुम ज़रा देखो।''

''शशि ने विवाह नहीं किया?''

''बचपन में ही उसका विवाह हुआ था, बीवी मर गई सुनो, बस से ही जाना, समझे? जीप भी मैं जुटा सकता था। मेरे मकान-मालिक के बेटे के पास ही जीप है! अच्छा, देखता हूँ।''

''जीप से नहीं जाऊँगा। मुमकिन है, उनके मन में, जीप के साथ पुलिस का ख्याल जुड़ा हो।''

मोती बाबू के चेहरे पर सरल हँसी झलक उठी।

''तुम्हारी बुद्धि तो बड़ी तेज हो गई है, जी! अच्छा, चलो, अब नहा-धो लो।''

सुकुल के सम्मान में मोती बाबू और उनके बेटे को खाना पकाने से छुट्टी मिल गई। नहा-धोकर वे लोग होटल चले गए।

खाना खाते-खाते ही, मोती बाबू के बेटे ने कहा, ''शशि और भुजंग रोज-रोज डाका डाल रहे हैं। आज सुनकर आया, सोलह मील दूर, लाहता सागौन नर्सरी में हमला बोल दिया।''

मोती बाबू चुपचाप खाना खाते रहे।

बाद में उसने सुकुल से कहा, ''लाहता में ऐसी वारदात हुई ज़रूर है, लेकिन इसमें शशि और भुजंग का नाम क्यों लिया जा रहा है?'' अचानक वह असीम उम्मीद से भर उठा, ''मुमकिन है, वे कमबख्त उस वक्त घायल न हुए हों।''

''पुलिस क्या कहती है?''

''घायल हुए थे। लेकिन उनका अता-पता नहीं है।''

''मैं क्या यह काम कर पाऊँगा?''

''अगर न कर सके, तो शून्य स्थान शून्य ही रह जाएगा।''

हलदी गाँव में कदम रखते ही, कुछेक घंटों में ही सुकुल की समझ में आ गया कि शून्य स्थान, उसकी मदद से पूर्ण होने की कोई उम्मीद नहीं है। कितना

सारा वक्त गुज़र गया, किसी ने उससे बात तक नहीं की। उन सबकी चुप्पी ही मानों कठिन प्रतिवाद हो। हिंस्र विरोध! मन ही मन वह हिम्मत हारने लगा। इस क़िस्म का तजुर्बा, उसे पहली बार हुआ था।

बस से उतरते ही उसने शशि की माँ की चाय की दुकान देखी। बड़े-बड़े पत्थरों तले, दीवार पर पेड़ के डाल-पत्ते छितराकर, छत बना ली गई थी। बाहर ग्राहकों के बैठने के लिए, कई एक पत्थर लुढ़काकर, वहाँ रख दिए गए थे। दुकान में कुल मिलाकर तीन अदद गिलास! कुछेक बीड़ी-माचिस भी और चाय! दुकान में लगभग दस वर्ष का एक लड़का और एक बूढ़ी!

सुकुल पर नजर पड़ते ही वह लड़का चौंक उठा।

उसने सुकुल के सामने चाय रख दी, लेकिन दाम नहीं बताया। पैसे लेने के लिए उसने हाथ भी नहीं बढ़ाया।

सुकुल ही अपनी तरफ से बातें करता रहा।

"माँ...ए हो बूढ़ी मइया, तुम ही झरी माहतो हो न?"

बुढ़िया भी अचकचा गई। उसकी आँखें सुकुल के चेहरे पर गड़ गईं।

सुकुल की बातों का सिलसिला जारी रहा, "मोती बाबू...मोती कोआर ने तुम्हें सलाम भेजा है। वह खुद नहीं आ सका। काफी बीमार है। मैं दिल्ली से आया हूँ। माँ, तुम्हारा बेटा और भुजंग...?"

झरी सुनती रही।

उसकी आँखें धीरे-धीरे दुर्बोध होकर, कहीं सुदूर में डूब गईं।

सुकुल की बातचीत जारी रही।

अब जाकर झरी की ज़ुबान खुली।

सुकुल ने असीम प्रत्याशा से उसकी तरफ देखा।

झरी ने उस लड़के को आवाज़ देकर कहा, "नन्दुआ, चूल्हे में लकड़ी डाल दे। आग बुताने लगी है।"

अब तक मोती बाबू से जो कुछ सुना था, सुकुल वह कहानी दुहराता रहा। झरी सुनती रही...सुनती गई। दुकान में कोई भी ग्राहक नहीं आया। झरी पथराई बैठी रही। पेड़ से पत्ते झरते रहे। सुकुल बोलता रहा। नन्दुआ चूल्हे में आग उकसाता रहा।

अब सुकुल को अजब-सा अलीक अहसास होने लगा! अजब-सी परेशानी! वह झरी का कठोर प्रत्याख्यान तोड़ क्यों नहीं पा रहा है? वह झरी के प्रतिरोध की दीवार कैसे तोड़े?

उसने फिर कहा, बार-बार दोहराता रहा, "माँ, मैं पुलिस का आदमी नहीं हूँ।"

उसे हलदी गाँव में आए, काफी वक़्त गुज़र गया। एक छोटी-सी बच्ची ने उसे शशि का घर दिखा दिया। बस! उसके बाद उस बच्ची की माँ ने उसे दो-चार

तमाचे जड़े और उसे घसीटती हुई ले गई।

शशि की बहन महुली, ओखल में भुट्टा कूट रही थी।

अब सुकुल उससे ही मुखातिब हुआ, "मैं पुलिस का आदमी नहीं हूँ, बहना! मोती बाबू..."

महुली ने उसकी एक भी बात का जवाब नहीं दिया।

इस तरह, पूरा दिन गुज़र गया।

उसकी बातों के जवाब में, उन लोगों ने न नज़रें उठाकर देखा, न कोई बात ही की। शाम होते-होते सुकुल को लगने लगा, वह असली अर्थ में हरिजन है, अछूत है! पच्चीस नवम्बर में हलदी में क्या हुआ था? सुकुल बाहरी इंसान है, दीकू है, क्या इसी वजह से इतना कठिन प्रत्याख्यान है? पूरी तरह परास्त सुकुल ने तय किया कि वह रात को भी यहीं रुकेगा। कल दुबारा कोशिश करेगा। उसके बाद, चक्रधरपुर चला जाएगा। वहाँ से मोती बाबू के बेटे, केशव को लेकर आएगा। मुमकिन है, केशव ही यह काम कर पाए। अब वही उसका आखिरी आसरा-भरोसा था। पच्चीस नवम्बर को ऐसा क्या घट गया था? क्या हुआ था पच्चीस नवम्बर को? उसके बाद छब्बीस को? पुलिस ने क्या किया था? सुकुल को याद आया, वह रोटी-सब्जी साथ लाया था, मगर अभी तक उसने खाया नहीं था। वह कुएँ के पास जा खड़ा हुआ। वहाँ जो बच्चा पानी खींच रहा था, वह डोरी-बाल्टी छोड़कर भाग खड़ा हुआ। सुकुल ने कुएँ से पानी निकाला और पानी पीया। उसने कुछ खाया नहीं। नंगा ठूँठ सामने खड़ा था, शाल पेड़ देखता रहा। वे लोग ख़ामोश! नीरव! उनकी निगाहें खाई की तरफ गड़ी रहीं। गहरी-गहन खाई! काफी नीचे...घुप्प अँधेरा!

शाल पेड़ तले बैठे-बैठे ही उसने देखा, गाँव वाले अपनी-अपनी गाय-भैंसें लेकर लौट रहे थे। उसने एक बार महुली पर निगाह डाली। महुली भी उसे ही देख रही थी। उसके बाद वह उठकर चाय की दुकान की तरफ चली गई। अचानक सुकुल को ख्याल आया, गाँव में अब तक उसने किसी नौजवान को नहीं देखा। उसने सिर्फ किशोर और बालक और बूढ़ों को ही देखा है। इस वक्त बच्चे गाय-भैंस समेत लौट रहे थे। उसने गाँव में किसी युवक या तरुण या अधेड़ को नहीं देखा। वह बेहद उत्तेजित हो उठा। उसे एकदम से लगा, उसका दिन पूरी तरह व्यर्थ नहीं गया। अँधेरा उतर आया। सुकुल भी नीचे उतर आया। खाई पर पेड़ों की जड़ें बिखरी हुईं। खाई पार करके वह नंगे ठूँठ की सीमा छोड़कर आगे बढ़ गया। वह पलाश के एक पेड़ के नीचे आकर लेट गया। समूचा गाँव घुप्प चुप्पी में डूबा हुआ! बिल्कुल ख़ामोश! सुकुल की कब आँख लग गई, उसे खुद ही पता नहीं चला। सोने से पहले, उसे किसी नन्हे शिशु की रुलाई की आवाज सुनाई दी।

नींद में ही आकाश में चमकता वृश्चिक तारा खिसककर, सप्तर्षि मंडल में जा मिला। उसके बाद, किसी के धकियाने पर, उसकी नींद टूट गई। नहीं, कोई

इंसान नहीं था, कोई लाठी थी, जो उसे धकिया रही थी।

सुकुल उठ बैठा। सामने कोई मर्द खड़ा था। उसके पीछे कौन? शशि की माँ और महुली! उस आदमी ने उसकी आँखों पर टॉर्च फेंकी। सुकुल ने अपने हाथ से आँखें ढँक लीं और वह उठ बैठा। टॉर्च बुझ गई।

उस आदमी ने मुँह फेरकर कहा, ''यह पुलिस नहीं है, महुली! और यह रिवॉल्वर नहीं, कैमरा है।''

सुकुल उठकर खड़ा हो गया।

महुली ने कहा, ''हमें का पता, पलुस? मैंने सोचा, तुम आनेवाले हो, इसलिए पुलिस भी आ धमकी है। बस, मैं डर गई!''

पलुस? पलुस फ़रार है?

पलुस ने बेहद धीमी आवाज़ में पूछा, ''कौन हो तुम? किस इख्तियार से दिन भर गाँव में घूमते रहे? सबको परेशान क्यों करते रहे?''

सुकुल ने धीमी आवाज़ में, संक्षेप में सारा किस्सा सुना डाला।

''फिर तुम खाकी-हरी वर्दी में क्यों आए? पुलिस की वर्दी में? मोती बाबू ने नहीं बताया?''

''आते समय, मोती बाबू ने मुझे नहीं देखा। इन कपड़ों के लिए?...इनके लिए...?''

''हाँ, हाँ! बताओ, क्या-क्या जानना चाहते हो तुम? मुझे अभी ही चले जाना है। तुम क्या जानने आए हो?''

''शशि और भुजंग...?''

अचानक शशि की माँ सूखी-सूखी रुलाई की मुद्रा में फफक उठी। पता नहीं, अपने में ही क्या तो बुदबुदाती हुई, वह सिर हिलाती रही।

उसी समय जाने किसने तो धीमे-से आवाज़ दी, ''पलुस! पलुस!! पलुस!!!''

पलुस को मानो बिजली का करेंट छू गया।

''मैं चलता हूँ।'' उसने हड़बड़ाकर कहा और सुकुल की तरफ मुखातिब हुआ, ''सुबह होते ही चले जाना।''

महुली और पलुस चले गए।

सुकुल और शशि की माँ खड़ी रहीं।

कृष्णपक्ष का चाँद! सुकुल ने सिर हिलाया...काफी देर तक सिर हिलाता रहा। यानी उसे पुलिस समझ लिया और इसीलिए उस पर भरोसा नहीं किया। उन्हें भ्रम हो गया कि वह पुलिस है। लेकिन गाँव के जवान लड़के कहाँ हैं? शशि और भुजंग कहाँ हैं? शशि की माँ, क्या अब मुँह खोलेगी? कुछ बताएगी?

शशि की माँ चल पड़ी। सुकुल उसके पीछे-पीछे हो लिया। उन दोनों ने नंगा ठूँठ भी पार कर लिया। इसी ठूँठ पर चढ़कर शशि और भुजंग भी खड़े थे—सागौना

रोपाई बंद करो!

शशि की माँ आगे बढ़ती रही।

पुलिस गोलियाँ छोड़ती रही, ये लोग तीर छोड़ते रहे।

शाल आदिवासी! सागौना? सागौना दीकू!

ठूँठ के पीछे ही गहरी-अतल खाई। शशि की माँ ने पेड़ की वह जड़ पार नहीं की। वह खाई में हाथ डालकर कुछ खोजती रही। वह क्या खोज रही है? गोली के जख़्म रह जाते हैं! धक्के से इंसान छिटक गए। शाल देवता, सागौन दीकू हैं। शशि की माँ को खाई में उतरने की राह मिल गई। अंधकार! अतल! शशि की माँ नीचे उतरने लगी...नीचे उतरती गई। सुकुल भी नीचे उतरता गया। शशि की माँ एकदम से बैठ गई। सुकुल खड़ा का खड़ा रहा! शशि की माँ ने हाथ बढ़ा दिया! बुढ़ापे के झुर्रीदार दो शीर्ण हाथ आगे बढ़े! सामने पड़े दो पत्थरों पर उसने हाथ रख दिए।

बेहद मद्धिम, आर्त सूख रुलाई के साथ उसने आवाज़ दी—"शशि! शशि! शशि! भुजंग! भुजंग!"

सुकुल एकदम से ढह गया। उन पत्थरों से लिपट गया। दो टुकड़ा पत्थर! उसने दम लेने के लिए सर उठाया। ऊपर आसमान! दिमाग के अंदर प्रचंड विस्फोट! सुकुल को कँपाते हुए, उन्नत शाल की दरख़्तों ने उस शून्य स्थान को पूर्ण कर दिया। आदिवासियों का प्रतिवाद पूरा हुआ! जो कुछ बाकी रह गया था, वह अब शशि और भुजंग के खून में डूबकर भर उठा और उफनकर उमड़ आया।

जगमोहन की मृत्यु

एक

कहानी का नाम 'जगमोहन की मृत्यु' होने के बावजूद जगमोहन, सोमरा गंजू और बुलाकी, तीनों ही इस मृत्यु के जरिए असंभव या सदा-संभव परिणामों में उत्तीर्ण हुए थे। यह घटना घटी थी सन् सतहत्तर के अक्तूबर महीने में। इस कहानी का एक अलौकिक पक्ष भी है। वह पक्ष अब बूरुडीहा गाँव के हनुमान मिश्र के इख्तियार में था। दरअसल बूरुडीहा में, अक्तूबर के देवी-पक्ष में जो सब अविश्वसनीय घटनाएँ घटी थीं, उससे हनुमान जी की श्रेष्ठता और ईश्वरीय इच्छा, इस अंचल में स्थायी रूप से प्रतिष्ठित हो चुकी थी। जो लोग क़ानून के जरिए, भारत और भारतवासियों के मन से छुआछूत और निम्नवर्ग-उत्पीड़न बंद करने को दृढ़संकल्प थे, मिश्र के पक्षधरों का कहना था कि उन्हीं लोगों को सबक सिखाने के लिए ही यह घटना घटी थी। इस बारे में ब्रजभूषण छत्री लिखित, 'जगमोहन की अमर कहानी' नामक एक पुस्तिका, पटना में छापी गई और गोमो-डाल्टेनगंज लाइन के स्टेशन-समूहों में कहीं-कहीं बेची गई। जाहिर है, जगमोहन मंदिर में यही पुस्तिका सबसे ज़्यादा बिकती थी। यह लाइन किताब-बिक्री की लाइन नहीं थी। ये सारे गाँव प्रागैतिहासिक थे। ये आदिवासी लोग भारत सरकार की मर्मपीड़ा का कारण थे। इन सबकी ओरांव, मुंडा, हो वगैरह लिखित, कोई भाषा-लिपि नहीं थी। वे लोग दिन-ढले घास के उबले दानों की ढेरी जुटाने में, हज़ारों सालों से चलते चले जा रहे थे। जगमोहन की किताब ये भुखमरे, नंगे-बुच्चे लोग नहीं पढ़ेंगे। इसलिए वह किताब भरकुंडा, खालाड़ी, पत्रातु वगैरह नए, धनी उद्योग अंचलों में बेची जाती थी। ये सब आदि आदिवासी लोग, भारत सरकार को, अनजाने में ही सैकड़ों तरीकों से मर्म पीड़ा देते थे। विकास दफ़्तर को धूल चटाकर, ये लोग अविकसित ही रहते आए थे। छुआछूत सरकार को बिल्कुल पसंद नहीं थी, यह जानते हुए भी वे लोग उच्च वर्ण से ख़ौफ खाते थे। सरकार की घोषित वासना यही थी कि देश के धन-सम्पद में इन लोगों का अधिकार रहे, इसके बावजूद मैंगनीज़, बॉक्साइट, माइका, लोहा, तांबा, सीमेंट, कोयला वगैरह सब कुछ अनावासी लोगों

के हाथ में सौंपकर, वे लोग दूर से, अनाहार से शीर्ण देह समेत कल-कारखानों की शोभा देखते हैं। सबसे ज़्यादा कुत्सित बात यह है कि ये लोग अकाल के समय देशी-विदेशी फोटोग्राफरों को जाने क्यों तो यहाँ की तस्वीरें उतारने देते हैं और इंसान नामक कैरिकेचर जैसे चेहरों की तस्वीरों को बाहर प्रचारित करके भारत राष्ट्र की इमेज तबाह करते हैं। असल में ये लोग धुरंधर खचड़े होते हैं। पहले के शासन काल में इमर्जेन्सी की धमकी देकर, इन लोगों की जिंदगी पर अकाल और सूखे का बोझ लाद दिया गया था। लेकिन वर्तमान सरकार चूँकि ढीली-ढाली है, इसलिए ये लोग लगातार अपनी दरिद्रता जाहिर करने की सुविधा ले रहे हैं। इसमें हैरानी की क्या बात है कि यह समूची की समूची जाति अगर लुप्त हो जाए, तो सरकार की जान बच जाए? भारत का विदेशों को खाद्य-निर्यात का मामला, क्या निरी बादशाही नहीं लगती? बहरहाल, आजकल बूरुडीहा अंचल में जगमोहन का विदेही प्रभाव बेहद संक्रामक बन गया था। उस किताब में सभी बयान दर्ज़ था। सन् अठहत्तर में कर्पूरी ठाकुर के जॉब-रिजर्वेशन की सदिच्छा जो बूमरैंग हो गई, जगमोहन की किताब में, वह घटना भी जोड़ दी गई थी। ऐसा करने के पीछे, शुभ उद्देश्य यह था कि जगमोहन की ही घटना से यह प्रमाणित कर दिया जाए कि छोटे लोग, आखिर छोटे लोग ही होते हैं। अमूर्त ईश्वर, समूर्त काशी-विश्वनाथ, हनुमान जी, राम जी का अवतार, सभी की यही मर्ज़ी है। इसके बाद, कर्पूरी ठाकुर ने उछल-कूद मचाई, तो हिंदू देवता वर्ग के हाथों बिरादरी-बाहर हो गए। वह किताब लाखों-लाखों की तादाद में बिकीं और बुरूहीडा अंचल की कास्ट हिंदू औरतें, साईंबाबा और संतोषी माँ की तस्वीरों के साथ रखकर उसकी पूजा करने लगीं। इस तरह जगमोहन की मृत्यु धीरे-धीरे मल्टी-पर्पस हो उठी! बहुउद्देश्यपूर्ण! ख़ैर, इस बारे में बाद में बात करेंगे। जगमोहन की कहानी, जातीय जीवन में कितनी बड़ी घटना है, पिछली रेजिम यानी शासन-काल को वापस लौटा लाने के लिए, कितना बड़ा पथप्रदर्शक था, यह बात कलकत्ते के लोग नहीं समझेंगे, क्योंकि वे लोग कलकत्ता को ही भारतवर्ष और अपने सबको भारतीय समझते हैं। उन लोगों को यह भी ख़बर नहीं थी कि जगमोहन के मामले में सरकार के ऊपर महल के बहुतेरे लोग, नई राह की रोशनी देख रहे थे और सरकारी सहयोग से भविष्य में जगमोहन की कहानी को चित्ररूप दिया जा सकता था। सेकुलर इंडिया का मतलब है, उच्च वर्ण शासित इंडिया! यह हक़ीक़त सभी लोग जानते थे, हाँ जुबान से जाहिर नहीं करते थे। वे इसे अपने कामकाज में भी दिखाते थे। अगर इस कथा पर फ़िल्म बनाकर दिखाई जाए, तो सर्वसाधारण में इसे स्वीकृति मिल जाएगी, क्योंकि भारत की जनगण, जो बात फ़िल्म में नहीं देखती, उसे सीखने को भी हरगिज तैयार नहीं होती। देशप्रेम में दीवाने पति के प्रति, पत्नी की श्रद्धा-भक्ति और प्रतीक्षा की जरूरत, पुलिस की ईमानदारी, गरीबों के लिए अमीरों की मर्मवेदना—यह तो सभी देशों में मौजूद है और हमेशा मौजूद रहती है। लेकिन जब तक धर्मेन्द्र या हेमामालिनी या

लता मंगेशकर मदद न करें, तो भारतीय लोग भी भारतीयता की ये तमाम ए बी सी नहीं सीख सकते। सुनने में आया कि इस फ़िल्म में स्वयं तैलंगस्वामी और काठियाबाबा जगमोहन, हाथी की देह में मिलेंगे और उसी देह से निकलेंगे। जगमोहन, महज़ चौपाया, विशाल स्तनपायी मात्र नहीं था, वह उक्त महापुरुषों का गजरूप था, यह भी इसी तरह प्रमाणित हो जाएगा। भूख-प्यास के मारे सोम जैसे लोग, महावत, बुलाकी वगैरह चरित्रों की भूमिका में अखिल भारतीय स्टार कास्ट शामिल होंगे। जगमोहन का चरित्र निभाने के लिए अभिनेता मिलते ही, फ़िल्म-निर्माण शुरू हो जाएगा। अगर कोई भारतीय हाथी का रोल करने को राजी नहीं हुआ, तो अमेरिका को फिलर भेजा जाएगा। खैर, भविष्य की बात अभी सिकदर पर ही टँगी रहे। जगमोहन कहानी का ग्रासरूट में अवतार ही प्रार्थनीय है।

सन् सतहत्तर के अक्तूबर में, अन्यान्य अक्तूबर की तरह, पालामऊ के जंगल, सरस बाँस-झाड़, कहीं-कहीं बरगद के पेड़ों से सुशोभित थे। बाँस का जिक्र आते ही बंगाली लोग प्रवादपूर्ण बाँस की पिछाड़ी ही समझते हैं। लेकिन बाँस और बरगद, दोनों पेड़ों के पत्ते और उनकी नाजुक डालें हाथियों का प्रिय भोजन हैं, यह बात सभी लोग नहीं जानते। जो लोग इस जानकारी की जरूरत नहीं समझते, उनके लिए भी यह जान लेना बेहतर है। वे लोग जो-जो जानते हैं, उससे विशाल राष्ट्र, भारत का कुछ भी नहीं आता-जाता। वे लोग तो बस, यह जानते हैं कि बंगाली भारत की श्रेष्ठ जाति है और राजनीति में योद्धा हैं। लेकिन उसमें धनबाद का गुंडाराज या आचार्य भावे का गोहत्या निवारण में किया गया अनशन प्रभावित नहीं होता। जगमोहन जाति का बृहद चौपाया जानवर, उन लोगों से कहीं अधिक सक्षम है और भारत में दुबारा पिछला युग लौटा लेने में सहायक है। हाथी की बाँस या बरगद प्रीति, भारत में दुबारा इमरजेंसी लौटा लाने के हक़ में, परिवेश-सृजन में सहायक हुई थी। इसकी वजह थी, महन्त काशीवासी चरणदास! ये साहब बेहद कंजूस स्वभाव के थे। इसीलिए इतना सब घट गया और एक नए इमर्जेन्सी-उज्ज्वल एशिया के मुक्ति-सूर्य से आलोकित, भारत भूमि की शुरुआत हुई।

चरणदास, अनगिनत महंतों में से एक था। बनारस में उसके पास एक नहीं, कई-कई हवेलियाँ, बस, टैक्सी, सेवादासी, भैंस, देहात में ज़मीन और चार-चार हाथी थे। वे हाथी, उसके स्टेट्स सिम्बॉल थे। लेकिन हाथी की खुराक के बारे में वह गज़ब का उपेक्षा-भाव रखता था। उन हाथियों के प्रति अतिशय लापरवाह! बनारस के करीब गाँव वाले मकान में (पक्का मकान और चौमंजिला) स्थापित लक्ष्मी-जनार्दन ही उन हाथियों की वजह थे या उनके कारण ही हाथियों का अस्तित्व था। होली, जन्माष्टमी, और दशहरा में लक्ष्मी और जनार्दन, हाथी की पीठ पर सवार होकर, गाँव-शहर में घूमते थे और चंदा कबूल करते थे। इसीलिए हथिनी, मोती भी मौजूद रहती थी। महंत के हाथियों की खुराक, उनकी भक्त प्रजा ही जुटा देती थी। महंत को बाकी

तीनों नर-हाथियों की ज़रूरत सिर्फ एक ही बार पड़ती थी। रथयात्रा के मौके पर, जगन्नाथ के दर्शन के लिए वे आठारोमला से हाथी की पीठ पर सवार होकर शहर में दाखिल होते थे। जगमोहन, गणेश और घनश्याम—तीनों हाथियों की पीठ पर महंत और चेले-चामुंडे बैठे होते थे। इसके अलावा पूरे वर्ष भर ये हाथी, उनके कोई काम नहीं आते थे। 'ह्यूज़ फोर फुटेड पैकिडर्म' को देखते ही, उनकी महंतगीरी जैसा फायदेमंद कारोबार आलीक लगता था। वे उन हाथियों को उनका आहार कभी नहीं देते थे, इसके बावजूद 'हाथी की खुराक' का ख्याल आते ही, उनके दिल की धड़कनें तेज़ हो जाती थीं। ये हाथी, कोई गाय-भैंस तो थे नहीं कि इन्हें खिलाने पर दूध मिले। ये टैक्सी या बस भी नहीं थे कि पेट्रोल पिलाने से घर में पैसा आएगा। ये हाथी पाली-पोसी औरत भी नहीं थे कि खिलाने-पहनाने के एवज में सोते समय, देह-सुख देंगे। इसीलिए बिना किसी फ़ायदे के कारोबार को 'हाथी पालना' कहा जाता है। और यह तो शाब्दिक अर्थ में हाथी-पालन था। हाय, अब तो वह दिन भी नहीं रहा कि 'ज़रूरी अवस्था' के सुख में, देहाती-गँवई प्रजाजन की घर-बस्ती, हाथी के पैरों तले रौंदने-कुचलने की जोड़-तोड़ करें। उनके गोले में धान भरा पड़ा था। ऐसा भी संभव नहीं है कि हाथी चावल की भूसी खाएँ। हालाँकि महंत होने की सबसे मुश्किल यह थी कि चारों के चारों हाथी रखना उनके लिए जरूरी था। इसीलिए हाथी अगर मर जाए, तो सोनपुर के मेले से 'फिन् भी' एक और हाथी खरीदना पड़ता था। अगर ऐसा न किया, तो बदनामी होती। चरणदास बेहद मॉडर्न महंत था। लेकिन अपने पुरखों द्वारा स्थापित आन-बान-शान से भी तो इनकार नहीं कर सकते थे।

लेकिन, हाथी तो हवा खाकर ज़िंदा नहीं रह सकते थे। चरणदास के दादा हाथियों को नियमित रूप से पानीफल की जलेबी खिला रहे थे। चरणदास ज़िंदगी भर हाथियों को जलेबी खिला सकें, इसके लिए वे हवेली पर हवेली खड़ी करके, रख गए। लेकिन चरणदास ने उनका इच्छा-पूरण नहीं किया, क्योंकि अब उच्च वर्ण की शान-शौकत और रौब-दाब के अलावा, काशी का कोई माहात्म्य नहीं था। चूँकि उच्च वर्ण का रौब-दाब कायम था, इसीलिए निम्न वर्ण से मंत्री, जब कभी विश्वविद्यालय में तशरीफ लाते थे, हमेशा रगड़ खा जाते थे। लेकिन, दूसरी तरफ सब कुछ डाँवाडोल! जलेबी अब काफी महँगे दाम में बिकती थी।

हाथियों को खिलाने का मामला, महंत जी ने बड़े कौशल से निपटा लिया था। वे दो हाथी बनारस में रखते थे। दो-दो बेटों का भी ब्याह हो चुका था। वहाँ महन्त के समधी हाथियों की खुराक जुटाते थे। शर्त रखकर ही विवाह हुआ था। गणेश और घनश्याम, अभी बच्चा-हाथी थे। अभी खींचकर नहीं खा सकते थे।

जगमोहन बूढ़ा हाथी था। उसका महावत, बुलाकी भी ख़ासा बूढ़ा था। बुलाकी हर साल जगमोहन को लेकर बनारस से पुरी जाता था। पूरे साल, उसे जहाँ कहीं,

जंगल मिलता था, वहाँ वह हाथियों को चराने ले जाता था और उन्हें बाँस के पत्ते, कोमल डाल और बरगद के पत्ते खिलाता था। पुरी से लौट आने के बाद, बाकी दूसरे हाथी भी बनारस लौट आते थे। जगमोहन नहीं लौटता था। मेदिनीपुर की राह में चलते-चलते, वह दुबारा पालामऊ या चाइबासा के जंगलों में गायब हो जाता था। चरणदास जैसे जगमोहन को खाना नहीं देते थे, उसी तरह बुलाकी को तनख्वाह नहीं देते थे। बुलाकी जगमोहन को ग्रामीण जोतदारों के शादी-ब्याह में, बारात के लिए, किराए पर उठा देता था। रांची शहर में बच्चों को हाथी की पीठ पर सैर कराता था और उसका किराया लेता था। इन सबसे उसे जो कमाई हो जाती थी, चरणदास का ख़्याल था कि महावत, बुलाकी के लिए काफी था, जबकि बुलाकी को बखूबी मालूम था कि यह रकम काफी नहीं है। उसे कुछ नहीं मिलता। जगमोहन और बुलाकी दोनों की ही उम्र—सत्तावन साल! अठारह साल की उम्र में, बुलाकी, जगमोहन के महावत के पद पर 'एप्वाइंटेड' हुआ। तनख्वाह तय हुई, दो टके, खुराकी और साल में तीन बार कपड़े-लत्ते! यह तनख्वाह कम थी, ऐसा नहीं कहा जा सकता। सन् 1939 में कलकत्ता में, दो टके में पूरे एक मन चावल मिलता था। बनारस में दो रुपए का मोल और भी ज्यादा था।

लेकिन, जाने क्यों तो, बुलाकी को तनख्वाह देना संभव नहीं हो पाया। बुलाकी भी माँग नहीं सका, चरणदास ने भी नहीं दिया। उन दिनों शहर में हाथी लेकर निकलने के लिए जो चंदा पड़ता था, बुलाकी को भी उसमें हिस्सा मिलता था। जगमोहन की मर्दानगी सुविदित थी और आस-पास के ग्रामीण रईस लोग, जब हथिनी खरीदते थे, तो उनकी मस्ती के लिए, वे लोग जगमोहन को ले जाते थे। चरणदास को इससे भी अच्छी-ख़ासी आमदनी होती थी, क्योंकि रईस लोग हाथी के बच्चे काफी अच्छे दामों में बेच देते थे। मेहनत बेचारा जगमोहन करता था, बच्चे बेचते थे, रईस-अमीर लोग चरणदास को रुपए मिलते थे। बुलाकी को बख़्शीश और कपड़े-लत्तों की आमदनी होती थी। जगमोहन को मिल्ता था, सर्दी से बचने के लिए कम्बल!

पैकिडर्म हाथियों को अपने परिवार में रहना बेहद प्रिय है। हाथी काफी घर-संसारी जानवर होता है। जगमोहन के साथ मुश्किल यह थी कि हाथी होकर उसे हथिनी का गर्भाधान तो करना पड़ता था। लेकिन, हथिनी के गर्भ-काल में और हथिनी जब बच्चे को जन्म देती थी, तो उनकी देखभाल का स्वाभाविक कामकाज करने का मौका, उसे नसीब नहीं होता था। इंसान की ज़रूरत की वजह से उसका हस्ति-कर्म पूरा नहीं हो पाता था। बुलाकी उसका दर्द समझता था और छुटपुट नौकरानी या सस्ते दामों वाली रंडी के अलावा, उसकी स्वाभाविक यौनाकांक्षा के लिए कोई परमानेंट सेट्लमेंट चूँकि नहीं हो सका, इसलिए वह जगमोहन के साथ एक अद्भुत बंधन में बँध गया था। बीच-बीच में वह जगमोहन को किस्से-कहानियाँ सुनाकर, उसे तसल्ली देता था।

मसलन : "मुझे पता है, तू दुःखी है। लेकिन, अब क्या उपाय, बता? तू भी मालिक का नौकर है, मैं भी! अब तुझे क्या बताऊँ? हमारा मालिक खुद भी नामरद है। बचपन से, इतनी-इतनी रंडियों के साथ लटपट रहा कि रात में किया जाने वाला काम तो वह करता था, लेकिन उस गर्मी से उसे बेटा नहीं पैदा हुआ। एक के बाद, उसने तीन-तीन ब्याह रचा डाला। कुछ पैदा नहीं हुआ। तब उसने साधु-संत, डांग्दर-बैद खूब-खूब किया। अरे, उसकी गर्मी में 'परान' ही नहीं होता, हकीम-बैद्य क्या करते? बनारस में उसकी खूब 'हंस्सी' होने लगी। तब मालिक ने अपने भाई से कहा, 'घर की लाज की बात है, लड़ जा तू भी!'—सो, भाई भी लड़ गया। बस्स! आठ बरस में, तीनों बीवियों के यहाँ सात बेटा-बेटी पैदा हुए। सुन, जगमोहन, तू भी मरद, हम भी मरद! लेकिन उस मालिक नामर्द ने हम दोनों को ख़रीद लिया। तेरा दुःख मैं समझता हूँ, तू यह समझ ले और दुःखी मत हो।"

कहानियाँ सच होती हैं, तभी तो किस्से बनते हैं। जगमोहन ये कहानियाँ कितना समझता था, कौन जाने! लेकिन बुलाकी उसकी आत्मा का आत्मीय था। चरणदास की ज़रूरत पर वह एक 'अनरियल' जगत में जीता था, इसलिए बुलाकी अगर क्षण भर को भी उसकी नज़र से ओझल हो जाता था, तो उस अ-दर्शन में 'रियलिटी' गुम हो जाने के अहसास से, वह बेतरह डर जाता था। बुलाकी कभी-कभी दो-तीन दिन वेश्याओं के यहाँ गुजारने चल देता, तो जगमोहन खाना-पीना त्याग देता था।

चरणदास उसे आगाह करता था, "देख, उसे छोड़कर, कभी, कहीं मत जाना।"

लेकिन सुनने में आया कि एक बार हाथी पर सवार होकर यही बुलाकी किसी चवन्निया रंडी के घर जा पहुँचा। नतीजा यह हुआ कि बनारस की सभी सस्ती वेश्याएँ अपना कुलकर्म भूलकर, जगमोहन के पास पहुँच गईं। उसकी सूँड में गेंदे की मालाएँ पहनाईं, पानी से पाँव धोए और ढोलकी बजाकर, 'गोकुलवाले सँवरिया'—भक्ति गीत गाया। उस दिन उन लोगों ने बुलाकी को कामातुर मर्द के तौर पर देखने के बजाय 'गॉड का एमिसरी'—देवदूत के रूप में देखा और चकले की बूढ़ी मालकिन, गुलाबी, सहसा बुदबुदा उठी—"बुलाकी कहाँ? ई तो बाबा विश्वनाथ छे।" और भावावेश में बेसुध हो गई।

इस घटना ने बनारस शहर में व्यापक प्रचार लाभ किया और शहर की नामी-दामी तवायफों की कोठियों में बुलाकी ने जगमोहन को घुमा-फिराकर, अनगिनत पतिताओं को 'फॉर द टाइम बीइंग', उद्धार किया। लेकिन यह उद्धार-कार्य स्थायी नहीं हुआ। इसकी वजह काफी गंभीर थी। अगर यह कार्यक्रम स्थायी रूप से टिका रह जाता, तो उक्त औरतों को अपनी देह का धंधा छोड़ना पड़ता और अगर वे लोग देह-व्यापार छोड़ देतीं, तो खातीं क्या? उनके ग्राहक मर्द आखिर कहाँ जाते? इस घटना के फलस्वरूप बुलाकी के जीवन में भी 'फोर्स्ड ऐबस्टिनेन्स' यानी ज़ोर-ज़बर्दस्ती का संयम आ गया, क्योंकि पतुरियों की नजर में वह हमेशा के लिए 'गॉड का एमिसरी', भगवान

का भेजा हुआ दूत बन गया। भगवान के दूत के साथ सुरापान, तामसिक भोजन और शयन-रमण के लिए वे औरतें राजी नहीं होती थीं। 'नहीं, नहीं, देवता—' कहकर उसे प्रणाम ठोंकने लगती थीं। चरणदास की छुटपुट दासियाँ भी इस संक्रामक रोग का शिकार हो गईं और बुलाकी अजीब आफत में फँस गया। अब उसकी स्वाभाविक इच्छा का तृप्ति-सुख भी गुम हो गया। यानी दो-हज़ारी हाथी पर सवार होकर, चवन्निया वेश्या-गमन के ये 'अनफोरसीन', सुदूर-प्रसारित सुफल लाभ हुआ।

नतीजा यह हुआ कि बुलाकी और जगमोहन, दोनों 'पोटेंट मेल', भरे-पूरे मर्द, और ज्यादा दुर्बोध और वर्णनातीत प्रेम-बंधन में आबद्ध हो गए। अब जगमोहन, जब रईसों की हथिनियों को गर्भाधान करने के काम में मगन होता था, बुलाकी अपनी बुद्धि लगाकर, उन अंचलों में अपनी स्वाभाविक प्रवृत्ति, निवृत्त कर आता था। फलस्वरूप पराए घरों में जगमोहन और बुलाकी के आत्मज और आत्मजाओं का सृजन होता रहा। लेकिन 1947 के बाद, अमीर-रईसों की माली हालत खस्ता हो आई। हाथी पालने-पोसने का शौक कम हो गया, जगमोहन और बुलाकी ने सहसा देखा, वे दोनों बेकार हो गए हैं। उन्हीं दिनों, चरणदास ने जगमोहन और बुलाकी को 'वांडरिंग जू' बनाकर, बनारस छोड़ने की पहल की। वे दोनों निकल तो पड़े, मगर चरणदास के दास के तौर पर! 'लिबरेटेड' बुलाकी, 'लिबरेटेड' जगमोहन की पीठ पर सवार, बनारस त्याग करने के बाद, आम लोग और यंत्र जगत में खारिज पैकिडर्म यानी मोटी खालवाले प्राणी की इस यात्रा को किंवदंती बन जाना चाहिए था। लेकिन, असल में ऐसा नहीं था। बुलाकी को तनख्वाह नहीं मिल रही थी, जगमोहन को खाना नहीं मिल रहा था। चरणदास ने उन दोनों को कुछ भी न देकर, उन्हें चिर दास बनाकर खदेड़ दिया। वे दोनों आषाढ़ में पुरीधाम में तीन दिन, 'सर्विस' देंगे और बाकी तीन सौ बासठ दिन, वे अपना इंतज़ाम खुद कर लें—चरणदास के इस 'एटजस्टमेंट' में बुलाकी या जगमोहन को कोई अन्याय भी नज़र नहीं आया। उन दोनों ने यह इंतज़ाम क़बूल कर लिया और वहाँ से खिसक गए।

सालों साल वे दोनों बहुत सारी जगहों पर घूमते रहे। लेकिन धीरे-धीरे जंगल काटे जाने लगे, सड़क-रास्ते बनने लगे। अब वहाँ बस-मोटरें चलने लगीं। पैकिडर्म और मानव के विचरण का क्षेत्र भी सीमित हो आया। अब बुलाकी और जगमोहन को पालामऊ-चाइबासा का बेल्ट ही ज़्यादा पसंद आने लगा। अल्पाहार की वजह से जगमोहन सूखकर प्रायः कंकाल हो गया। अक्सर फाके की वजह से बुलाकी भी इंसान के नाम पर कैरिकेचर बनकर रह गया। लेकिन जंगल-जंगल घूमते रहने की वजह से जगमोहन अपना 'रूट ट्रेस' करने में कामयाब हो गया। अब उसके दिमाग़ का कोई हिस्सा, जंगल को 'अपने घर' के रूप में पहचानने लगा। हाँ, जंगली हाथी देखकर वह डर जाता था। नग्नप्राय आदिवासियों की वह उपेक्षा करता था, लेकिन वन-जंगल में उसे चैन आने लगा। बुलाकी ने भी राहत की साँस ली। वन-जंगल

और गाँवों में जाकर जगमोहन को भी खाना मिल जाता था और वह भी घास के उबले दाने या बथुआ साग, गुड़ की डली वगैरह खाकर जी रहा था। सालोंसाल के बाद, आदिवासियों से उसे इतनी-सी स्वीकृति तो मिल ही गई थी।

जगमोहन पहले, रांची या खालारी या हरियार में बच्चों को 'ज्वाय राइड' कराता था। अभी भी वह शहर या शहरी लोगों को नापसंद करता था। बुलाकी उसे समझता था। अर्से से अल्पाहार और अनियमित आहार की वजह से जगमोहन की सेहत अब टूट चुकी थी। अपनी देह तक खींचते-घसीटते चलने में उसे तकलीफ होती थी। बुलाकी बेतरह डर गया। जगमोहन अगर मर गया, तो वह क्या लेकर जिंदा रहेगा? जलाशय देखते ही, वह जगमोहन को नहलाता-धुलाता। कहीं से पैसे मिलते ही, वह उसे नमक, केले, धान वगैरह खरीदकर खिलाता। इसके बावजूद जगमोहन की आँखों की वह दृष्टि नहीं बदली। वह दृष्टि बेहद मानवीय, दर्दभरी और मार्मिक थी।

अपनी दृष्टि की ही भाषा में जगमोहन ने बुलाकी से कहा, "अभी मुझे छुट्टी दो, भइया!"

बुलाकी ने आँखें फेर लीं।

जगमोहन ही इस असंभव 'अनरियल' जगत में उसकी एकमात्र 'रियलिटी' है। अनरियल, अवास्तविक जगत! जिस जगत में बुलाकी तनख्वाह न पाकर भी चरणदास का बंदा होकर घूमते-भटकते बूढ़ा और जर्जर हो गया। अनाहार की वजह से जीर्ण-शीर्ण हाथी के साहचर्य से ज़्यादा उसे कुछ नहीं मिला। जहाँ इंसान का, मामूली इंसान जैसा स्वाभाविक जीवन भी न हो, वह जगत 'अनरियल' ही होता है। 'रियलिटी' तो एकमात्र जगमोहन और जगमोहन की बीमार साँसें थीं। जगमोहन मर गया, तो बुलाकी क्या करेगा?

वैसे हतदरिद्र पालामऊ और चाइबासा में भी अमीर-रईस लोग बसते थे। महाजन-जोतदार-बनिए-शुंडी भी रहते थे। बुलाकी ने उन लोगों से भी वह देखा। लेकिन जगमोहन को साथ रखकर, उसके रहने के प्रस्ताव पर कोई राजी नहीं हुआ। जगमोहन जो खाता था, उन बाँस और बरगद के पत्तों पर उन्हें कोई खर्च नहीं पड़ता था, फिर भी वे लोग राजी नहीं हुए। आज तो वह बरगद के पत्ते चबा लेगा, लेकिन कल अगर वह धान पर सूँड़ मारे, तो?

"नहीं, जी ऐसी बेईमानी वह जानता ही नहीं–" बुलाकी ने लाख विनती की, मगर कोई फ़ायदा नहीं हुआ।

किसी भी गाँव में अगर वह दो दिन ठहर भी जाता था, तो तीसरे दिन उसे चल देना पड़ता था। "बेचारा, ऊ थोड़ा आराम माँगता है–" इस आरजू-मिन्नत से भी कोई फ़ायदा नहीं होता था। कोई नहीं सुनता था। बुलाकी यह भी जान गया था कि अब अगर और चलना न पड़े, तो जगमोहन की जान बचे। इसके बावजूद उसे चलते रहना पड़ता था। गाँव-प्रांतर! धूल-धक्कड़! वन-जंगल! बस्ती-गिराम।

''हाथी चढ़ोगे? दस पैसे! दस-दस पैसे।'' उसकी पुकार पर पानी फिर जाता था, क्योंकि आधुनिक और तेज़-रफ़्तार भारत में, जिंदा रहने के लिए, दरिद्र आदिवासियों का जीवन-संग्राम, आवारा-घुमंतू पैकिडर्म के संग्राम की तरह ही अतिशय भयानक और हिंस्र था। हर पल, वे लोग 'एक्सटिंक्शन के थ्रेट' जड़ से विलुप्त हो जाने के खतरे तले जिंदा थे। अतिरिक्त दस पैसे या हाथी चढ़ने का शौक उनमें नहीं होता। क्यों नहीं होता, उसे समझने के लिए एक संवाद ही काफी है। यह संवाद, बुलाकी और किसी भी आदिवासी के बीच हो जाता था। आदिवासी, गाँव का बूढ़ा-बुजुर्ग भी हो सकता था, गाँव-प्रधान या अन्य कोई भी हो सकता था। आदिवासी मर्द-औरतों का नाम, आमतौर पर जन्म के दिन पर होता था। मर्दों के नाम होते थे—इतवा, सोमाइ, या सोमना या सोमरा, मंगली, बुधना, वीरसा, शुकिया या शुकचर, शुकदेव, शनीचर वगैरह तक ही 'लिमिटेड'! औरतों के नाम—इतवारी, सूमी या सोमनी, मुंगली, बुधनी, बीशी, शुकनी या शुकचरी, शनीचरी! जन्म के दिन मुताबिक नाम रखना, आम नियम था!

संवाद यूँ शुरू होता था।

बूढ़ा, अशक्त, क्लांत और उपवास-शीर्ण जगमोहन अपनी झुर्रीदार त्वचा, धुँधलायी-कीचड़भरी आँखें, सिकुड़ा और सूखा पुरुषांग, धूलधूसरित देह समेत गाँव में दाखिल हुआ। प्यासी आँखें जलाशय ढूँढ़ती हुईं। उसके बाद, बाँस के पत्ते या नमक जैसा पानी भी नसीब नहीं होगा, यह जान-समझकर, वह किसी पेड़ की छाँव में आकर खड़ा हो गया। वक्त दोपहर!

इस वक्त 'एबल बॉडीड' यानी स्वस्थ शरीर वाले सकल नर-नारी और बालक-बालिकाएँ पत्थर-कटाई, बकरी-चराई, जमींदार के खेत-जुताई, जंगल में ठेके के कामकाज के लिए, यानी किसी न किसी काम से बाहर गये हुए थे। बेहद परिचित दृश्य! अशक्त बूढ़े-बूढ़ियाँ और अति छोटे-छोटे बच्चे, धूल-धूसरित चट्टान जैसे आदिम चेहरों में, चीना-घास के दाने निकालते हुए! चोरकांटे से ज़रा लंबी घास की फुनगी में दाने! उनका छिलका छुड़ाना ही उन लोगों का काम था। दिन भर की मेहनत के बाद, मुश्किल से मुट्ठी भर दाना कभी मिलता था, कभी नहीं! उसे पानी में उबालकर घाटों पकाया जाता था! अगर कहीं नमक नसीब हो जाए, तो 'ग्रेट लक्जरी!'

वृद्ध, अशक्त, क्लांत, उपवास-शीर्ण बुलाकी हाथी की पीठ से नीचे उतरकर, इन्हीं लोगों के पास चला आता था। ऐसे ही परिवेश में, ऐसी ही दोपहर के वक्त, ठीक ऐसे ही लोग-बाग के पास वह बहुत बार आ चुका था। उसके आने पर, छोटे-छोटे बच्चे और बूढ़े-बूढ़ियाँ, हाथी देखकर आकर्षित होंगे या नहीं, यह कई-कई चीजों पर निर्भर करता था। दरअसल, इस दुनिया में सभी कुछ एक-दूसरे पर निर्भरशील होते हैं। नंगे-बुच्चे गाँव में हाथी दाखिल हुआ था, होना तो यही चाहिए था कि लोग उसकी तरफ दौड़ पड़ते और उसके इर्द-गिर्द भीड़ लगा देते।

पहले ऐसा ही होता था। लोग भीड़ लगा देते थे। तब बुलाकी बेहद खुश होता था और हाथी की पीठ से ही वह बड़े नखरे से उतर आता था। गाँव अगर जाना-पहचाना होता था, तो वह ज़ोर-ज़ोर से आवाज़ लगाता था, "आ, रे, एतवा! तोहार ललकी गैया जंगल में जा घुसी है, रे!" चूँकि बुलाकी भी फटी-चीथड़ी धोती में पगलैट-सा लगता था, इसलिए उन लोगों में बेहद सहज महसूस करता था। पास में अगर रुपए हुए, तो इन लोगों के साथ वह महुआ पीता था। कुछ दिन वहीं टिका रहता था। बिना पैसा लिए ही, सब लोगों को हाथी की पीठ पर बिठाकर सैर कराता था।

उसे ऐसा 'रिसेप्शन' तभी मिलता था, जब लगातार कई सालों, 'काले वर्षतू, पर्जन्य; पालामऊ शस्यशालिनी' रही हो। बारिश हो, तो अनाज होता था। अनाज जोतदार या महाजन के गोला में चला जाता था। आदिवासी खेज-मजूरों को मजूरी नहीं मिलती थी। हाँ, थोड़े-से रौंदे-कुचले भुट्टे के दाने मिल जाते थे। खेत की धूल, अनाज झड़ाई की धूल और खलिहान-झड़ाई की धूल को धो-कचारकर, उन्हें अनाज के चंद दाने भी मिल जाते थे। इसके अलावा बरसात के मौसम में, जंगल में फल-कंद फलते थे, चीना-घास की झाड़ उग आती थी और पानी में मछलियाँ तैरती थीं। बरसात के मौसम के बाद, किसी 'फॉरेस्ट-बेल्ट' वाले गाँव में क़दम रखते ही, बुलाकी को गाँव वालों की आँखों में उत्साह भरी अभ्यर्थना मिला करती थी। औरांव, कोल, हो वगैरह उपजाति के लोग, सालोंसाल से जानते थे कि उन लोगों को खेती करने पर तो अधिकार है, मगर भूमि या शस्य पर नहीं! श्रम पर तो इख्तियार है, पारिश्रमिक पर नहीं। इसलिए बारिश होने पर वे खुश हो जाते थे। कम से कम घास का दाना तो मिलेगा।

ये वो दिन थे, जब बुलाकी से यह कहना संभव था, "हाँ, इस बार बहुत दिन बाद आए। तीन बरिस से इधर नहीं आए। हाँ, यह ज़रूर सुना था कि राँची जिला में घूम-फिर रहे हो। हाथी तो सुखाय गया है, तुम्हारी सूरत-शक्ल भी ठीक नहीं लग रही है। बताओ, क्या-क्या देख आए? आओ, बैठो और बताओ। टुक आराम करो। टुक दारू पीओ। आजकल भले दिन हैं। आज ही तीन-तीन शजारू मारा है। जाओ, कुंड में हाथी को नहला लाओ। आज उसे निमक भी देवेंगे।"

यह हर्षभरा स्वागत, समूचे परिवेश में व्याप जाता था। जगमोहन झूमते-झामते, नहाने के लिए कुंड में उतर जाता था। उसके बाद, वह बरगद के पत्ते खाता था। बच्चों को सूँड़ में लपेटकर, अपनी पीठ पर बैठा लेता था।

लेकिन इधर, करीब पाँच सालों से बुलाकी को वह अभ्यर्थना नहीं मिलती थी। बारिश के बाद भी नया नक्सल और जेपी आंदोलन! इन दोनों कारणों से पुलिस इन सभी दूर-दुर्गम जगहों में भी तलाशी ले रही थी। दीकू महाजन, जोतदार के अत्याचार चरम पर पहुँच चुके थे। सूखे के प्रकोप से अकाल भी पड़ चुका था। आदिवासी-

उन्नयन दफ्तर शहर में स्थित था। शहर काफी दूर; वहाँ निओन-प्रकाश और घूमते हुए कुर्सी-मेज तक अरण्य ग्रामवासियों की पहुँच ही नहीं थी। वे लोग वहाँ जाने की कोई वजह भी नहीं खोज पाते थे, क्योंकि आदिवासी जब दफ्तर के कमरे में जाते हैं, तो जाने क्यों उनके और उस कुर्सी के बीच की दूरी मीलों-योजन तक लंबी हो जाती थी। वह दूरी मिटती ही नहीं। बीच-बीच में, उनका ही कोई बंदा, कोई ग्रामीण प्राइमरी मास्टर या फॉरेस्ट बिट ऑफिसर या उसी तरह के किसी अन्य प्रशासन में विश्वासी किसी शख्स की सलाह पर, रांची तक भी गया है। बिना टिकट के ट्रेन से मांडार! वहाँ से राची! लेकिन रांची बहुत दूर अस्त! अरण्य ग्राम से सैंतीस मील नहीं, सैंतीस लाख मील दूर! वहाँ आदिवासी उन्नयन दफ्तर स्थित है।

—हमका कुछ नाहीं मालूम! हम कुछ नाहीं किए। गाँव में पुलिस है। पुलिस का खर्चा-पानी हम नाहीं जुटा सकते।

—पुलिस, मोरी बेटी-बहुओं का इज्जत लूट लिहिस। कहने पर कोऊ मानता नहीं।

—महाजन बइठ-बेगारी लेत है। कानून भी नाहीं मानते।

—महाजन करज़ काटत है, अनाज तक नाहीं देते।

—जंगल के महुआ पेड़ों पर हमार हक है। फॉरेस्ट गार्ड नाहीं सुनता, सब पैसा खुद ही ले लेत है।

—महाजन पानी नहीं देता! कुआँ पंचायत का है!

शिकायत! शिकायत! शिकायत! ऐसी सब शिकायतें करते-करते, डरी-सहमी आँखों से ऑफिस-घर और अफसर को देखते रहना। अदृश्य दीवार से सिर टकराना! लौट आना! वापस आते समय, अनगिनत कल-कारखानों की वजह से नई शान-शौकत से धनी लोग और रांची शहर को देखना! रोशनी और गाड़ी-सवारियाँ और सिनेमा हाउस और शराबखाने और सजे-सजाए औरत-मर्द! मांसल कंठ में 'महबूबा! महबूबा' गाने के अश्लील हमले! हरियार के रास्ते में विरसा मुंडा की ताम्र-मूर्ति! ऊँची-सी वेदिका पर प्रतिष्ठित ताम्र मूर्ति, भावलेशहीन आँखों से, अरण्य-अधिकार से वंचित, दीकू-पुलिस-महाजन-सरकार और जूडिशियरी तले पिसती हुई अपनी संतानों को देखकर, गूँगी आँखों की भाषा में मानों कह रही हो—जा, घर लौट जा, बाप सकल! भयंकर क्रांति हुए बिना, तू लोगन का दुःख नहीं जाने वाला!

निःशब्द कंठ हताश हो आया। जीवित विरसा जानता था, बग़ावत होगी। मूर्ति यह जानती है कि बग़ावत नहीं होगी।

पिछले पाँच सालों से रांची, पालामऊ, सिंहभूम की आदिम संतानों की जिंदगी जल रही है। आदिवासियों का जीवन, प्राणदंड का मुजरिम बन गई है। महाजन, जोतदार, प्रशासन और जूडिशियरी उस जीवन के चार-चार हाथ-पाँव। उन लोगों ने उन चार हाथ-पाँवों को चार घोड़ों से बाँधकर, उन पर चाबुक बरसाकर चारों दिशाओं

में दौड़ा दिया है। जीवन का धड़ जंजीर में बँधा पड़ा हुआ है। चारों हाथ-पाँव टूटे हुए, विलग, धड़ से अलग! धड़ इज़ ब्लीडिंग टु स्लो डेथ!

हालाँकि ऐसा हो, इसकी कोई संभावना नहीं थी, क्योंकि भारतीय संविधान में लिखा हुआ है—"इन सभी उपजाति और आदिवासियों की संख्या तीस मिलियन है। दे शुड बी मेड टु इंज्वाय दि प्रिविलेजेज ऑफ सिटिज़नशिप ऐंड शुड बी एबल टु टेक पार्ट इन दि मेकिंग एंड स्ट्रेन्देनिंग दि डेमोक्रेटिक इंस्टीट्यूशन्स इन दि कंट्री। दे शुड रिएलाइज़ दि फुल एडवांटेज ऑफ एडल्ट फ्रेंचाइज। दे शुड इंज्वाय दि फ्रूट्स ऑफ लिबर्टी, इक्वेलिटी एंड फ्रेटर्निटी।"

कार्य रूप में दशक के बाद दशक...कई दशकों से ये शब्द-समूह, ये जुमले संविधान की सिर्फ शोभा बनकर रह गई है और आदिवासियों का दुःख चक्रवृद्धि की गति से बढ़ता गया है। ट्राइबल वेलफेयर दफ़्तर से हताशा लेकर लौटते हुए आदिवासी, स्टेशन पर उकड़ू होकर बैठे रहते हैं, फिर ट्रेन पकड़कर, सैंतीस लाख मील पैदल चलकर, अपने गाँव लौट आते हैं। अपरिचित, हिंस्र, आलोक-उज्ज्वल नए भारत के मुकाबले, अपने परिवेश के अपरिमित अँधेरे में लौटकर, वे लोग राहत की साँस लेते हैं।

इसी वजह से वे लोग बाहर के सब कुछ के प्रति अविश्वास करते हैं। लेकिन आदिवासी अरण्य जीवन में, बाहर वालों का 'एन्क्रोचमेंट' अनिवार्य है। वे लोग जानते हैं, दीकू, महाजन, जोतदार, नक्सल या जेपी पंथियों की तलाश में पुलिस, उन लोगों की जिंदगी में ज़रूर दाखिल होगी, बल्कि दाखिल हो चुकी है। वे लोग सिर्फ उसी पर विश्वास कर सकते हैं, जो दरिद्रता और शोषण में उनके समगोत्र हों।

खाद्य-वंचित, मृतप्राय हाथी और तनख्वाह-वंचित, अधमरे बुलाकी पर वे लोग इसीलिए विश्वास करते थे।

लेकिन, अब विश्वास नहीं रहा। अब ताकत ही नहीं रही। इमरजेंसी के दौरान जोतदार और पुलिस ने उन लोगों को निःशेष कर डाला था। उन लोगों की आँखों में निस्पृहता भर दी थी। बच्चे...उन लोगों के बच्चे अपुष्टि और अनाहार का रोग झेलते हुए, सबसे ज्यादा बूढ़े हो गए थे। आदिवासी के बच्चों को देखकर, बुलाकी को डर लगने लगा था।

आदिवासी गाँव में कदम रखते ही, एक किस्म की हिंस्रता का करेंट भी बुलाकी में ख़ौफ की थरथराहट भर गया। बुलाकी के लिए उसका हाथी, जगमोहन ही सबसे ज्यादा अनमोल था। चरणदास ने जगमोहन की मिल्कियत नहीं छोड़ी, लेकिन हर किस्म की जिम्मेदारी को लात मार दिया। उसके संदर्भ में भी उसने यही कुछ किया। पैकिडर्म यूँ भी विलुप्त प्राय है। आदिवासियों की तरह ही गुम होते जा रहे हैं। कभी, वे सब भी झुंड-झुंड में अरण्य-भारत में चक्कर लगाते फिरते थे, आज लुप्तप्राय हैं।

लेकिन बुलाकी को लगा, आदिवासी मानों कह रहे हों—हम सब भी भारत

के नक्शे से मिटते जा रहे हैं। अपने परिचय के बल-भरोसे हम जी नहीं पा रहे हैं। चाय बागान या कोयला खदान के मजदूर होने की वजह से हम आदिवासी नहीं रह पाते, मजदूर बन जाते हैं। जब इंसान ही विलुप्त हो रहा हो, तब एक हाथी की विलुप्ति कितनी क़ीमती मानी जा सकती है? सबके लिए उसकी और हमारी मृत्यु ही वांछित है। जोतदार और महाजन, ढेर-ढेर बाँस-पत्ते, धन, केले के पेड़ देकर उसे बचा सकते हैं। हम पर से कर्ज और बेगारी के शिकंजे हटाकर, हम सबको बचा सकते हैं। लेकिन हमें भूखे और उपासे रखकर, हमें मार डालना ही क्षमताशील का इरादा है। हम लोग तो यह सब जानते हैं और हमने यह सब कबूल भी कर लिया है। स्व-अस्तित्व सिकोड़ते-समेटते हम लोग लुप्त होते जा रहे हैं। तुम और तुम्हारा वह 'हाथी' नामक 'एपोलॉजी', जिंदगी का यह हिंस्र नियम जितनी जल्दी समझ सको, तुम लोगों के लिए उतना ही मंगल है।

यह निर्मम उदासीनता और निर्मम विद्वेष, आजकल बुलाकी को बेतरह घबराहट देती है। चरणदास उसे और जगमोहन को 'रिजेक्ट' कर देगा, यह तो वह समझता था। लेकिन ये लोग भी उसे...? वह तो कुछ भी नहीं चाहता। पानी, बाँस-पत्ते, बरगद-पत्ते—ये सब तो पैसे देकर ख़रीदने की चीजें नहीं हैं। नमक? हाँ, तृणभोजी प्राणी को नमक की जरूरत होती है। जगमोहन तो वन्य हाथी नहीं है। उसे तो नेचुरल सॉल्ट लेक से ही नमक मिल जाएगा। वह जंगल का संरक्षित हाथी भी नहीं है कि फॉरेस्ट डिपाट उसे नमक देगा। बुलाकी तो नमक खरीदना ही चाहता है। अरण्य आदिवासी की ज़िंदगी में नमक इतनी अनमोल चीज़ है कि बुलाकी उन लोगों से नमक की माँग कभी नहीं करता। हाँ, अगर वे लोग अपनी मर्जी से दे दें, तो अच्छा वर्ना कोई हर्ज़ नहीं, वह खुद खरीद लेगा। लेकिन, आँखों से तो थोड़ा-बहुत स्वागत करो। यूँ 'रिजेक्ट' तो मत करो। अगर तुम लोग भी 'रिजेक्ट' करने लगोगे, तो मेरे दिल को बेतरह चोट लगेगी। बहुत-बहुत दिनों से। बहुत सालों से, मैं और जगमोहन, तमाम मौलिक अधिकारों से 'रिजेक्टेड' हूँ।

हमारा पुरुषत्व ही रिजेक्टेड़ है। इसीलिए तो मैं तुम लोगों के गाँव-गाँव में ही घूमता हूँ। तुम लोगों के साथ ही मैं समान-सहज-स्वच्छंद महसूस करता हूँ। सुनो, स्व-अस्तित्व के लिए कोई संकोच नहीं होता। अब 'रिजेक्ट' क्यों कर रहे हो? देखो, मैं खचड़ा नहीं हूँ। मेरा हाथी तुम लोगों का घर-द्वार भी नहीं तोड़ता। मैं आदिवासी नहीं हूँ, लेकिन अवांछित दीकू भी नहीं हूँ। मैंने तुम लोगों के जीवन में महाजन और पुलिस नहीं ठूँसा।

इसी बैकग्राउंड में बुलाकी गाँव में दाखिल हुआ। इस संवाद से बिल्कुल स्पष्ट हो जाएगा कि उसका अस्तित्व किस कदर मुसीबत में था।

संवाद! बुलाकी और कोई भी ग्रामवासी! वक्त दोपहर! धूलिधूसर मोनोलिथ लोग चीना घास के दाने चुन रहे थे। बुलाकी उतर पड़ा। जगमोहन ने उसकी तरफ

देखा। 'रिसेप्शन' और संवाद किस क़िस्म का होगा, जगमोहन जानता था। उसे मालूम था कि बुलाकी को मुँह की खानी पड़ेगी। उसने गहरी संवेदना और धुँधलाई-सी दृष्टि में ममता उँड़ेलकर, बुलाकी को तसल्ली दी। उसके बाद, वह ज़रा पीछे हटकर दूर जा खड़ा हुआ। वैसे वह अपने को लेकर, कुछ और परे खिसक आता, तो उसे चैन मिलता। लेकिन चौपाया जानवर, कोई चींटी तो है नहीं। अपने अस्तित्व को छिपाना, उसके बूते की बात नहीं थी। वैसे उसका स्व-अस्तित्व इन दिनों बेहद अवांछित और सभी लोगों की आँखों में पीड़ादायक था, यह बात जगमोहन अपनी सूँड़ का रडार हवा में घुमाते ही समझ गया था। जगमोहन स्थिर खड़ा रहा, मानो वह पत्थर का बदरंग हाथी हो, जिसे सब भूल गए हों।

बुलाकी आगे बढ़ आया। मोनोलिथ मंडली चीना के दाने चुनने में डूबी रही। किसी ने भी सिर उठाकर नहीं देखा। अपुष्टि, कृमि, प्लीहा और खून की कमी के शिकार बच्चे सब अपने-अपने कामों में लगे रहे। सभी बच्चे नंग-धड़ंग! सभी के पेट और गर्दन में रंगीन डोरा! जिन बच्चों की उम्र पाँच से आठ साल थी, वे सब चीना दाने चुन रहे थे। चार साल के बच्चे, दो और तीन साल के बच्चे सँभाल रहे थे। साल भर या उससे भी कम उम्र के शिशु, औरतों के शीर्ण, झुर्रीदार खालों से, गुठली की तरह चिपके हुए! 'कॉमन मीटिंग प्वाइंट'। हर बच्चे की आँखें निरुत्तर और मृत! जिन बच्चों की उम्र आठ वर्ष से ऊपर थी, वे लोग 'फिट टु बी अर्निंग मेंबर्स' थे। आज दोपहर को सभी जंगल की तरफ गए हुए थे। उद्देश्य? बकरी या गाय चराना, चूल्हा जलाने के लिए लकड़ियाँ लाना, आलू के क़िस्म के कंद या सरस जड़-मूल की तलाश! बहरहाल, कंद फल या सरस जड़-मूल की खोज लगभग व्यर्थ साबित हुई। ऐसे में वे लोग इमली की पत्तियाँ ही बटोरकर लौट आए। जंगली रामनाथ की तरह ये लोग भी इमली की पत्तियों का महान कार्य जानते थे, घाटी में नमक और इमली की पत्तियाँ मिलाने से, घाटो ज़रा स्वादिष्ट हो जाता था।

बुलाकी, काम में जुटे मोनोलिथ छवियों के करीब, कुछेक पल खड़ा रहा! उन लोगों पर उसकी छाया पड़ रही थी। वक्त गुज़रता रहा। छाया लंबी होती गई।

छायाएँ जब लंबी हो रही थीं, वह वक्त बेहद करुण हो आया। वह न दोपहर थी, न शाम! बस, सूरज पश्चिम की तरफ खिसकता जा रहा था। अरण्य ग्राम! सारा कुछ निःशब्द! क्लांत धूप में तपाई हुई मिट्टी ताप बिखेर रही थी। ऐसे समय में बुलाकी के प्रति उपेक्षा दिखते हुए, गाँव के बड़े-बूढ़े और गाँव-प्रधान लोगों पर भी थकान छाने लगी। बुलाकी ने बातचीत की पहल की। आदिवासियों की भी इतनी मजाल कहाँ कि वे बाहरी आदमी की उपेक्षा करें? वह हाथी भी तो बाहर से ही गाँव में आ पड़ा था। बाहरी लोगों को स्वीकार कर लेना, भारत के आदिवासियों की नियति है।

"क्या चाहिए?"

"तुम ग्राम-प्रधान हो?"

"चलो, उधर की तरफ चलते हैं।"

बूढ़ा आदमी, बुलाकी को लेकर अलग आ पड़ा। कोपीनधारी शीर्ण देह में, उसने मर्यादा भरने की कोशिश की। ऐसी कोशिश भारत भूमि में सिर्फ एक ही व्यक्ति के संदर्भ में संभव हुई थी। जाति के जनक के संदर्भ में। ओरांव या हो या मुंडा. ..गाँव के बूढ़े-बुजुर्गों में भला इतना बूता कहाँ था जो इस काम में, उसकी तरह सफल हों।

जनश्रुति है कि कौतुकमयी और ममता से परिपूर्ण श्रीमती नायडू ने जाति के जनक के प्रति स्नेह भरा मज़ाक किया था, "उनकी गरीबी क़ायम रखकर चलते हुए, हमें कितना ख़र्च करना पड़ता है, काश, वे जान पाते।"

वे उस व्यक्ति के बारे में अंग्रेज शासक की सुरक्षा-फौज के ख़र्चा-पानी का जिक्र कर रही थीं।

हमारी बातों का ख़ास मतलब यह है कि अंत में सारा खर्च-पत्तर, टैक्स-दान, जनता की ही गर्दन दबाकर वसूल किया गया था।

बुलाकी से संवादरत गाँव के बड़े-बूढ़े की कोपनी आधारित दरिद्रता को कायम रखने में, स्वाधीन भारत भी कम खर्च नहीं करता। कानून बनाने के लिए संसदीय निर्वाचन का खर्च। जूडिशियरी का खर्च। महाजन को धनी और जोतदार को सर्वशक्तिमान बनाए रखने का खर्च। आदिवासी दफ्तर क़ायम रखने का खर्च, इन सबको लतियाने-जुतियाने के लिए पुलिस और फौज का खर्च!—इतना सारा खर्च करके, इन लोगों को यथा रूप गरीब का गरीब रख पाना संभव होता है। वैसे अगर इन लोगों को अमीर बना दिया जाता, तो खर्च कम पड़ता। लेकिन ऐसे परंपरा-विरोधी काम की, परंपरा प्रेमी भारत से कतई उम्मीद नहीं की जा सकती। अधिकांश लोगों को भूखा और नंगा रखने में ही सैकड़ों-हजारों करोड़ रुपयों का विदेशी-कर्ज हो गया है।

"वहाँ चलो!"—यह कहकर बूढ़ा, बुलाकी को वहाँ से हटा ले गया। वजह काफी महान थी। औरतों की इज़्ज़त बचाना! बाहरी लोग आदिवासी जिंदगी में आ घुसते हैं, आमतौर पर आदिवासी औरतों की इज़्ज़त लूटकर फूट लेते हैं। अभ्यास! आदत! जन्मसिद्ध अधिकार जैसा! आदिवासी औरतें जब मौजूद हैं और उनका गदराया तन-बदन भी मौजूद है, तो वह तो बाहरी लोगों के भोग के लिए ही है न!

खैर बुलाकी तो अर्से पहले ही तन-बदन में अपना पुरुषत्व 'एसर्ट' करना भूल चुका था और यह बात गाँव के बूढ़े को पता नहीं थी।

बुलाकी और वह बूढ़ा किसी पेड़ तले बैठ गए। बुलाकी ने बीड़ी दी, बूढ़े ने मना कर दिया। उसने अपनी टेंट से खैनी का पत्ता निकाला और चकमकी के सहारे उसे सुलगा लिया।

“तुम कउन हो?”

“बुलाकी—”

“हाथी लेकर इहाँ काहे?”

“ओका थोड़ा-बहुत पत्ता-वत्ता खियावेंगे। थोड़ा नमक खरीदबों!”

“नाहीं है।”

“क्या?”

“निमक!”

“दुकान में नाहीं है?”

“गाँव में दुकान नाहीं है।”

“हाट में?”

“मोरे इहाँ बिक्री-बट्टा नाहीं होता।”

“काहे?”

“जाने कहाँ तो दम्बूक छिनताई होत है! जोतदार के गोले में आगी लगाय देत हैं, कउन लोग तो पुलिस पर बम मारत हैं! कउन लोग तो जंगल में छिपे रहत हैं। पुलिस हम लोगन पर शक करत है। इसीलिए इहाँ निमक नाहीं बिकता! सजा हो जात है।”

“निमक नहीं बेचते?”

“दुइ-तीन हाट में नाहीं बिकता, फिर एक बार बिकत है। फिर सजा मिलत है।”

बागी, फरार लोगों को मदद देने के संदेह में नमक न बेचने देना...इस तरह सज़ा देने का मतलब है, बेहद 'सॉफिस्टिकेटेड टॉर्चर'! बुलाकी यह बात समझ गया और घोर ताज्जुब में पड़ गया।

“कउन लोग नहीं बेचते? यह क्या पुलिस का हुक्म है?”

“नहीं! महाजन, जोतदार, सब लोग यही सोचत हैं कि हम लोग उन लोगन को खुराफात करने और जड़ से उखाड़ने में मदद करत हैं। इसीलिए हमार लोगन में निमक नाहीं बिकता।”

“हाट?”

“हाट तो जोतदार 'कंटोल' करत हैं।”

“मैंने सोचा...”

“क्या?”

“यहाँ तीन दिन आराम करूँगा।”

“ना—”

“काहे?”

“तीर की बरखा करके मार-मारकर फेंक देहें।”

"कौन?"

"रिजर्व फॉरेस हाथियन अउर हरिन को नमकीन माटी देत हैं। ऊ लोग वह माटी चुरा लेत हैं। तुम बाहरी मानस हो। ई बात तुम बाहर फैलाते फिरोगे, सो वो लोग तोका मार डालेंगे।"

"मैं किसी से कुछ नहीं कहूँगा। बहुत दिनों से घूम रहा हूँ। हाथी भी अब बुढ़ा गया। बहुत थक गया है। ज़रा सुस्ता लेता, तो..."

"नाऽ–"

"तुम तो गाँव के बुजुर्ग हो–"

"ना! हाथी पानी पीवेगा, तुम नहाओगे। लेकिन पानी कहाँ है? कुंड में तो टुक्का भर पानी है। हाथी ही सोख लइहै।"

"कहाँ जाऊँ?"

"फॉरेस में जाओ! कोमांडी जाओ! सर भुजा जाओ! बस, इहाँ से चले जाओ।"

बुलाकी अँधेरी वनस्थली की, छोटी-सी सूखी नदी के तट पर चला आया। काफी तलाश के बाद, जगमोहन की 'रडार' जैसी सूँड़ ने कीचड़ भरा, पानी का बड़ा-सा गड्ढा ढूँढ़ निकाला। वह उस गड्ढे में उतर गया। बुलाकी चटियल चट्टान पर लेटा-लेटा, जगमोहन की लंबी-लंबी फूत्कारें सुनता रहा। कितने दिनों वह इसी तरह पैदल-पैदल चलता रहेगा, वह सोचता रहा। अंत में उसकी आँख लग गई। नदी की सूखी छाती पर, हवा के झटकों से, रेतकण मानों उड़ रहे थे। रेत के चपेट जगमोहन के बदन पर चुभती रही। वह कुछ-कुछ बेचैन होता रहा। इस प्रकार सोए रहना बेहद परेशानी भरा था, लेकिन 'होस्टाइल' आदिवासी गाँव के मुक़ाबले यहाँ लेटे-लेटे बुलाकी ने राहत महसूस की।

सुबह फिर वही थकान! थकान भरी यात्रा! जगमोहन के साथ रहते-रहते, बुलाकी खुद भी आधा-जगमोहन हो गया था। जगमोहन को उत्साहित करने के लिए, वह अन्यान्य महावत द्वारा प्रयोग किए जाने वाले शब्द कभी व्यवहार नहीं करता था। दलत्यागी जिस वजह से दल का प्रतीक-बैज-पताका इस्तेमाल नहीं करते, उसी वजह से वह भी महावतों की भाषा नहीं बोलता था।

जगमोहन और वह, अब हाथी और महावत नहीं रह गए थे। वे लोग 'फोर्स्ड रेनीगेड' बन गए थे। जगमोहन अब अरण्य-हस्ती नहीं रहा। चरणदास का गुलाम बन जाने के बाद, उसका आदिम चरित्र खो गया था। अगर वह अरण्य का हाथी होता, तो अरर्ण्य-पैकिडर्म के नियम मुताबिक पुत्र-स्वामी-पिता होता। यूथपति होकर वापस लौटता। अंतकाल होने पर वह सम्मान सहित मरता। लेकिन वह 'प्रॉपर' अरण्य हाथी भी तो नहीं था।

वैसे वह 'प्रॉपर' इंसान का पालतू हाथी भी नहीं था। वैसे हाथी, व्यक्तिगत पीलख़ाने में, सर्कस के तंबू में या चिड़ियाखाने की दीवार के पीछे 'वेलफेड' होते

हैं, परम संतुष्ट चेहरे समेत विराज करते हैं। इंसानों के साथ उसकी पक्की दोस्ती होती है।

जगमोहन, हाथी के तौर पर 'इम्प्रॉपर' था! बिल्कुल अनुपयुक्त बुलाकी के अलावा, वह किसी इंसान पर भरोसा नहीं करता था। जंगली हाथी देखते ही, वह डर के मारे भाग खड़ा होता था। गँवार कुत्ता भी गुर्राए, तो वह डर जाता था। इसीलिए जोतदार ने उसे नहीं खरीदा। हाथी निश्चित रूप से 'स्टेटस सिम्बॉल' ऊँची हैसियत का प्रतीक था। शादी-ब्याह में हाथी की सवारी की जा सकती है। लेकिन, हाथी का मतलब ज़रूरत भी होता है। प्रजा या कर्जखोर के घर, धान की ढेरी रौंदने-कुचलने में, गाँव का गाँव तहस-नहस करने में वह बेहद काम आता है। जगमोहन को देखते ही जोतदार क़िस्म का 'प्रॉस्पेक्टिव बायर' समझा जाता था कि इस क़िस्म के ज़रूरी काम करना, जगमोहन के बूते की बात नहीं है। चरणदास के हथकंडों की वजह से 'मेलनेस डिनाइड' होने का ही नतीजा था कि जगमोहन अब 'नामरद' की स्थिति में पहुँच गया था। इस दुनिया में, निरीह कर्ज़दारों का घर और खलिहान रौंदने-कुचलने के लिए पौरुष की भी ज़रूरत होती है, क्योंकि सभी 'सुपीरियर' शक्तियाँ, 'डिफेंसलेस' को मसलने-कुचलने के काम में ही, पौरुष का चरम परिचय खर्च करते हैं। उन्नत देशों में इंसान के पौरुष के सहायक होते हैं, उन्नत हथियार! प्राक्-कोलोनियल भारत भूमि में, ग्रामवासियों को डराने-धमकाने में भी, हाथी बेहद सहायक होता था। बहरहाल, जगमोहन हाथी के तौर पर निरा 'फेल्योर' था।

'मेलनेस डिनाइड' बुलाकी भी महावत के रूप में 'फेल्योर' ही था। वह चिड़ियाखाने या सर्कस या संरक्षित जंगल घुमानेवाले, पालतू हाथी का महावत नहीं था वह! व्यक्ति मालिक का महावत, वह होकर भी नहीं था। उन सब महावत की जिंदगी स्थिर होती है। बँधी-बँधाई तनख्वाह और 'फुलफिल्ड मेलनेस' की वजह से, उनके चेहरे पर आत्मविश्वास होता है। वे सब महावत जानते हैं कि 'मैनग्राफ' में वे कहाँ विद्यमान हैं। बुलाकी को देखते ही यह समझ में आ जाता है कि वह डरपोक की दुम है! अपने अस्तित्व के लिए हर वक्त क्षमाप्रार्थी और वह कहीं भी विद्यमान नहीं है।

आखिर किस विश्वास के दम पर, बुलाकी विफल चलते हुए, महावत के बोल बोले? वह महावत होकर भी महावत नहीं था। जगमोहन हाथी होकर भी हाथी नहीं था। इसलिए, बुलाकी चंद अजीबोगरीब शब्द रटता रहता था—"कोमांडी! कोमांडी जगमोहन! हेहेगड़ा मेरे लाल! जूजूभातू, जूजूभातू मेरे यार!"

बुलाकी 'मैनग्राफ' से किस हद तक बाहर निकल आया है, यह शब्दावली ही उसका प्रमाण थी। कोमांडी-भूरकुंडा? हेहेगड़ा, जूजूभातू—यह सब कुछेक जगहों के नाम थे। वह इन्हीं विकट नामों से हाथी को चलाता था। साथ ही हाथी को संतानवाचक 'लाल' और दुलाल' भी पुकारता था। इसके अलावा मित्रवाचक 'यार'

भी कहता था। लाल और दुलाल कहना, उसके पगलैटपन का परिचय था, क्योंकि वह और जगमोहन हमउम्र थे। अपने हमउम्र किसी बूढ़े को, अगर वह दारू के भटियारखाने में बैठकर, उससे हँसी-मज़ाक करते हुए, उसकी ठुड्डी थामकर 'दुलाल' और 'लाल' कहता, तो बेमेल लगता। वैसे महुए के नशे में इंसान दारू की बोतल तक को चूमकर, उसे 'प्यारी' बुलाता है। निर्जन सड़क पर, मृतप्राय हमउम्र हाथी को चलाने के लिए, उसे 'दुलाल' और 'लाल' कहना, बेहद प्रतीकात्मक था। उसका यह सम्बोधन सिर्फ आकाश, पेड़ और रास्ते सुना करते थे। जगमोहन धधकते हुए भट्ठे की तरह फूत्कारकर उसाँसें फेंकते हुए, रास्ता चलता रहा।

बढ़हाइ रेल स्टेशन! कुली बस्ती! बरगद का पेड़।

"थोड़ा-सा पानी मिल जाए, भइया! थोड़ा-सा पानी। हाथी के लिए!"

"इंजन का पानी ले लो।"

"गरम है?"

"नहीं! लेकिन..."

धातु जैसे स्वादवाला, बेस्वाद पानी! हौज में भरा हुआ! स्टेशन में आग लग जाए, तो बुझाने के लिए! जगमोहन ने वह पानी पीया।

"ईहाँ कुंड किधर छे?"

"कहाँ? पानी मिलत ही नाहीं।"

"किधर भी नहीं है?"

"पात्रा में देख लेना?"

"यह पीपल का पेड़ किसका है?"

"यह टेशन की ज़मीन में है।"

जगमोहन ने बढ़हाइ में बरगद के पत्ते का 'लंच' किया। वहाँ से चार मील दूर, पात्रा के नाले में उसने नहा-धो भी लिया। 'डिनर' के लिए बढ़हाइ में पुनः आगमन! लेकिन डीजल इंजनवाली सिटी में जगमोहन का आतंक मच गया। फिर वही राह-राह सफ़र! टाहाड़ा, नालिगातू, जोझारा, शांगु, मोचरा—जगह-दर-जगह।

इसी तरह चलते-चलते ही, एक दिन अचानक, कोई भी राह नहीं बचेगी। सारी राहें खत्म हो जाएँगी, क्योंकि जगमोहन मर जाएगा, यह बात भी बुलाकी जानता था। आजकल यही खौफ़ उसे हर पल लाचार किए रहता था। वह मौत भी काफी निःशब्द होगी। लगभग मिट जाने वाली दो बिंदुओं में से एक की 'फाइनल' विलुप्ति! भय! उसके बाद! शून्यता! शून्यता!! शून्यता!!! चलो, जगमोहन, मेरे लाल! मेरे यार! हेहेगड़ा, हेहेगड़ा जगमोहन! कोमांडी! कोमांडी।

बुलाकी सब कुछ जानकर भी नहीं जान पाया। जगमोहन सहसा कौन-सी घटनावली 'ट्रिगर' करने वाला है? वह बूरुडीहा नामक गाँव के करीब वाले जंगल में दाखिल हुआ, सन् सतहत्तर की अक्तूबर में!

दो

बूरुडीहा गाँव का मैनग्राफ और टोपोग्राफी, इस कहानी में बेहद ज़रूरी है।

गाँव का नाम ही इस बात का सबूत है कि यह आदिवासी नाम है। किसी ज़माने में आदिवासी बहुल इस गाँव के मोनोग्राफ में आवश्यक परिवर्तन, बहुत पहले ही हो चुका था। इस गाँव की ज़मीन पर आदिवासी बाशिन्दों की दखल अब प्रायः खत्म हो चली थी। इस गाँव में सात सौ लोग बसे हुए थे। एक सौ चार परिवार! अधिकांश परिवार गंजू जाति के लोगों का था। असल में, यह पूरा गाँव ही गंजू लोगों का था। उसके बाद, यहाँ पारसनाथ और वाराणसीदास—दो-दो लाला आ जुटे! धीरे-धीरे कुछ और लाला भी यहाँ रहने चले आए। कुछेक रविदास यानी चर्मकार! धोबी, दुसाध और हजाम! जाहिर है, लाला लोगों ने गंजू आदिवासियों की जमा-पूँजी हथिया ली और पूरे गाँव को अपने पर निर्भरशील बना लिया। गाँव में उन लोगों का महाजनी का धंधा और सरकारी लाइसेंस प्राप्त ताड़ीखाना भी उन्हीं लोगों का! दो-दो दुकानें! कपड़े और परचून की दुकान!

दुकान चलने लायक सक्षम और हैसियतदार गाँव, बूरुडीहा नहीं था। लेकिन बूरुडीहा, इस अंचल का सबसे बड़े हाट की जगह था। यहाँ प्रति सोम और शुक्रवार को लंबा-चौड़ा हाट बैठता था, जहाँ मिर्च, प्याज और धनिया बेचा जाता था। मौसम की साग-सब्जी और फल! बूरुडीहा के करीब, कुल मील भर के फासले पर—भालातोड़ यह गाँव नहीं, गंज था। वहाँ वैष्णव-मंडली द्वारा मठ और अस्पताल चलाया जा रहा था। वहाँ आदिवासी उन्नयन का शाखा कार्यालय और पुलिस स्टेशन भी था। बूरुडीहा, भालातोड़, वगैरह जगहें रोडवे से जुड़ी हुई थीं, रेलवे से नहीं!

इन लाला लोगों ने मिश्र को बुला लिया और उसे ज़मीन देकर, बसा लिया। धीरे-धीरे हनुमान मिश्र ने आस-पास की ज़मीन-खेत, फल बागीचे भी खरीद लिए और बहुत बड़ा धन्नासेठ बन बैठा। बात दरअसल यह है कि इस जंगली जगह में हनुमान मिश्र जैसे कास्ट-ब्राह्मण का आगमन और बस्ती स्थापन का मामला कितना बहुमुखी था, यह कलकत्ता के लोग किसी हाल भी नहीं समझ सकते। शहर कलकत्ता में दीपक और आयशा में इश्क हो जाता है, रुईदास जाकर चाटुज्जे लोगों के यहाँ खाना पकाता है, तो शहर के बुद्धिवादी यह राय बना लेते हैं कि भारत से जात-पाँत की समस्या ख़त्म हो चुकी है। शहरी और शिक्षित बागी भी यही खुशफहमी पाल लेते हैं। उनकी ईमानदारी पर शक नहीं किया जा सकता। उसका निहित ख्याल उसकी सच्चाई का दस्तावेज है। लेकिन, वे लोग भी जब गाँव-गिराम में जाते हैं, तो जात-पाँत, छुआछूत और धर्म का तिहरा प्रतिरोध तुच्छ करके, अगले बस-स्टॉप से ही अपना कामकाज निपटाते हैं।

यह ग़लत है! इस भारत भूमि में गंजे-नंगों को लड़ाकू योद्धा बनाने के लिए,

कुरुक्षेत्र में उतरने से पहले, यह जान लेना होगा कि ज़रूरत पड़ने पर गंजू और दुसाध लोग, गोलबदन साहू को क्षेत्रपाल देवता और सूर्यदेव को उत्सर्ग करके, केनान्द्रा पहाड़ से नीचे फेंक सकते हैं। लेकिन हनुमान मिश्र के मंदिर से सटे कुएँ से पानी लेने के लिए उनका हाथ नहीं उठेगा।

उन लोगों को यह जानना होगा कि जैसे अर्थ नैतिक शोषण एक 'टार्गेट' है, उसी तरह अन्य टार्गेट हैं जात-पाँत, छुआछूत और धर्म! यह त्रिमूर्ति, त्रिमूर्ति भवन की तरह ही भारतीय लोगों के हृदय में पक्की जड़ें जमाए बैठा है। भवन हुआ, तो उसमें जानी-पहचानी मूर्ति प्रतिष्ठित करने का मन करेगा।

जिन लोगों को इस बात पर विश्वास नहीं होता, उनके लिए बूरुडीहा-दर्शन अनिवार्य है। बूरुडीहा भारत का आणविक 'कॉसमॉस' है! रविदास, धोबी, गंजू, दुसाध—इनमें कौन किससे छोटा या बड़ा है, यह उन लोगों ने तय नहीं किया। किन्हीं दिनों ब्राह्मणों ने ही यह सुकर्म किया होगा। ज़रूर उन्हीं लोगों ने तमाम दलित जातियों को 'डिवाइड' करके 'रूल' करना चाहा था। इसीलिए बूरुडीहा की इन जातियों के खून की बूँद-बूँद में यह विश्वास घर कर गया है।

विश्वास कुछ इस तरह के हैं—लोग एक-दूसरे के साथ भात खा सकते हैं, मगर पानी नहीं पी सकते। सूंड़ीखाने में बैठकर माल चढ़ाते-चढ़ाते, एक-दूसरे से मसालेदार चना लेकर तो खा सकते हैं, लेकिन पकौड़े नहीं खा सकते। एक-दूसरे के साथ चाय तो पी सकते हैं, गुरगुरे नहीं खा सकते।

असल में ये लोग बेहद सरल, डरपोक, ब्राह्मणत्व और उच्च वर्ण की सर्वमयता में विश्वासी हैं। इसलिए अगर छुआछूत की गड़बड़ी कर बैठे, तो जात-पाँत खो देने की आत्मस्वीकृति लिए-दिए हनुमान मिश्र के पास ही दौड़ जाते।

हनुमान मिश्र महापाप की कहानी सुनकर कानों में उँगली डाल लेते, रोने लगते थे। वे बार-बार छाती पीटते हुए मंदिर की तरफ देखते, उसके बाद निर्णय सुनाते थे। पूजा, प्रायश्चित्त, सिर के बाल उतारते, जात-भाइयों को अन्न-दान का विधान करते थे। इसलिए दुबारा कर्ज लेना पड़ता था। धर्मच्युत हरकत करने की वजह से, प्रायश्चित्त में जो रुपए खर्च होते थे, हनुमान खुद ही उधार देते थे।

ओरांव, मुंडा या हो—ये सभी, हनुमान मिश्र की आँखों में काँटा थे। जिनके सृजन में ब्रह्मा का भी कोई हाथ नहीं था, जाने कहाँ के, कौन सिंगबोंगा या हड़ामदेव ने जिन लोगों का सृजन किया था, उनके अस्तित्व की, वे लोग बिल्कुल उपेक्षा करते थे। उनकी नज़र में, वे लोग इतने पतित थे कि उन्हें जात-पाँत, छुआछूत की भी समझ नहीं थी। अस्तु, इस हनुमान मिश्र का बूरुडीहा में अवस्थान, बेहद अर्थपूर्ण था।

स्वाधीनता के फौरन बाद, बूरुडीहा में अजब अशांति की घटना घटी। बूरुडीहा के जंगल के एक सिरे पर ओरांव लोगों के कई घर आबाद थे। एतवा ओरांव की

बीवी विखनी, लाला बाबू के यहाँ मजूरिन का काम करती थी। कुएँ से पानी खींचकर, अंदर औरतों के नहाने का हौज भरती थी, खलिहान की सफाई करती, रसोई के ईंधन के लिए लकड़ियाँ चीरती थी। एक बेला जलखई और चार रुपए महीने तनख्वाह! बूरुडीहा में इससे ज्यादा रुपए और कोई नहीं देता था। आज भी उस अंचल में बँधी तनख्वाह के आदिवासी को महीने में पंद्रह-बीस रुपए और एक बेला की जलखई मिल जाए, तो वह धन्य-धन्य हो जाता है। जलखई के नाम पर जौ का सत्तू या घाटो! इतने से ही विखनी की ख़ासी गदराई, उग्र देह! इस बारे में एतवा काफी सजग भी था और विखनी से ब्याह करके, बिरादरी को भोज देने के चक्कर में, अगर वह लाला लोगों का कर्ज़दार न होता, तो वह विखनी को वहाँ हरगिज काम न करने देता।

महीने-महीने वह हिसाब जोड़ने बैठ जाता था। लाला विखनी की तनख्वाह काट लेते थे, इसलिए मूल कर्ज़ की कितनी रकम चुकता हो गई। जाहिर है, मूल और सूद का हिसाब काफी जटिल हो आया और जटिल हिसाब किसी भी आदिवासी की समझ से परे था। एतवा को लगने लगा, वह लगातार दिए जा रहा है, मगर उधार शोध नहीं हो रहा है। इसलिए उसके मन में लाला लोगों के प्रति विद्वेष जमता गया।

एक दिन वह उनके यहाँ पहुँच ही गया।

उसने लाला के बड़े बेटे को धर दबोचा, "कितना रुपया चुकता हुआ, कितना बाकी है, हमें समझाय दो। मोर बहुरिया अउर कित्तने दिन जांगर खटाएगी कि तुम्हार उधार चुकता होवेगा?"

जो जवाब मिला, वह उसके मन लायक नहीं था।

उसने फिर कहा, "तू जरूर झूठा हिसाब दिखाय रहा है। अइसा नहीं हो सकता–"

एतवा उसे गाली देकर चल पड़ा और मिर्च बेचने के लिए हाट में चला आया। उस दिन मन का दुःख भुलाने के लिए उसने जी-भरकर महुआ पी।

महुआ के नशे में टुन्न अन्य ओरांव ने उसे समझाया, "सुन, तोरा उधार शोध नाहीं होने वाला! कम से कम ई जनम में तो नाहीं।"

"काहे...?"

"दिकू लोगन से...ई मद्दर लोगन से एक बार उधार लिया, तो ऊ कभी शोध नाहीं होता। आज तक कोई उऋण नाहीं भया, और..."

"अउर क्या?"

"शनीचरी से पूछ..."

शनीचरी एक किनारे बैठी, महुआ पी रही थी और जुबान पर भुनी मिर्च का भी स्वाद लेती जा रही थी।

उसने बाकी महुआ पीकर, अपना मुँह पोंछा और जो कुछ कहा, उसका सारांश यह था—विखनी की देह में जब तक जवानी है, तब तक उधार शोध नहीं होने वाला! शनीचरी के भतार ने लाला लोगों से बीस टके उधार लिए थे। दो टके महीने और जलखई पर जवान शनीचरी, वर्तमान लाला के बाप के यहाँ रख ली गई। यह बात पच्चीस साल पहले की है। दस साल काम करने के बाद भी, वह कर्ज़ शोध नहीं हुआ। कर्ज़ लेने के दो साल बाद ही शनीचरी का भतार टें बोल गया। अब शनीचरी को बचाने वाला कोई नहीं रहा। हाँ, उसकी जवानी बहुत सालों तक क़ायम रही। जितने दिन वह भरपूर जवान थी, वह बूढ़े लाला को अपनी देह और लाला के परिवार को अपना श्रम देकर, उधार चुकाने की कोशिश करती रही। खैर एक दिन उसकी जवानी और लाला की परमायु ख़त्म हो गई। लेकिन उसका उधार आज भी चुकता नहीं हुआ। अब शनीचरी वहाँ कामकाज के लिए अपनी हड्डियाँ तोड़ने नहीं जाती। उसने 'डिक्लेयर' कर रखा है—अब वह नहीं खटेगी। जेहल में देना है, तो दे दे।

इतना कहने के बाद, महुआ के नशे में आकुल-व्याकुल होकर, शनीचरी ने एतवा से कहा, "मोरी बात सुन, विखनी को लेकर भाग जा—लाला का छोटका बेटा महाशैतान है। ऊ विखनी को नाहीं छोड़ेगा।"

एतवा ने जानना चाहा, विखनी ने खुद तो हरामपंथी नहीं की?

शनीचरी ने दुनियाबी दार्शनिकता जाहिर करते हुए जवाब दिया, "आज तक नाहीं किया, तो कल करेगी..."

उसकी इन बातों का नतीजा अच्छा नहीं हुआ। एतवा ने खूब-खूब शराब पी और लाला के छोटे बेटे को काटकर टुकड़े-टुकड़े कर आया। उसके बाद भालातोड़ पहुँचकर, वह खुद थाने में हाजिर हो गया।

उसने दारोगा से कहा, "बूरुडीहा में गोविन लाला को हम काट डाले। अब जो करना है, कर—"

उक्त हत्याकांड में आसामी की खुद स्वीकारोक्ति के बावजूद, सूरतेहाल का जायजा लेने के लिए दारोगा को बूरुडीहा आना पड़ा और वहाँ तीन दिनों तक टिके रहना पड़ा। दारोगा की पदवी थी—पांडे! वे सदाचारी मैथिली ब्राह्मण थे और बूरुडीहा में तीन दिन रुके रहने के दौरान, उन्होंने लाला लोगों के घर में अन्न-जल ग्रहण नहीं किया। पुत्र-शोक के साथ-साथ ब्राह्मण के अनाहारी रहने के शोक से लाला की माँ का कलेजा फटने लगा। इसका सुदूरगामी नतीज़ा निकला। एतवा को उम्र-कैद की सजा हुई और वह जेल में ही मर गया। मृत गोविंद के बड़े भाई ने विखनी को ज़बर-दख़ल कर लिया। लाला लोगों ने वैष्णव समाज के गुरु की सहायता से हनुमान प्रसाद मिश्र को लाकर गाँव ꣵ बसा दिया। प्रशासन कतई नहीं चहाता था कि आदिवासी और अन्त्यज बेल्ट के ग्राम-समूहों की शांति-रक्षा के काम में कास्ट

हिंदू नियुक्त किए जाएँ। ऐसा किया गया, तो आदिवासियों और अन्त्यजों को न्याय नहीं मिलेगा। लेकिन बाद में उक्त 'डेफिनिशन' के सकल गाँव के रक्षक, थाने के पांडे–मिसिर वगैरह ही 'एप्वाइंटेड' हुए और बूरुडीहा के आस-पास के किसी भी गाँव के सूरतेहाल जानने या छान-बीन के लिए, वे लोग जब आते थे, तो इसी हनुमान मिश्र के यहाँ वैष्णव-भोजन किया करते थे।

लाला लोगों ने करीब दस गंजू परिवारों की ज़मीन दखल करके, मिश्र जी को सौंप दी। हनुमान मिश्र, लाला लोगों की कमाई में हाथ लगाए बिना ही, अपना वैभव बढ़ाते रहे। यह अंचल चोटी, तिरुही, कुइला और फिठ्री नामक चार नदियों से घिरा हुआ था! वन-समृद्ध! माटी सरस। भालाहातू के जमींदार वंश के अधिकारयुक्त गाँवों में ज़मींदारों के फल के विशाल-विशाल बगीचे सुशोभित थे। उन बागों में अमरूद, सीताफल, आम, लीची, पपीता और जामुन के अनगिनत पेड़ थे। कुजड़े या 'होलसेल' ग्राहक, बगीचे के फलों के 'प्रास्पेक्ट' का अंदाज़ा लगाकर, 'फॉरवार्ड ट्रेडिंग' करते थे। वे लोग बाग-बगीचों के मालिक को बयाने के तौर पर मोटी रकम थमा देते थे और पेड़ों के भावी फल ख़रीद लेते थे।

हनुमान मिश्र ने लाला लोगों की आमदनी पर हाथ नहीं दिया। बस, वे बगीचे पर बगीचे खरीदते गए और हर बगीचे में अपना ही कोई बेरोजगार आदमी बिठाते गए। कुंजड़ों से यह करार हो जाता था कि हर बगीचे से, घर के लोगों के लिए फल देने होंगे। इसी तरह फलों के बाग खरीदे जाते रहे। असल में मिश्र जी काफी दूर-दूर तक जाल फेंकते थे। यह अचंल भी ऐसा अजीबोग़रीब था कि यहाँ का प्राकृतिक भूगोल भी शातिर मक्कार था। बूरुडीहा, पालानी, टाहाड़ वगैरह जगहों में जैसे ही बस आकर खड़ी होती थी, चारों तरफ फल ही फल नज़र आने लगता था। यहाँ से दो मील दूर, बस अड्डे पर खाने के नाम पर भीगा चना और प्याज! मिश्र जी के आदमियों ने अन्यान्य बस-स्टेशनों के फल-विक्रेताओं को मार-दंगा करके हटा दिया और वहाँ खुद फल बेचते रहे। भालातोड़ थाने में हर साल वे इतने-इतने फल भेजते थे कि फलों से भरे थाने में ऐंटी-मिश्र जी की किसी भी रिपोर्ट पर ध्यान नहीं दिया जाता था। मिश्र जी के बंदे औरत-बूढ़े-बूढ़ी-बच्चे–सबको लतियाते-जुतियाते रहते और 'रेन ऑफ टेरर' स्थापित करने में सक्षम हो गए। ब्राह्मण ठहरे देवतागण। उनके खिलाफ कोई भी शिकायत, कोई भी आवाज़ मुखर नहीं हो पाती थी।

आसपास की कौन-कौन-सी 'लैंड डिस्प्यूटेड' है, इसकी खबर वे भालातोड़ थाना और पाटुली हार अदालत से जुटा लेते थे और जोत-जमा खरीदते चले गए। मिश्र परिवार में परिवार-परिकल्पना नहीं थी। अस्तु मिश्र लोग उक्त जोत-जमा समूह में घुसते चले गए। यह सब देखकर, कांग्रेसी पंचायत-प्रधान, ब्रजभूषण छत्री के कान खड़े हो गए। उसने खुद आकर, मिश्र जी से भेंट की।

उसने कहा, "जो आपने किया, वही देशमाता की सेवा है।"

"कैसे?"

ब्रजभूषण छत्री प्रबल प्रतापी और धुरंधर शख़्स था। उसके राज में पंचायती कुआँ और प्राइमरी स्कूल वर्ण-हिंदुओं के अधिकार में था।

उसने कहा, "अगर ब्राह्मण सामने हो, तो हिंदुओं को बल मिलता है। मिश्रजी की दूरदर्शिता की वजह से इस अंचल में चारों तरफ ब्राह्मण 'न्यूक्लिअस' गढ़ उठा है। छत्री, भुंइहार, लाला—इन लोगों के लिए ब्राह्मण सबसे बड़ा देवता है। इस अंचल में दुसाध, रविदास, गंजू, आदिवासी वगैरह की बहुतायत है। इन लोगों को दबाकर रखना बहुत ज़रूरी है।"

मिश्र जी के समूचे चेहरे पर हँसी फैल गई, "लेकिन, इन लोगों की देखभाल के लिए सरकार काफी मदद कर रही है और इंदिरा जी भी यही चाहती हैं।"

"हे देवता, अगर यही चाहते हैं, तो इन लोगों की नसबंदी क्यों करा रहे हैं? इसलिए कि इनकी तादाद न बढ़े। सरकारी दफ़्तर? अमले? कानून चाहे जो कहें, अदालत, पंचायती ऑफिस, बी डी ऑफिस, थाना—सभी हमारी मदद करते हैं। अब तक मैं अकेला ही लड़ रहा था, अब देवता गण के भी दर्शन हो गए। इन लोगों को कैसे काबू में रखा जाता है, मैं दिखा दूँगा।"

"आप जो कह रहे हैं, वह सही नहीं है, छत्री जी, हम-आप पढ़े-लिखे, शिक्षित लोग हैं। हम दोनों भारतीय हैं, हमें यह समझना चाहिए। आप जानते हैं, अछूत और आदिवासियों के लिए सरकार ने कितने-कितने कानून बनाए हैं?"

"कानून बनाने से क्या होता है, देवता? कानून तो कागज पर, सियाही से लिखा जाता है। कानून लागू करता है, इंसान! शिक्षित इंसान! मैंने क्या यह कहा कि उन लोगों को जान से मार दूँगा? नहीं! नहीं! लेकिन जूती तले, जो धूल-मिट्टी लगी होती है, उससे आप माथे पर टीका तो नहीं काढ़ते? यह भी सही नहीं है। जूती तले की माटी से यह कहना तो ठीक नहीं है न कि तुम माथे का तिलक बन सकते हो?"

"हाँ, सो तो ठीक बात है।"

"मेरे पंचायत में एक ही नीति चलती है। सरकार ने इस्कूल भी बनवा दिया है। लेकिन मैं उनसे साफ-साफ कहता हूँ, लिखाई-पढ़ाई करने से तुम लोगों को कोई फ़ायदा नहीं होने वाला! कौन मरे जनावर का चमड़ा उतारेगा, कौन जूता बनाएगा, कौन कुलीगीरी करेगा, यह सब भगवान ने ही तय कर दिया है, तभी तुम लोगों की सृष्टि की है। अरे, पंडाई करके तुम लोग करोगे क्या? तुम लोग पढ़ने आओगे तो ऊँची जात का मास्टर तुम लोगों को पढ़ाने से इंकार कर देगा, बाकी छात्र भी नहीं पढ़ेंगे देवता, यह सब बड़ी जंगली जगह है। शहर की हवा यहाँ तक नहीं पहुँचती। आप बस, राजा की तरह, ठाठ से रहें, कोई चिंता-फिक्र न करें।"

ये सब बातें करते हुए, ब्रजभूषण की आँखों और चेहरे पर पवित्र-सी दीप्ति

चमक उठी। हनुमान मिश्र के लिए यह समझना कतई बाकी नहीं रहा कि ब्रजभूषण खासा 'फैनाटिक' बंदा है। 'फैनाटिक' देखकर उन्हें बेहद मज़ा आता था और 'फैनाटिसिज़्म' उन्हें बहुत अच्छी शै लगती थी। अगर यह बात अछूत आदिवासियों को दबाए रखने की हो, तो और भी अच्छा है, क्योंकि वे फल-बगीचे, जोत-जमा और दुनियाबी ज़मीन जायदाद बढ़ाना चाहते थे, इसके लिए खासी मेहनत-मशक्कत की ज़रूरत है और इसीलिए उन अभागों की भी ज़रूरत है। वे लोग अगर पढ़े-लिखे हों, अपने अधिकारों के बारे में बाकी बहाल हों, तो हवा बिगड़ जाएगी। सच तो यह है कि पटना, रांची, गया, आरा, छपरा में छोटी जात के रिक्शेवाले जिस ढिठाई से कहते हैं—"देखिए, ठीक से बात करें! जुबान सम्हालकर!" यह बात सुनकर बाम्हनों के खून में आग धधक उठती है।

हनुमान मिश्र समझ गए कि ब्रजभूषण छत्री उन्हें यथासाध्य मदद देंगे।

वे परम खुश हुए और उन्होंने कहा, "आज के ज़माने में भी आप जैसा इंसान होता है, इसका मुझे बिल्कुल अंदाज़ा नहीं था।"

ब्रजभूषण छत्री भी यहाँ उत्साह के साथ अपने गाँव लौट गया। इसके बाद, उस अचंल में कई-कई 'सिंगुलरली सिग्निफिकेंट' घटनाएँ घटीं।

परम अचरज की बात यह थी कि बुलाकी या जगमोहन को इन सब बातों की बिल्कुल जानकारी नहीं थी, इसके बावजूद हर 'सिग्निफिकेंट' घटना के समय, किसी न किसी तरह, वे दोनों घटनाओं के केंद्र में शामिल रहे।

अपने गाँव लौट आने के बाद, ब्रजभूषण छत्री ने अपने बेटे का विवाह कर दिया और यह फैसला किया कि बेटे-बहू को हाथी की पीठ पर बिठाकर, जुलूस की शक्ल में, हनुमान मिश्र के मंदिर ले जाकर, देवता का आशीर्वाद लेगा। यह प्रस्ताव सभी लोगों को बेहद पसंद आया और उस समय नियति ने भी काफी साथ दिया और अद्‌भुत खेल दिखाया। गाँव-गिराम में चूँकि सभी लोग खाने के बाद मल-त्याग करते हैं और चूँकि 'घर के नजदीक संडास नहीं बना होता' इसलिए शिक्षित और आलोक प्राप्त ब्रजभूषण भी जौ के खेत को उपजाऊ बनाने चल दिए। 'ह्यूमैन ऑफल वेरी गुड फर्टिलाइज़र!' सहसा उनकी नजर जौ के खेत के बीचोंबीच की पगडंडी पकड़कर आते हुए, एक अदद 'नो-गुड्' हाथी और 'नो-गुड्' महावत पर पड़ी। ब्रजभूषण प्रबल व्यक्तित्व-समृद्ध इंसान! इसलिए उसने मल-त्याग करते-करते ही सारे सवाल कर डाले।

"किसका हाथी है?"

"महन्त का!"

"महन्त कहाँ है?"

"बनारस!"

"हाथी लेकर यहाँ क्यों घूम रहे हो?"

"हुजूर...!"

"अगर यह जानवर सारे जौ खा जाए, तो?"

"ना, हुजूर!"

"यहाँ क्या कर रहे हो?"

"अगर कोई किराए पर ले ले...अगर कोई सवारी करे... इसी तरह हम हाथी का खाना जुटाता हूँ, हुजूर!"

"रुके रहो। मैं आता हूँ।"

ब्रजभूषण अपना नित्यकर्म निपटाकर आए और बुलाकी से दर-दस्तूर करने लगे। अंत में हाथी की खुराक और नकदी दस रुपए में बात तय हो गई। बुलाकी का जलखई भी पक्का हो गया।

बुलाकी परम खुश! उसने जगमोहन को नहलाया-धुलाया और उसे बरगद के पत्ते भी खिलाए। उसके बाद उसने गेरु से जगमोहन के माथे और सूँड़ पर अल्पना आँका! खुद भी उसने भर पेट सत्तू, दही और भेली गुड़ खाया।

लेकिन किस्मत का फेर! खबर आई कि देवता धनबाद चले गए हैं। दस दिन से पहले नहीं लौटेंगे। दस दिन बाद कोई शुभ दिन, पत्रा में नहीं मिला। अस्तु, ब्रजमोहन ने बुलाकी और जगमोहन को विदा कर दिया। बुलाकी झुझार की तरफ चल पड़ा। बूरुडीहा जाते-जाते भी, जाना नहीं हो पाया।

अब उस इलाके में एक-एक करके, कई 'सिग्निफिकेंट' घटनाएँ घटने लगीं। (एक) झुझार गाँव के प्राइमरी स्कूल का मास्टर बालकृष्ण सिंह, सोशलिस्ट पार्टी का आदमी था। यहाँ आते ही उसने ब्रजभूषण का 'फैनाटिक' वर्ण-विद्वेष फौरन पकड़ लिया और ब्रजभूषण के हर पब्लिक 'ऐक्ट' में उसे उक्त मानसिकता नज़र आई। जाने क्यों तो उसमें यह विश्वास जाग उठा कि उसके पास खूंटे का जोर है। लगता है, म्याऊँ पकड़ने के लिए, राँची में शायद इसके आदमी मौजूद हैं। लेकिन उसे शायद यह अक्ल नहीं है कि वन-विभाग के जंगल, जोतदार की ज़मीन और पथरीले, बाँध प्रांतर द्वारा विच्छिन्न, ये तमाम आदिवासी गाँव, दरअसल राँची से सैकड़ों लाख योजन दूर हैं। यह दूरी, बस-रूट की दूरी नहीं, किसी और तरह की दूरी थी। इन दिनों राँची नया भारत था! गाँवों में नियोन डारथाल का युग चल रहा था। पानी का नाम नहीं। महुआ के तेल की ललछौंही आभा ही एकमात्र बाती! घास के उबले दाने यानी मड़वा या भुट्टा या चीना दाना का घाटो ही एकमात्र 'स्टेपल फूड'! नमक आज भी विलासिता थी! रोग-तकलीफ में इस नए भारत में हिकारत की नज़र से देखी जाने वाली मिशनरी ही एकमात्र आसरा-भरोसा और पूरे साल भर तक उधार-कर्ज़ लेने के लिए जोतदार या महाजन ही एकमात्र सहाय! ये लोग इतने तुच्छ और 'एक्सपेंडेबल' कि वोट के समय, इन लोगों को, माथा-पीछे एक टका देकर भी, इनसे वोट नहीं दिलाता। महाजन या जोतदार या ब्रजभूषण आँखें गुरेरकर, जिसे वोट देने

को कहते हैं, ये लोग दे आते हैं।

मासूम बालकृष्ण सिंह को लगा, इन लोगों के प्रति अन्याय हो रहा है। बीच-बीच में वह भालातोड़ थाने में रिपोर्ट भी करता था। ब्रजभूषण भी समझ गया है कि इस छोकरे को टाइट करना होगा।

'ईशू' यानी मुद्दों की कमी नहीं थी। हैजों की महामारी का इंजेक्शन देने आई सरकारी जीप, झुझार गाँव की उपेक्षा करके, आगे बढ़ गई।

जब वजह पूछी गई, तो ब्रजभूषण ने जवाब दिया, "जिस सुई से कुलीन हिंदुओं को इंजेक्शन दिया जाएगा, उसी से अछूत और आदिवासियों को भी दिया जाए...?" थोड़ा सोचते हुए, उसने दुबारा कहा, "नहीं, नहीं, मास्टर बाबू, यह नहीं हो सकता। करमजली स्वाधीनता के बाद, उच्च-वर्ण हिंदू, इन अछूत और आदिवासियों के दबाव में लगभग लुप्त होते जा रहे हैं। अब बच रही है, सिर्फ खून की पवित्रता, सो, भइया, जब तक ब्रजभूषण के बदन में खून दौड़ रहा है, वह इन्हें नष्ट नहीं होने देगा।"

बालकृष्ण सिंह ने अपनी आवाज़ में यथासंभव 'सरकाज़्म' मिलाकर कहा, "इन लोगों को कॉलेरा हो जाए, तो कौन देखेगा?"

ब्रजमोहन छत्री ने बेहद सख्त-गंभीर लहजे में कहा, "बूरुडीहा में साक्षात् जीते-जागते देवता मौजूद हैं। हनुमान मिश्र! वे भगवान से प्रार्थना करेंगे। देखो, भइये, जीवन और मृत्यु, लिखाई-पढ़ाई से नापी जाने वाली चीज़ नहीं है। जब इंजेक्शन का इंतज़ाम नहीं था, तब क्या सभी लोग कॉलेरा में मर जाते थे?"

बालकृष्ण सिंह ने स्वास्थ्य केंद्रों तक भी दौड़-धूप की, लेकिन कोई नतीजा नहीं निकला। उसे यह भी समझ में आ गया कि ब्रजभूषण और हनुमान मिश्र को नाराज़ करके, सरकारी अमले भी कुछ करने को राज़ी नहीं थे। ब्रजभूषण महज मामूली पंचायत-प्रधान नहीं था। इस अंचल का सबसे प्रतापी और प्रभावशाली शख़्स था।

बालकृष्ण सिंह पर भी बेवजह ज़िद सवार हो गई। हैजा की महामारी फैलती रही। आस-पास के गाँवों के लोग मरते रहे।

अंत में उसने सबको समझाकर कहा, "झुझार में हैजे की सुई हम दिलाउंगा। हम राँची जा रहा हूँ। वहाँ से डॉक्टरी-गाड़ी लाकर सुई-इलाज कराऊँगा।"

"काहे?" गाँव के बूढ़े ने अपनी सहिष्णु, शांत और पीली आँखें उठाकर बालकृष्ण की तरफ देखा और अपनी बात पूरी की, "कुच्छ नाहीं होगा, रे...।"

"काहे?"

"हैजा झुझार में, समझो, आ पहुँचा।"

"किसने कहा?"

"मिश्र जी ने कहा।"

"किससे कहाँ?"

"छत्री जी से।"

"कब कहा?"

"रोज कहते हैं..."

"अरे, नहीं, नहीं, डराय रहे होंगे।"

"कहा है, सुई लेने से मरद खस्सी बन जाएँगे। सरकार नसबंदी कराना चाहती है। मरद लोग खस्सी हो जावेंगे, इस डर से वे लोग नसबंदी नहीं कराते। इसलिए अब हैजे की सुई देने के बहाने मरद लोगन को खस्सी, अउरतों को बाँझ बनाए दे रही है। यही तो कहा है। अगर यह बात सच होती तो, छत्री जी, मिश्र जी ने खुद सुई क्यों नहीं ली? सुनो, यह सब उन लोगन की मक्कारी है। तुम लोगों को हैजा हुआ, तो मरोगे तो तुम लोग! वे लोग खुद तो आराम से, सही-सलामत रहेंगे। उसके बाद यह भी देखना है कि मरद मर जाता है, तो उसकी ज़मीन बेहाथ होती है या नहीं।"

"वह तो हैजा में न भी मरे, तो भी ज़मीन बेहाथ हो जाती है। किसी ज़माने में हमें पता भी नहीं था कि छत्री जी ज़मीन ले लेंगे और हम उनके गुलाम हो जावेंगे। लेकिन यही तो हुआ।"

"सुनो, सुईदार आया, तो सुई सबसे पहले, हम लूँगा। तुम लोग देखते रहना, हमें कुछ होता है या नहीं..."

"तोका मार डालेंगे।"

"कौन?"

"छत्री जी!"

"हुँः मार डालना क्या इतना आसान है?"

"तेरे लिए ही तो डर लगता है। तू यहाँ रहता है। हम सबकी फिकिर करता है। बालकृष्ण भी कह रहा था कि इस बार वह अपने बीवी-बच्चे को ले आएगा। तुम लोगन से भेंट करावेगा?"

"तोरी अउरत भी सुइया लेगी?"

"हाँ, अउरत भी लेगी और बच्चे भी लेंगे।"

यह मीटिंग सुबह हुई थी। शाम को ब्रजभूषण छत्री अपनी साइकिल से झुझार आ पहुँचा।

बालकृष्ण ने कहा, "हाट से दस किलो चावल ओर दो किलो गुड़ देना होगा।"

"क्यों?"

"हैजा महामारी फैली है न! आप नहीं जानते?"

"कैसे जानूँगा, भला?"

"यह तो आप गुस्से में कह रहे हैं। सुईदार चला गया, इसलिए आप गुस्सा हैं।"

"चावल और गुड़ का क्या होगा?"

"हैजे की शांति के लिए यज्ञ होगा। मिश्र जी खुद यज्ञ करेंगे। सभी गाँवों से चावल और गुड़ ले रहा हूँ। सुई का इलाज क्या करेगा, मास्टर बाबू? आप तो ठहरे मास्टर जीव! ब्राह्मण देवता पर आप विश्वास नहीं करते न?"

"झुझार आपका राज्य हो सकता है, राँची नहीं। मैं राँची जाकर, सुई-गाड़ी और दवाएँ ले आऊँगा।"

"यह तो बहुत अच्छी बात है। अब जो आएगा, वह लगाए इन लोगों को सुई! सरकारी बन्दोबस्त है! मैं पंचायत प्रधान हूँ, मैं भला 'ना' कह सकता हूँ?"

"चलिए, चावल-गुड़ देने को कहें–"

"आप ही कहें न!"

"मैं?"

"ब्रजभूषण छत्री ने चावल-गुड़ के लिए सीधे गाँव-बूढ़े को आवाज़ दी।

"दस किलो चावल और दो किलो गुड़, बूरुडीहा ले जा। मिश्र जी तुम लोगों के लिए हैजा नाश करने के लिए यज्ञ कर रहे हैं।"

"मिलेगा कहाँ? चावल काहू के घर में नाहीं है।"

"वह मुझे क्या पता?"

"मास्टर बाबू ने कहा है, सुइया लेने से हैजा चला जावेगा। यज्ञ-हवन करने से हमारा क्या फ़ायदा? मोका का खावे को दइहैं? मिश्र जी के यज्ञ-हवन में चावल और बेगारी तो कित्तनी बार ही दिया। लेकिन इस बार बहुत अकाल है।"

"नहीं देगा, तो मत दे।"

ब्रजभूषण हँसते-हँसते विदा हो गया। गाँव से निकलने के पहले उसने बालकृष्ण को रुपए देकर, रेडियो-बैटरी लाने का विनम्र अनुरोध भी करता गया।

"यह देखकर बड़ा अच्छा लगा, मास्टर बाबू कि ये लोग आपकी इतनी श्रद्धा-भक्ति करते हैं।"

बालकृष्ण सुबह की बस से राँची चला गया। अधिकारियों को सूचना देने और इंतज़ाम करने में उसे दो दिन लग गए। ये दो दिन, झुझार के लोग डरी-सहमी आँखों से, दूर-दूर से ही कॉलेरा में मरी हुई लाशें और चिता की लपटें देखते रहे। मास्टर बाबू पर आस्था टिकाए, ब्रजभूषण को चावल देने से इनकार करके, कहीं उन लोगों ने अपशकुन तो नहीं कर डाला, वे लोग इसी सोच में डूबे रहे। इसी दौरान, मिश्र जी के यहाँ महायज्ञ शुरू हो गया। उस यज्ञ में अन्यान्य भक्तों को प्रसाद नहीं मिलने वाला, यह जानते-समझते हुए भी। उन लोगों ने चावल और बेगारी दी। एकमात्र झुझार के लोग ही बच रहे। यह कैसे हो गया, यह सोच-सोचकर वे लोग चिंता से मरे जा रहे थे।

बहरहाल, देखने में यह आया कि जहाँ सबसे अधम, दीनों के भी दीन रहते

हैं, वहाँ अपने चरण रखने की 'उनकी' कोई इच्छा नहीं थी। यह सिर्फ विश्वासी और ईमानदार कवि की इच्छा मात्र होती है, क्योंकि वही 'ऊपरवाले' मिश्र जी की यज्ञ-पूजा लेते रहे। 'आफिशियली' सकल मस्तान, यज्ञ के लिए जगह मौजूद रहते हुए भी, मास्टर का जनहीन घर और खपरैल का स्कूल जलकर ख़ाक हो गया। झुझार के एकमात्र जल-उत्स, पंचायत की झील में, कॉलेरा से मृत, कोई लाश बहती-उतराती नजर आई। झील के दोनों तरफ के ग्रामवासियों ने उस लाश से 'डिनाइ' किया। झुझारवासियों को 'अविश्वासी', 'हरामी' कहकर गाली-गलौज करते हुए, अपने कुएँ से उन लोगों को पानी नहीं लेने दिया गया। लाचार झुझारवासियों ने उस लाश को बाहर निकालकर, दूर फेंक दिया। उसी जल-उत्स का पानी ही पीते रहे। नतीजा यह हुआ कि झुझार में कॉलेरा की महामारी फैल गई।

चूँकि मास्टर तब तक झुझार नहीं पहुँचा था, झुझारवासी आतंकित होकर, अपना विश्वास खो बैठे। वे ब्रजभूषण की शरण में दौड़ पड़े और अपनी झोंपड़-झुग्गी बेच-बाचकर, मिश्र जी को प्रायश्चित्त-पूजा भेजने की इच्छा प्रकट की।

ब्रजभूषण ने उन लोगों को कसकर झाड़ लगाई, "नहीं, नहीं, तुम लोगों ने ब्राह्मण देवता का अपमान किया है। तुम लोगों की पूजा वे हरगिज नहीं लेंगे।"

मिश्र जी अपने चेहरे पर क्षमा-सुंदर हँसी चिपकाए, स्वयं झुझार चले आए। सबको प्रसाद में पेड़ा और सड़ा हुआ पपीता बाँटते हुए, उन्होंने कहा, "ब्राह्मण क्षमा करना भी जानता है, रे!"

अतः ब्राह्मणत्व ही 'सुप्रिय फोर्स' है, यह विश्वास झुझारवासियों और अन्यान्य ग्रामीणों में प्रतिष्ठित हो गया।

चूँकि मास्टर नहीं आया, इसलिए हेल्थ-डिपाट ने गाड़ी भी नहीं भेजी। बाद में, हटियार के रास्ते में, गाड़ी से कुचली हुई, मास्टर की लाश मिली। उसकी मौत का सही जवाब, शहर में नहीं मिला। लेकिन जंगल में महाजन के चरणों तले आश्रित गाँवों में इस मौत ने प्रतीक का 'डाइमेंशन' लाभ किया।

भालातोड़ थाने के अफसर ने अपनी गुप्त रिपोर्ट में लिखा—वह आदमी 'एजीटेटर' था। लोगों को भड़काता था। गाँव वालों से उसके हेलमेल से साफ जाहिर था कि असल में वह 'कम्युनस' या 'सोमलिस' है।

इसके बाद, एक के बाद एक, जो घटनाएँ घटीं, वे सब काफी अहम् और प्रतीकस्वरूप थीं। समय यानी काल, दशक-दशक की गति से आगे बढ़ता जा रहा था और इस अंचल में कहीं, थर्मल पावर स्टेशन के उद्‌घाटन के लिए आए हुए, सम्बद्ध मंत्री ने प्रेस की मार्फत भारत और बाहरी भारत को सूचना दी—'वी रीच द मॉडर्न टाइम्स।' हम आधुनिक युग में पहुँच गए हैं—राँची और अन्यान्य शहरों में उनके इस कथन ने पर्याप्त प्रचार-लाभ किया।

'मॉडर्न टाइम्स' में उस अंचल के क़दम रखने के बाद, सन् साठ के दशक

के आखिरी साल में जो घटना घटी, वह शिक्षक केंद्रित नहीं थी, छात्र-केंद्रित थी। टाहाड़ गाँव, फलों के बाग़ के लिए मशहूर था। वहाँ अमरूद, शरीफा, जमरूद, लीची, पपीता और आमों की देखने लायक ढेरियाँ लगी होती थीं। वह गाँव 'ऑरिजिनली' भालातोड़ इस्टेट के अंतर्गत था। आजकल मिश्र जी के चचेरे भाई कुंदन जी की दखल में था। कुंदन जी की उम्र चालीस साल! वह अत्यंत बलिष्ठ और बदमाशों, मुजरिमों को साइकिल की चेन से मारने-पीटने में दक्ष था। मिश्र जी का ब्राह्मण-धर्म और मिश्र जी की ब्राह्मण-भक्ति—दोनों ही कुंदन में मूर्त हो उठी थीं। टाहाड़ गाँव का स्कूल, मिश्र परिवार के मकान में ही था और काफी अच्छा था। इसलिए गाँव के वर्णेतर जातियों के बच्चे पढ़ने के लिए पालानी गाँव के स्कूल में जाते थे। वैसे नहीं जाते थे, यह कहना ही सच होगा, क्योंकि आठ साल का बच्चा, अगर स्कूल चल दे, तो इनका काम नहीं चलता। इन लोगों के मुताबिक, आठ साल का बच्चा पर्याप्त बालिग होता था। उसे गाय चराने या अन्यान्य कामों में लगाकर, गृहस्थी में मदद करना होता था। इन सब कारणों से टाहाड़ के बच्चे कभी स्कूल नहीं ज़ाते थे। पालानी और टाहाड़ गाँव के बीच, बोल्डरों से ढँका, डगमगाता-सा रूखा क्षेत्र था। कोई-कोई बोल्डर, मोनोलिथ जैसे थे। चाँदनी रातों में उस प्रांतर को देखकर, अचानक ऐसा लगता था कि विभिन्न नापों के लंबे कद के अनगिनत इंसान, खामोश खड़े हों। वहाँ एक ख़ास चट्टान, बेहद अजीबोग़रीब थी। लंबी, चौकोर और मोटी! उस चट्टान के बारे में यह किंवदंती प्रचलित थी कि वह ज़िंदा चट्टान है और हर रोज़ थोड़ी-थोड़ी करके, अपनी जगह बदलती रहती है। वह चट्टान नहीं, कोई प्रेतात्मा है और उसका कोई न कोई उद्देश्य जरूर है। उस किंवदंती की सच्चाई परखने का ख्याल कभी किसी को नहीं आया। लेकिन निर्जन समय में, कोई भी उस चट्टान के क़रीब, अकेला नहीं जाता।

एक दिन कुंदन मिश्र अपने घोड़े पर सवार, अपने गाँव लौट रहे थे। अचानक उनकी नज़र पड़ गई। कोई दस वर्ष का छोकरा उस चट्टान के नीचे से कुछ लेकर, कहीं गायब हो गया। कुंदन डर गया। उसने फौरन आँखें फेर लीं और अपने घोड़े को सरपट दौड़ा दिया।

कुछ दूर निकल आने के बाद, उसे कोई आवाज़ सुनाई दी, "हुजूर! हुजूर साहेब! हम हैं..."

कुंदन के सामने किसान, सुखिया गंजू का बेटा, एतवा खड़ा था। कुंदन की ज़मीन पर कोई दंगा हो गया था। उस जुर्म में सुखिया, पिछले छः साल से जेल में था। कुंदन ने ही उसे आश्वासन देकर जेल भेजा था। कुंदन की बीवी झालो काफी भरी पूरी, गदरायी औरत थी। सुखिया के जेल जाने के बहुत पहले से ही, वह कुंदन की कृपापात्र थी। झालो के लिए उसने कच्ची ईंटों का पक्का घर बनवा दिया था। इस अंचल में कच्ची ईंटों को धूप में तपाकर, उन ईंटों से घर की दीवारें उठाकर,

ऊपर खपरैल की छादन डालकर घर बना लिया जाता था, जो सालों टिकाऊ भी रहता था और कोई गंजू परिवार उस किस्म के घर में रहने लगे, तो वह बिरादरी की नज़रों में काफी ऊँचा उठ जाता था।

झालो का भी उस क़िस्म के घर में रहना नितांत स्वाभाविक था। जिस घर में कुंदन आता-जाता है, वह घर खूबसूरत होना ही चाहिए। वैसे कुंदन का जाना-आना, सुखिया या झालो को क़बूल था या नहीं, यह सवाल कभी, किसी ने नहीं उठाया। झालो का अगला-पिछला 'प्रोजेक्शन' अगर असंगत रूप से ऊँचा और नृत्यशील हो उठे, तो कुंदन मिश्र जैसे लोग, पर मुंडी फलाहार किया करेंगे, यह अटल सत्य था।

झालो के बड़े बेटे, एतवा की सूरत-शक्ल कुंदन जैसी ही थी, यह बात झालो के लिए काफी शुभ-शकुन साबित हुई। कुंदन की घरवाली की गर्भजात संतानें, बाप के नालायक, कुपुत्र बेटे थे। जैसी तो सूरज, उतने ही बीमार, मरगिल्ले! कहने को तो स्कूल में पढ़ रहे थे, मगर बस, जस के तस! पढ़ाई जहाँ की तहाँ, बस, रगड़े जा रहे थे! बुद्धि बूँद भर भी नहीं थी।

एतवा 'आफिशियली' सुखिया का बेटा था। वह कुंदन का भी काफी लाड़ला था। कुंदन उससे अपने घोड़े की सेवा कराता था। उसे घोड़े की और साइकिल की सवारी भी करने देता था।

"इत्तना लाड़-प्यार किया, तो वह बिगड़ जावेगा। गरीब-दुःखिनी का बेटा है न!"—झालो कहा करती थी।

"देख, एतवा को तू कुछ मत कहा कर। जब वह बड़ा हो जाएगा, तो मैं उसे बाग़ की देखभाल का काम दे दूँगा।"

"लिखना-पढ़ना जो नाहीं सीखा—"

"तो पालानी के स्कूल में जाया करे न!"

कुंदन ने इस मामले को ख़ास अहमियत नहीं दी। एतवा के लिए उसके मन में काफी प्यार था। वह उसकी बहुत बड़ी कमजोरी था। उसकी घरवाली की कोख से ऐसा एक भी बेटा पैदा नहीं हुआ। इतनी बुद्धि, इतनी जिंदादिली और दुस्साहस! जिसे कहते हैं, सच्चा मरद बच्चा।

एतवा को आते देखकर वह बेतरह चकरा गया। उसने अपना घोड़ा रोक दिया।

बेहद दुलार से उसके बालों को छेड़ते हुए उसने पूछा, "भर-दुपहरिया के वक्त, यहाँ क्या कर रहा है?"

"हुजूर के लिए खड़ा था—"

"क्यों?"

"मास्टर जी ने यह चिट्ठी दी है—"

"मास्टर? चिट्ठी?"

"हाँ, हुजूर, हम पास हो गए—"

"अच्छा, पास हो गया?"

"हाँ, हुजूर, पाँचवीं क्लास में गए हम! अब भालातोड़ जाकर पढ़ना है। हमें वजीफा भी मिलेगा।"

"वजीफा? किस बात का?"

"गंजू लड़कों को वजीफा मिलता है।"

"वजीफा मिलता है?"

"हाँ, हुजूर, अछूत को वजीफा मिलता है।"

अब तक कुंदन ने एतवा की बातों पर ख़ास ध्यान नहीं दिया था। 'अछूत' शब्द, उसके कानों में खट् से बज उठा और उसे फौरन ख्याल आ गया कि वह उसकी नाजायज औलाद ही सही, मगर अछूत है। एतवा उसका बेटा है, यह बात सभी लोग जानते थे, शायद वह खुद भी जानता था। लेकिन उसने 'हुजूर' के अलावा, उसे कभी, कोई और सम्बोधन नहीं दिया। कुंदन के नाजायज बेटे के तौर पर भी उसे अपने टोले में काफी सम्मान मिलता था। वैसे वह भला और शरीफ लड़का था। उसने कुंदन को कभी किसी शर्मिंदगी में नहीं डाला। गाँव में भी वह दूरी रखकर चलता था। लेकिन लोगों की नजरों से ओट, वह अपनी फरमाइशें लेकर ज़रा करीब आ जाता था। सामने आकर भी, वह झुका-झुका ही रहता था। जैसे इस वक्त!

कुंदन घोड़े पर सवार था। वह पैदल-पैदल चल रहा था। माँ के लाड़-प्यार और सेवा-जतन की वजह से उसका चेहरा भी खासा खिला-खिला! जो बच्चे कुंदन मिश्र का वंश आगे बढ़ाएँगे, वे सब दूध-घी में डूबे हुए भी किस कदर, मरगिल्ले और रोगी थे।

"मुझे क्या करना है?"

"भालातोड़ में रहूँगा, आप ज़रा कहे दें—"

"देखा जाएगा।"

गाँव वालों की नज़र में पड़ते ही कुंदन ने अपना घोड़ा सरपट दौड़ा दिया।

एतवा उसी तरह पैदल-पैदल चलता रहा।

पालानी के स्कूल में एतवा का पास होने और वजीफा पाने के 'रिपरकशन' ने काफी दूर तक तूल पकड़ लिया। मामला इतना तूल पकड़ लेगा, इस बात का कुंदन को भी अंदाजा नहीं था।

रात होने से पहले, कुंदन कभी अपने मकान में दाखिल नहीं होता था। वह बाहरी महल में ही रहता था। रात को वह एक बार सिर्फ खाने के लिए अंदर जाता था। उसी वक्त, घरवाली से थोड़ी-बहुत बातचीत हो जाती थी। वैसे, इस इंतजाम से उसकी घरवाली भी खुश थी। पतली-सी पिछाड़ी, सपाट छातियाँ, अपुष्ट देह समेत, वह पाँच-पाँच बार जच्चाखाना हो आई और अब मर्दों से उसे डर लगने लगा था। भरीपूरी, उर्वरा औरत उसे फूटी आँखों नहीं सुहाती थी। उसके बाल-बच्चों की देखभाल

चंद बूढ़ी दाइयाँ और नौकर करते थे। वह हमेशा ठाकुर जी के घर में पड़ी रहती थी। वह बड़े जोतदार की बेटी थी और पति से काफी रौब के लहजे में बातचीत करती थी। हनुमान मिश्र ही इस परिवार के कर्ता-मालिक थे। वे उसे स्वयं 'लक्ष्मी' बुलाया करते थे।

एतवा के पास होने के बारे में, घरवाली की बातें उसे याद ही नहीं रहीं। नंग-धड़ंग होकर, उसने जवान दाई से तेल मालिश कराई। नहा-धोकर वह ऐश से सो गया। शाम होते ही वह झालो के घर जा पहुँचा। झालो को वह यह बताने आया था कि वह उसके लिए आटा-पिसाई का एक मशीन ख़रीद देगा और बस-रूट पर पड़ने वाले गाँव तेजीहाट में उसे ले जाकर बसा देगा। इसके बदले में उसे अपना प्राप्य सुख भी तो वसूलना था, इसीलिए वह चला आया।

हुजूर का आगमन देखकर, झालो के बच्चे अपनी नानी के घर खिसक गए। कुंदन कुछ देर झालो के शरीर पर खेती करता रहा। उसके बाद, उसने आटा-पिसाई की मशीन के बारे में खबर सुनाई।

"एक बात कहनी थी..." झालो ने बात छेड़ी।

"क्या?"

"एतवा..."

"क्या?"

"ऊ पढ़े चाहत है..."

"पढ़ना चाहता है? काफी तो पढ़ लिया। जितना कुछ सीखा, उसका हिसाब रख पाएगा?"

"ऊ अउर पढ़े चाहत है।"

"अरे, छोटी जात का लड़का! पढ़ाई करके वह करेगा क्या? चूँकि यह एतवा की बात थी, इसलिए मैंने उसे पालानी स्कूल में जाने दिया। इससे पहले किसी गंजू, किसी दुसाध, किसी धोबी के बेटे को मैंने स्कूल जाने दिया?"

"मास्टर कहत हैं, ओका दिमाग बहुत तेज है।"

"किससे कहते हैं? तुझसे?"

"हाँ, मास्टर जी उससे कहे कि वो अपने बाप को लै आए। एतवा ने बताया कि वो तो जेल में है। मास्टर ने कहा–तब माँ को ले आओ।"

"तू गई थी?"

"हाँ!"

"कब गई थी?"

"कल!"

"नहीं, नहीं, अब इससे आगे और कोई बात नहीं। अब उस मास्टर के बच्चे को भी खदेड़ना होगा। गंजू-दुसाध...सबके सब अगर पढ़ाई करने लगें, तो फलों का

बाग़, खेत-ज़मीन का कामकाज कौन करेगा?''

''सरकार, हम आपसे कभी, कुछ ना माँगी। बिन माँगे ही आपने सब कुछ दिया। लेकिन इस बार हम यह भीख माँगती हूँ। मैंने भी उसे काफी समझाया-बुझाया, ऊ मानता ही नाहीं। बहुत जिद्‌दी है। आपको तो पता ही है ओका कइसा स्वभाव है और अइसी जिद्‌द वह काहे करता है। आप ही तो लाड़ लड़ा-लड़ाकर, ओकी आस बढ़ाय दिहेन।''

''अरे, छोड़-छोड़! बाद में उसके लिए एक साइकिल खरीद दूँगा। आजकल समय बहुत बुरा है, तुझे कुछ पता नाहीं है। मास्टर यह जो गंजू-दुसाध को पढ़ने के लिए उकसा रहा है, जरूर वह नक्सल आदमी है। मैं पुलिस में भी ख़बर कर दूँगा।''

झालो चुप हो रही।

थोड़ा ठहकर उसने फिर कहा, ''ठीक है, हम उसे समझा दूँगी। गंजू लड़का! पढ़ाई करके ऊ भी मास्टर बनेगा...! ऊ तो बहुत-सी बात करत रहा...''

''नहीं, नहीं, यह ठीक नहीं है। उसका दिमाग़ इतना बिगड़ जाएगा, अगर मुझे पता होता, तो हम उसे भला स्कूल जाने देते? इसके अलावा, यहाँ सभी जानते हैं कि वह किसका बेटा है। हाँ, मेरे डर से अपनी जुबान नहीं खोलते। अगर उसे पढ़ने के लिए भालातोड़ भेजा, तो सब लोग यही कहेंगे कि कुन्दन मिश्र अपने गंजू बेटे को पढ़ा-लिखाकर, जात में ऊपर उठाने की कोशिश कर रहा है। इसी बात पर सब हँसी उड़ाएँगे। इधर-उधर मेरे जो दुश्मन हैं, उनके हाथ में तुरुप का पत्ता आ जाएगा। वो छत्री...बे-हद खचड़ा है, मुझे...''

हाँ, ब्रजभूषण उसका विरोधी था। जिस हनुमान मिश्र की वजह से इस अंचल में ब्राह्मण धर्म की श्रेष्ठता प्रचारित हो रही है, कुन्दन उसी का चचेरा भाई था। झालो जैसी औरतों के गर्भ से, कुन्दन जैसे लोगों की संतानें पैदा करने पर कुन्दन लोगों का अधिकार होता है। उस संतान को पढ़ा-लिखाकर, सिर पर चढ़ाने पर, उनका अधिकार नहीं होता। ब्रजभूषण, कुन्दन को नीचा दिखाने का एक भी मौका अपने हाथ से नहीं जाने देगा। इधर, कुन्दन की तकदीर ऐसी कि हनुमान मिश्र उसकी बातों से ज़्यादा ब्रजभूषण की बातों में ज़्यादा आस्था रखते थे। एतवा को किसी हाल भी भालातोड़ जाकर, ऊँची क्लास में वह हरगिज नहीं पढ़ने देगा, इस बारे में कुन्दन अपने फैसले पर अटल रहेगा। लेकिन, एतवा के बारे में 'कन्वरसेशन' चलाते-चलाते, कुन्दन के दिमाग़ ने, असंलग्न तरीके से, चंद उपलब्धियाँ, पानी में झाँकी गई तस्वीर की तरह, अपनी झलक दिखाकर, विलीन हो गई। जैसे–

एतवा को वह बेहद-बेहद प्यार करता है। सिर्फ ज़ोर-ज़बर्दस्ती या दबाव में आकर नहीं, उसी बच्चे के प्रति उसके मन में संतानवत गहरा स्नेह और ममता है। अगर संभव होता, तो वह एतवा को ज़रूर पढ़ने देता। लेकिन, यह कहाँ संभव है?

झालो उसके लिए बेहद ज़रूरी है। लेकिन झालो की ख़ामोशी से यह साफ़ जाहिर था कि उसने हुजूर सरकार का हुक्म बेहद खुश-खुश मन से क़बूल नहीं किया। वह अपने स्वगत सोच में उसके खिलाफ जा सकती है! उसके स्वगत चिंतन में असहनीय और निष्फल क्रोध भी जागेगा। वह झालो को भी प्यार करता है, बे-हद प्यार!

एतवा की पढ़ने की चाह और पालानी के मास्टर का उस प्रसंग में मदद देने में, किसी बदली हुई हवा का आभास था। कुन्दन को क्या सावधान हो जाना चाहिए? सावधान? किसके खिलाफ? किस बारे में? उसके मन तले, इस क़दर भय क्यों जाग उठा है? कुन्दन कल ही अपनी दोनों बंदूकों की साफ़-सफ़ाई कर रखेगा।

कुन्दन ने झालो से कहा, ''छत्तीस गाँवों के इस मुहल्ले में, किसी दिन हमने गंजू-दुसाध को, सरकारी इंतज़ाम वाले स्कूल में पढ़ने नहीं दिया, आज भी नहीं पढ़ने दूँगा। गंजू पढ़ेगा—यह नाज़-नखरा तू भूल जा! तब तो पैरों की जूती, सिर की छतरी बन जाती। आदमी उसे सिर पर ताने-ताने राह चलता।''

उसी वक्त, बंद दरवाजे के बाहर, एक अजीब-सी आवाज़ सुनाई दी, मानो काफी देर तक साँस रोके-रोके, अब जाकर किसी ने लंबी उसाँस छोड़ी हो। नन्हे-नन्हे पाँवों की आहट! झालो का चेहरा फक्क पड़ गया।

लेकिन कुन्दन हँस पड़ा।

थोड़ा ठहरकर उसने कहा, ''ज़रूर यह एतवा था। चलो, अच्छा ही हुआ, बच्चू ने सारी बातें, अपने कानों से ही सुन लीं।''

''...................''

कुन्दन ने फिर कहा, ''आज जल्दी चला आया, यह कहने के लिए, कि... कुछेक दिन बाद, एतवा को ले जाऊँगा...! नहीं सिर्फ यही कहने नहीं आया था। अब लग रहा है, उसे पढ़ने-लिखने का इतना शौक है...वह रामगढ़ की दुकान पर झाड़ू-बुहारू करेगा, पानी देगा, कहनू उसे सवाल-हिसाब-किताब सिखा देगा। तेरी आटा-पिसाई मशीन का भी तो हिसाब-किताब रखना है...''

झालो और कुन्दन ने परम विस्मय से एक-दूसरे की तरफ देखा। ऐसे लहजे में, यूँ हिचकिचाते हुए, कुन्दन ने कभी बात नहीं की थी। जैसे एतवा के अलावा उनकी और भी दो संतानें थीं, वैसे ही यह भी सच है कि अगर कल ही कुन्दन उसे खदेड़ दे, तो देश-घर कोई भी इसे नियम का व्यतिक्रम नहीं मानेगा, कम से कम झालो तो नहीं ही। दीवार पर गेरू रंग से आँका हुआ, विकट 'प्रपोर्शन' का पंछी और बंदर की आँखें भी विस्मय से फटी की फटी रह जाती हैं।

रात को घर के अंदर खाना खाने पहुँचकर, कुन्दन को पहली बार आभास हुआ कि हवा सचमुच बदल चुकी है। वन में कहीं आग लगी थी, क्योंकि वाताश में दावानल की आँच मौजूद थी।

घरवाली का चेहरा तमतमाया हुआ! आँखें लाल! और मारे गुस्से के आवाज़

विकृत! कुन्दन के सामने बैठकर वह पंखा झलती रही, लेकिन उसने कोई बात नहीं की।

"क्या बात है?"

"मुझे मायके जाना है—"

"क्यों?"

"इस बेइज़्ज़ती के बाद मुझे टाहाड़ में नहीं रहना है।"

"कैसी बेइज़्ज़ती?"

"मेरे गोपाल-गोविन स्कूल में पास नहीं किए और उस झालो का बेटा..."

"ओऽ, ये बात है।"

"एतवा की देखभाल के लिए लोग-बाग़ हैं, मेरे बेटे बाप रहते अनाथ हैं। अब मेरे मुँह पर लात जमाकर, एतवा जाएगा बड़े स्कूल में। बाम्हन का बेटा गाँव के स्कूल में पढ़ेगा और गंजू का बेटा..."

"नहीं!' कुन्दन अचानक जोर-शोर से गरज उठा, "इससे पहले ही मैं उसे जान से मार दूँगा।"

यह बात कुन्दन ने काफी ज़ोर से कही थी। अंदर-बाहर की दासियाँ और नौकरों ने भी यह ऐलान सुना। बाद में इस बात को लेकर काफी कानाफूसी भी हुई।

कुन्दन की आवाज़ में प्रचुर हिंस्रता थी, घरवाली फिर भी आतंकित नहीं हुई।

"अगर इसका कोई फैसला नहीं हुआ, तो मैं देवता जी के पास जाऊँगी, सुन लो। अपने घर के सामने ही झालो का घर न बनवाते, तो नहीं चलता? देवता जी ने कितनी बार चेतावती दी थी, बाहर का कबाड़, बाहर ही रखना।"

घरवाली के वक्तव्य में, 'अंडरलाइंग थ्रेट' कुन्दन के कानों में झन्न से बज उठा।

"ठीक है, मैं इसका भी इंतज़ाम करता हूँ।"

"हाँ, इंतज़ाम होगा, मगर मेरे मरने के बाद!"

"तू मरेगी? तू तो पाँच सौ बरस जीएगी।"

कुन्दन रबड़ी और मिश्री का कटोरा एक ओर खिसकाकर उठ गया।

सुबह उसने एतवा को बुला भेजा और उसे कसकर डाँट लगाई। उसने झालो को भी काफी डपट दिया। उसके बाद, उसने इस मामले को कोई अहमियत नहीं दी। उसे अंदाज़ा नहीं था कि एतवा का पास हो जाना और मास्टर की भूरि-भूरि प्रशंसा से उसके दिमाग़ में कैसा रूपांतर घट चुका है। इंसान का मन, एक अदद गंजू बालक का मन भूस्तर जैसा होता है। उसमें निरंतर स्तर-परिवर्तन, टूट-फूट, दरार, क्षरण चलते-चलते जलोढ़ शिला पारदर्शी होते-होते हीरे जैसी सख़्त हो सकती है। एतवा के मन में यही सभी कुछ घटता रहा। बेहद तेज़ी से घटता रहा। असल में,

इंसान का मन जड़ पृथ्वी नहीं होता। उसमें तमाम रूपांतर काफी तेज़ी से घटता है। जो रूपांतर करोड़ों-करोड़ साल में घटना चाहिए, अगर वह दो-तीन दिन में ही घट जाए, तो उसके नतीजे का परिणाम भी इंसान के लिए काफी विध्वंसकारी और विनाशकारी होता है। एतवा के मामले में भी यही हुआ।

करीब तीन दिनों बाद, झालो पीतल की एक रकाबी में चंद पपीते, फूल और तिलकुट कुन्दन की गौशाला में रख गई। गंजू और दुसाध पूजा का प्रसाद गौशाला में ही रख जाते थे। किसकी पूजा, कैसी पूजा, यह पता नहीं चला।

एतवा का गाँव में अता-पता नहीं था। पता चला, पालानी के मास्टर ने भी उसे मदद देने से इनकार कर दिया। बूरुडीहा का सोमरा गंजू, अपनी बेटी के यहाँ 'सोशल विजिट' पर टाहाड़ आया हुआ था। उसने गंजुओं की जुबानी एतवा की कहानी, काफी हमदर्दी से सुनी! नंबर वन देशी ठर्रे की मेहरबानी से पंख फैलाए उड़ती हुई परी का गोदना-आँके उसके शीर्ण सीने में असंगत उदारता जाग उठी।

"एतवा चला क्यों नहीं जाता? भालातोड़ में मेरी चाची रहती है। एतवा वहीं रहे। नाश्ता-पानी के लिए उसके हाथ पर दो रुपए टिका दिया करे, उसकी बकरियाँ चरा दिया करे। हाँ, हाँ, मैं चाची से कह दूँगा।" उसने दरियादिली से कहा।

सोमरा की मानसिकता ने यथारीति ग्रामीण 'टॉरचुअस' पद्धति से 'फंक्शन' किया और जिस काम के लिए कुन्दन ने अनिच्छा जाहिर की थी, वह काम करते हुए सोमरा को अच्छा लगा। क्यों अच्छा लगा? क्योंकि कुंदन हनुमान मिश्र का चचेरा भाई था। हनुमान मिश्र ने सोमरा का क्या बिगाड़ा था? या बिगाड़ रहा है?

उसने खचड़पन किया है।

कैसे?

सोमरा के पास कुल मिलाकर एक बीघा ज़मीन थी। वह ज़मीन उसी की थी, इसकी स्वीकृति-पट्टा भी उसके पास मौजूद था। हनुमान मिश्र और लाला लोगों ने गंजुओं की सारी ज़मीनें, विभिन्न उधार-कर्ज़ के 'अगेन्स्ट', वैध और कानून-सम्मत, प्रशासन-अनुमोदित उपायों से हथिया ली थी। सोमरा अपनी ज़मीन, अपने दामाद को देना चाहता था। दामाद भी अक्ल भिड़ाकर, उस ज़मीन का खज़ाना दिए जा रहा था और, रिटर्न ले रहा था। इसी वजह से उसकी ज़मीन इन लोगों के हत्थे नहीं चढ़ रही थी।

किसी भी गंजू की ज़मीन, कागज-पत्र पर साफ-सुथरी नहीं थी। सोमरा की ज़मीन 'एक्सेप्शन' थी। यहाँ का मशहूर तालाब लाला लोगों ने खुदवाया था। हुआ यह था कि लाला बाबुओं में किसी एक को शौक चर्राया कि वह बागान में शिकार खेलेगा। इस शौक के पीछे उसका विलायती सफेद घोड़ा था। अश्व-शक्ति से 'इलेक्ट्रिफाइड' लाला बाबू ने झाड़-झंखाड़ झोंप-झाड़ की तरफ गोलियाँ दागकर एक क्रांतिकारी गड़बड़ी मचा दी। कोई बूढ़ी गाय जुगाली करते-करते जाँघ में गोली खा

गई। गाय अगर मर जाती, तो गो-हत्या होती और भयंकर पाप की कराल छाया में लाला भवन में अन्धकार छा जाता।

सोमरा के बाप ने अपनी 'नेटिव' दवा प्रयोग करके उस गाय को बचा लिया। लाला की माँ ने उसे एक शिशु-साँड़ भेंट किया। उन्होंने अपने बेटों पर भी जोर डाला कि उसकी ज़मीन न ले। ज़मीन उसके नाम लिख-पढ़ दे। आसन्न नर्क से छुटकारा पाकर, बेटों ने खुशी-खुशी माँ की आज्ञा का पालन किया।

लेकिन अब, मिश्रजी बूरुडीहा में नियुक्त हुए, तो उन्हें अपने शिव मंदिर से जुड़े मकान के पास फणीमनसा के बेड़ों से घिरी, सोमरा की ज़मीन देखकर बेहद कोफ्त होती थी। बाकी गंजू अपनी-अपनी ज़मीनें गँवाकर, जंगल को 'एन्क्रोच' करने में जुट गए थे और टोली बनाकर रह रहे थे। सोमरा एक टुकड़ा प्रायः बंजर, मड़वा या जौ पैदा करने वाली ज़मीन का मालिक था। यह निहायत असहनीय जबर्दस्ती थी। उसके बाद, बीवी की मौत के बाद, इतने साल गुज़ार दिए। अब वह दूसरे विवाह का राग छेड़ बैठा था। अँगूठा लगाकर, उसने ज़मीन अपने दामाद को दे दी थी, इसलिए उसके ब्याह में बेटी-दामाद को कोई एतराज नहीं था।

लेकिन हनुमान मिश्र को इस विवाह में बाक़ायदा एतराज था। वे सोमरा के पीछे पड़ गए थे। इस वजह से सोमरा भी देवता पर भड़का हुआ था। एतवा अगर बड़े स्कूल में पढ़े, तो कुन्दन ही क्यों, देवता भी आपे से बाहर हो जाएँगे, सोमरा यह जानता था। अस्तु, उसने एतवा की मदद की।

झालो समझ गई, कुन्दन अब आगभभूखा हो उठेगा।

लेकिन लोगों ने कहा, "हमारे घर में किसी ने भी पढ़ाई नहीं की। एतवा पढ़ेगा। इससे हमारा सीना गर्व से फूल उठेगा।"

"लेकिन, हुजूर, सरकार?"

सबने उसे फिर समझाया, "हुजूर सरकार गुस्सा करेंगे तो क्या सिर काट लेंगे? सुखिया भी अब जेल से लौटने वाला है। उसके लोटने पर तुझे फिर गंजू टोला में ही नहीं रहना होगा?"

आखिर यह तय हुआ, पालानी के मंदिर में पूजा दे दी जाए, तो विपद-आफत नहीं आएगी! झालो पूजा का वही प्रसाद गौशाला में रख आई थी। असल में झालो बेहद खुशी मन से राजी नहीं हुई, मगर अ-खुशी भी नहीं हुई। उसको विश्वास था कि उम्र का ख्याल करते हुए कुन्दन जब कभी भी एतवा को प्यार करता है, तो वह इस गलती के लिए भी एतवा को माफ करेगा। झालो ने कुन्दन को कभी भी कोई निर्मम या निष्ठुर काम करते नहीं देखा। कुन्दन उसे भी कोई बेहद सख़्त सजा देगा, यह खौफ भी उसके मन से धीरे-धीरे कम होता गया। बाकी लोगों ने भी उसे भरोसा दिलाया। यह तय हुआ कि एतवा टाहाड़ से निकलकर पालानी के गंजू टोली में रहेगा और शाम को जो सरकारी बस पोस्ट-बैग लेने आती है, उसमें सवार होकर

वह भालातोड़ चला जाएगा। सोमरा पहले ही वहाँ पहुँचेगा और वह भालातोड़ में उसका इन्तजार करेगा।

कुन्दन को यह बात कैसे पता चली या उसे बिल्कुल ही पता नहीं चला, यह बात तरह-तरह के 'स्पेकुलेशन' के 'अंडर' था। बहरहाल, चंद बातें जानना जरूरी हैं—

(1) बूरुडीहा में हनुमान मिश्र संध्या-आरती करते-करते, अचानक चीख उठे और ढुलक पड़े। जब वे स्वस्थ हुए, तो उन्होंने बताया कि अचानक उन्होंने देखा कि वहाँ मंदिर-वंदिर कुछ भी नहीं है। उन्हें टाहाड़ और पालानी के बीचोंबीच, वही चट्टान नजर आई। वही प्रेत-छायावाली चट्टान! वह अशान्त और अस्थिर चट्टान मानो झुककर सड़क निहार रही हो।

उसी वक्त लोगों को याद आया कि झझार गाँव में कॉलेरा में मृत लाश और बालकृष्ण मास्टर की मौत, सब कुछ उन्होंने अपनी दिव्य आँखों से देखा था। सभी लोगों ने डरी हुई निगाहों से एक-दूसरे की तरफ देखा।

भारत मुंडा ने कहा, "सब दोष इस समय का है। किसी ज़माने में वहाँ मुंडा जनपद था। यह सब मुंडा लोगों का मसानबूरु था! समाधि-शिला! अब न हो, वह गाँव नहीं रहा। लेकिन फिर भी उन पाथरों के नीचे पिसाब करना, उन पाथरों पर गाय-बकरियों को हगाना क्या ठीक है?"

किसी अशुभ घटना का पूर्वाभास! काला-कलूटा! स्थिर-लक्ष्य! मंत्रपूत मेघ की तरह टाहाड़ की ओर रवाना हो गया।

(2) शाम के बाद, घोड़े की खुर तले रेत की थैली बाँधकर चलने से, जैसी आवाज होती है, उस वक्त जोड़ा घोड़ों की खुरों की वैसी ही दबी-दबी आवाज़ सुनाई दी। वह आवाज़ सुनकर टाहाड़ के लोग डाकुओं की आशंका से बेतरह डर गए और अपनी-अपनी कोठरी के कोने-अंतरे आँख तोप-ढाँककर सो जाते हैं।

(3) मुँह अँधेरे टाहाड़ गाँव के सभी लोगों ने हवा के साथ तैरकर आती हुई एक अजीब-विकट चीत्कार सुनी। वह चीत्कार ऐसी 'अर्जेन्सी' का आतंक था कि वह किसी रात्रिचर पंछी की आवाज नहीं लगती थी। ऐसा लगा, मानो किसी इन्सान की आवाज़ हो।

सुबह हुई! दोपहर हुई! शाम को झालो ने पालानी-यात्री ग्वालों से एतवा के सही-सलामत पहुँच जाने की ख़बर ले आने को कहा। शाम ढले, ग्वालों ने लौटकर ख़बर दी कि झालो के ननद-ननदोई काफी गुस्से में हैं। छंउड़े को बस-स्टॉप पर बिठाकर ननदोई किसी दुकान तक गया था। आकर देखा, छंउड़ा गायब है। दुकान में बैठकर चाय पीने, बातें करने, बीड़ी पीने में थोड़ा वक्त जरूर लग गया था, लेकिन इसलिए वह छंउड़ा बिना कुछ बोले, एकदम से हवा हो गया? बेटा जरूर टाहाड़ लौट गया होगा। अब झालो खोज-खबर लेने के लिए आदमी भेजकर नाटक क्यों कर रही है?

अब झालो के मन में 'अलार्म सिगनल' बज उठा। उसने किसी की बात नहीं सुनी और हाथ में मटमैली-सी लालटेन उठा ली।

उसने सबसे कहा, "छोटा बच्चा है! अंत में उतनी दूर जाने में घबड़ा गया होगा। दूर जाने की हिम्मत नहीं पड़ी होगी। शायद, इसीलिए लौटकर भी नहीं आ सका।"

सबने कहा, "लौट नहीं सका, तो गया कहाँ?"

चूँकि झालो बेतरह परेशान हो उठी, इसलिए सबसे पहले वह कुन्दन के पास दौड़ी। लेकिन कुन्दन दो दिनों बाद, रामगढ़ से लौटा था और अभी-अभी सोया था।

उसने झालो की घबड़ाहट भरी अर्जी को ज़रा भी अहमियत नहीं दी।

वह भयंकर मुद्रा में गरज उठा, "हरामी लड़का था। लिखाई-पढ़ाई करने के नाम पर कहीं भाग गया। मुझे क्या पता? तेरी इतनी हिम्मत कि तू मेरे घर तक चढ़ आयी? जूते को बढ़ावा दो, तो वह छतरी बनकर सिर पर चढ़ जाता है, देख रहा हूँ, यह महज कहावत नहीं है, सच्ची बात है।"

अब झालो लालटेन लेकर अकेली ही निकल पड़ी। उस प्रान्तर में जो प्रवाद प्रचलित था, उसकी भी उसने परवाह नहीं की। अतः उसके साथ दो-चार मर्द भी हो लिए।

झालो आर्त स्वर में आवाज देने लगी, "ए-त-वा! बोलता काहे नाहीं? तू कहाँ छे एतवा?"

लालटेन ऊँचा किए, उसने चाँदनी का धुँधलका भेदकर, दूर तक देखने की कोशिश की। यूँ कोशिश करते-करते उसी की नज़र पड़ी। उसी अस्थिर और प्यासी चट्टान के नीचे सफेद-सफेद-सी कोई चीज चमक रही थी। मर्द तो प्रेत-भय से भाग खड़े हुए, मगर झालो हनहनाती हुई आगे बढ़ी और टीले पर चढ़ गई। उसकी आर्त हाहाकार, उस क्षेत्र में सोए हुए प्रत्येक मोनोलिथ की नींद चीरते हुए, उन सबकी आँखों में कौतूहल भर गई। अगर वे सब मोनोलिथ धरती से गुँथे हुए न होते, तो वे सब भी दौड़ आते और भारतीय दंड धारा 299 के मुताबिक 'कल्पेबल होमीसाइड, एमाउंटिंग टु मर्डर' का यह केस अपनी आँखों से देखती।

एतवा पढ़ना चाहता था। इसलिए किसी ने उसकी लिखने वाली उँगलियाँ, तर्जनी और अँगूठा काट डाला था। बेभाव खून बह जाने की वजह से, उसने दम तोड़ दिया था।

पुलिस केस! कुन्दन ने ही अपराधी की गिरफ्तारी में सबसे ज्यादा दिलचस्पी दिखाई। अज्ञात कारणवश कोई अनजान आततायी ने...छान-बीन जारी है, वगैरह-वगैरह!

झालो रोयी नहीं, वह गुम मार गई। श्मशान से लौटने के बाद, वह अपने बाल-बच्चों को बटोरकर, पहले गंजू टोला चली आई। वहाँ से वह फिर श्मशान पहुँच गई। उसके हाव-भाव-आचरण बेहद असंलग्न! वहाँ से वह फिर गाँव लौट आई।

उसकी अस्वाभाविक चाल-ढाल देखकर, जिज्ञासु गंजू मर्द-औरत-लड़के-लड़कियाँ, उससे कुछ फासला रखकर, उसके पीछे-पीछे चलते रहे। एतवा की मौत की वजह से समूचे गाँव में बिल्कुल और ही परिवेश रच गया था। एक अदद अस्वाभाविक मौत, और-और अस्वाभाविक 'सोशल' और 'ऐंटी-सोशल कंडक्ट एक्टिवेट' कर गई। मिश्र घराने के पाइक-प्यादे भी नपुंसक दर्शक बने देखते रहे। झालो अपनी लाल-लाल सुर्ख आँखें और विकराल चेहरे समेत कुन्दन के मकान के कचहरी-कमरे में दाखिल हुई और मुट्ठी भर राख कुन्दन के चेहरे पर दे मारा।

"ले, तोरे बेटे की राख है। बेटे को मारकर, नंग-धड़ंग होकर दायी की गोद में नहा लिया और अब गद्दी पर बैठा है? सिर नहीं मुड़ाएगा? शुद्ध नहीं मानेगा? खैर, मत कर। हम तोका निरवंस कर दूँगी! तू निरवंस हो जावेगा।"

गंजू लड़के की चिता की राख से ब्राह्मण का घर अपवित्र करके, वह हनहनाती हुई वापस लौट गई।

जाते-जाते उसने पलटकर कहा, "निरवंस हो जावेगा तू। तोका कोढ़ फूटेगा। तू सड़-सड़कर मरेगा। अपने बेटे को खाकर, तूने गऊ का खून पीया है।"

इसके 'रिपर्कशन' में कुन्दन ने 'फर्दर' कोई प्रतिशोध नहीं लिया और हनुमान मिश्र ने घोषणा की, वह मोनोलिथ अब थिर हो जाएगा। अछूत जात के निष्पाप बालक का रक्त, शुद्धतम रक्त होता है। इससे मोनोलिथ या मानव-रचित प्रतिमा या सेतु में बँधने को अनिच्छुक नदी—सबकी सब तृप्त और शांत हो जाती हैं। लेकिन पत्थर को खून पिलाना सही नहीं है। एक बार स्वाद मिल जाने पर, पत्थर भी बाघ की तरह ही बार-बार इन्सान का खून पीना चाहते हैं। वे खून जुटाते हैं। बाघ 'पाउन्स' कर सकता है। पत्थर इन्सान को तपा-तपाकर अपना काम हासिल कर लेता है।

चूँकि ढुढार और टाहाड़ की ये दोनों घटनाएँ ही समय के करेंट में फेंके गए 'डाइनामाइट चार्जर' थे, इसलिए समय के निम्नस्तर पर, अनगिनत 'क्रॉस-करेंट' बहती रहीं। चूँकि सत्तर का दशक आ पहुँचा था। और वह अब तीन साल का हो चुका था। इसलिए विभिन्न घटनावली भी नए-नए रूपों में विभासित और विकसित होती रहीं।

बूरुडीहा के पार जंगल! जंगल के पूर्व में केनान्द्रा गाँव और पहाड़! हर दिवाली में आदिवासी लोग अपनी निःशेषित, मरी हुई सत्ता समेत प्रेत खदेड़ने का उत्सव मनाते थे। उस दिन कोनान्द्रा पहाड़ की प्रशस्त चट्टान पर मेला लगता था। आदिवासी अपने साथ, प्रेत-प्रतिभू ध्वजाएँ भी लाते थे। उन्हें पत्थरों की दरारों में खौंस देते थे। उसके बाद, एक सूअर-शिशु को पुआल की रस्सी में बाँधकर, क्षेत्रपाल देवता और सूर्यदेव को अर्पित करने के बाद, वे लोग पहाड़ के किनारे दौड़ जाते थे। नीचे, काफी नीचे एक विशाल चट्टान! माने कछुए की पीठ! वह चट्टान पूरे वर्ष चट्टान ही रहती थी, लेकिन उस सुबह क्षेत्रपाल देव और सूर्यदेव का प्रतिभू बन जाती थी।

प्रतिभु बनकर, वह चट्टान बलि ग्रहण करती थी।

सन् तिहत्तर में उन जगहों और वहाँ के जनजीवन में पुलिस घुस आई और उग्रपंथी फरार लोगों की तलाश में गाँव के गाँव तहस-नहस करती रही। लगातार चलता रहा। चलता ही रहा 'कॉम्बिग ऑपरेशन'। इसकी अनेक वजहें थीं। सन् सत्तर-इकहत्तर की सुविधा लेते हुए, जोतदार, महाजनों के अत्याचार चरम पर पहुँच गए। प्रशासन की निगाहों में जोतदार-महाजन ही अतिशय अत्याचार और जुल्म के शिकार थे। 'आर्गुमेंट?' क्यों? उग्रवादियों का 'टार्गेट' क्या जोतदार-महाजनी कारोबार नहीं है? यह तर्क बेहद विश्वास योग्य था।

इसलिए पुलिस ने जोतदार और महाजन की 'हेवी' मदद की। जोतदार-महाजन अत्याचार पर अत्याचार करते रहेंगे। वे लोग बैठ-बेगारी लेंगे, दिवालिया बनाकर छोड़ देंगे। आदिवासियों की जिंदगी में यह कोई नई बात नहीं है। यह सब वे लोग सही और प्रचलित प्राप्य के तौर पर क़बूल कर लेते हैं। लेकिन सन् सत्तर-इकहत्तर में अत्याचार और शोषण हद से ज्यादा बढ़ गया। इसलिए 'स्पोरेडिकली' जोतदार-महाजन बेभाव काटे जाते रहे; बंदूकबाज़ों की बंदूकें छिनती रहीं और बंदूक छिनताई के साथ नक्सल लोगों को नहीं जोड़ा जाता था, क्योंकि छिनताई पार्टी बहुत बार बंदूक तोड़कर टुकड़े-टुकड़े करके, वहीं फेंक जाती थी। इसलिए खबरिया लोग दुःखी हो गए। यह कैसा जंगली उजबकपन है? बंदूक क्यों तोड़ डाला? बंदूक की 'सेलिंग वैल्यू' काफी ऊँची है। दुबारा 'कॉम्बिंग' का दौर! धीरे-धीरे चारों तरफ की 'स्पोरेडिक' घटना-समूह, बूरुडीहा के आस-पास की आदिवासी मानसिकता को ग़ज़ब की उपलब्धि हुई। यह बात उनकी समझ में आ गई कि जोतदार और महाजनों का भी गला तराशा जाए, तो वह मर जाता है। डर जाता है!

वे बोलने लगे! गोपन में अंधकार की भाषा में बतियाने लगे। उन दिनों मन के 'बैकग्राउंड' में बूढ़े-बूढ़ियों की जुबानी सुना हुआ, कोल विद्रोह, खखार विद्रोह, हूल, उलगुलानी, विरसा मुंडा की कहानियाँ मानों सच हो उठीं। 'रिजल्ट'—गोलबदन साहू!

गोलबदन साहू बड़ा महाजन! केनान्द्रा के आस-पास की तमाम भूसम्पत्ति पर, वह पूरे साल भर तक 'बॉन्डेड लेबर'...बँधुआ मजदूर द्वारा खेती कराता था, लेकिन इस वजह से उसे मौत नहीं हुई।

अब, सन् 1973 के अगहन में वह अचानक भालातोड़ थाना और रामगढ़ आर्मी कैम्प की सहायता से, केनान्द्रा में एक पुलिस और फौज चौकी खोलने का 'ऑफर' दे बैठा।' शुरू-शुरू में 'बॉन्डेड लेबर' यह जान ही नहीं पाए कि वे लोग जंगल काटकर, साफ क्यों कर रहे हैं, घर-पर-घर क्यों खड़े कर रहे हैं, सड़कें क्यों बना रहे हैं, कुएँ क्यों खोद रहे हैं।

उसके बाद, थाना-दारोगा और आर्मी अफसर प्रबन्ध-व्यवस्था देखने के लिए

वहाँ की सरज़मीन पर तशरीफ लाए। सबकुछ का मुआयना करने के बाद, वे लोग संतुष्ट हुए और उन लोगों ने जो-जो कहा, किसी पोरम ओरांव ने 'भर्वेटिम रिपोर्ट' पेश किया।

"इंतजाम तो खैर जबर्दस्त है! लेकिन दारू?"

"एक 'बार' खोल दूँ? दारूखाना?"

"अगर एक रंडी-पट्टी खोल देते..."

"इन लोगों की औरतें हैं न! देखिए, सेंटर खोलने में खर्च है..."

"अरे, वह तो उन लोगों की गर्दन दबोचकर, वसूल लूँगा। यहाँ एक 'सेंटर' शुरू हो जाए। तो मुझ जैसे सारे महाजन बच जाएँ। कुछ भी हुआ, तो भालातोड़ थाने के अलावा और कोई उपाय नहीं होता।"

आदिवासी सबकुछ जान-समझ गए। काफी सोच-विचार के बाद, उन लोगों ने कई-कई हाट-बाजार में, गोलबदन के कर्ज़दार कुछेक अन्य ग्रामवासियों से बातचीत की। यह तय हुआ कि अगले दिन वे लोग गोलबदन साहू को दावत पर बुलायेंगे।

निमंत्रण पाकर गोलबदन को खुशी ही हुई। यानी इससे साफ जाहिर है कि वे लोग कुछ नहीं जानते। यह भी स्पष्ट है कि वे लोग गोलबदन पर विश्वास करते हैं। गोलबदन भी यही चाहता था कि उन लोगों के साथ अच्छा रिश्ता कायम रहे।

उसने हँसकर कहा, "जाऊँगा! जाऊँगा!! मेला और पूजा देखकर, चला आऊँगा। तू लोग नशा-पानी तो करेगा न? जा, उस दिन मैं तू लोग को एक पीपा शराब दूँगा। काठ का पीपा! उसमें सिपाहियों वाली 'रम' होती है। ऐसा माल पीना तुम लोगों को कभी नसीब नहीं हुआ होगा।"

केनान्द्रा पहाड़ के ऊपर, दिवाली की मोहक सुबह, करीब दस बजे, बहुत-से गाँवों की औरत-मर्द-शिशु-बालक-बालिकाएँ-बूढ़े-बूढ़ियाँ, साफ-सुथरे कपड़े पहनकर, प्रेत-निशानी ध्वजा लेकर आ पहुँचने थे। बेतहाशा शराब पीते थे, भीषण संकल्प के साथ, सख्त चेहरा बनाए, सूर्य की तरफ उछालें मार-मारकर नाचते थे, तमाम ध्वजाएँ 'स्पेशल' हिंस्र कोप से लहराती रहती थीं। उसके बाद किसी विशेष पत्थर पर भावविभोर बेसुधी और बलि बच रहती थी।

भयंकर खौफ होता था!

कोई एक जीर्ण-शीर्ण बूढ़ा खड़ा-खड़ा, बाँहें उठाये खामोशी से झूम रहा था।

गोलबदन साहू ने कहा, "ले, बाबा, मैं आ गया। पूजा देख आया। अब तो तू लोग सूअर की बलि देगा न? चल, वह नहीं देखा, तो ख़ास बात नहीं।"

कर्ज़दार लोग 'आर्मी रम' पीकर मदहोश हो गए और मारे पुलक के एक-दूसरे के सटे-सटे करीब आते रहे, मगर जुबान बिल्कुल खामोश! उन लोगों ने गोलबदन को 'कॉर्डन' कर लिया।

"चल, ज़रा परे हट...।"

गोलबदन की बात पूरी नहीं हो पाई। उस ग्राम-प्रधान को मानो आकाश से कोई निर्देश मिला। वह एकदम से चीख उठा–'राहो! राहो! रा–हो' और चट्टान से नीचे उतर आया। अचकचाए हुए गोलबदन को सबने दबोच लिया और उसे नंगा कर डाला। पुआल की डोरी से उसे कसकर बाँध दिया। उसके सिर पर शराब उँड़ेल दी और माथे पर सिन्दूर का टीका लगा दिया। उसे शून्य की तरफ उठाये-उठाये, पहाड़ के बिल्कुल छोर पर चले आए।

गाँव-प्रधान ने चीखकर कहा, "हे सूर्यदेव! हे क्षेत्रपाल! इस बार बड़ी बलि लाया हूँ, हे, बहुत बड़ी बलि।"

उन लोगों ने गोलबदन को सूर्य की दिशा में उछाल दिया। नीचे का पत्थर साग्रह उसे अपनी गोद में लेने की प्रतीक्षा करने लगा। भयंकर आवाज! सबने झुककर नीचे झाँका। गोलबदन का नौकर भाग खड़ा हुआ।

जिस आर्मी और पुलिस के बारे में आदिवासी लोग आशंकित थे कि वे लोग उनकी जिन्दगी में घुस आएँगे, वही आर्मी, वही पुलिस, पहान और छः अन्य लोग गोलबदन को ऊपर लाये। क़ातिल की खोज में गाँव के गाँव खोद डाले गए, बस्ती-घर रौंद डाले गए, डुगडुगी पिटवायी गई, जवान औरतों को रंडी बनाकर छोड़ दिया गया।

सात ओरांव भाग खड़े हुए! भागते रहे! भागते रहे। केनान्द्रा के आस-पास का जंगल ही, उन लोगों को सबसे ज्यादा सुरक्षित जगह लगी।

पहान ने कहा, "पानी यहाँ है। चल, खोज लेंगे।"

"कहाँ?"

"जंगल के अन्दर–"

जंगल में ही कहाँ तालाब मौजूद है, यह जानकर, वे लोग दौड़ते रहे और अँधेरे में कुलकुल की आवाज़ सुनकर, समझ गए कि कहीं आस-पास ही झरना मौजूद है। पानी तक पहुँचकर, वे लोग नीचे मुझे और हहाकर पानी पीने में जुट गये। तभी उन्हें कहीं क्षुब्ध फूत्कार सुनायी पड़ी। उन लोगों ने सिर उठाकर देखा कि एक अदद हाथी, पानी पीने में तल्लीन है।

हाथी! हाथी!

भयंकर दहशत के मारे, वे लोग बिना पानी पीये ही उठ खड़े हुए!

तभी उन्हें आवाज़ सुनाई दी, "डरो मत! हाथी कुछ नहीं करेगा जगमोहन, ई लोग भी पानी पीयेंगे, ज़रा, हट जाओ, भइये!"

मानव-कंठ सुनकर, भगोड़े लोग और भी ज्यादा डर गए और हाँफते-काँपते पानी से उठकर, बेभाव दौड़ पड़े। बुलाकी काफी ताज्जुब में पड़ गया। उसने जगमोहन को शांत किया और सोचने लगा कि माज़रा क्या है! रात घनी हो आई हो, तो आदिवासी लोग जंगल की राह 'शॉर्ट कट' तो मार सकते हैं, लेकिन उन लोगों के हाथ में लालटेन, जुबान पर बातचीत होती है या फिर वे लोग गाते-वाते रहते हैं। लेकिन, ये लोग

इतने चुपके-चुपके क्यों आए और उसकी आवाज़ सुनकर इतना डर क्यों गए?

सुबह होते ही बुलाकी पेड़ पर चढ़ गया और दूर बूरुडीहा गाँव के शिव-मंदिर का पताका देखकर, उसने तय किया कि अब वह उधर का ही रुख करेगा।

लेकिन सुबह-सुबह ही उसकी नजर पुलिस पर पड़ गई। जंगल में पुलिस देखकर वह घबड़ा गया और पुलिस भी उसे देखकर घबड़ा गई।

"तुम कौन हो?"

"बनारस के महन्त का महावत! यह हाथी भी महन्त महाराज का है।"

"सरकारी जंगल में क्यों घुसे हो?"

"मुझे नहीं पता था, हजूर!"

"तुमने इधर सात ओरांव लोगों को देखा है?"

बुलाकी के मन में विपत्ति का संकेत। वह समझ गया, वह मुसीबत में है।

"ना, हजूर!"

"सच कह रहा है?"

"सच कहत हूँ, हजूर! महन्त जी का हाथी लैकर, हम तो कित्तने ही दिनों से वन-जंगल में घूम रहा हूँ। सब जानत हैं, ई बात! हम झूठ काहे बोलूँगा?"

"निकल जाओ! फूटो इस जंगल से!"

बुलाकी डर गया और "कोमांडी, कोमांडी जगमोहन" कहते हुए, वह बूरुडीहा को भी पीछे छोड़कर, आगे बढ़ गया। इस तरह वह तीसरे 'सिग्निफाइड' घटना के घेरे में आ गया। वह और जगमोहन! इसी तरह इन्सान-रचित पुलिस और फ़रार लोगों की घटना को भी पीछे छोड़कर, वह किसी अन्य 'डेस्टिनेशन' के लिए रवाना हो गया। बूरुडीहा और जगमोहन का सम्पर्क इस बार भी नहीं घटा।

सात अदद ओरांव भागते रहे! भागते रहे! पाँच दिन बाद, भूख-प्यास से व्याकुल, प्रताड़ित ये लोग, शाम होते-होते बूरुडीहा की तरफ आ पड़े। वे लोग मारे दहशत के बेजान हो आए और रात होते ही, गाँव में घुसकर, वे पानी की तलाश करते रहे। चूँकि लाला लोगों के साथ गोलबदन की दीर्घकालीन दुश्मनी थी और क़ानून के दीर्घ-मीयादी मुकदमे चल रहे थे, इसलिए उन फ़रार लोगों को, बूरुडीहा सुरक्षित लगा। उन लोगों ने सोमरा गंजू को आवाज़ दी और पानी माँगा। सोमरा ने कलसी पर एक लात जमाकर देखा। कलसी खाली थी।

उसने कहा, "डोरी और कलसी लेकर चलता हूँ। चल, चल, देता हूँ; देता हूँ पानी।"

वह उन भगोड़ों को हनुमान मिश्र के शिव मंदिर के सामने ले आया।

लेकिन पहान डरी हुई आवाज़ में चीख उठा, "अरे, ई तो देवता का कुआँ है। हम इसे हाथ नहीं लगाऊँगा।"

"चुप! चुप!"

"नहीं, तू पानी ला दे।"

"अरे, हम तो गंजू हूँ।"

"हम भी नहीं छूँएँगे।"

"अरे, तो पानी चोरी से पी ले! डरने की क्या बात है?"

"ना—"

बातचीत सुनकर मिश्र जी बाहर निकल आए। उन्होंने उन लोगों को बुलाया, बैठने को कहा। अपने हाथ से कुएँ से पानी निकाला। उन लोगों की छाया से बचते-बचाते, उनकी अंजुरियों में पानी उँड़ेलकर पिलाया।

"जा, रात को जंगल में छिपे रहो तुम लोग!" भोर होते ही भाग जाना—उन्होंने ही सलाह दी।

इधर रात को ही उन्होंने पुलिस की 'इमरजेंसी पोस्ट' को ख़बर दे दी, "खूब खींचकर पानी पीया है सबने। जरूर बेख़बर सो रहे होंगे।"

देवता की बात झूठ नहीं पड़ी। वे सातों के सातों फरार पकड़े गए। हनुमान मिश्र की लाख कोशिशों के बावजूद, सोमरा को उनके साथ नहीं जोड़ा जा सका। लेकिन अछूत होकर उसने मंदिर के कुएँ का पानी चोरी करने का इरादा किया, इस बात पर दारोगा ने सोमरा की तीव्र भर्त्सना की!

उसके बाद, माघ का महीना आ पहुँचा। सोमरा ने शिवरात्रि का प्रसाद लेने से इनकार कर दिया और महुआ चढ़ाकर उसने चीख-चीखकर कहा, "ब्राह्मण बनते हैं! देवता हैं! उन लोगन ने क्या मंदिर में शरण ली थी? सबको पकड़वा दिया? यह देवता का काम है?"

उसकी ये बातें हनुमान मिश्र के कानों तक भी पहुँचीं। वे मन ही मन गुस्से से उबलते रहे।

उन्होंने लाला लोगों से कहा, "छोटी जात की ज़मीन है, वह भी मंदिर की बगल में! उसके हाथ में अदालत का कागज़ है। जब तक वहाँ से वह उठ नहीं जाता, मुझे चैन नहीं पड़ेगा।"

लाला लोग निरुपाय थे। उन लोगों ने अपनी माँ को वचन दिया था।

वैसे 'जरूरी अवस्था' यानी आपात्काल का समय ही भला था। उस वक्त सोमरा को लात मारकर निकाला जा सकता था। लेकिन साल भर से भी ज्यादा यह समय, उन्हें रामगढ़ और राँची में ही गुजारना पड़ा, क्योंकि उन्हें आर्मी में ठेकेदारी का काम मिल गया था। आपात्काल गुज़र गया। भारत के मुक्ति-सूर्य को राजनारायण होम-कनुस्टिटुएंसी में, लात मारकर उछाल फेंका। हनुमान मिश्र के सिर पर से हाथ, पाँवों तले से ज़मीन खिसक गई। नई सरकार आ गई। पुराने प्रशासनिक लोग-बाग पहले कुछ दिनों तक समझ ही नहीं पाए कि हुआ क्या! लेकिन अचानक सभी लोग एकदम से घबड़ा गए, क्योंकि जिला के कमिश्नर, मजिस्ट्रेट से लेकर भालातोड़ थाने

का ओ सी तक की अचानक बदली होने लगी। इस क़िस्म के सामूहिक ट्रांसफर में थाना, बीडी ओ दफ्तर, कृषि-दफ्तर—सभी विभागों के लोग अजब आफ़त में फँस गए। ब्रजभूषण छत्री तक घबड़ा गए, क्योंकि अचानक चुन-चुनकर तपशीली जाति के लोग, इस बेल्ट में आने लगे।

स्कूल-इंस्पेक्टर, ब्रजभूषण से कह गए, "आदिवासी और तपशीली बेल्ट में अगर आदिवासी और तपशीली बच्चे ही स्कूल न आएँ, तो स्कूल का 'पर्पस' ही बेकार हो जाता है। सरकार ऐसे स्कूल नहीं रखेगी। समझे?"

"और हमारे बच्चे?"

"भई आप ठहरे सुपरमैन! तीन-तीन गाँवों में तीन-तीन बीवियाँ रख छोड़ी हैं! ग्यारह बेटे और पाँच बेटियाँ हैं। आपके बेटे-बेटी तो पढ़ेंगे ही! लेकिन इस वजह से लोअर कास्ट ट्राइबल बच्चों के नाम क्या स्कूल रोल में शामिल नहीं हो सकते?"

"यह आप क्या कह रहे हैं?"

"हाँ, अगर यह बात आपको पसन्द न आए तो सरकार से कहकर 'अपर कास्ट' के लिए स्कूल बनवा लें। मेरे अंडर में जितने भी स्कूल हैं, वहाँ मैं उनके नाम देखना चाहता हूँ, वर्ना मेरी नौकरी चली जाएगी। आपके लिए क्या मैं अपनी नौकरी से हाथ धो बैठूँ?"

"अगर वे चाहें, तो स्कूल आ ही सकते हैं।"

"आप और आपके देवता के मौजूद रहते? एतवा गंजू की बात आपलोग भूल गए?"

"लो, देखो, इसमें हमको तो ना फँसायें।"

"मुझे जो कहना था, मैंने कह दिया। आपका ढेरों फल-दूध-घी खाया है, इसलिए आपके भले के लिए पहले ही आगाह कर दिया।"

"आप भी बदली हो रहे हैं?"

"होने में कितनी देर लगेगी? अब नए एम.एल.ए, नए-नए एम.पी. आ गए हैं। इन लोगों से जान-पहचान बढ़ाने का समय ही दिया जाता। खच्चड़पन हो गया—"

"फिर, अब क्या हो?"

"आएँगे! सब लाइन पर आ जाएँगे। लेकिन वक्त तो लगेगा! जनता की हालत बेहतर करना है—यह झख कुछ दिनों में गुजर जाए, उसके बाद समझ-बूझकर लाइन में लग जाऊँगा। लेकिन आपका भालातोड़ थाना, यानी आपकी ससुराल तो हाथ से गई। सबके सब नए आदमी! पू-रा खच्चड़पन है।"

"और ऑफिसर?"

"जो कोई भी हों! थाने का अफसर जब सालों के फलों का नज़राना वापस कर दे, तो समझ ले कि लक्षण बहुत बुरा है। ब-होत बुरा!"

धीरे-धीरे सारा कुछ बेहद डाँवाडोल हो आया। यहाँ तक कि मिश्र जी के

फल-बागीचों पर बकया ख़ज़ाना बैठ गया। बूरुडीहा के गंजुओं को सड़क बनाने के काम में 'लेबर' लिया जाए। इस बात पर बीडीओ ने काफी दबाव डाला। नतीज़ा यह हुआ कि गंजुओं के मन में बेवजह भरोसा जाग उठा। अब उनका भी राज आखिर आ ही गया।''

ऐसे में हनुमान मिश्र का भी दिमाग बेतरह बिगड़ गया। अब वे डबल 'फैनाटिक' हो उठे और उन्होंने 'डिक्लेयर' किया, ''जो कुछ भी हो रहा है, सब झूठ है। सब कलियुग का खेल है। उन्होंने ईश्वर की सेवा अगर शुद्ध-आचार से की है, तो सत्य की जय होगी।''

इतना कहने के बाद, उन्होंने फिर एक जुमला जोड़ दिया, ''सोमरा को वह ज़मीन छोड़ना ही होगी। मंदिर के दायरे में किसी गंजू की झोपड़ी नहीं हो सकती।''

सोमरा बेतरह घबड़ा गई और वह बीडीओ बाबू के पास जा पहुँची। नया बीडी छोकरा अफसर!

उसने सोमरा का केस सुनकर कहा, ''देखो, तुम्हारे पास पूरे-पूरे कागज-पत्तर मौजूद हों, तो किसकी मजाल, जो तुम्हें उठा दे?''

''मिश्र जी—''

''नहीं, नहीं! वे तो महात्मा हैं।''

''फिर उन्हें मोरी ज़मीन पर इतना गुस्सा काहे है?''

''अरे, गुस्सा होने से ही क्या ज़मीन छिन जाती है?''

''अगर...''

''अगर, क्या?''

''अगर वे बेड़ा उखाड़कर, ज़मीन छीन लें, तो?''

''तो अदालत जाना—''

सोमरा की छाती पर उड़ती हुई परी का गोदना छपा हो, तो भी क्या? उसका 'कॉमनसेंस' तो इस धरती का ही जागा था!

उसने पूछा, ''गंजू लोग मामला-मुकदमा कर सकते हैं?''

बीडी उसके केस में दिलचस्पी लेने लगे।

उसने पूछा, ''तुम्हारी ही बात सच है, इसका क्या सबूत है?''

बाद में, बूरुडीहा के लेबर-दाता, गंजू लोग अपना-अपना काम छोड़कर, बीड़ी सुलगाते हुए, करीब आ बैठे और काफी विस्तार से वह बात समझायी, ''बात यह है कि मिश्रजी काफी सालों से सोमरा की ज़मीन हथियाने के चक्कर में हैं। ख़रीदना नहीं चाहते, बस, हड़प लेना चाहते हैं।''

''सच बात, हजूर!''

सोमरा के केस की ट्राइबल अफसर को जानकारी दी गई। गंजू भी एक 'ट्राइब' है!

अफसर ने कहा, "मैं थाने में बोल दूँगा। अगर कोई अन्याय हुआ, तो तुम्हें न्याय मिलेगा।"

थाना अफसर ने कहा, "न्याय जरूर मिलेगा। जोर-ज़बर्दस्ती ज़मीन दखल की तो सब—पोलिस मैटर है! आजकल सरकार बेहद सख्त है। हरिजन के मामले में... तुम क्या हरिजन हो?"

"हाँ, हुजूर!"

"तुम तो ट्राइबल हो न?"

"हाँ, हुजूर!"

"जात के गंजू हो न?"

"हाँ, हुजूर!"

"अरे...!"

"काहे नहीं, हुजूर! हम गंजू हूँ! सब जानत हैं, गंजू जात के अछूत होत हैं। जेका कोउ नाहीं छूता, वह जदी हरिजन होवे, तो हम गंजू भी हूँ और हरिजन भी! ऊ जो मूँछवाले अफसर हैं न, 'टाइबल' अफसर, ऊ बोले, गंजू लोगन का नाम उनके 'रेकड' में है। तब सोचिए, हम 'टाइब' भी भये या नाहीं?"

"उफ! क्या अजब मामला है।"

"हम का करें, हजूर! देवता जी भड़क गए हैं। आँख दिखाते हैं और हमका नचाय रहे हैं। अरे, वो तो 'धुनची' नाच दिखाय रहे हैं अउर कह रहे हैं कि सात दिन में धरमराज कायम हुई जावेगा। ऊ हमार ज़मीन ले लेवेंगे।"

"अरे, बस, कहने भर से हो गया? ले सकते हैं भला? अदालत नहीं है?"

"केस, मामला, गंजू लोग नाहीं करते, हजूर!"

"सरकार तुम लोगों को वकील देगी।"

"आंय?"

"वकील! वकील! मामलादार!"

"तब तो कउनो डर नाहीं, हुजूर?"

"नहीं!"

"देवता को देखते ही डर जाग जात है! वो तो हर बखत शिव जी का नाम रटते रहत हैं।"

"हाँ, सो तो रटेंगे ही—"

"आपको नाहीं, पता, हजूर! देवता जी का एक चचेरा भाई है, कुन्दन! ऊ अपने गंजू बेटे, एतवा को..."

"पता है! पता है! जो तुम्हारे इख्तियार में नहीं है, उस बारे में बकबक मत करो। पुलिस, थाना, अफसर आखिर किस लिए हैं?"

सोमरा की जुबान पर जवाब आया—घूस खाने को और गरीब लोगन को

जूतम-पजार करने को—मगर वह रुक गया। उसने ऐसा कोई जवाब नहीं दिया।

उसने सिर्फ इतना ही पूछा, "देवता हमार ज़मीन नाहीं लेंगे न, साहेब?"

"ना! ना!! ना!!!"

इसके बाद, सोमरा टाहाड़ चला आया। अपनी बेटी के घर! उसका दामाद, गंजू बिरादरी में इलमदार नौजवान! स्थानीय जनता एम.एल.ए. से उसकी अच्छी-खासी जान-पहचान थी। उसे भालातोड़ में किसी ठेकेदार के माल की पहरेदारी का काम मिल गया था।

उसने अपने ससुर का केस ध्यान से सुना।

उसने कहा, "देखिए, मेरा घर टाहाड़ में है। वह ज़मीन लेकर, मेरा कोई मोटा फ़ायदा नहीं होने वाला! लेकिन फिर भी आपके हक़ की ज़मीन मैं किसी बाम्हन-वाभन को नहीं लेने दूँगा। इतने दिनों बाम्हनों का खेल खूब चला। अब जनता राज है और जनता राज ने कहा है कि वह हमारा सवाल भी सुनेगा।"

वहाँ का एम.एल.ए खुद भी तपशीली था।

उसने भी सारा केस ध्यान से सुना और सोमरा से कहा, "देखो, पहले वह मेरी जान ले, फिर तुम्हारी ज़मीन! वह अचंल मिश्र के शिकंजे से छुड़ाना होगा। सिर्फ क्या तुम ही...? ऐसे सैकड़ों गंजू हैं, जो..."

एम.एल.ए साहब ने इस बहाने, सोमरा को ही लम्बा-चौड़ा, गर्मागर्म भाषण दे डाला और उसे आश्वस्त करके वापस भेज दिया। उनकी बातें सुनकर, सोमरा के सीने पर आँकी हुई परी के पंखों में मानों ताजा हवा लगी। वह अपने घर लौट आया।

एम.एल.ए. सहब अभी भी काफी उत्साहित थे। इसलिए वे जनश्रुति पर निर्भर करते हुए, झुझार के बालकृष्ण मास्टर की मौत और टाहाड़ के एतवा की मौत—दोनों को जोड़कर देख रहे थे। इसका जवाब था—गोलबदन साहू की मौत!

एम.एल.ए. साहब खुद एक बार उस अंचल की सैर पर चल पड़े और सैर के दौरान ही, जीप पर झट् से बूरुडीहा का भी एक चक्कर लगाकर, हनुमान मिश्र को भी देख आए। ऋषि प्रतिम! सफाचट सिर! बलिष्ठकाय मिश्र जी को देखकर, उन्हें अहसास हुआ, वे अन्दर ही अन्दर कहीं डर गए हैं। इसलिए, हाट में इकट्ठी जनता के सामने, गला खँखारकर, उन्होंने अपना भाषण शुरू किया और अस्पृश्य, तपशीली और आदिवासियों के बारे में, वर्तमान सरकार की नीतियों की व्याख्या की और जनता को भरोसा भी दिया। उनका तो मन हुआ कि वे सोमरा की ज़मीन पर जाकर खड़े हो जाएँ और कहें कि सरकार अब गंजू या दुसाध या रविदास पर किए गए अत्याचारों के लिए किसी को माफ नहीं करेगी।

उनका मन हुआ कि वे सोमरा को आश्वस्त कर दें कि तुम्हारी ज़मीन कोई नहीं ले सकता। तुम निश्चिन्त रहो।

मंदिर के अहाते में खड़े-खड़े, हनुमान मिश्र ने सारी बातें सुनीं।

धीरे-धीरे अक्तूबर का महीना आ पहुँचा! सन् सतहत्तर का अक्तूबर! इस साल, अगहन की शुरुआत में अचानक खूब बारिश हो चुकी थी। इसलिए अभी से हवा में बर्फीली ठंडक घुलीमिली थी। सोमरा को इस बार अच्छे भुट्टे मिल गए थे। भुट्टे के दाने उसने बोरे में भरकर रख दिए थे। इधर बहुत दिनों से देवता की तरफ से कोई उत्पात नहीं छिड़ा था। एक शाम, घर लौटकर, सोमरा ने घाटो खाया और सोने के लिए मचान पर बोरा भी बिछा आया। उसके बाद वह दरवाजे पर आ बैठा, और एक बीड़ी सुलगा ली।

''सोमरा!''

''सोमरा ने चौंककर सिर उठाया! सामने, झुटपुटे अँधेरे में मिश्र जी खड़े थे।

''देवता, आप! गोड़ लागी, देवता!''

ज़मीन पर ही प्रणाम ठोंककर, सोमरा उठ खड़ा हुआ! इस वक्त देवता का चेहरा उसे काफी अपरिचित लगा। उनकी आवाज़ में भी दीन अनुनय!

''तू मुझे वह ज़मीन दे दे, सोमरा! देवता के नाम पर, मैं तुझसे माँग रहा हूँ!''

''देवता!''

''मैं देवता नहीं हूँ, सोमरा! मैं मामूली इन्सान हूँ! देवता होता, तो बागीचे पर ख़ज़ाना लगता? ठेकेदारी छूट जाती? बेटी विधवा हो जाती?''

''मैं क्या करूँ, देवता?''

''कहा न, मैं देवता नहीं हूँ, वह जो मंदिर में विराजमान हैं, वही देवता हैं! मैं उनके नाम पर तुझसे याचना नहीं करता हूँ। वह ज़मीन तू मुझे दे दे। मेरी इज्जत बचा ले!''

''आपकी इज्जत? मैं बचाऊँ?''

''दे दे, मुझे दे दे!''

''हम क्या खाऊँगा?''

''मैं तुझे रोज प्रसाद भेज दिया करूँगा। तेरा नाम अमर हो जाएगा! लोग तेरा नाम लेंगे।''

''हम? हम कुछ नहीं कह सकते! हमका अपने दामाद से पूछे पड़ी...''

''नहीं देगा?''

सोमरा ने हिम्मत जुटाकर आखिर कह ही डाला, ''हम ज़मीन दे दिए, तो और-और गंजू मोका मारेंगे। मारेंगे ही नहीं, मार डालेंगे। एतवा को लेकर, सबके मन में अभी तक दाग गहरा है। आप तो सब जानत थे। तब भी कुछ नाहीं बोले। मंदिर में जो बात आप उठाए...बिचारी माँ का दुलारा...दुधमुँहा बच्चा...उसे जान से ही मार डाला...''

हनुमान मिश्र मानों विक्षिप्त हो उठे और बीभत्स आवाज़ में हँस पड़े।

"तू तो यह नहीं मानता न कि मैं दिव्य-आँखों से सबकुछ देख सकता हूँ?"

"हम का जानें, देवता?"

"मुझे सब दिखाई देता है। तुझे यह ज़मीन छोड़कर, यहाँ से भागना पड़ेगा।"

सीने में भयंकर घबड़ाहट लिये, सोमरा सोने चला गया।

इसके कुछ ही दिनों बाद, बुलाकी और जगमोहन, बूरुडीहा के जंगल में दाखिल हुए!

तीन

बुलाकी और जगमोहन जंगल में शाम के वक्त दाखिल हुए! जंगल के पूर्व में बरगद का एक पेड़ है, बुलाकी रास्ते में ही पता कर आया था। जंगल में दाखिल होकर बुलाकी, जगमोहन को लेकर उसी दिशा में चल पड़ा।

जगमोहन अचानक ठिठककर खड़ा हो गया। उसकी समूची देह थर-थर काँपने लगी।

बुलाकी के मन में अजाना भय! यह सब काफी अशुभ था। जगमोहन खड़ा क्यों हो गया? खड़ा भी हो गया, तो काँप क्यों रहा है?

उसने जगमोहन से कहा, "कोमांडी! कोमांडी जगमोहन! मोर भुरकुंडा बेटा! हेहेगड़ा! हेहेगड़ा! मोरे लाल!"

जगमोहन की कँपकँपी थम गई। वह दुबारा चल पड़ा। अन्धकार वन! मानो किसी अलौकिक क्षमता से रास्ता पहचानकर, जगमोहन बरगद के पेड़ के करीब आ खड़ा हुआ। उसके बाद, मिट्टी का लोंदा ढहने जैसा। वह निःशब्द और निःशेष भाव से धम्म से बैठ गया।

बुलाकी ने देखा, दूर रोशनी टिमटिमा रही थी। यानी जंगल का आँचल छीनकर, बनाई गई, वही गंजूटोली की बस्ती!

बुलाकी बरगद के पत्ते तोड़ने लगा। तोड़े हुए पत्ते उसने जगमोहन के सामने रख दिए और खुद गंजू टोली की तरफ चला गया। उसे पानी चाहिए था। थोड़ा-सा पानी!

गंजू टोली के लोग बेतहाशा अवाक् हो उठे।

बूढ़े पारस गंजू ने कहा, "तुम्हें तो मैंने देखा है! रामगढ़ में!"

"ईहाँ पानी कहाँ है? थोड़ा-सा पानी मिलेगा?"

"तो पी लो न!"

"अपने लिए नहीं! हाथी के लिए..."

"हाथी कहाँ है?"

"बरगद के पेड़ तले!"

"अरे, पानी तो वहीं मिलेगा! इस बार अचानक जो बरखा भई, पानी तो वहीं..."

बुलाकी का चेहरा डर से फक् पड़ गया। पानी के इतने पास आकर भी, जगमोहन को पानी का पता कैसे नहीं चला? उस वक्त वह अचानक रुककर काँपने क्यों लगा? बैठते वक्त भी वह जैसे ढह गया हो। वह इस तरह क्यों बैठा?

पारस गंजू ने कहा, "चलो, हम बत्ती लेकर चलता हूँ! तुम्हारी सूरत, डर के मारे फक्क् काहे पड़ गई? चलो। ऊहाँ कउनो डर नाहीं है।"

मिट्टी के कमंडल में बत्ती बिठाकर, पारस आगे-आगे चल पड़ा, पीछे-पीछे बुलाकी!

पारस ने कहा, "वही तो! वह देखो, तुम्हारा हाथी तो पानी के पास पहुँच भी गया। लेकिन...ऊ पानी काहे नाहीं पी रहा है?"

मिट्टी की ढाल! पत्थर के सीने पर पानी! लेकिन जगमोहन स्थिर, अडिग! बुलाकी के सीने पर असहनीय बोझ! उसे साँस लेने में भी तकलीफ हो रही थी।

"जगमोहन! पानी! पानी, जगमोहन! आगे जा, जूजूभातू! जूजूभातू, जगमोहन! कोमांडी! कोमांडी, पानी पी ले, कोमांडी!"

जगमोहन मानों सोच की समाधि से जाग उठा! उसने ज़रा हिल-डुलकर अपना सिर पीछे घुमाया। अपनी सूँड़ बढ़ाकर, सहसा उसने बुलाकी के माथे और कंधे पर प्यार से फेरा और धीरे-धीरे ढह जाने की मुद्रा में बैठ गया। उसके बाद, वहीं लेट गया।

पारस गंजू हाथ में चिराग लिए, असीम कौतूहल से आगे बढ़ा और एकदम से बोल उठा, "तुम्हारा हाथी तो रो रहा है, जी! आँख में आँसू है। सूँड़ के छेद से देह के अन्दर रहने वाला जीव निकला जा रहा है। तुम्हारा हाथी तो मर रहा है।"

पारस की बात, मानो बुलेट हो! बुलाकी समझ गया, उसकी फुसफुस में खून की झाग ही झाग! वह जगमोहन के सिरहाने आ बैठा। उसने जगमोहन के माथे पर अपना सिर रख दिया।

उसके बाद, उसने सिर उठाकर पारस से कहा, "एक दिन दे सकते हो, भइया? पानी लाना है।"

पानी लाकर बुलाकी ने जगमोहन की सूँड़ में डाला। लगातार ढाता गया। सीने के अन्दर बुलाकी की दुनिया टूट-फूटकर, वह टुकड़े-टुकड़े होती रही।

कोमांडी! कोमांडी जगमोहन! कोमांडी! सारंडी! राइ! जूजूभातू! हेहेगड़ा! भुरकुंडा... सुनो। अभी तो कितनी सारी जगहें पड़ी हैं। अभी तो कितनी सारी राहों पर हम चले ही नहीं। जाने कितने स्नेहमय, छायादार बरगद के पत्ते अभी खाये नहीं गये!

जाने कितने सतेज रेनुकुंज की कोमल फुनगियाँ और नरम पत्तियाँ हमारे इन्तजार में हैं! वन के अन्दर-बाहर कितने-कितने कुंड और झरने हैं! आदिवासी शिशु हाथी देखकर तालियाँ बजाते हैं!

जगमोहन सारी राह खत्म क्यों किए दे रहा है? बुलाकी की आँखें आँसुओं से अंधी हो आईं। वह भी धम् से बैठ गया। बीच-बीच में जगमोहन सूँड़ उठाकर, बुलाकी के बदन पर फेरता रहा। खेल ख़त्म, पैसा हज़म, मेरे बुलाकी! तुम्हें मैं अकेला छोड़े जा रहा हूँ! अफसोस! अगर चरणदास न होता, तो तुम और मैं, शायद अपनी-अपनी तरह से, इससे बेहतर या बदतर ज़िन्दगी जीते हुए, हम जिन्दा रहते। लेकिन ऐसा नहीं हुआ! चरणदास जैसे लोग, सबकुछ दखल कर लेते हैं! हर समय! सब समय! चरणदास ने यही समझ लिया था कि मेरा और तुम्हारा विनाश नहीं है। लेकिन हम तो बेतरह विनश्वर हैं। उसने तुम्हें तनख्वाह नहीं दी, मुझे खाना नहीं दिया। इसके बावजूद, उसने हमारी गर्दन पर से अपना पंजा नहीं हटाया। जब हम और तुम जवान थे, तभी से वह बाघ, हमें अपने पंजों में दबोचे, हमारे सर पर सवार रहा। उसके पंजे से आजाद होने के लिए, हमने कितने-कितने झटके दिए, उसे कितना-कितना रौंदा-कुचला! लेकिन चरणदास का पंजा? उस पंजे में मैं अभी भी कैद हूँ। तुम तो खैर रहोगे ही।

चरणदास ने जब हमें पुरी में दाखिल होते हुए देखा, उस वक्त मैं हाथी के नाम का 'एपोलॉजी' था, तुम इन्सान के नाम के! उसने कभी, किसी दिन भी यह नहीं पूछा कि हम क्या खाकर जिन्दा हैं।

हाथी और इन्सान में समानता के कई-कई प्वाइंट्स हैं—पच्चीस में जवानी, पचास में बुढ़ापा! आमतौर पर। एक बार में एक ही शावक का जन्म! इस हिसाब से तुम और मैं 'हैव आउट-लिव्ड आवर टाइम!' अपनी उम्र से ज्यादा जी लिए। लेकिन अगर चरणदास न होता, तो? सिर्फ मैं और तुम ही होते, तो कितना अच्छा होता! मैं जानता हूँ, तुम मुझे बूरुडीहा के जंगल में यूँ मुँह के बल गिरकर, मरने नहीं देते।

लेकिन, चरणदास न होता, तो तुम अपनी तरह इन्सानों की दुनिया में और मैं अपनी तरह अरण्य-जगत में रहता, तो कितना अच्छा होता? ऐसा होता, तो सबसे अच्छा होता। है न? लेकिन चरणदास लोग सबकुछ दखल कर लेते हैं। हर समय! सब समय! किसी भी अभागे, गरीब बुलाकी को वे अपनी तरह जीने नहीं देते। मुझे उसने अरण्यचारी यूथपति नहीं बनने दिया। कोमांडी! कोमांडी! कोमांडी!—यूँ आवाज़ देते हुए, रोना मत! अब चलने के लिए कोई राह नहीं बची! लेकिन, इतने-इतने लोग क्यों हैं यहाँ?

गंजू टोली के सभी लोग आ पहुँचे! कुछ दूर पर खड़े थे। ऐसी बर्फीली रात को, बूरुडीहा के जंगल में वे सब झुंड बनाकर खड़े थे। एक अदद हाथी की मौत

पर, एक अदद इन्सान का शोक, बेहद दुर्लभ और भयंकर दृश्य था। उस दृश्य के पीछे, खून से सना, निर्ममता का जो इतिहास मौजूद है, उसके भारी बोझ से वहाँ का हवा-वाताश भारी हो आया।

जगमोहन के बदन में हल्की-सी हरकत हुई! मिट्टी में पाँव घिसते-घिसते वह उठने की कोशिश कर रहा था। सहसा बुलाकी को समझ में आ गया कि मौत आ पहुँची है। यह जानकर हाथी कोई निर्जन जगह खोजते हैं—यह किंवदन्ती, यह मिथक अब 'रियलिटी' बनने वाली है। उसके शोकविमूढ़, अँधेरे और अशिक्षित मन ने इतनी-सी बात बखूबी समझ ली कि मिथक जब 'रियलिटी' बनने लगे, तो उस अमोघ मुहूर्त में इन्सान को दूर हट जाना चाहिए। वह कुछेक क़दम पीछे हटा और गंजुओं के दल में जाकर खड़ा हो गया।

जगमोहन अशेष कोशिश के बाद उठ खड़ा हुआ और सद्य अंधे की तरह। वह लड़खड़ाते-डगमगाते, चेतना के 'रेडार' के सहारे, वह रास्ता पहचानते हुए, सही-सही दिशा में आगे बढ़ा। भयभीत! विचलित! संत्रस्त जनता, उससे ज़रा फासला रखकर, उसके पीछे-पीछे चल पड़ी।

वन का अंचल खत्म हो गया।

गंजू टोली! सड़क! खेत! जगमोहन ने अपनी सूँड़ हवा में घुमाई। सूँड़ बायीं तरफ घूम गई! अभी और राह! वह सोमरा की जमीन, फनीमनसा का बेड़ा लाँघ गया। कोई भी जंगली हाथी, काँटा-तार या फनीमनसा का बेड़ा, स्वस्थ हालत में पार नहीं करता। बेतला के जंगल में काँटा-तार का बेड़ा देखते ही, जंगली हाथी, अगर वह पागल न हो, खूँटा उखाड़कर, उसे कभी नहीं लाँघता। 'हाइली इंटेलिजेंट ऐंड सेंसिटिव एनीमल!' लेकिन जगमोहन जंगली या पालतू हाथी के डेफीनिशन से बाहर का हाथी था। वह जंगली तो नहीं ही था। और पालतू होते हुए भी उसे वनवासी ही रहना पड़ता। इस वक्त तो वह सब डेफीनिशन से बाहर जाने के लिए ही चलता जा रहा था।

सोमरा की ज़मीन! जगमोहन खड़ा हो गया! लड़खड़ाया! सूँड़ आसमान की तरफ उठाई, दोनों ओर हिलाया। उसके बाद एक आर्त, निष्फल चिंग्घाड़ हवा में छोड़कर, वह हुड़मुड़ मुद्रा में, पहले घुटने टेककर बैठ गया, उसके बाद, एकदम से लेट गया।

जगमोहन की चिंग्घाड़ के बाद की निःशब्दता को चीरकर टुकड़े-टुकड़े करती हुई, बुलाकी की चीत्कार गूँज उठी—ज-ग-मो-ह-न!

भयंकर गड़बड़ी! जनता की चीत्कार! सोमरा विमूढ़ दर्शक! हनुमान मिश्र आगे बढ़ आए। अपने दोनों हाथ शून्य में उठाये हुए, वे आए और मिट्टी पर लेटकर उन्होंने साष्टांग प्रणाम् किया।

जगमोहन? जगमोहन!

रोते हुए बुलाकी को हनुमान मिश्र ने कसकर लात जमाते हुए कहा, "हट जा! हट जा यहाँ से, अविश्वासी कहीं का! खबरदार, उसे छूना मत! आकाश में वह ज्योति देख रहा है?"

जगमोहन? हाथी? नहीं, वह हाथी नहीं है, किसी दिन था भी नहीं! कलिकाल में ब्राह्मण और देवताओं का माहात्म्य लौटा लाने के लिए, दो-दो महापुरुषों ने महज गजरूप धारण किया था—तैलंगस्वामी और काठियाबाबा! एक था शरीर, दूसरा मन! आज अपना काम पूरा करके, वे लोग स्वर्ग लौट गए। यहाँ इस गजरूप का मंदिर बनेगा और जब तक होती-सोती यह दुनिया है, रहेगी, तब तक यह मंदिर देखकर इन्सान मन ही मन महसूस करेगा—

ब्राह्मण जब भी हों भ्रष्ट
तीनों भुवन में श्रेष्ठ
ब्राह्मण जब भी हों नष्ट
तीनों भुवन में श्रेष्ठ!

चार

सुबह होते-होते सैकड़ों-हजारों लोग दाँव-कुल्हाड़ी लेकर आ पहुँचे और जगमोहन के बदन के टुकड़े काट-काटकर, अपने-अपने घर में वेदिका बनाने चल दिए। जो औरतें हर बार मरे हुए बच्चे को जन्म देती थीं, वे लोग ताबीज़ बनाकर पहनने के लिए, जगमोहन के नाखून ले गईं। अंधे और लूलों ने उसका बदन छुआ। कोढ़ियों ने जगमोहन की चर्बी अपने बदन पर मल ली। लाला लोग उसके पुरुषांग का भस्म बनाकर, उसे घी में मिलाकर खा गए।

मंदिर के लिए पूरे रुपए लाला लोग देने को राजी हो गए। सोमरा की ज़मीन पर ही विशाल चिता तैयार की गई और जगमोहन के मांस-चिपके कंकाल को जलाकर ख़ाक कर दिया गया और वह ख़ाक, उसी ज़मीन में गाड़ दी गई। सोमरा की झोंपड़ी भी जलकर राख हो गई।

सोमरा ने काफी दौड़-धूप की! काफी पैदल चला। एम.एल.ए., बी.डी.ओ., ट्राइबल वेलफेयर अफसर, थाना के ओ.सी. तक!

लेकिन कोई राह नहीं निकली। सबने उससे जो कहा या नहीं कहा, उसका सारांश कुछ यूँ था—

हनुमान मिश्र अगर सोमरा की ज़मीन दखल करते, तो वह इन्सान के लिए बनाए गए कानून के दायरे में जरूर आता और सोमरा को न्याय मिलता। चूँकि वह हरिजन था, इसलिए कोई ब्राह्मण उसकी ज़मीन छीन लेगा, यह अन्याय सरकार

हरगिज बर्दाश्त नहीं करती।

जो घटा, वह सब-जूडिस या सब-पुलिस 'मैटर' नहीं था। अलौकिक शक्तियों से भरा, भारत देश! अविश्वासी लोगों को शिक्षा देने के लिए, महापुरुष लोग हर युग में मानवरूप में अवतरित होते रहे हैं। अभी भी साईंबाबा, बालक ब्रह्मचारी, माँ आनन्दमयी, मोहनानन्द वगैरह इंस्टीट्यूशंस मौजूद हैं। महापुरुषों की लीला समझ पाना मुश्किल है। तैलंगस्वामी बेतरह मोटे-ताजे थे। काठिया बाबा बेतरह मरगिल्ले! लेकिन पालामऊ बेल्ट में अविश्वासी लोगों को सबक देने के लिए वे लोग एक हुए और उन लोगों ने गजरूप धारण किया। चरणदास भी महापुरुष थे! इस दुनिया में जगमोहन दो-दो महापुरुषों का पैकिडर्म संस्करण था। महापुरुष अनाहारी होते हैं। जगमोहन को भोजन-पानी देना अन्याय होता, इसलिए हाथी को जिन्दगी भर प्रायः अनाहार रखने का इन्तजाम किया गया था। बुलाकी को भी इसीलिए अनाहार रखा गया। जब स्वयं महापुरुष ही प्रायः अनाहारी हों, तो उसके सेवक को अनाहारी रखना ही धर्म है।

जाहिर था, जगमोहन का मंदिर बन गया, तो पापी जन को ब्राह्मण और देवता की महिमा समझ में आएगी। प्रशासन का कोई भी अफसर इसमें बाधा नहीं दे सकता। भारत की धार्मिक महिमा स्थापित होने वाली है। उसमें वे लोग बाधा नहीं देंगे।

सोमरा ने कहा, "हमनी का का होइहै? ज़मीन तो गेल!"

"तेरी ज़मीन? अरे, तू तो धन्य हो गया, रे।"

सोमरा रोते-रोते लौट आया।

अब धर्म विश्वास के 'होली फायर' से प्रज्वलित चेहरा लिए, दारोगा ने कहा, "अरे, ब्राह्मण तो सबसे बड़ा होता है। ये लोग, ये छोटे और टुच्चे लोग कुच्छ समझते ही नहीं, यह बात भी तो साबित हो गई। सुनने में आया है कि तपशीली के लिए 'जॉब रिजर्वेशन' होगा। इसके बाद भी, अगर ऐसा किया गया, तो आग जल उठेगी। आग! जो सरकार ईश्वर की महिमा, ईश्वर का उद्देश्य, देखकर भी नहीं देखती। वह अगले चुनाव में जरूर हार जाएगी।"

"कौन आएगा?"

"मत पूछिए बी डी बाबू!... जिसके चुनाव से धर्म सलामत रहे, ब्राह्मण सलामत रहे। अछूत फिर पाँवों की जूती बन जावेगा, वे ही आएँगे! यह तो आसान बात है।"

"कब आएगा?"

"यह कउन बता सकत है? जगमोहन को लेकर, ऊ हो गवा दर्पण! अब इस दर्पण में, जो होवेगा, ओकी छाया देखने की कोसिस करें।"

"एक हाथी आया, मर गया..."

"हाथी नाहीं..."

''यानी 'मिराकूल' युग अभी खत्म नहीं हुआ।''

''अइसा होता, तभी आप खुशी होते? आप जिसको 'मिराकूल' बोल रहे हैं। जो भी ज़रूरी चीज़ है, सब 'मिराकल' तनख्वाह से का होत है? हमका पइसा चाही, आपको पइसा चाही, सबसे जादा बेचारे एम.एल.ए. अउर एम.पी. लोगन को चाही। पाँच बरस के अन्दर-अन्दर जिन्दगी चलावे का सा-रा इन्तिजाम जुटावे चाही! 'मिराकल' चलता रहे, तब सबको सुविस्ता होत है।''

बहरहाल, महामहिमामय जगमोहन का मंदिर बनकर तैयार हो गया। चरणदास महन्त भी बनारस से तशरीफ लाये और उन्होंने हनुमान मिश्र को मन्दिर-निर्माण योजना में पूरे एक लाख रुपए दिए। अन्दर ही अन्दर उनकी छाती फुँकती रही। जितना कुछ फायदा हुआ, सब इस कमबख्त मिश्र का हुआ! वह बुलाकी कमबख्त भी लापता है। अगर वह मिल जाता, तो वे बाकी दोनों महावत को भी ट्रेनिंग दिला लेते और बुलाकी समेत। वे दोनों और तीन-तीन हाथियों को भी के अनाहार घुमा-घुमाकर मार सकते थे। उनमें सोहंग स्वामी, भीलगिरि, अनुकूल ठाकुर, बरदायोगी, दूधिया बाबा, तुलसी गिरि वगैरह, जिसकी जो पसंद होता, जोड़े-जोड़े में रह सकते थे। घूमने-फिरने को निकल सकते थे।

लम्बी उसाँस फेंककर चरणदास मिश्र ने कहा, ''मंदिर के उद्घाटन के समय, ज़रा खबर कर दीजिएगा।''

''जरूर! जरूर!''

''उद्घाटन कौन करेगा?''

''हिमालय से सारस्वत स्वामी जी आएँगे।''

''वे उतरकर आएँगे?''

''इस बार आएँगे।''

चरणदास महन्त चले गए।

बूरुडीहा में जगमोहन की मौत अब अखिल भारतीय घटना बन चुकी थी। कोई विदेशी स्टार। जगमोहन की भूमिका में अभिनय करने को राजी हो जाए, तो इस घटना को अन्तर्राष्ट्रीय ख्याति मिल जाएगी।

इस अंचल में अब अलौकिक 'एरा'...अलौकिक युग विराज रहा था। गोलबदन साहू की विधवा को सपने में आदेश हुआ। जगमोहन ने खुद आकर कहा कि मिश्र जी ने शिव जी को हर रोज़ दस लिटर दूध से स्नान न कराया, तो गोलबदन की मुक्ति नहीं होगी।

बुलाकी और सोमरा, दोनों ही कहाँ चले गए, किसी को ख़बर नहीं थी। उन्हें गंजू टोली में भी रहने की जगह नहीं मिली।

बुलाकी का पाप यह था कि उसने जगमोहन को, हाथी के अलावा और किसी रूप में नहीं पहचाना।

सोमरा का पाप यह था कि 'मिराकूल' के बाद भी उसने अपनी ज़मीन वापस माँगी।

इन दोनों को अगर रहने के लिए जगह दी जाती, तो गंजू टोली पर मिश्र जी का अभिशाप टूट पड़ता।

गोमा के प्लेटफॉर्म पर दो नवागत शरणार्थी नज़र आए। निपट दरिद्र, मरगिल्ले, जीर्ण-शीर्ण, पीली-पीली आँखें! उन लोगों को कुली का काम भी हर रोज नसीब नहीं होता था और वे लोग अक्सर फाके करते थे।

बीच-बीच में कुली का काम जुट भी जाता था उस दिन, वे दोनों अठन्नी टिकट पर 'हाथी मेरे साथी' फिल्म देखने जाते थे।

फिल्म खत्म होने के बाद, एक जन ज़ार-ज़ार रोता-विसूरता हुआ नज़र आता था और दूसरा उसकी पीठ सहलाकर, उसे तसल्ली दिए जाता था।

उसके बाद, अगर उनके पास पैसे बच रहे होते, तो वे शराब पीते थे, वर्ना प्लेटफॉर्म पर लौटकर सो जाते थे। एक की छाती पर उड़ानें भरती हुई परी का गोदना। दोनों शख्स, एक-दूसरे का हाथ थामे-थामे प्रेमी युगल की तरह सो जाते थे, मानों दोनों का ही एक-दूसरे के अलावा। कहीं, कोई या कुछ भी नहीं है। उन दोनों का नाम कोई नहीं जानता या जानने की कोशिश भी नहीं करता। स्टेशन का प्लेटफॉर्म ही जिनका पता-ठिकाना हो, उनका नाम जाने बिना भी, इस देश भारतवर्ष का चल जाता है, क्योंकि वे लोग बेहद 'एक्सपेंडेबल' होते हैं! ख़र्च कर दिए जाने लायक!

निशात माझी की भूटान यात्रा

अलीपुर दुआर से जयन्ती के रास्ते में विशाल वन पड़ता है। वन के बाद ज़मीन-खेत और चारों तरफ वन-जंगल! ज़मीन पर काफी ऊँचा-सा मचान! धान पकने के मौसम में मचान में बैठे रहना पड़ता था। एकमात्र इसी जगह से, अँधेरे में नज़रें गड़ाए बैठे रहकर, देखा जा सकता था कि पके हुए धान की खुशबू पाकर हाथी के पाल आते हैं या नहीं। यह निगरानी का सिलसिला एक प्रतीक भी था। जो लोग निगरानी करते थे, वे लोग उन्नीसवीं शती से चाय-बागानों की खेती योग्य ज़मीनों का इसी तरह पहरा दिया करते थे। उस ज़मीन पर अपना अधिकार साबित करने के लिए बार-बार खून बहाना पड़ा था और वह सवाल आज भी अनिर्णीत था। फिर भी वे लोग हाथियों के नाम पर उस ज़मीन की पहरेदारी किए जा रहे थे। वे लोग आग जलाए रखते थे, टिन पीटा करते थे। हाथी आगे बढ़ते आते थे। उनके साथ हथिनी और शिशु-हाथी भी होते थे। उन्हें देखते ही वे लोग बौखला उठते थे और भाग खड़े होते थे। हाथी धान खाने में जुट जाते थे। ऐसे में उन पर तीर छोड़ना बेहद खतरनाक होता था। हाथी अगर एक बार भड़क उठें, तो वे बार-बार बदला लेने आ धमकते थे। तब वे लोग—"खाने दो, हाथी को ही खाने दो।"—कहकर, सिर पर पाँव रखकर भाग खड़े होते थे। हाथी खाते हैं, तो खा लें, वर्ना ये धान जोतदार, महाजनों के गोले में ही तो पहुँचेंगे। अगले साल वे लोग दुबारा मचान पर बैठे। हाथियों का रौंदना-कुचलना और ज़मीन-मालिकों की चिर-विद्यमान भूख, उन लोगों की ज़िन्दगी की चिरकालीन सच्चाई थी। जब उनसे यह सब सहन नहीं होता था, वे लोग 'भूटान जाय रहे हैं।' कहकर, विदा हो लेते थे। यह बात भी प्रतीक थी। भूटान की सरहद पर रहते हुए भी, वे लोग भूटान नहीं जाते थे, वे लोग तकदीर की तलाश में जाते थे। जाने कब सुदूर अतीत में, उत्तरी बंगाल के धुर उत्तर में, सरहद के लोग, नए जीवन की तलाश में सच ही भूटान चले जाते थे। बस, उन्हीं दिनों से 'भूटान जाता हूँ—' जुमला, भाग्य-तलाश में बह जाने की हिमायत करता था। उनके मामलों में भूटान जाने का मतलब होता था, किसी दूसरे चाय-बागान की मिल्कियत, ज़मीन की साझेदारी या खेती-मजूरी का काम! कामकाज कभी उन

लोगों को मिल जाता था, कभी नहीं भी मिलता था। भूटान तो सभी लोग जाते थे, सीमा पार करते ही भूटान! लेकिन सभी लोग क्या भूटान पहुँच सकते थे?

निशात माझी चिलमारा चाय-इस्टेट के राजा रायकत के कई सौ, न हिस्सेदार, न खेत-मजूर, में से एक था। राजा रायकत की अधिकतर ज़मीनें जहाँ मौजूद थीं, सन् 1967 में वहाँ की घास में आग लग गई। निशात के दोनों बेटे, सना और उपा ने सोचा कि तृणभूमि की यह आग, दावानल बनकर फैल जाएगी। उन लोगों ने अपने बाप से अनुमति ली और हाथ में धनुष-बाण लेकर अँधेरे में गायब हो गए। उनकी माँ ने उन दोनों को रोकने की कोशिश की थी।

निशात ने कहा, ''हम तेभागा में लड़के नहीं गए थे? बेटों से कहूँगा कि हक़ की लड़ाई न लड़ें?''

''इसीलिए तो खदेड़े गए और अब सब गँवाकर उस चमार के यहाँ आकर टिक गए।''

''ठीक बात! हम तेभागा नाहीं जीत सके। हम मार खा गए। अब बेटे भी लड़कर देख लें। अभी चारों तरफ हवा गरम है। सन्थाल भी इस लड़ाई में राजा हैं, लीडर हैं। अगर हम मना कर दूँ, तो सना-उपा क्या मानेंगे?''

''तू जेल चला गया, हम बैठी रही, उपासी रही, पुलिस का खदेड़ा खाया। अब बेटे के लिए भी का उपास करूँ? पुलिस की दुरदुराहट सुनूँ?''

''हम लोग उपास कब नहीं करते? खेत जुताई की मजूरी में रायकत भी पुलिस दिखावत है। ला दे, हँसिया दे! कितना झंखाड़ उग आया है! कितनी जान है इसमें! आज उखाड़ो, कल फिर सिर उठाय लेत है! ला, दे!''

सना और उपा चले गए। वही उनका अन्तिम जाना था। उसके बाद, निशात ने उन्हें कभी नहीं देखा! सुनने में आया, सन्थाल राजा के कैडर होकर, वे दोनों जेल चले गए। वह जेल काफी दूर थी! जाने कहाँ, बहरमपुर में! बीवी के रोने-धोने पर, निसात ने उनसे भेंट करने की एक बार कोशिश भी की। लेकिन उनसे भेंट करने के नियम और वहाँ तक जाने का ट्रेन किराया सुनकर, वह पीछे हट गया। बेहद टूटे मन से, सीने की चोट सीने में ही दबाये, वह मचान पर आ बैठा। सना और उपा को देखे बिना चल सकता था, मगर राजा रायकत की सुदूर तक फैली ज़मीनों की पहरेदारी किए बिना नहीं चल सकता था।

उस दिन भी वह मचान पर बैठा-बैठा, सितारों की रोशनी में, अपनी तीखी निगाहें गड़ाये यह देख रहा था कि हाथी के पाल इधर आ रहे हैं या नहीं।

सन् 1917 साल! एक दिन काठ की लॉरी से थाना सिपाही उतरा। हाथ में बादामी कागज!

''निशात कहाँ है? घर पर नहीं है?'' उसने जवाब तलब किया।

''जयन्ती की तरफ गया है।''

“घर में और कोई मर्द नहीं है?”

“कहाँ से होगा? सना-उपा जेल में हैं। तू नहीं जानता? या जान-बूझकर तमाशा कर रहा है?”

सिपाही को समझ में नहीं आया कि अब उसे क्या करना चाहिए।

निशात का चेहरा उसका जाना-पहचाना था। माझिन का चेहरा भी, वह चीन्हता था।

काफी सोच-समझकर उसने कहा, “अच्छा ज़रा बैठ लूँ?”

“मुझे का पता?”

माझिन कुल्हाड़ी से लकड़ियाँ चीरती रही और धीमी आवाज़ में बकबकाती भी रही।

उस सिपाही का बहुत मन हुआ कि वह थोड़ी-सी ताड़ी माँग ले। लेकिन उसके सामने सैकड़ों समस्याएँ थीं। पहले वे लोग ताड़ी बनाने के लिए लाइसेंस की माँग करते थे। अब लाइसेंस की भी परवाह नहीं करते। सब अपने-अपने घरों में गैर-कानूनी ताड़ी बनाते थे। थाना-सिपाही अगर उनकी ताड़ी चढ़ाए, तो उसे उनके उस गैरकानूनी काम की जानकारी है, यह बात प्रमाणित हो जाएगी। सन् 1967 से 1971 तक पुलिस के हाथों में जैसे काफी इख्तियार थे, वैसे ही पुलिस ने क्या नहीं किया, इस बात को लेकर काफी टिक्-टिक् भी मची हुई थी। क्या? यही कि ट्राइबल-बेल्ट की पुलिस आम जनता की मित्र बनने की कोशिश करे। अरे, जब दोस्त ही बनना है, तो बैठकर साथ-साथ ताड़ी-महुआ क्यों नहीं पी सकते? असल में, ये लोग प्रशासन नहीं समझते। अब निशात की माझिन अगर यह बात किसी को बता दे, तो वह सिपाही काफी फज़ीहत में पड़ जाएगा। दारोगा, स्पेशल पुलिस, राइफल-फौज, पैरा-मिलिटरी—ये लोग ट्राइबल-बेल्ट में औरतों को नंगी भी कर डालें, तो उनका सात खून माफ़। लेकिन सिपाही? वह सिपाही, निशात के बेटे उपा माझी की बहरामपुर जेल में मृत्यु-संवाद देने आया था। अगर वह उपा की माँ से ताड़ी माँगकर पीए, तो वह फँस जाएगा। लाचार सिपाही बैठा रहा।

निशात काफी देर से, शाम ढले लौटा। उसे बुलाकर, ज़रूरी बातचीत करके, उसके हाथ में बादामी कागज थमाकर, सिपाही बाहर निकल आया। वापस आती हुई किसी लॉरी की प्रतीक्षा में, वह सड़क किनारे खड़ा हो गया।

निशात हाथ में वह कागज लिए-लिए कमरे में दाखिल हुआ। माझिन ने उसे देखा, मगर कुछ कहा नहीं। निशात खड़ा का खड़ा रहा। उसके बाद, वह धीरे-धीरे बैठ गया। उसने गमछे में अपना चेहरा पोंछा। बीड़ी सुलगायी। उसका हाथ काँप रहा था।

“कउन मरा? सना या उपा?”

माझिन की आवाज़ ज़रा भी विचलित नहीं हुई। उसे क्या पहले से ही आभास

हो गया था?

"उपा!"

"कैसे? पुलिस ने मारा?"

"यह नहीं बताया।"

माझिन की अँधेरी से भी अँधेरी आँखें एकटक बाहर की तरफ गड़ी रहीं। दोनों ही खामोश! निशात उकड़ूँ होकर बैठ गया। उसका हाथ, माथे पर जा पड़ा। बाहर खड़े सिपाही को, अब तक लॉरी मिल गई थी।

लॉरी पर सवार होते ही वह सोचता रहा—इतनी देर खड़ा रहा, कोई रुलाई वगैरह तो, कानों में नहीं पड़ी। स्साला! जंगली जात, इसी को कहते हैं। बेटा मर गया। इस पर भी आँखों में बूँद भर आँसू नहीं आया, गले में रुलाई नहीं!"

उपा की मौत की ख़बर धीरे-धीरे और पड़ोसियों को भी मिल गई। वे लोग भी आ पहुँचे। किसी में भी इतनी हिम्मत नहीं पड़ी कि वे इस बूढ़े दम्पति को दिलासा दें। सब खामोश बैठे रहे, बेहद खामोशी से ही उठ खड़े हुए।

जाते-जाते, वे कहते गए, "इन चार सालों में कितने ही लोग चले गए। पता नहीं, और कितने जाएँगे।"

निशात बोल उठा, "बहुत सा-रे!"

इसके बाद भी वह मचान पर जाकर बैठ गया।

उपा जाने कहाँ, किस अनजाने बहरामपुर के जेल में दम तोड़ सकता है, लेकिन निशात के जीवन में कोई भी घटना इतनी बड़ी नहीं थी कि वह अगहन के महीने में मचान पर जाकर न बैठे। राजा रायकत का भतीजा, लक्ष्मण रायकत आएगा। धान कटवाएगा। हिस्सा देगा, हिस्सा लेगा। पुराने कर्ज के खाते में उसके हिस्से का धान काट लिया जाएगा। कर्ज़ माफ करने का कानून, लक्ष्मण के लिए नहीं था।

रात आ पहुँची! आज रात हाथियों का पाल उतर आया। निशात ने चीथड़ा लपेटे तीर की नोक किरासिन में डुबोया, उसमें आग लगाई, और उसने जलता हुआ तीर छोड़ा। 'हा—थीऽऽऽ', वह जोर से चिल्ला उठा। दूसरे-दूसरे लोगों ने भी तीर छोड़ा। उनके पाल में कोई बच्चा नहीं था। इसलिए हाथियों के झुंड में न बौखलाहट मची, न वे जानवर हिंस्र हुए। वे सब पीछे मुड़े और आराम से लौट गए। निशात और उसके साथी काफी देर तक चीखते-चिल्लाते रहे। हाथियों के लौट जाने के बाद, निशात के मन में उपा के लिए टीस जाग उठी। वह रो पड़ा। झुर्रीदार त्वचा पर, धार-धार नमकीन पानी! उसका तेभागा! नतीजा जेल और उस ज़मीन से उच्छेद! उस पार आन्दोलन! वह नक्सल आन्दोलन क्या और भी भयंकर था? उपा को जेल और जीवन, दोनों से ही उजड़ जाना पड़ा? उस आन्दोलन के लिए, अब क्या किसी के पास बंदूक नहीं है? वर्ना गणेश कुर्मी के पास तो लाइसेंस भी था और बंदूक भी थी। वह बंदूक दाग़कर, हाथी खदेड़ता था। थाने वाले वह बंदूक भी ले गए।

इसी तरह दिन गुजरते रहे; दिन कटते रहे।

माझिन ने कहा, "सना भी नहीं लउटेगा।"

"लउटेगा।"

"नहीं, अब ऊ वापस नहीं आवेगा।"

"फिर का होना है! हम बूढ़ा-बूढ़ी भूटान चले जावेंगे। अब और कहीं नहीं, किसी के पास नहीं। घूम-घूमकर, बोलते-बोलते मर जावेंगे।"

माझिन ने लम्बी साँस छोड़कर कहा, "अपना उपा चला गवा। अपने साथ, ऊ हम लोगन का पेट भी लै जाता, तो कोई चिन्ता-फिकिर नाहीं रहती।"

इसी तरह सन् 78 आ पहुँचा। निशात और उसकी माझिन बेहद उत्कंठित। जेल से कैदियों को रिहा किया जा रहा था। सारे कैदी छूटते जा रहे थे। वह भी थाने में पहुँचा; खोज-ख़बर ली।

थाना बाबू ने कहा, "तेरा बेटा भी आएगा। जिस जिसके नाम, सैकड़ों केस हैं, उनको छोड़ने में देरी हो रही है।"

"सना के नाम बहुत-से केस हैं?"

"बहुत-से!"

"बाबू?"

"क्या?"

"उपा कइसे मर गवा?"

"उपा, जेल के और-और कैदियों के साथ अनशन पर बैठा था। वह धर्मघट काफी दिनों तक खिंच गया—"

"हाँ, यह तो सुना था—"

"सो, जोर-जबर्दस्ती खिलाने गए। अब सबकी देह में एक जैसी ताकत तो होती नहीं! जोर-जबर्दस्ती खिलाने की कोशिश से सना तो बच गया, लेकिन उपा बिल्कुल बर्दाश्त नहीं कर पाया। जोर-जबर्दस्ती उसकी देह ने कबूल ही नहीं किया।"

"गोली मारकर तो नाहीं मारा उसे?"

"अरे, नहीं, नहीं! चल, छोड़, अब उन बातों में दिमाग मत भिड़ा, निशात! देखा तो सही, नाचने-कूदने से काम नहीं होता। तुम लोगों को आखिर क्या मिला? बेटा भी गया। अब सना आए, तो उससे कहना, समझ-बूझकर चले।"

'कहूँगा—"

निशात ने सिर हिलाया।

हाँ, यही कहेगा उससे! वहाँ सौ बीघे ज़मीन है। वे पचास-पचास लोग! न हिस्सेदार, न खेत-मजूर! चवन्नी हिस्सा धान और दो टके मजूरी! नियम! कानून! इतने ढेरों कानून! इसके बावजूद, आज तक ज़मीन या धान पर उनका पूरा-पूरा अधिकार साबित नहीं हुआ। चलो, न सही! सना को घर लौट आने दो! निशात

ने अंग्रेजों की जेल काटी थी। उस जेल में उसने काफी तकलीफ भी झेली थी। लेकिन उन दिनों भी इतनी-इतनी गोलियाँ नहीं चलती थीं; इतने-इतने लड़के नहीं मरते थे। उपा और सना ने क्या आन्दोलन छेड़ दिया था? निशात तो यही जानता था कि तेभागा क्रांति से बड़ी और कोई क्रांति नहीं हो सकती। वह आन्दोलन तो साझेदारों का था। पाखावाड़ी चाय बागान के खेत-मजूर, निशात लोग, देवी बाबू के झंडे तले साझीदारों को मदद देने गए थे। साझीदार भी मरे, खेत-मजूर भी मरे। तभी से साझीदारों को इस पॉकेट में कुछ ज्यादा मिला था। निशात लोगों को कुछ नहीं मिला। वे लोग जेल में ठूँस दिए गए; अपनी बस्ती, ज़मीन से उखाड़ फेंक गए। अब उसे लगता था, सना आ जाए। सना आकर यह दुःख, इस उपवास का उत्तराधिकार वह समझ ले। मचान पर बैठने लगे। निशात और माझी को अब विश्राम चाहिए।

सना नहीं आया, पुलिस आई।

थाना बाबू ने कहा, "तेरा बेटा ज़ेल से भाग गया है, निशात, दो जन के साथ।"

"कहाँ? किस जेल से?"

"बताऊँ तो तू पहचान लेगा? सुन, अगर तेरे पास आए, तो हैंडओवर कर देना—"

"तुम ओका मार डालोगे, बाबू?"

"नहीं। तुम लोग तो सिर्फ मारते हुए ही देखते हो? वह फिर जेल जाएगा। मूरख! बज्र मूरख है! चिरकाल बाबूलोगों की बातों पर नाचता रहा।"

निशात सिर हिलाता हुआ, वापस लौट आया। लौटकर वह दुबारा उकड़ूँ होकर, सिर पर हाथ धरे बैठा रहा।

सिर से घास का गट्ठर उतारकर माझिन ने तीखे लहजे में नाम लिया, "सना!"

"हाँ—"

"सना नहीं है?"

"है। सरकार ने सबको छोड़ दिया। वह बुद्धू जेल से भाग गवा है।"

"इसलिए क्या...?"

"थाना बाबू बोले, ऊ आए तो पकड़ा देना। वह फिर जेल जावेगा।"

"जावेगा, तो क्या फिर छोड़ेंगे?"

"हम का जानें जेल कहाँ है। कइसा है। जदी फिर जेहल गया, तो कितने दिन ऊ लोग बंद रखिहैं—हमका कुछ नहीं पता। हम तो लछमन की ज़मीन पर खेती करत हूँ, हाथी खदेड़त हूँ। हम का जानू? हम ठहरे बूढ़ा, बुद्धू, मूरख सन्थाल!"

"फिर?"

"तू कछु नाहीं कर सकत है, न हम कछु कर सकत हैं। अब पत्ता भी हिलेगा, तो हीया डरायेगा कि सना आ गवा।"

दोनों सिर हिलाते रहे! गहरे... बेहद गहरे दुःख से वे देर-देर तक सिर हिलाते

रहे। परिस्थिति अत्यन्त आधुनिक, जटिल और सॉफिस्टिकेटेड थी! वह अत्यन्त प्राचीन, आदिम और ग्रामीण! खूब-खूब सोचने के बावजूद उसे कोई कूल-किनारा नहीं मिला।

अगले दिन लक्ष्मण रायकत अपनी जीप चलाकर, खुद आ पहुँचा। छँटे हुए बाल! बदन पर डेनिस और जैकेट! गले में मफलर! आँखों पर धूप का चश्मा!

उसने कहा, ''सुनो, निशात, तुम्हारा बेटा आ जाए, तो थाने में खबर कर देना। इस जंगल में आकर भला कौन पहरा देगा? तुम्हारा बेटा कबूल कर ले कि उससे गलती हो गई। बस्स! कुछ दिन जेल खट लेगा और खल्लास हो जाएगा।''

''पता नहीं कउन-से जेल से ऊ भागा है, ऊहाँ से वो ईहाँ आवेगा कइसे?''

''ऐसे ही मैं सैकड़ों झंझट में फँसा हूँ, निशात। अब अगर तुम्हारे बेटे को पनाह दी, तो तुम जड़ से मिट जाओगे।''

''हाँ, बाबू!''

अब समस्या को डाइमेंशन मिलने लगा। समस्या बृहद आकार लेती गई। लक्ष्मण ही ये बातें औरों को भी बता गया। नतीजा यह हुआ कि गणेश कुर्मी के घर में निशात की पुकार हुई। गणेश को नाम-पता, सब मालूम था। निशात और अन्य सन्थालों को उसी ने पनाह दी थी। उसी ने राजा रायकत से कह-सुनकर इन लोगों को यहाँ बसाया था। उन दिनों यह और भी ज्यादा जंगल इलाका था। यहाँ सड़क भी नहीं थी। अलीपुर दुआर भी काफी छोटी जगह थी। हाँ, गणेश उस दिन तक इज्जतदार बंदूकधारी जीव था। उसका सभी सम्मान करते थे।

निशात जब गणेश के यहाँ पहुँचा, तो उसने देखा, वहाँ दलू माझी, रांगा सोरेन और अन्यान्य मर्द भी मौजूद हैं। गणेश ने उससे बैठने को कहा। वह बैठ गया।

''सब कुछ तो तुमने सुन ही लिया, निशात!''

''हाँ, सुना–''

''सना...ऐसी हरकत कर बैठा। ज़रा सब्र करता, तो उसे रिहाई तो ठीक ही मिल जाती। सभी को रिहाई मिल रही है...''

निशात ने कहा, ''मुझे काहे बुलाया? अब हम क्या कहूँ?''

''लक्ष्मण...''

''वह जो कह गया, वह सारी बात भी तो तुम जानते ही हो। अब जो करना चाहो, करो! जो बेहतर समझो...''

दलू माझी ने कहा, ''अरे, तुम्हें अच्छी सलाह देने को बुलाया था...इतना भड़क क्यों रहे हो?''

''अरे, हाँ, याद रखना। बेटा आ जाए, तो उसे पकड़वा जरूर देना। इसी में मंगल है।''

''निशात, मुझे बात करनी थी–''

''हाँ, कहो–''

"मैं तुम लोगों में शामिल हूँ या अलग हूँ?"

"शामिल!"

"जात अलग है, पूजा-पाठ अलग है, जनम-मरण की रीत अलग है। लेकिन कामकाज में शामिल हैं।"

"हाँ—"

"मैं लक्ष्मण की ज़मीन पर खेती करता हूँ। आधा देकर हम सबको रिकॉर्ड कराना पड़ता है, इसीलिए हम अधियार कहे जाते हैं, अब उतना भी नहीं देता। देता है सिर्फ चवन्नी हिस्सा! मैं आधे हिस्से की बात जानता हूँ, दो-तिहाई हिस्सा भी जानता हूँ। लेकिन चवन्नी हिस्से की जानकारी मुझे नहीं है। यह जानकारी उसने मुझे दी है। अब हम सब कुछ जान गए हैं, लेकिन जानकर भी चुप हैं। दो रुपए मजूरी का भी कहीं, कोई रिकॉर्ड नहीं है, वह देता है।"

"यह तो पुरानी बात है..."

"मैं जान लड़ाकर हाथी खदेड़ता हूँ। उससे धान की सार-सम्हाल करता हूँ। इसके बावजूद उसने कोशिश-तदबीर करके मेरी बंदूक खलास नहीं कराई। बाघ मेरा गाय हड़प गया, मैं खड़ा-खड़ा देखता रहा।"

"हाँ, काफी दूध देने वाली गाय थी..."

"निशात, तुम्हारा एक बेटा नहीं रहा। सना कहाँ है। जिंदा भी है या नहीं, पता नहीं। अगर वह जिंदा है, अगर वह आता है, तो तुम जो ठीक समझो, करना। हम लोग कुछ नहीं कहेंगे।"

"क्या कहा? उसे पकड़वाओगे नहीं?"

गणेश कुर्मी ने बीड़ी का सुट्टा लगाते हुए, सिर झटकारकर कहा, "ना, हम लोग उसे गिरफ्तार नहीं कराएँगे। लेकिन तुम उसे यहाँ रख भी नहीं सकते। अगर उसे यहाँ रखोगे, तो न वह बचेगा, न तुम, न हम लोग। उस पर से इन दिनों चारों तरफ नक्सल...अगर कुछ हुआ, तो सारा मामला बहुत-बहुत बिगड़ जाएगा। हमें मदद करने वाला कोई नहीं है। न अधियार, न खेत-मजूर। हमारा कोई यूनियन भी नहीं है।"

निशात बेतरह अभिभूत हो आया। वह बार-बार सिर हिलाता रहा। उसके बाद वह उठ खड़ा हुआ।

अब वह मचान पर बैठे-बैठे, सामने के जंगल और पहाड़ को जब देखता था, तो वे सब साक्षात् दैत्य नजर आते थे। कौन, कहाँ गया? भूटान गया। भू-टान! जो सचमुच का भूटान है, वहाँ चले जाने के बाद क्या होता है? क्या उसकी उम्र अब बूढ़ी हो चली है? क्या यह जंगल बेहद दुर्भेद्य है? हाथी का भय क्या बहुत बड़ा भय है? लेकिन सुरक्षा कहाँ है? कहाँ सुरक्षित है सना? सना के माँ-बाप ही क्या सुरक्षित हैं?

निशात हर पल सोचता रहता और तीखी आँखों से अँधेरे को धज्जी-धज्जी करता रहता था। चारों तरफ अमन धान की गंध! अमन धान की खुशबू! खुशबू ही नशा था। देशी शराब में भी ऐसा नशा नहीं होता।

एक दिन, शाम को गणेश काफी उत्तेजित मुद्रा में वहाँ आया और उसने उसे आवाज़ दी।

''क्या भया?''

''जल्दी से सुनो! जल्दी!''

''क्या?''

''मैं बंदूक की अर्जी लेकर थाने गया था। काम नहीं होगा, यह जानते हुए भी पहुँच गया–''

''क्या सुना? सना नहीं रहा?''

''उफ! तुम न...बहोत अशुभ बोलते हो, निशात। यह भयंकर मुसीबत का समय है।''

''बोलो–''

''माझिन कहाँ है?''

''पानी लाने गई है।''

''सुनो, लगता है, उन लोगों को सना की कोई खबर मिली है। पिछली दो साँझ से यहाँ सिपाही बिठाया गया है। मुझसे कहा, कि जरूरत पड़े, तो मैं उन लोगों के लिए सोने का इन्तजाम कर दूँ। और...और...सना को अगर गिरफ्तार करा दिया, तो मुझे दो सौ रुपए मिलेंगे।''

''तुमने क्या जवाब दिया?''

''मैं तो यहीं बैठा हूँ! वैसे मेरे काका का बेटा क्या नक्सलियों में शामिल नहीं हुआ? वह क्या जान से नहीं गया? बंदूक क्या उसने यूँ ही ली थी? मैं उनकी हर बात में हामी भरकर चला आया।''

''ई सिपाही तो हमरे ही घर के सामने बैठे रहेंगे। है कि नहीं? तुम का कहत हो? अगर कहीं सना आ जाए...सना...।''

''थाने का सिपाही! यह जंगल! यह हाथी का खौफ!...वे बेचारे मरेंगे और क्या? खैर, यह सब मैं सम्हाल लूँगा। लेकिन, तुम खूब सावधान रहना।''

''अब और क्या सावधान...!''

निशात फौरन माझिन के पास पहुँचा। उसे सारी बात बताई।

''देख, अँधियारे में तू मचान पर रहना। मैं नीचे–'' उसने माझिन को समझाया।

''ना, हमका आँख से सुझाई नाहीं देता। दूर का तुम ही देखना। हम नाहीं देख सकती।''

''फिर?''

"तुम मचान में रहना। हम चली जाऊँगी सड़क के उस ताड़ीखाने तक! आवेगा, तो उसी रास्ते से आवेगा न? वह रात का इन्तजार करेगा! रात होते ही सीधे चला आवेगा।"

"ठीक है, अइसा ही करो।"

निशात रात के वक्त मचान पर ही बैठा रहा। अगहन की कड़ाके की सर्दी में, दोनों सिपाही रात दस बजे तक किसी तरह बाहर पहरे पर बने रहे। अन्त में हाथी का खौफ, सर्दी का खौफ जीत गया। वे दोनों गणेश के घर चले आए।

दंतियल सिपाही ने खीसें निपोरते हुए कहा, "थाने वालों को मत बताना, गणेश, बड़ी कड़ाके की सर्दी है।"

"मैं तो तब से कह रहा हूँ कि घर के अन्दर ही रहो। अरे, सना अगर आ भी गया, तो हम लोग हैं न? साला, फिर गोलमाल करेगा? फिर खुराफात मचाएगा।"

"इस बार उसे गड़बड़ी नहीं मचाने देंगे।"

"क्या करोगे?"

"जान से ख़त्म कर देंगे! मार डालेंगे।"

"ऑर्डर है?"

"ओ छोड़ो ऑर्डर की कौन परवाह करता है? ऑर्डर तो उसे पकड़ने का है। सो, मार दूँगा। कह दूँगा, उसने दाँव उठा लिया था।'

"अच्छा, ऐसा करोगे?"

"और नहीं तो क्या, उन सालों की गवरमिंट सिर्फ पुलिस पर जुलुम करना जानती है। किसने घूस लिया! किसे जान से मार दिया! खाली-खाली जुलुम!"

"आओ, अलाव के पास आकर बैठ जाओ।"

अलाव की आँच में दोनों पुलिस ऊँघने लगे। गणेश दरवाजे पर ही सो गया। दरवाजे के उस पार सिर्फ बकरियाँ! मुमकिन है, पुलिस उनके घर पर रहे, इस आशंका से गणेश के बीवी-बच्चे रात को बिहारी कुर्मी के यहाँ सो रहे थे।

मचान पर बैठे-बैठे निशात की आँखें नींद से फटी पड़ती थीं। एक दिन! दो दिन! तीन दिन! चार दिन! वह मचान पर ही जमा रहा। बाघ का डर-भय तुच्छ करके, माझिन सड़क पर अगोरती रही। सना कहाँ है? सना क्या नहीं जानता कि अब शुक्ल-पक्ष आ रहा है? इधर रात की पुलिस को, सुबह की पुलिस 'रिलीव' करती, दोपहर की पुलिस, सुबह की पुलिस को रिलीव करती, रात की पुलिस, दोपहर की पुलिस को रिलीव करती थी। पेड़ की छाँव तले, पुलिस उसी के घर के सामने जमी रहती थी। जंगल के मजूर तक कोई पूछताछ नहीं करते थे। हर कोई नजरें झुकाये, वहाँ से गुज़र जाता था। सना आता क्यों नहीं? वैसे आता भी कैसे? ट्रेन के अलावा क्या और कोई राह है? कहाँ स्टेशन, कहाँ यह जंगल, इतना सारा रास्ता वह तय कैसे कर पाता? इसी दूरी के बीच, यहाँ से करीब दो मील के फासले पर, लक्ष्मण

की ही एक और टुकड़ा भर ज़मीन पर हाथियों का पाल उतर आया। लोगों का टिन बजाना, अग्निमुखी तीर छोड़ना, शोर-शराबा! चीख-चिल्लाहट! उस वक्त हाथियों की भी तीखी और तेज चिंग्घाड़ सुनाई दे रही थी। निशात लोगों का भी चीखना-चिल्लाना, टिन पीटना शुरू हो गया। सुबह जाकर पता चला कि रात को हाथियों का विशाल झुंड आया था। वे हाथी पके धान की फसलें तहस-नहस कर गए हैं।

निशात लोगों ने कहा, ''हाथी जब वहाँ तक आ पहुँचे, तो समझ लो, अब यहाँ हल्ला बोलने ही वाले हैं। रात को हमें भी हल्ला शुरू करना होगा।''

सिपाही हाथियों की खुराफातों से सीधे-सीधे परिचित नहीं थे।

''कहीं दिन में भी तो नहीं आ धमकते?'' उन लोगों ने पूछा!

फिलहाल, हाथी एक आपात् समस्या!

निशात भूल गया कि वह जेल से फरार किसी मुजरिम का बाप है।

उसने झल्लाकर जवाब दिया, ''हाँ ऽऽ, नहीं आते। धान की खुसबू पाकर भी नहीं आते—''

''आदमी को मार डालते हैं?''

''हाँ ऽऽ, नहीं मारते! अरे, थाने में हाथी के पाँव तले कुचली लहास नाहीं देखा? अस्पताल में भी नाहीं देखा?''

''कभी ना देखा! अरे, भइए, हमनी का मुलुक गया में है, वहाँ हाथी तो होते ही नहीं।''

''इस बार देख लेना—''

हाथी के उस पाल में कई हथिनियाँ मौजूद थीं, तीन-तीन शिशु-हाथी भी थे। सचमुच बड़ी दहशत की स्थिति थी! निशात इतने ध्यान से निगरानी में जुट गया कि बीच-बीच में सना का ख्याल भी उसके दिमाग से उतर जाता था।

कृष्णा द्वादशी की रात! करीब एक बजा था! उसे लगा हाथी आ रहे हैं। हा-थी ऽऽ वह चीख उठा। उसने टिन पीटना भी शुरू कर दिया। अचानक उसे माझिन की पुकार सुनाई दी।

''काहे बुला रही है?' उसने चीखकर पूछा।''

''तुम का सना को मार डालोगे?''

''सना...?''

''हाँ, सना! वो ऽऽ वहाँ...।''

''तू चल, हम आता हूँ।''

ठीक उसी वक्त हाथियों का पाल, उस भूखंड में घुस आया। निशात दुबारा चिल्ला उठा और उसने टिन पीटना शुरू कर दिया।

गणेश भी अपने मचान से चिल्लाया, ''सब भागो, हो, भागो! हाथियों का विराट पाल आया है। अरे, अरे, गोली मत दागो, सिपाही जी, कोई जिंदा नहीं बचेगा।''

सब अपने-अपने मचान पर उछल-कूद मचाते रहे। उसके बाद अपने-अपने घरों से औरतों, बूढ़े-बूढ़ियों। बाल-बच्चों को खींचते-घसीटते, दौड़ते हुए पिछवाड़े के जंगल में जा छिपे। एक साथ, इतने सारे हाथी, उन लोगों ने पहले, कभी नहीं देखे थे। दोनों सिपाही भी दौड़ गए।

गणेश ने ही उनके कंधे पर टहोका मारा, "भा-गो!"

"साली, इस बंदूक से...."

"अरे, फेंक अपनी बंदूक! चौदह-पंद्रह हाथियों के पालके सामने, बंदूक दिखा रहा है..."

दोनों सिपाही बंदूक फेंककर, भाग खड़े हुए।

हाथियों का पाल, किसी का मचान तोड़ रहा था। मचान अरअराकर टूट गया।

अपनी जान समेत भागते-भागते ही गणेश ने कहा, "लगता है, उस दिन बच्चे को खरोंच लग गई थी। उसी गुस्से में हाथी मचान तोड़ रहे हैं।"

निशात उलटी तरफ दौड़ पड़ा। अँधियारी रात में, किसी डायन की तरह, अपने बाल लहराते हुए, माझिन भी दौड़ रही थी। सड़क किनारे किसी खड्ड से सना उठ खड़ा हुआ। अँधेरे में ही निशात ने उसका बदन टटोला! ना, देह में कहीं, कुछ नहीं बचा था।

"रुकना नहीं है, सना, दौड़ सकेगा न?"

"कहाँ जावेंगे?"

"भूटान चले जावेंगे।"

"भूटान?"

"हाँ, रे, सना, पहिले भूटान जाने की...बात ही करता था, अब हम सचमुच भूटान चला जाऊँगा।"

"अउर यह जंगल...पहाड़...बप्पा?"

"पुलिस नहीं है?"

"चल—"

वे दोनों दौड़ पड़े। सना ने सोचा था, इतना लंबा रास्ता पैदल-पैदल चलकर आने के बाद, अब वह नहीं चल पाएगा।

उसने भागते-भागते ही कहा, "चलो, डीमा में पानी पी लेवेंगे। कूचबिहार में उतरने के बाद, वहाँ से चलते-चलते....दिन में छिपा रहता था, रात को चल पड़ता था..."

निशात ने उसका मुँह दबा दिया।

"चुप! दम छूट जावेगा।"

इस वक्त वह तेभागा से भागा हुआ, निशात माझी था। अब वह दुबारा भाग रहा था।

थोड़ा ठहरकर, निशात ने कहा "हउ, डीमा! वहाँ पाँव धो लेना, पानी भी पी लेना।"

अचानक उसने ज़ोर-ज़ोर से हँसना शुरू किया।

उसने माझिन से कहा, "देख, सना में कितनी बुद्धि है! हा-थी आने वाले दिन चला आवा! ऊ दिन आवा, जिस दिन हाथी आये। केतनी बुद्धि है मोरे बेटा में!"

वे लोग दुबारा दौड़ पड़े।

जयंती फॉरेस्ट हाउस उनकी दाहिनी तरफ था। जयंती रेलवे स्टेशन, उनकी बाईं तरफ, वे लोग सूखी और पथराई नदी की छाती पर चलते हुए, धीरे-धीरे गहन वन-जंगल में दाखिल हो गए।

माझिन ने कहा, "यह तो भूटान का रस्ता नाहीं है...।"

निशात ने दबी-दबी आवाज़ में कहा, "सारे रस्ते, भूटान के ही रास्ते हैं। तू क्या सोच रही थी, तू भूटान जा रही है?"

सना ने कोई जवाब नहीं दिया।

वह जानता था, भूटान का मतलब है, दुनिया-जहान में गुम जाना।

माँ का हाथ थामे-थामे, उसने फुसफुसाकर कहा, कंकड़-पत्थर बजेंगे...धीरे, "चल, पाँव दबा-दबाकर!"

जंगल घना और भयावह होता गया। आगे की राह में पड़े हुए कंकड़-पत्थर धीरे-धीरे ऊबड़-खाबड़ और नुकीले।

निशात सोचता रहा, भूटान की राह चिरकाल दुर्गम ही क्यों रह गई? इसलिए कि सिर्फ निशात जैसे लोग ही भूटान जाते हैं? इसलिए कि उस जैसे लोगों को ही भूटान जाना पड़ता है?

साँझ-भोर की माँ

एक

बैशाख के ताप में मैदान की छाती फाटे! साधन कांदोरी की माँ, जटी ठकुराइन मर गई।

मरने से पहले, जटरी ठकुराइन का पेट, गला फूलकर ढोल हो गया था। बाँस का झूला बाँधकर, साधन कांदोरी अपनी माँ को अस्पताल ले गया।

''मोको अस्पताल में मत दे, साधन! अस्पताल में डोम नाड़ी-भूंडी, खींचकर उपाड़ लैहें, बाप!''

''डांग्दर बोले, अस्पताल ले जाओ।''

''ए बाप, मोर साधन बाप, डोम से मोरी नाड़ी-भूंड़ी मत उपड़वा! बाप!''

''नाड़ी कोऊ नाहीं उपाड़ता, मइयो!''

''उपाड़त है, बाप! तुझे का पता, बोल? तू है मोरा दुधमुँहा बेटा; डोम लोग नाड़ी उपाड़ लेते हैं, अंतड़ी निकाल लेत हैं; डांग्दर ऊ अंतड़ी बोतल में रख देते हैं, बाप!''

''काहे गो मइयो?''

''तुझे का पता, बाप! तू ठहरा दूधमुँहा बेटा! ई मानुष तन, ई कलिजुग में जलावे को नाहीं है; कबर में गाड़े को भी नाहीं है; समझा?''

''हउ, मइयो! ई का बात?''

''हक़ बात है, बाप! लेकिन नाते-रिस्तेदार, साथी, मालिक मर जावे, तो समाज कबर में गाड़ देत है, चिता पर चढ़ावत है! है कि नाहीं, बता?''

''हक़ बात!''

''ऊ सब डांग्दर-वैद-डोम-धाय शुगुना मुँह टुकुर-टुकुर देखत रहत हैं...।''

''मइयो...!'

''हाँ, रे, टुकुर-टुकुर देखत हैं अउर जब कउन लावारिस मुर्दा मिल जात है, तो उ सब हिस्सेदार बन जात हैं। डोम नाड़ी-भूंड़ी, डांग्दर को दै देत है। धांय कपड़ा-लत्ता

ले लेत है। डोम मुर्दा को सड़ाय कर, ओका हाड़-गोड़ बेचकर, पइसा कमावत हैं।''

''धत्त्! अइसा हम होने दूँगा?''

''हाँ, मत देना, बाप! हम तोरी साँझ-भोर की माँ हैं। मोका तू अस्पताल में मत मरने दे, बेटा।''

''चुपचाप जा, मइयो!''

साधन कांदोरी ने उसे डपट दिया।

जटी ठकुराइन ने कभी उसे अपनी कोख में रखा था। वे लोग बेहद प्राचीन जाति के थे, ज़रा व्याध के वंशधर! उन लोगों की बिरादरी का नाम था—पाखमारा जाति! इसी वंश की बेटी, जटेश्वरी ने साधन को दस महीने अपनी कोख में रखा और उसे जन्म दिया।

गर्भधारिणी माँ कैसे साँझ-भोर की माँ बन गई, यह एक आश्चर्यजनक कहानी है। साधन जब डेढ़ साल का था, उसकी माँ पर देवता की आत्मा सवार हो गयी। उस पर देवता का असर होने लगा। बस, उसी दिन से जटी, दिन के वक्त जटी ठकुराइन बन गई। सूर्योदय से लेकर सूर्यास्त तक, ठकुराइनी को माँ-बहू-बहन पुकारने की मनाही होती है। उन्हें कोई संबोधन से पुकारना वर्जित है।

साधन को भी जटी ने मना कर दिया।

''सुन, मुझे 'माँ' कहकर, मत बुलइयो, बाप!''

''कभी भी नहीं?''

''ना, बाप! खूब विहान के वक्त, सूरुज देवता के उगने से पहिले, 'माँ' बुला लीजियो। उसके बाद, सूरज देवता जब डूब जावे, उसके बाद 'माँ' बुलाना।''

''सिर्फ भोर और साँझ के बखत ? है न, मइयो?''

''हाँ, बाप!''

''साँझ और भोर के बखत तू माँ हैगी और दिन भर ठकुराइन?''

''हाँ, बाप, हम तोरी साँझ-भोर की माँ हैं।''

यही, साँझ-भोर की माँ, जटेश्वरी कैसे जादवपुर लाइन के इस पार चली आई, कैसे उसने बेटे को रिक्शा ले दिया, यह लंबी कहानी है।

माँ के अलावा साधन कांदोरी और कुछ नहीं जानता था; साधन बिल्कुल मासूम था। तीस साल की उम्र में भी उसकी बुद्धि-सुद्धि अपरिणत थी। भैंस की तरह उसकी समूची देह में पाकस्थली के अलावा और कुछ नहीं था। फुसफुस, रक्तजवा की पांखुरी की तरह, हृदयतंत्र, साँप की तरह, लचीली नसें, भोर के गुलदाउदी फूल की तरह, कुसुम-कोमल जीवकोष—उसके शरीर में कुछ भी नहीं था। सिर्फ और सिर्फ एक अदद पाकस्थली थी।

इसके अलावा थी—भूख! उसे सिर्फ खाना देने का लोभ दिखाकर, उसके मालिक की जवान बीवी, उससे काठ चीरकर, चैला बनवाती थी, ट्यूबवेल से पानी मँगवाती

थी; मन-मन भर कोयले तोड़ने को कहती थी।

मालिक की जवान, घूँघट में ढँकी, सुंदरी बीवी!

"सुन, साधन, मलकिन की तरफ कभी आँख उठाकर मत देखियो।"

"ना, मइयो।"

"जब भी देखियो, मातृ-भाव से देखियो, समझा बाप?"

"हाँ, मइयो!"

माँ उससे जो-जो कहती थी, साधन बस, वही-वही करता था। माँ उसकी दीन-दुनिया थी, माँ उसका चाँद-सूरज थी। वही माँ, जब बुखार, आँव, पित्त और कफ की तकलीफ झेलते-झेलते एकदम से फूल गयी, तब साधन ने अपने मालिक से कहा, "टक्का दें, मालिक, हमको टक्का चाहिए।"

"क्यों, साधन?"

"मोरी माँ मर रही है, मालिक!"

"क्या हुआ है उसे? बीमार है?"

"हाँ, मालिक, मोरी माँ दिन-दुपहरिया छाया देखन लागी है। नून खायकर, कहती है बतासा खावा है। आज दुपहरिया को तो, मालिक, गज्जब हो गवा। माँ कहने लागी, मोका 'माँ' बुला, साधन।"

"अच्छा? ऐसा कहा?'

"हाँ, मालिक, डांग्दर बुलैबे, हमका आप टक्के दो।'

साधन कांदोरी के मालिक ने उसके हाथ में दस रुपए का एक नोट थमाते हुए कहा, "अपनी माँ का इलाज करा, साधन! हजार हो, वह तेरी गर्भधारिणी माँ है।"

"मोरी माँ मानस जीव नाहीं है, मालिक, वह ठकुराइन है।"

"तू डॉक्टर बुलाकर दिखा—"

अनादि डॉक्टर जिस किसी का भी इलाज करता था, वह दम तोड़ देता था, इसलिए कॉलोनी के लोगों ने उसे मार-पीटकर खदेड़ दिया था। उसी अनादि डॉक्टर ने अब, रेलवे लाइन पार, नहर किनारे अपनी दुकान खोल ली थी। आजकल उसकी डॉक्टरी काफी फल-फूल रही थी। आजकल वह खून-जखम की अनगिनत लाशों को, रुपयों के बदले में 'डायड ऑफ हार्ट फेलियोर' लिखकर, श्मशान को चालान कर देता है। श्मशान के लोगों को आजकल रुपए देकर खरीद लिया जाता है, बस, यही सुविधा है।

अनादि डॉक्टर की डॉक्टरी किसी दिन चल निकलेगी और काफी फलने-फूलने लगेगी, यह भविष्यवाणी, कभी जटी ठकुराइन ने ही की थी। शायद इसीलिए या शायद अनगिनत भ्रूणहत्या, गर्भपात, झूठा सर्टिफिकेट देने के पाप के भय से, ब्राह्मण अनादि डॉक्टर, जटी ठकुराइन के चरण छूकर, तेल-नारियल-चावल-नमक अर्पित कर

के उन्हें प्रणाम करता था।

इसीलिए अनादि डॉक्टर चटपट जटी ठकुराइन को देखने चल पड़ा। जटी की कोठरी में भयंकर दुर्गन्ध फैली हुई थी। सुर्ख लाल रंग की मैली-कुचैली-जी चिरकुट पहने, जटी ठकुराइन, परीकथा की राक्षसी की तरह, अपने तख्तपोश पर, चित लेटी हुई थी। पेट फूलकर ढोल हो चुका था, हाथ-पैर बेकाबू पसरा हुआ! जटी ठकुराइन की आँखों में सिर्फ अचरज! अतीन्द्रिय दृष्टि की झलक! कीचड़ भरा रक्ता आँखों की दृष्टि, इतनी मोहक और खूबसूरत हो सकती है, अनादि डॉक्टर को यह अंदाजा नहीं था।

अनादि डॉक्टर की मेज़ पर कभी-कभार जो सुंदरी औरतें दर्द-यंत्रणा से बेकाबू होकर, असहाय मुद्रा में लेटी रहती हैं, उनकी आँखों के मुकाबले, जटी ठकुराइन की आँखें उसे कहीं ज्यादा खूबसूरत लगीं। आसन्न मौत के अलावा और कोई भी ताकत, इंसान की आँखों में ऐसी खूबसूरती नहीं भर सकती थी।

अनादि ठिठक गया। उसने उनकी नाड़ी की जाँच की, पेट की जाँच की और उसकी आँखें भर आईं।

अहा, अपना पाप धोने के लिए, वह साल में दो-एक बार जटी ठकुराइन के पास आ जाता था।

''माँ, मुझसे पाप हो गया, माँ।''

दिन के वक्त जटी ठकुराइन को कोई 'माँ' संबोधित नहीं कर सकता था। उसे 'ठकुराइन' कहना होता था। लेकिन, अनादि रात की कालिख भरी अँधेरे में मुँह छिपाए हुए आता था।

''कौन-सा पाप? ओ मोरे बाप, कइसा पाप?''

''वह लड़की मर गई, माँ!''

जटी ठकुराइन ने उसाँस भरकर जवाब दिया, ''अरे, ऊ अउरत तो महापापी थी! तुम्हें क्या खबर, बाप, उसकी आत्मा को लै जाकर, जमदूत ओका लाठी से पीट-पीटकर, ओकी हालत बिगाड़ देवेगा। अरे महापाप करके, बाप के मुँह पर कालिख नाहीं पोती उसने? अरे, तू भद्दर घर की बिटिया, तोरी मति अइसी भरभ्रष्ट होय गई?''

''अब क्या होगा, माँ?''

''ई, लो, बाप! गोखरू साँप के कंठ-हाड़ का यह ताबीज है। तकिया के नीचे एका रखकर सोना अउर तीन-संध्या समुच्चे घर में गंगाजल छिड़क देना। ठीक है?''

अनादि जैसे पापी-तापी लोगों के लिए सउरीघर में मरे बच्चे का नाखून, गोखरू साँप का कंठहाड़, धनेश पाखी का तेल वगैरह अब कौन इकट्ठा करेगा? जटी ठकुराइन कोई पैसा-कौड़ी नहीं लेती थी, सिर्फ एक पल्ला चावल भर लेती थी। शाम होते ही ठकुराइन, साधन की माँ बन जाती थी। ठकुराइन बनकर वह जो चावल पाती

थी, माँ होकर, उन चावलों का भात पकाकर, अपने बुद्धू-बक्काल बेटे को खिलाती थी।

अब अनादि को कौन देखेगा? दुख के मारे अनादि की आँखों में आँसू भर आए।

अनादि ने कहा, "इनको अस्पताल ले जाकर, एक बार कोशिश करो, साधन! ठकुराइन की तबीयत, मुझे ठीक नहीं लग रही है।"

अनादि ने साधन के हाथ पर कुछ रुपए रख दिए।

"इन्हें टैक्सी में ले जाना—"

साधन के अंदर का महाप्राणी मारे डर के, एकबारगी उड़ गया। रुपए लेकर, वह झटपट मिठाई की दुकान पर पहुँच गया। मन के दुःख के मारे उसने मुरमुरे-बताशे और गजा मिठाई ख़रीदी और दुकान पर ही बैठे-बैठे सारा कुछ सपोड़ने के बाद, उसने लोटा-लोटा पानी पीया।

टैक्सी-ड्राइवर ने जटी को अपनी गाड़ी में ले जाने से इनकार कर दिया।

"मुर्दा है! गाड़ी में ही टें बोल जाएगी!" उसने कहा।

साधन के मालिक ने उसे बाँस की झाड़ी से बाँस निकालकर दिया। खटोला तैयार करके, जटी ठकुराइन को लिटाकर, साधन बांगड़ अस्पताल पहुँचा।

अस्पताल उसके लिए बेहद अपरिचित जगह थी। इतनी बड़ी इमारत! इतने सारे लोग!

साधन ने कहा, "भइया बलराम, डर के मारे, मोरा हाथ-पाँव, पेट की नाड़ी में समा गवा है। इस अस्पताल में तो इत्तने सारे दरवज्जे हैं, ठकुराइन को कउन-से रस्ते से अंदर लै जावें, बताओ?"

"तू भी न, किसी और जात का इंसान है, रे साधन!"

बलराम, जगदीश और उद्धव, डॉक्टर को बुला लाए। वे लोग जटी ठकुराइन को अस्पताल में भर्ती कराने पर बज़िद थे।

डॉक्टर उसे बार-बार समझाता रहा, "बुढ़िया अभी ही मर जाएगी।"

साधन भी बार-बार रो-रोकर, डॉक्टर के आगे गिड़गिड़ाता रहा, "ठकुराइन को बचाय लो, डांग्दर जी। ठकुराइन बिना मोर दुनिया अँधेरी है। अहा, साँझ होते ही, ठकुराइन मोरी माँ बन जात है। मोरे कितने केश सफेद हुइ गए हैं, मगर अब भी मोरा लाड़ लड़ाती है ठकुराइन। खुद नहीं खाती, मोको खिलाती है, जी!"

"क्या कह रहे हो तुम? तुम्हारी कोई बात मेरी समझ में नहीं आई।"

"डांग्दर जीऽऽ हो!"

सिर-कटी, बलि की भैंस की तरह, साधन धरती पर लोटपोटकर छटपटाने लगा।

बलराम ने इसी कूतघाट में विवाह किया था। वह खुद कॉलोनी का बाशिन्दा था, भद्र लोगों को देखकर, वह बिल्कुल नहीं डरता था। जितने दिनों बलराम गरीब

था, उतने दिनों भद्र लोगों को देखकर उसे बिल्कुल गुस्सा नहीं आता था। उस वक्त भी उसके तन-बदन में धलेश्वरी नदी की शीतलता, स्वभाव में धान/खेतों जैसी नम्र श्यामलिमा मौजूद रहती थी।

लेकिन अब कॉलोनी में घर, अपना निजी रिक्शा और बसईपुर में धान-जमीन बना लेने के बाद से वह बदल गया था। अब भद्र लोग देखते ही, नम्र व्यवहार पाते ही, मीठी-मीठो बातें सुनते ही, उसका थूक देने का मन करता है! बलराम जान चुका है, वर्तमान बंगाल, बाप का नहीं, रौब-दाब का है।

बलराम आगे बढ़ आया।

उसने तीखे और कटे-कटे लहजे में कहा, ''वे कोई मामूली इंसान नहीं हैं, मालूम? वे देवांशि औरत हैं। हम सब उनके प्रति श्रद्धा-भक्ति करते हैं। धर्मपूजा में हम उन्हें डाला चढ़ाते हैं। अगर सीट हो, तो इन्हें भर्ती कर लीजिए न, सर! सीट न मेरी है, न आपकी, यह जनता की है। है न?''

आखिरकार जटी ठकुराइन अस्पताल में भर्ती हो गई।

साधन का रोना-धोना देखकर डॉक्टर के मन में भी संवेदना जाग उठी। डॉक्टर शर्म से गड़ गया। इतने बड़े जवान-जहान मर्द को, माँ के लिए, यूँ रोते-धोते उसने पहले कभी नहीं देखा था।

''ठकुराइन अब नहीं बचेगी, डांग्दर जी?''

''देखता हूँ, साधन! तुम हिम्मत मत हारो।''

''कौन-सा इंसान उनका अपना नहीं है, साहब जी? वो इंसान नहीं, देवी हैं, जी! लोग तो उनके पास आते हुए डराते हैं।''

''हाँ, सो तो है।''

''अब देखें न, दिन भर वो ठकुराइन होत हैं, जी! साँझ-भोर मोरी माँ बन जात हैं। गंगाजल में नहा-धोकर, लाल-सुर्ख साड़ी पहनकर, ऊ ठकुराइन बन जात हैं। तब उनके दरबार में हम भी उनके आगे सिर झुकावत हैं, डांग्दर!''

''अच्छा?''

''लेकिन माँ बुलाने के लिए, मोरी जुबान छटपटाती रहत है, साहेब! कब साँझ हो अउर हम जाकर ओकी गोदी में माथा रखकर, ओका माँ! माँ!! माँ!!! कहकर बुलावें और अपने हीया का चाव मिटावें।''

डॉक्टर विस्मित निगाहों से साधन को देखता रहा।

नर्स ने ईषत हँसकर पूछा, ''अपना यह बड़ा-सा सिर, तुम उनकी गोद में रख देते हो?''

साधन ने गहरी आंतरिकता से कहा, ''हाँ, माथा रखता हूँ, माँ-माँ करके बुलाता हूँ, उसके बाद, कितना-कितना खेलता हूँ हम दोनों। दिन में उनका भक्त लोग आवत हैं, लेकिन रात को, हमरे अलावा उनका कोऊ नहीं होता।''

''दिन में तुम्हारी माँ क्या खाती थी?''

''हम का जानें, साहेब? मान लें, जी, चा पीती रही, गाँजे का दम लगावत रही, गंगाजल पीवत रही। अरे, देवांशी देही भला भात-पानी चाहत है?''

''और शाम को?''

''भात पकावत रही, मोको खियावत रही। खुद भी जरा-मनी....बस, इत्ता-सा खाय लेती थी। जइसे कउनो निरा बच्चा खात है।''

''इसीलिए तो यह रोग हुआ है, साधन!''

''नाहीं, जी! ओका रोग-शोक नाहीं है। देवांशी देही में भला रोग लगत है? लोग समझ लेत हैं, केहू ओका जहर-बान मार दिहिस।''

''अच्छा, अच्छा, हम देखते हैं।''

''डांग्दर जी...''

''हाँ, कहो।''

साधन ने पाँव से माटी खरोंचते हुए कहा, ''आप लोगन के घर में लछमी मइया बँधी चेरी हैं, साहेब! आपके ईहाँ भात का पहाड़ लगा है, दाल का समुंदर है। ओके हिस्से का भात, मोका दै सकत हो? ऊ तो अभी खाती-पीती नाहीं।''

''ऐसा नहीं हो सकता, साधन!''

डॉक्टर अवाक् निगाहों से साधन को देखता रहा। इंसान के तन-बदन में, पशु जैसी सरल प्रवृत्ति, डॉक्टर ने पहले कभी नहीं देखी थी।

लेकिन जटी ठकुराइन का इलाज नहीं हो पाया।

''ओका का भया है, डांग्दर–'' यह सवाल पूछ-पूछकर साधन डॉक्टरों का दिमाग चाट गया।

डॉक्टर क्या कहता? उन लोगों ने जटी ठकुराइन को ग्लूकोज चढ़ाया, सेलाइन चढ़ाया, गले की नली सूख गई थी, इसलिए नली लगाकर, पेट में खाना पहुँचाने की भी कोशिश की। डॉक्टरों की कोशिश-तदबीर में कोई त्रुटि नहीं हुई।

लेकिन जटी ठकुराइन की हालत में सुधार नहीं आया।

बीच-बीच में, जब भी उसे होश आता, वह बड़बड़ाने लगती थी, ''अस्पताल में मोका मत रख, मोरा बाप! ए मोर साधन, ऊ डांग्दर मोरी नाड़ी-भूंड़ी उपाड़ लैहे, डोम सब मोर खोपड़िया-हाड़ बेचकर कमाई करि हे मोका घर लै चल, मोर बाप!''

तीन दिन बाद, डॉक्टरों को जटी ठकुराइन का रोग पकड़ में आ गया। उसका रोग बेहद संक्रामक...बेहद छुतहा था। भारत भूमि में आज भी उसका इलाज नहीं था। इस रोग का नाम था–अनाहार! भूख। खुद न खा-खाकर, खुद्दीखोर बेटे साधन को खिला-खिलाकर, जटी ठकुराइन की नाड़ियाँ सूख गई थीं।

''यह देव-रोग है, साधन, इसका इलाज मैं नहीं जानता।'' डॉक्टर ने हल्का-सा मजाक किया।

“तो फिर इनको लै जाऊँ?”

“हाँ, ले जा!”

जटी ठकुराइन की आँखें पट् से खुल गईं, “अरे, मुरदार, अरे, बुद्धूराम, मोरी जन्मकथा तू नहीं जानता। तू नहीं जानता हम कउन समाज की बेटी हैं? मोका घर ले चल! हम वहीं अपनी देह रखेंगी।”

बलराम, जगदीश, साधन कुछ और लोग मिलकर जटी ठकुराइन को घर ले आए। जटी के घर के सामने ही नीम का एक पेड़। उसकी छाँव में जटी को लिटा दिया गया।

“नीम पेड़ की छाँव भली होती है, साधन। हम सब यहीं हैं। तू जाकर उनके पास बैठ।”

बलराम के कहने पर, साधन, जटी ठकुराइन के करीब जा बैठा।

“कोई ज़रा बाह्मन बुला लाए, भई!”

“है बाम्हन भी है!”

“कौन?”

“अनादि डॉक्टर!”

“जा, उन्हें ही बुला ला। ठकुराइन के पास उन्हें बिठा।”

अनादि डॉक्टर जटी ठकुराइन के पास आकर बैठ गया।

साधन अभिभूत! कातर!

“कुछ उपदेस दे जाओ, जी, ओ मेरी साँझ-भोर की माँ।”

“दूँगी! दूँगी!”

जटी का आखिरी वक्त! उसे कुछ देर को होश आया।

“हाँ, जी, कहो!”

“तुम्हारा बाप था—कांदोरी! तुम लोगन जात के बनजारे हो। वन-जंगल में घूमना, झाड़-झंखाड़ में घूमना अउर सुंदर-सुंदर, दुर्लभ चटाई बुनना।”

“और तुम?”

“मैं...?”

उस वक्त आसमान में सूरज चमक रहा था। करीब दस बजे थे! जटी जब सेहतमंद थी, इस वक्त वह ठकुराइन बनी, अपने कमरे में विराजमान रहती थी, लोगों की पूजा-अर्चना स्वीकार करती थी।

इस वक्त, साधन के मन यह तीखी चाह जाग उठी कि जटी माँ बन जाए और कहे—साधन, आ, मेरे पास आ जा!

जटी का भी मन हुआ कि वह साधन को अपने करीब बुलाए और कहे, “साधन, ओ साधन, पास आ जा।”

जटी यह कह सकती थी। मगर उसने नहीं कहा। इस वक्त उसकी चारों तरफ

कितने-कितने लोग! कितने-कितने भक्तिगण! ये लोग उसके पास आते थे, उसे प्रणाम करते थे, भक्ति अर्पित करते थे। ये लोग ही तो पूरे साल भर, हर रोज़ चावल जुटा-जुटाकर, साधन को जिंदा रखे हुए थे। जटी कभी, किसी दिन, अपनी मर्ज़ी से ठकुराइन बन गई थी। आज उसे ठकुराइन के रूप में ही मरना भी होगा।

"तुम कउन हो, जी?"

साधन ने सरल भक्तिभाव से पूछा। माँ कौन है? जटी कौन है? साधन का बप्पा अगर कांदोरी था, तो जटी क्या किसी दूसरी बिरादरी की लड़की थी? साधन, बलराम, जगदीश—सभी उसके और करीब आकर, उसे घेरकर बैठ गए।

"तुमन लोग भगेड़ू नहीं हो, बाप! तुम लोग जात में ऊँचे हो....बहुत ऊँचे!"

"और तुम?"

"हमारी कथा, बड़ी अचरज भरी है, जी! भोरा आदि पुरुष, वही ज़रा ब्याध था। नाम सुना है?"

"ज़रा ब्याध?"

"हाँ, हम उसे जारा ब्याध भी कहत हैं। हम लोगन की जुबान पर तुम लोगन का सवाद नहीं है, डांग्दर।"

"घोर विकार में है।" अनादि डॉक्टर ने दहशत से भरकर कहा, 'ऐसे विकारग्रस्त रोगी को अस्पताल ने छोड़ क्यों दिया? ऐसे मरीज के आस-पास लोगों की इतनी भीड़ क्यों लगी है? ज़रा ब्याध तो महाभारत जितना ही पुराना है! कहानी-किस्से की बात है।"

"विकार नहीं है, डांग्दर! मोरी बात सच्ची है या झूठ, हम बता सकती हूँ। सुना है...."

जटी ने एक आश्चर्यजनक दास्तान छेड़ दी।

"जाने कउन देस में तो सागर है, कहाँ तो द्वारकापुरी बसी है। उस देस में जाकर ज़रा ब्याध ने बान मारा था।"

"किसे?"

"किसको? पोथी में नहीं पढ़ी?"

"हाँ, सभी जानते हैं।"

"ऊ तो पाप का राजा, महापाप था। भगवान को बान मारकर....इससे बड़ा पाप तो कोई था ही नाहीं! उसके बाद, ज़रा वंश, ऊ देस त्यागकर, ई देस चला आवा।"

"कहाँ?"

"हिजली, कांथी, तमलूक, मेदिनीपुर!"

"उसके बाद?"

"मोरी बिरादरी बहुत छोटी है। हम लोगन श्मशान-मसान में घूमत हैं, साँप पकड़ते हैं, मसान की कलसी से पानी पीवत हैं।"

"छिः!"

"हम लोगन पंखी-पखेरू पकड़त हैं! हम लोगन को पंखीमार कहते हैं।"

"पंखीमार कउन जात है, जी? हमने तो ई नाम कभी नहीं सुना–"

"हम लोगन का आन समाज में सांगा नाहीं होता। लेकिन हमार मन तो जाकर, साधन के बप्पा में ही बस गवा। बिरादरी वाले बात बनाते इसलिए, हम ऊहाँ से चले आए और सांगा कर लिया।"

असल में जटी ठीक तरह बता नहीं पाई। पहले विवाह को 'विवाह' कहा जाता था। दूसरे विवाह को 'सांगा'। पाखमारा जात के धर्म, रिवाज मुताबिक जन्म के साथ-साथ ही, हर लड़की का ब्याह, उन लोगों के देवता के साथ कर दिया जाता था। वे लोग पहले देवता को जल-नारियल चढ़ाते थे, उसके बाद वे किसी इंसान का घर बसाने आती थी।

"उसके बाद, काफी, का-फी दिन बाद, हम ठकुराइन हो गई, जी! हमार ऊपर साँझ-भोर के देवता का छाँह पड़ गवा।"

"जटी ठकुराइन, पानी पीओगी, पानी?"

"ना, बाप सकल! अब हम महा-आनन्द से सरग जावेंगी। लेकिन, साधन..."

जटी ने हिचकी ली।

"का? मोको तुम का कहत हो?"

"हम ठकुराइन बन गई थी। देखो, सुरुज देवता, हमरे माथे के ऊपर आय गए हैं..?"

"इस वक्त दिन है...?"

"क्या दोगी?"

"तोरी माँ, नाहीं, साधन, ठकुराइन सरग जाए रही है। तोके अभी बहुत-बहुत किरिया देवे को है, बाप!

"कैसी किरिया?"

सबके मन में महा कौतूहल जाग उठा। साधन के कच्चे आँगन में अड़ोसी-पड़ोसियों की भीड़! मानों कोई अन्त्यज, गरीब, अभागिन नहीं, कोई महा-सम्मानी, नामी-दामी इंसान मर रहा हो, इसलिए इतनी भीड़ जमा थी।

सबके सब खामोश! सबने लंबी उसाँस भरी। उनकी जटी ठकुराइन, अपने आखिरी वक्त उनसे क्या माँगने वाली है।

"देख, हम चाहे साँझ को मरती या भोर के बखत मरती, तोरी कानी-कउड़ी खरच नाहीं होता। अब तू मोका हाथी देना! मोरे 'सराध' में तोका हाथी देवे पड़ी।"

"किरिया खाया।"

शोक-दुःख से पागल, घटना की अस्वाभाविकता से हतुबुद्ध, साधन ने कहा, 'सब लोग सुन लें, इनके 'सराध' हम हाथी दान करूँगा।"

"घो....घो....घोड़ा भी देगा।"

"देबों–"

"अन्न-वस्तर-भुंइ-सोना-रूपा भी खूब-खूब देना।"

"देबों!" साधन जोर-जोर से रो पड़ा, "स-ब देबों, जी। तुम हमका छोड़ना मत। मोरा अउर कोऊ नाहीं है।"

"तोरी ब....ब....ब...."

जटी ठकुराइन की आवाज़ अटक गई। साधन की जो बहू भागकर, मायके चली गई थी, उसे वापस ले आने की बात, जटी कहकर नहीं जा सकी। इससे पहले ही जटी ठकुराइन का सिर ढुलक गया।

कोरी साड़ी पहनाकर, फूल-चंदन से ढँककर, ढाक-ढोल बजाकर, वे लोग जटी ठकुराइन को दाह-संस्कार के लिए ले गए। सारा खर्च अनादि डॉक्टर ने दिया। जटी के चेहरा निहारते-निहारते, अनादि डॉक्टर को पहले तो यही अहसास हुआ कि चलो, अब रोज-रोज चावल देने के दाय-दायित्व से पीछा छूटा। चावल के दाम जब ताड़ के पेड़ पर चढ़ गए थे, अनादि को जटी ठकुराइन को चावल अर्पित करके, प्रणाम करने जाना पड़ता था।

अनादि की बीवी बेतरह भड़क जाती थी, "कहने को देवांशी है, लेकिन अपने भक्तों को दुःख-तकलीफ वे ज़रा भी नहीं समझतीं।"

अनादि को काफी दुःख हुआ।

बलराम के हाथ में चंद रुपए ठूँसकर, अनादि ने कहा, "तुम लोगों को जो भी खाना-पीना हो, खा-पी लेना। लेकिन ठकुराइन को चंदन काठ से ही जलाना। हाँ, काठ सूँघकर लेना। फूल छितराना, लावा बिखेरना, पैसे लुटाना। ठीक है? तेरे बहनोई की कोई कीर्तन-मंडली थी न?"

जटी की मौत अब बलराम जैसे लोगों के लिए एक अलौकिक घटना थी। मरते वक्त, घोर विकार और तेज़ बुखार की बेहोशी में जटी ने जो-जो कहा था, वह सब बलराम लोगों के लिए देववाणी थी।

इसलिए बलराम ने कहा, "अगर वह नहीं आया, तो उसका सिर फोड़ दूँगा।"

बलराम इस क़िस्म की बातें, शायद ही कभी, करता हो। उसका निर्देश सुनते ही, उसका बहनोई तत्काल आकर हाज़िर हो गया। नाम सदानन्द, स्वभाव से भी वही! किसी सरकारी दफ्तर में वह चपरासी था।

"अरे, गोली मारो नौकरी को! कैजुअल छुट्टी है न! गैरहाज़िर रहो, तो भी सरकारी दफ्तर में, नौकरी नहीं जाती।"

यह कहकर, उसने कमर में गमछा कसा, बाल सँवारे, गले में कागज का बनमाला पहने, सदानन्द और उसके साथी–'हरिनाम लिख अंग-अंग, पहुँचे-पहुँचे हम हरि-चरण।' गाते-गाते, जटी ठकुराइन को ले गए।

दो

साधन की साँझ-भोर की माँ, मानवी से देवी कैसे बन गई, यह बड़ी हैरतभरी कहानी है।

वे लोग मेदिनीपुर के पंखीमार थे। वे लोग यायावर थे। उन लोगों का कहना था, वे लोग ज़रा ब्याध के वंशधर थे। चूँकि उन लोगों ने ईश्वर की हत्या की थी, इसलिए वे लोग अभिशप्त थे। सुदूर द्वारका से उन लोगों को चले आना पड़ा था।

घरों में रसना-बसना उन लोगों के लिए मना था। वे लोग पाखी-पंछी पकड़ते थे, बेचते थे। मसानघाट के पेड़ पर, रसोई की हांड़ी लटकाकर, गृहस्थी चलाते थे। शव-शय्या पर उनके वर-बहू आराम से सोते हैं, प्यार-मुहब्बत करते हैं। चिता की आग देखकर, उनके मन में देह-तत्व नहीं जागते। माँ, बेटे का लाड़-प्यार करती है, पति-पत्नी बैठकर गाते-बजाते हैं।

मेदिनीपुर के नमक नहर में, काजू-बादाम के बागानों में, दक्षिण भारत के अनगिनत लोग आते-जाते रहते थे। वहाँ काम करते थे।

उन लोगों को बिरादरी-बाहर विवाह करने की मनाही थी। लेकिन जटी के तन-बदन में गज़ब का रूप था। ताम्रवर्णी रंग, नीली-नीली आँखें, घुंघराले बाल। सिर पर बालों का जूड़ा बाँधकर। जटी उसमें लाल पत्थरों की माला लपेट लेती थी। नदी के जल में अपनी सूरत निहारना, जटी को बेहद भला लगता था। गहरे नीले रंग की साड़ी पहनकर, अपने अंग-अंग को सजाना-सँवारना उसे बेहद प्रिय था।

सर्दी के दिनों में जटी लोगों ने सुवर्णरेखा के रेतीले तट पर डेरा डाला था। उन दिनों सूखे तट की रेत पर यायावर पाखियों की भीड़ लगी हुई थी। शरवन में जाल फेंककर, जटी सीटियाँ बजाती हुई पंछी-पखेरू पकड़ा करती थी।

वहीं, एक दिन उत्सव से उसकी भेंट हो गई।

उत्सव! जात से कांदोरी! उनका जात-पेशा था, चटाइयाँ बुनना! उन दिन उत्सव की उम्र, यही कोई तीस वर्ष! नाटा कद! मजबूत काठी! साँवला चेहरा! कंधे तक लहराते हुए घने-घुँघराले बाल! उत्सव गाने बनाता; गाने गाता था।

जटी को देखकर, उसने गीत बाँधा—

ओ नीली साड़ी, रक्तवर्णी लड़की,
नजर उठाकर देख,
तोरे प्यार में, जले मोरा हिया!

उस वक्त जटी की हथेलियों में, जाल में फँसी नील पाखी, छटपटा रही थी!

जटी उसके सामने आ खड़ी हुई!

उसने मुँह बिचकाकर कहा, "हुंः नासपीटा! नहर भर में हल्ला मचाता गीत सुनकर मोरी छाती में आग लहर उठत है। उड़ा दी न मोरी चिड़िया?"

"ऊ पाखी धरकर, का होगा, मोरी सखी
अपने प्राणपाखी
बिछा दँ, तोरे पाँवों में
हाँ, तोरे प्यार में, जले मोरा हिया!"

उत्सव गा उठा!

उत्सव को बेहद मजा आ रहा था। उसकी बिरादरी में लड़कियाँ इतनी वन्य नहीं होती थीं! वे इस कदर आँख-मन नहीं खींचती थीं। उस लड़की की आँखें, होंठ, नाक मानों पत्थर पर तराशे हुए!

"नासपीटा!" जटी ने दुबारा गाली दी और चल पड़ी!

उत्सव ने उछलकर उसका हाथ पकड़ लिया, "तूने मुझे गाली क्यों दी?"

"तूने गाना बनाकर क्यों गाया? मोरी पाखी क्यों उड़ा दी?"

उत्सव ने जोर का ठहाका लगाया।

अचानक उसने जटी के हाथों से जाल छीन लिया और उसमें फँसी, आकुल-व्याकुल नीलकंठ पाखी को उड़ा दिया।

उसने हतबुद्ध, क्रुद्ध जटी की तरफ जाल फेंककर कहा, "तू मोरी पाखी है! भागेगी! उड़ जाएगी? तू मेरी प्राणपाखी है।"

जटी रोने लगी। उसके बाद, जाल फेंककर, वह भाग खड़ी हुई।

उत्सव के ठहाके काफी देर तक उसका पीछा करते रहे।

अगले ही दिन उत्सव उनके डेरे पर आ धमका।

जटी की दादी के पैर छूकर प्रणाम करते हुए, उसने कहा, "टुक दवाई दें न! वन-जंगल में घूमता हूँ न, छाती में बड़ी पीर उठत है। आप लोग ठहरे गुनीजन! दवाइयों के कारोबारी! टुक दवाई दे दें न!"

जटी फूत्कार उठी, "इस नासपीटे को पिटाई की दवाई दे दें, तो भला! इसने मोरी पाखी उड़ाय दी, मालूम?"

जटी की दादी हँस पड़ी, उसने जटी को गाली देते हुए, अपने काम पर जाने को कहा। इस समाज के लड़के-लड़कियों को बाहर की तरफ देखना वर्जित है। उन्हें अपने ही समाज के अंदर रहना होता है। जटी का चंचल स्वभाव देखकर, दादी मन ही मन डरी रहती थी।

उसके बाद, उत्सव उनके डेरे पर कभी नहीं आया। वह तो जटी के पीछे-पीछे घूमता रहा और उसे नए-नए अचीन्हे सपने दिखाता रहा।

घर का सपना! मचान पर धान की ढेरी का सपना, बेंत के फूले में बच्चे का सपना! उस घर में, जटी आइने में अपनी सूरत निहार रही होती, चाँदी के गहने पहने होती। उस घर के आँगन में लाल, नीली रंग-बिरंगी साड़ियाँ सूख रही होतीं। दरी-चटाई से भी ज्यादा खूबसूरत नक्काशीदार सपनों का जाल बुन-बुनकर, उत्सव

ने जटी पर जाल फेंक ही दिया।

इस बार जटी ने वह जाल उतारकर नहीं फेंका।

वे दोनों भाग गए।

खड़गपुर से दीधा! काजू-बादाम के मौसम में रोजमर्रा की मजदूरी, मछलियों के मौसम में मछली सुखाने का काम!

वे दोनों भागकर, काफी दूर न चले गए होते तो कौआमारों का अभिशप्त समाज, बिरादरी छोड़कर फ़रार हो जाने के जुर्म में उन दोनों को तीर से छेद डालते।

उत्सव ने जो-जो सपने दिखाए थे, उसे वह सच नहीं कर सका। लेकिन जटी बेहद सुखी हुई थी। बेहद खुश थी वह! कैसी खूबसूरत जिंदगी थी! सिर्फ दो-दो प्राणियों के लिए खाना पकाओ और खाओ और प्यार करो। हाथ में रुपइय्ये आएँ, तो साड़ी-कपड़े खरीदो। घुंगची की माला, लाख की चूड़ियाँ, रूपे के मुल्लमा-चढ़ा गोटा! रोज रकम-रकम से बाल सँवारो; रकम-रकम ढंग से साड़ियाँ पहनो। अब तो तुम कौआमार नहीं हो। अब तुम ऊँची जात में शामिल हो गई हो! अब तुम्हारा दर्जा बदल गया है।

"हमारी जात भी फेंकलू नहीं है, जटी। हम लोग दहेज देकर, लड़की लेते हैं। बिरादरी को भात-खस्सी खिलाते हैं।"

"ऊ सब बात रहने दो—"

जटी डरी-सहमी रहती थी। उसे हर वक्त यही अहसास होता था कि यह घर, यह प्यार हमेशा टिका रहे, बस! वे लोग ठहरे अभिशप्त! जिन लोगों ने ईश्वर की एड़ी में वाण मारा, उन्हें अपनी समूची जिंदगी, यूँ घूमते-भटकते ही गुजारना होती है।

जटी ने तो ऐसा किया नहीं।

अगर उसी गुस्से में कहीं उसकी दादी ही उस पर वाण चला दे? उसकी माँ ही कहीं उसकी और उत्सव की फूँस के पुतले बनाकर, लोहे की सींक से उसे इस पार से उस पार गोद डाले, तो?

जटी बेतरह डरी-सहमी रहती थी।

वह पिनपिनाकर कहती थी, 'उन' लोगों की बात छोड़ो तो! तू हमसे आन बात करो।"

"तू डर खाती है?"

"नासपीटा!"

जटी उसे मीठी-सी डाँट पिलाती। उसकी तरफ पीठ करके, अपने बाल सँवारने बैठ जाती थी। क्या इसे ही कहते हैं—जात खो देना? नीचे से ऊपर उठना? लेकिन नहीं, अपनी आवाज़ में उसे ज़ोर महसूस नहीं होता था। नहीं, उसे मीठी-सी झिड़की भी नहीं दे पाती थी—जा, मर....!

हाँ, बीच-बीच में जब उसे कहीं प्रिय-प्रिय... डम-डम आवाजें सुनायी देतीं, वह एकदम से चौंक उठती थी।

पंखीमार लोग इसी तरह ढोलक पर हल्की-हल्की थाप देते हुए आते थे। वे लोग झुंड बाँधकर घूमते थे। मधुमक्खियों की तरह छत्ता गढ़कर एक ही जगह रहते-सहते थे।

यह एक साथ रहना ही, उन लोगों की नज़र में सबसे बड़ी बात थी।

वे लोग कोई मामूली इंसान नहीं थे। वे लोग ज़रा ब्याध के वंशधर थे। ब्याध भी कोई मामूली नहीं। उसने जिन्हें मारा था, वे स्वयं कृष्ण भगवान थे। गाँव, नाते-रिश्तेदार, सकल लोगों ने इतना पाप किया था, और इतनी सजा पा रहे थे कि मन के दुःख से आकुल-व्याकुल, कृष्ण भगवान, कहीं निर्जन में जाकर, दो पल आराम कर रहे थे। लाल-सुर्ख कमल-पुष्प की तरह उनके पाँव!

''टक्-टक् लाल-लाल कमल के फूल की तरह पाँव!' जटी की दादी सिर हिला-हिलाकर कहा करती थी, ''शर जंगल की झाड़ी से जैइसे ही वो पाँव देखा, ओकी बुद्धि भरभष्ट हो गई। बस, टन्न से मार दिया वान! अइसे में का भया, मालूम?''

आकाश अँधेरा हो आया, सूर्य ने मुँह ढँक लिया। समुंदर ने मन के दुःख से पानी में बसे सभी जीवों को उगल दिया। मछली की डोंगी से उलटकर, जो लोग जल के नीचे जाकर दम तोड़ रहे थे, वे लोग दुबारा प्राण पाकर रो उठे। ग्वाले दूध दुहने लगे, तो देखा, दूध के बदले खून की धार झर रही है! उजली-धुली, चमकती सुबह! लेकिन रात की तरह काले आकाश में वे लोग जलने लगे।

तभी वह देववाणी हुई!

भगवान को जिन लोगों ने मारा, उन लोगों का घर-द्वार नहीं हो सकता।

देववाणी ने कहा, ''ज़रा, हे ज़रा! व्याध, हे व्याध! इस भुवन में भगवान बार-बार आते हैं। तुम जैसे केवल एक ही कसाई ने भगवान को वाण विद्ध किया। जिन लोगों ने यह काम किया, उन्हें घर-द्वार में रहना वर्जित है। अब से तुम अपने सगे-संबंधियों को लेकर निरुद्देश्य हो जाओ। मालूम?'

अब कहाँ जाएँ?

''जिधर दोनों आँखी जाये।''

''पूरा समाज लै जाऊँ?''

''अगर नहीं लै गए, तो क्या घर जाओगे? तुम्हारा समाज, अब महापापी जन का समाज है। ऊ समाज में जो लोग अपने बाल-बच्चों का बियाह करेंगे, उनका मरण होवेगा। इसलिए, देखो, जो भी होवेगा, अपने समाज-बिरादरी में होवेगा। समाज मत देखो! हाँ, देखो, ज़रा हे ज़रा! ब्याध हे ब्याध, मोर कंठ सदा कानों में पड़ता रहे।''

''जावेगा....जाता रहेगा।''

"और देखो, तुमरे समाज का हर बंदा, चाहे वह लड़का हो या लड़की, समाज छोड़कर ना जाए। तुम सब लोगन के पाप से, वो सब भी पापी भए, इसलिए! जब ऊ जन्म लें, उनका बियाह पहले भगवान से करना।"

"करेंगे—"

ज़रा ब्याध ने रोते-रोते सब क़बूल किया। अहा! द्वारका छोड़कर भला कोई जावे चाहे है? कइसी सुंदर द्वारकापुरी! नील समुंदर के तीर पर, क्या सुंदर सोने के गुम्बददार घर-मकान! ज़रा रहता तो था, वन-जंगल में, अब दूर-दूर से ही देखता रहता था। परायों का सुख, परायों की आन-शान देखने का सुख भी क्या कम होत है?

उसके बाद ज़रा ब्याध को क्या कम सज़ा भोगनी पड़ी? गाँव के लोग, नाते के लोग, गठरी-मोटरी, शिकारी कुकुर—सब लाव-लस्कर समेत क्या कम भटकना पड़ा?

कहाँ सत्यपुत्र, कहाँ केवलपुत्र, कहाँ चोल, कहाँ पंड्या, दर-दर भटकते-भटकते ही ज़रा ने दम तोड़ दिया। ठाँव उसे कहीं नहीं मिली।

हर कहीं, एक ही बात—'हॉऽ, हाँ, भगवान को वाणविद्ध करके, अब हमारे देश का सर्वनाश करने आए हो? बड़े आए चालाक सियार कहीं के! द्वारकापुरी तो श्मशान कर ही दिया, अब हमें मारोगे?

जरा को कहीं शरण नहीं मिली। वह कहीं थिर नहीं हो पाया। इधर ऊपर बैठे देवादिदेव लंबी-लंबी उसाँसें भरते रहे। द्वापर युग गुज़र गया, कलियुग आ पहुँचा। घूमते-भटकते ज़रा की उम्र हजारों-लाखों साल हो गई। पाँव, फीलपाँव हो गया! अंग-अंग में दर्द!

जाने किसको तो एक दिन उन पर तरस आ गया, "गढ़ के बारे में सुना है? बंग? गौड़? जानते हो? जाओ, गंगा जहाँ सागर से मिलती है, उस देश में जाओ। उस देश में सभी पापी-तापी-लोभी-मक्कार-शैतान—सभी को आश्रय मिल जाता है। वह देश किसी को भी वापस नहीं लौटाता। तुम उसी देश चले जाओ।'

ज़रा इस देश में चला आया।

अपनी ही बिरादरी में शादी-विवाह, श्मशान-शैया पर सुहागरात, श्मशान की कलसी पर बीवी भात पकाए, नाते-रिश्तेदारों को भोज-भात। उनके मर्द-औरत सभी बेहद आजाद! उनकी औरतें रूप की खान! ताम्रवर्णी केश का सिर के ऊपर जूड़ा बनाकर, उस पर तिनकों की माला लपेट लेती हैं! उनके चेहरों पर पत्थर की तराशी हुई मूर्ति जैसी उजली-धुली खूबसूरती! उनके यहाँ के अनगिनत मर्दों ने अपने कुल की रीत नहीं तोड़ी। उन लोगों ने अपनी ही बिरादरी में ब्याह किया। उनमें खून की पवित्रता बेहद प्राचीन है। महाप्राचीन! इसीलिए, उनकी सूरत-शक्ल इस कदर मोहक!

कम होते-होते, मरते-मरते उनकी तादाद अब कुल सौ रह गई। वे लोग अपना

दल छोड़कर, कभी, कहीं नहीं जाते।

शहर की राह, गाँवों की सड़क पर वे चलते चले जाते हैं और डम-डम, डुम-डुम ढोलक-वाद्य बजाते हुए गुजर जाते हैं।

पंखीमार आए! पंखीमार जाए।

अपने भरसक, वे लोग शहर की तरफ कभी रुख नहीं करते।

हाँ, बीच-बीच में, साल में एक बार ट्राइबल वेलफेयर दफ्तर में, वे लोग नाम लिखाने आते हैं, कोई मर जाता है, तो उनका भी नाम लिखा जाते हैं।

सरकारी रजिस्टर में वे लोग शायद संरक्षित उपजाति हैं।

इसीलिए जटी, एक कान और आधे मन से उत्सव की बातें सुना करती थी, दूसरे कान और आधे मन से गूँजते हुए वाद्य सुना करती थी डुम-डुम डुम-डुम!

वे लोग कहीं आ धमकें?

माँ-बाप, दादी, गाँव वाले, नाते-रिश्तेदार?

अगर वे लोग कहें, "चल, मोरे साथ! जंगल की तरफ चल! जात-बिरादरी में लौट आ?" तो, जटी क्या करेगी?

क्या करेगी जटी?

उसे यूँ डरी-सहमी देखकर उत्सव हँस देता था। वह गाने बनाने में जुट जाता था–

ओ, री तोरा भय झूठमूठ!

प्रीत-जाल में पड़ने में, काहे इतना भय!

जटी कहती, "नासपीटा!"

उत्सव कहता, "मोरी जान रहते, तोको कउन ले जावेगा? तेरे वे जंगली मरद? ऊ लोग उत्सव को पहिचानत हैं? एक बार दारोगा जी से कहा नहीं कि ऊ सब मरदूदों को अच्छे-से सबक सिखाकर छोड़ेगा।"

इसके बावजूद, जटी के मन की दहशत कम नहीं हुई। लेकिन उत्सव ने धीरे-धीरे उसकी दहशत काफी कुछ कम कर दी। उसे इस कदर अपने में समेट लिया कि वह अपना खौफ़ काफी कुछ भूल गई। जटी की गोद में अब गोल-मटोल, घने-घने बालों वाला, काला-काला एक बेटा खेलने लगा। उसे देखकर यह कहने की जरूरत ही नहीं पड़ती थी कि वह उत्सव का बेटा है। उसके चेहरे में, बाप का चेहरा जैसे काटकर बिठा दिया गया हो। सिर्फ दोनों आँखें, माँ की आँखों जैसी! स्वच्छ! नीलाभ! भरी-भरी-सी!

उत्सव के मन में जात में ऊँचे चढ़ने की महत्वाकांक्षा जैसे और बढ़ गई। जटी को तो उसने अपनी जात में शामिल कर ही लिया था। उत्सव मन ही मन जानता था वह खूबसूरत चटाइयाँ बुनता था और वह पंखीमार-पंखीधरैया जात से कहीं ऊँचा है। अब तो वह मजूरी भी करने लगा था। यह भी एक पायदान और

ऊँचा उठना है!

बेटे का बाप बन जाने के बाद, उत्सव को लगा वह अपनी जात से और ऊँचा उठना चाहता है। अब वह गरीब-गुरबा लोगों के बृहद समाज में नहीं रहना चाहता था। अब वह शरीफ लोगों के छोटे-से समाज के किसी कोने में जगह पाना चाहता था।

उत्सव ने जटी से भी यही कहा।

''ए जटी, मोरी जटी, जटेश्वरी, आज बीडी ऑफिस गया था। पता है, बीडीओ बाबू ने क्या कहा?''

''क्या?''

''अब और कउनो बाधा नहीं! हम कचहरी ऑफिस जाकर, रुपया खर्च करके, अभी ही नाम पलटा सकता हूँ। यह कांदोरी-मांदोरी सुनते ही लोग चट से समझ जाते हैं कि हम छोटी जात हूँ।''

''नाम बदल लेगा?''

''काहे नहीं? उत्सव कांदोरी सुनने में कइसा तो लगता है। उत्सव दास! साधन चन्द्र दास! सुनने में कइसा भला-भला लगता है! उसके बाद, कोई और काम लेकर, कउन बड़े शहर में चले जावेंगे, तो पौ बारह!''

''कइसे?''

''बड़ा शहर जगन्नाथ का क्षेत्र है। वहाँ कोऊ किसी का खोज नहीं लेता। नाम देखकर ही सोच लेवेगा कि ई बेटा जरूर ऊँची जात का है, नहीं तो नाम के पीछे दास काहे होता?''

उत्सव की बातें सुनते-सुनते जटी अचानक खुशी से भर उठी। हाथ कमर पर रखकर, वह ठुमक-ठुमक नाचने लगी।

''हाँ, चल, चल, वहीं चल! अब्भी जाकर, ऊँची जात बन जावें।''

उत्सव ने स्नेहभरे लहजे में उसे समझाया, ''पागल न हो तो! अभी कइसे? बेटा की उमिर तो हो लेवे दे। मुँह में अन्नप्रसाद तो दे लूँ! देवथान में पूजा तो भेज दूँ।''

उसकी बातें सुनकर जटी को एक बार यह ख्याल जरूर आया कि जिसके पुरखों ने एक बार भगवान की हत्या कर दी थी, वह क्या अपने समाज के निर्दिष्ट देवता के अलावा और किसी देवता की पूजा कर सकता है?

अगर कोई नुकसान हो जाए?

लेकिन अगले ही पल उसे लगा, उत्सव ने ठीक ही कहा। सब छोड़छाड़कर अगर फ़रार हो जाएँ, सरकार की कचहरी में लिख-पढ़कर अगर जात बदल ली जाए, तो उसकी माँ-दादी, उसकी छाया तक नहीं छू पाएँगी।

''हाँ, यही ठीक होगा—'' जटी ने आँखें मूँदे-मूँदे ही कहा।

उस वक्त पंखीमारों के पुरखे, ज़रा ब्याध को जिस देवता ने देववाणी की थी,

वे क्या हँसे थे?

चलो, हो गया, साधन का अन्नप्राशन भी हो गया। उन दिनों उत्सव खड्गपुर स्टेशन पर माल ढोने का काम करता था। उसने कुलियों की बिरादरी को भी भात-खस्सी का भोज दिया। उसके बाद, चोरी से बेची गई देशी शराब पीकर उल्टियाँ करते हुए अस्पताल पहुँच गया और मर गया।

अपने दिखाए हुए सपने, प्राणभरा प्यार, कंठ भर गान—सारा कुछ समेटकर, उत्सव चला गया। जटी फिर अकेली हो गई। अब, जटी आजाद थी। अब जटी चाहे, तो जहाँ उसका मन करे, वह जा सकती थी। लेकिन झूले में पड़ा लेटा हुआ वह बच्चा रोने लगता था और उसकी तरफ टुकुर-टुकुर देखने लगता था।

जटी समझ गई, अब उसे क्या करना है! उसे अपनी बिरादरी में लौट जाना होगा। दादी का पाँव पकड़कर रोना-धोना होगा। जटी पक्की तौर पर जान गई थी, उत्सव दादी के वाण से ही मरा है। अब डॉक्टर और पुलिस चाहे जो भी कहे।

डरी-सहमी पाखी की तरह, बेटे को अपनी छाती में दुबकाए, जटी अपनी बिरादरी में लौट आई।

हे भगवान! कहाँ हैं उनके गाँव-कबीले-जमात के लोग? कहाँ हैं वे अजीबोगरीब पोशाक-पहनावे वाले! कुकुर-बकरी-गधे की पीठ पर लदा माल-असवाब का बोझ? कहाँ है दादी की खिलखिल हँसी?

वे लोग श्मशान-मसान, कहीं भी नहीं थे। जटी दौड़ती-भागती शहर के ट्राइबल बोर्ड ऑफिस पहुँची।

"ए साहेब, पंखीमारों का पता-ठिकाना दै दें, हम आपसे विनती करती हूँ—" जटी ने पिओन के पाँव पकड़ लिए।

"अरे, तू श्मशान-मसान में जाकर देख! कहाँ पड़े हैं, देख जाकर—"

जटी की फटी-फटी आँखों से धार-धार आँसू बह निकले। इस समाज से छुड़ाकर वह समाज, इस जात से छुड़ाकर वह जात,—कितना-कितना लोभ दिखाकर, उत्सव तो सारे सपने छीन-छानकर, समेट ले गया।

जटी अब क्या करे?

ढेर-ढेर रूप, ढेर-ढेर सेहत, ढेर-ढेर जवानी लिये, जटी स्टेशन पर जा बैठी। गोद में बेटा! जटी गालों पर हाथ रखे ज़मीन-आसमान एक करती रही। वह सोचती रही...सोचती रही।

जटी अपने बेटे के बारे में सोचती रही, बाकी और लोगों ने जटी के बारे में सोचना शुरू कर दिया।

जटी अब क्या करे? कहाँ जाए?

जटी कुली लाइन के हुनमानतला के संन्यासी के पास गई और उससे सलाह माँगी।

''यहीं रहो–'' सन्यासी ने आँखें मूँदे-मूँदे ही राय दे डाली।

प्रौढ़ संन्यासी! काफी सारे ठाकुर देवताओं के बाद, उसने हनुमान जी को पकड़ लिया था, इसलिए अब उसके अच्छे दिन, थोड़े-बहुत लौट आए थे।

जटी जिस दिन से वहाँ जाकर बैठने लगी, हनुमानतला की भीड़ भी दिनोंदिन बढ़ने लगी। संन्यासी ने मन ही मन सिर पीट लिया।

कुछ ही दिनों बाद, तीन-चार लोग सीधे जटी के पास आ पहुँचे।

''उस बुड्ढे की पनाह में रहने से क्या फ़ायदा? तू चल, हमारे साथ चल। हम लोग तुझे शहर दिखा लाएँ।''

जटी के तन-बदन, अंग-अंग की नसों में वर्षों पुराना खून, शायद झूठमूठ ही नहीं बह रहा था। वन-जंगल, वनों के पशु-पाखियों को वह जितना पहचानती थी, उतना ही अनजान-अचीन्हे लोगों से वह डरती भी थी।

''धत्त् भाग यहाँ से, नासपीटे!'' यह कहकर जटी ने उन्हें गाली-गलौज करके भगा दिया।

शायद उन्हीं लोगों ने जाकर शिकायत ठोंकी होगी।

कुछेक दिन बाद, पुलिस आकर, संन्यासी को सख्त लहजे में डरा-धमका गई।

''हमें सारी ख़बर मिल चुकी है–'' पुलिस ने डपटते हुए धमकाया।

'ख़बर? ख़बर कैसी, बाबू साहब? मैं ठहरा संन्यासी जीव! ठाकुर लेकर पड़ा रहता हूँ।''

''ठाकुर को लेकर पड़े रहते हो या ठकुराइन को लेकर?''

''छिः छिः सड़ जाएगी तुम्हारी ज़ुबान!''

''यहाँ औरतें रखते हो! यहाँ व्यभिचार और बदमाशी होती है। देशी शराब बनाई जाती है। ताश-पत्ती का जुआ चलता है....?''

''सब झूठ है!'' संन्यासी का गोरा चेहरा आगभभूखा हो आया।

पुलिस, घर-बारी, गृहस्थ बंदा।

उसने कहा, ''यह बात झूठ है, यह तुम भी जानते हो और मैं भी! सारी गड़बड़ी उस औरत की वजह से है, उसे हटा क्यों नहीं देते?''

''हटा दिया, तो उन लोगों के पल्ले जा फँसेगी। वे लोग यही तो चाहते हैं।''

''तब जा, मर!''

पुलिस का आदमी भुनभुनाता हुआ चला गया।

जाते-जाते वह कह गया, ''उन गुंडा-बदमाशों को क्यों गुस्सा दिलाते हो? गुड़ को जितनी देर अपने पास रखोगे, मक्खियाँ तो भिनभिनाएँगी ही! जब तक यह औरत यहाँ पर है, तब तक मर्द यहाँ ज़रूर आएँगे। आजकल इन्हीं लोगों का राजपाट है। अब वे लोग आकर, उस औरत को खींचकर ले जाएँ, तब किस बाप का रिश्तेदार, उन्हें रोक सकता है, ज़रा सुनूँ?''

संन्यासी महा-चिंता में पड़ गया।

लेकिन जटी समझ गई, अब वह यहाँ रही तो, संन्यासी पर मुसीबत टूट पड़ेगी और उस पर भी!

"लो, ठाकुर, जब हमार घर-संसार था, तब यह बर्तन-भांड़े भी रहे। ई सब तुम जमा रखो, ठाकुर, हमका कुछ रुपइय्ये दे दो।"

"तु जाएगी कहाँ? और यह नन्हा-सा बच्चा कहाँ जाएगा?"

"पता नहीं!?"

"तेरा और कोई नहीं है?"

"पता नहीं।"

संन्यासी ने एक लंबी उसाँस छोड़ी और उसे लाल रंग की एक चिरकुट थमा दी। ऐसे लाल रेशमी कपड़े से बिहार में लोग मुर्दे ढँकते थे।

संन्यासी ने जटी को लाल रेशमी कपड़ा और छोटा-सा एक त्रिशूल थमा दिया।

"मैं मन की आँखों से देख पा रहा हूँ। एक दिन ये सियार-गिद्ध तुझे फाड़ खाएँगे। फिर भी तू इस वस्त्र-अस्त्र के साथ चली जा, बिटिया! इस घोर कलिकाल में भी थड्ड किलास साधु-संन्यासी चल सकता है। कोई सिर पर पैर नहीं रखता।"

"अगर कोऊ, कुछ पूछे?"

"कहना, मैं जटी ठकुराइन हूँ।"

"ठकुराइन?"

'ओफ ओ! बस, तू यही कह देना। कहने की मनाही है?"

"ठकुराइन?"

सच ही ट्रेन में जटी को किसी ने, कुछ नहीं कहा। उसका रूप, लाल कपड़ा, पीठ की पोटली में बेटा, हाथ में त्रिशूल—यह देखकर लोग-बाग अवाक् होते रहे।

जटी की आँखें खिड़की के बाहर गड़ी हुई थीं। उसकी आँखों से धार-धार आँसू बहते हुए! सच ही तो! लोग उसे आदर-भक्ति दे रहे हैं। उसकी तरफ सम्मान से देख रहे हैं। क्या इसी का नाम, जात में उठना है? काश, उत्सव अगर जिंदा होता, तो वह देखता, न कचहरी, न अदालत, सिर्फ एक टुकड़ा कपड़ा और त्रिशूल के ज़ोर पर, जटी कैसे ऊँची जात में शामिल हो गई है।

ट्रेन में एक और शख्स उसे गौर से देखे जा रहा था। वह शख्स ट्रेन में गाना गाता था, कभी श्यामासंगीत, कभी हरिनाम! वह आदमी अधेड़ था! खासा दुबला-पतला! दुनिया में उसका कोई नहीं था।

जटी को देखते हुए उसने सवाल किया, "हावड़ा तक तो पहुँच गई, अब कहाँ जाओगी, बिटिया?"

जटी ने कोई जवाब नहीं दिया।

वह तो आँखें फाड़े-फाड़े हावड़ा स्टेशन देखती रही, लोगों की भीड़ निहारती

रही। यही तो है वह विराट क्षेत्र, जिसके बारे में उत्सव ने बताया था। यहाँ इतने-इतने लोग! असंख्य! अनगिनत! जंगल में तो एक पेड़ में भी इतने सारे पत्ते नहीं होते। इतने सारे लोगों के बीच जटी आखिर कहाँ जाए?

"मैं पूछता हूँ, जाओगी कहाँ?" उस आदमी ने दुबारा पूछा।

"यह तो हम नहीं जानती–" इस बार जटी ने ज़वाब दिया।

"मेरे साथ चलोगी?" उस आदमी ने पूछा।

"कहाँ?"

जटी को बिल्कुल डर नहीं लगा।

उस वक्त भी जटी के अंदर वही सब सहज आदिम प्रवृत्तियाँ काम कर रही थीं। इंसान को देखते ही, वह पल भर में समझ जाती थी कि उसे किससे डरना चाहिए, किससे नहीं। इस आदमी को देखकर, उसे बिल्कुल डर नहीं लगा। इसके अलावा, सामने के तमाम दृश्य उसकी आँखों को लगातार अपनी तरफ खींच रहे थे।

"चलोगी मेरे साथ?"

"कहाँ, जी कहाँ?"

"मेरे डेरे पर! मैं ट्रेनों पर गाना गाता हूँ।'

"गाना गावत हो?"

"हाँ, जी!"

उस आदमी ने उसे सारा कुछ समझा दिया। वह गाना गा-गाकर भीख माँगता था। अगर जटी भी अपने बेटे को लेकर, उसके साथ-साथ घूमती रहे, तो भीख मिलना और ज्यादा आसान हो जाएगा।

"तोरा डेरा कहाँ है?"

"देख यह तू-तोरा मत कर, चलना है, चल।"

साल भर तक सारा कुछ ठीकठाक चलता रहा। जटी साथ-साथ होती थी, वह आदमी गाने गाता था। पैसे बटोरकर वे दोनों घर लौट आते। शाम को चावल खरीदकर, जटी भात पकाती। वह आदमी दरवाजे के बाहर सोता था। जटी दरवाजे पर अंदर से साँकल लगाकर कमरे में सोती थी।

'साधन, रे, साधन! मोरा बाप! बाप मोरा।'

जटी अपने बनैले लाड़-प्यार से बेटे को अस्थिर कर देती। इसके अलावा स्टेशन के करीब ही नेपाली भोटिया बूढ़ियों को माला-ताबीज़, जड़ी-बूटी, पंछियों के पाँव, मेढकों की छाल बेचते हुए देखकर, उसमें भी शहरी बुद्धि जाग उठी थी।

अब अगर कोई पूछता, "हाँ, जी, तुम साधुनी हो गई हो? गंठिया रोग का कोई टोटका जानती हो?"

अब जटी मुँह बिगाड़कर गाली नहीं देती थी। वह अपनी दादी के टोटका-टुटकी

याद करने की कोशिश करती थी, कभी-कभार दवा वगैरह भी दे देती थी।

हाँ, काफी ठीकठाक चल रहा था...आगे भी ठीकठाक चल सकता था, लेकिन दरवाजे के बाहर सोने के बजाय, एक दिन उस आदमी ने अंदर कमरे में सोने की कोशिश की। आखिर कितने दिनों तक वह दरवाजे के बाहर सो सकता था? जटी को भला क्या मालूम था कि दरवाजे के बाहर सोना कितना तकलीफदेह होता है!

जटी ने अपना त्रिशूल तान लिया।

''पता है, हम कौन हूँ? किस समाज की लड़की? पता है, मोरा बाप कउन है? मोरी माँ कउन है? मोरे नाते-रिश्तेदार-परिवार कउन है? तू मोसे कु-बात करत है? बान मारकर, हम तोरी जान खतम नहीं कर दूँगी?''

अगले ही दिन जटी वह डेरा छोड़कर चली आई। काफी सोच-विचार के बाद, वह ठकुराइन बन गई। अगर वह ठकुराइन न बनती, तो अपने बुद्धू-बक्काल बेटे को बचा नहीं पाती। खुद अपने को भी इंसानों की नज़रों से सुरक्षित नहीं रख पाती।

जटी बखूबी समझ गई थी कि अपनी चारों तरफ अगर वह अलौकिता की ढाल खड़ी नहीं करेगी, वह अपने को बचा नहीं पाएगी।

''सुंदर मुखड़े का मरण है–'' जटी अस्फुट लहजे में बुदबुदा उठी।

तीन

''साधन, अब तो तुम्हें सराध करना होगा, भइये।'' लोगों ने साधन से कहा।

''करूँगा, हे सकल जन! अपनी मइयो को हम हाथी दूँगा, घोड़ा दूँगा, ज़मीन दूँगा, सोना-दाना भी दूँगा। हम किरिया खाया हूँ।''

सब एक-दूसरे का मुँह देखने लगे। साधन की बातें, उन्हें पागल का प्रलाप लगीं। लेकिन साधन ने कसम खाई थी, यह बात भी तो झूठ नहीं थी।

इसके अलावा जटी, कोई मामूली इंसान नहीं थी। वह ठकुराइन थी; अलौकिक, आध-भौतिक, दुनिया की द्वार-धरैया!

''यह तूने क्या किया, साधन? तूने जो-जो गिनाया, वह कितने रुपयों का खेल है, जानता है?'' बलराम ने गहरी आंतरिकता से कहा।

''हम किरिया जो खाया हूँ!''

''अच्छा, अब जा, भीख माँगने जा! दर-दर से भीख माँगकर ला।''

गले में धोती का सिरा डालकर भीख माँगने निकला।

अब उसकी माँ नहीं रही। शाम होते ही अब कोई उसके लिए भात नहीं पकाती; उसे गर्मागर्म भात नहीं खिलाती। शोल मछली भूनकर, उसकी छाल उतारकर, उसमें अदरख और नीबू का रस, नमक, मिर्च, तेल मिलाकर, उसे आवाज़ नहीं देती, ''आ

मोरे बाप, मोरी गोदी में बैठकर खा ले।"

आँखों में आँसू, गले में काछा डालकर, कमर में कंबल का टुकड़ा लिए, साधन भीख माँगने चल पड़ा।

भीख कोई भी नहीं देना चाहता था। काफी घूमते-भटकते, एड़ियाँ रगड़ने के बाद, साधन को कुल्लमकुल इक्कीस रुपए मिले। इसके अलावा पल्ला भर चावल! एक पल्ला चावल देकर अनादि डॉक्टर ने जटी से अपना जीवन भर का रिश्ता खत्म कर दिया।

अंत में बलराम कालीघाट पहुँच गया।

सबसे ज्यादा दरिद्र, सबसे ज्यादा अभागे चेहरेवाले एक पुरोहित को उसने प्रणाम ठोंकते हुए कहा, "बड़ी मुसीबत में हूँ, ठाकुर! मैं नहीं, मेरा दोस्त! मुझे कोई ऐसा उपाय बताए', जिससे साँप भी मर जाए और लाठी भी न टूटे।"

"कैसे? मुसीबत क्या है?"

मुसीबत की द्रास्तान सुनकर वह ब्राह्मण हँसते-हँसते बेहाल हो गया।

बलराम ने राम, "आप लोग तो चिरकाल से मधु की जगह गुड़ देते आये हैं, सोने की जगह, पाँच चवन्नी! अब ज़रा शास्त्र-पोथी उलट-पलटकर देखें न, ऐसा कोई विधान है या नहीं?"

ब्राह्मण ने नाक में नस्सी घुसेड़कर कहा, "अरे, भई, दाम धर देना। इतना तो कर सकोगे न?"

"दाम? कितना?"

"यही कोई, सौ रुपय्ये!"

"सौ रुपये का जुगाड़ अगर होता, तो भला तुम जैसे पाँच चवन्निया पुरोहित के पास आता?"

"अस्सी रुपइय्ये?"

ब्राह्मण ने लोभातुर नजरों से देखा। शायद वह टटोल रहा था कि पेंच कसकर, कितने रुपये वसूल किए जा सकते हैं। लेकिन वह बेचारा भी आखिर किस साहस से मोलभाव करता? कालीघाट के बाह्मन इन दिनों उपवासे खटमल बन चुके थे। हाथ में पाँच रुपये पाते ही वे लोग ससागरा भारतभूमि दान करवा देते। बलराम एकाध पल सोचता रहा--आने-जाने का खर्च, थोड़ा-बहुत नशे-पानी का खर्च! वह कितना काटे, कितना रखे!

अगले ही पल उसने सख्त लहजे में कहा, "देखो, पण्डित, तुम्हारे हाथ पर मैं, पूरे अठारह रुपये धर दूँगा। तुम सारा नेम-नियम पूरा करा देना वर्ना मैं किसी और के पास चला। पैसा फेंके तो पुरोहित की कमी है भला? गुड़ बिखेरते ही क्या चींटे नहीं आते? अब सोच लो, 'हाँ' कहोगे या 'ना'! मेरे पास टाइम नहीं है। तुम्हारे साथ बकबक करने के लिए मेरे पास बिल्कुल टाइम नहीं है।"

"जाओ, ले आओ, अपने दोस्त को! लेकिन बेटा, कोरा कपड़ा, पितृ पुरुष के लिए धोती, घी, फूल, काठ, तिल, पंचशस्य और पंचगव्य—ये सब तो तुम लोग ले आओगे न?"

"अरे, ओ मक्कार का दुम! यह सब अगर हमें ही लाना होता, तो तुम्हारे इस मैले-कुचैले का बदबू सूँघने आता?"

बलराम, साधन को ले आया।

पुरोहित ने सारा जुगाड़ कर रखा था। वह सारे इंतजाम के साथ, अपने ही घर के बरामदे में बैठा हुआ था।

"दक्षिण की तरफ मुँह करके बैठो, बेटा!" पुरोहित ने खनखनाती आवाज़ में निर्देश दिया। दूसरी तरफ, छँटे बाल, लाल-लाल आँखें, छतरी जैसे धूसर रंग का एक शख़्स बैठा हुआ था।

"वह अग्रदानी है! दान लेगा।"

अग्रदानी ने आँखें खोलकर कहा, "हाँ, जी, लाओ तो, मामा! हज्जार रुपए का सराध है न? दस मिनट में निपटा दो! मुझे एक बार चाकदा जाना है।"

"हाँ, बस, अभी हुआ जाता है! लो, बेटा, आचमन करो।"

आचमन हो गया। अब श्राद्ध शुरू हुआ। पुरोहित एक-एक चीज़, साधन के हाथ से स्पर्श कराता, और बिजली की रफ्तार से छीन भी लेता। बलराम एक-एक रुपये के अठारह नोट हाथ में लिए बैठा हुआ था और बीच-बीच में पुरोहित की तरफ देखता भी जा रहा था।

समूची प्रेतक्रिया बहुत जल्दी निपट गई। चवन्नी क़ीमत वाले एक अदद गमछे का एक-एक सूत नोचकर, साधन ने सभी अनजान लोगों और लोकातीत को, अजस्र वस्त्र-दान किया।

अंत में पुरोहित ने कहा, "हाँ, बताओ, अपनी माँ को क्या-क्या देना चाहते थे?"

"एक गो हाथी!"

"लाओ, बेटा, पाँच चवन्नी लाओ! यह भी तुम्हारे हाथी-दान का पुण्य हुआ! समझे? हाथी की जगह, मूल्य दे दिया जाए, तो ऐसा दान भी चलता है, समझे?"

बलराम ने कागज में लिखा—हाथी, उसकी बगल में लिखा—पाँच चवन्नी!

साधन का चेहरा विह्वल और विमूढ़! यह कैसी अचरज की बात? पाँच चवन्नी भी धरा दिए जाएँ, तो वचन मुताबिक गजदान का सुफल मिलता है? साधन को यह पता होता, तो....

"पाँच चवन्नी और धरो, अश्वदान हो गया।"

इसके बाद, एक अद्भुत प्रतियोगिता शुरू हो गई।

साधन बुदबुदाता रहा, "अश्व, भुइं, सोना, धान, वस्त्र, तेजस—"

पुरोहित जोर-जोर से पाठ करता रहा, "पाँच चवन्नी! पाँच चवन्नी...पाँच..."

बलराम सिर्फ इस कोशिश में लगा रहा कि यह अपरिमित दान-यज्ञ, अठारह रुपयों के अंदर ही है या नहीं।

"बाम्हन को गऊ-दान, पाँच आने में ही निपटा दें, पंडित जी!" बलराम ने हाँक लगाई।

हवन की लकड़ियों के धुएँ में, आँखें मिचमिचाते हुए, अग्रदानी ने कहा, "पाँच आने में भला गाय-बछेरू होता है?"

"अगर नहीं होता तो मामा-भानजे को अंगूठा चूसते हुए, बेमौत मरना होगा। दक्षिणा नहीं देना है?"

साधन के बदन पर माँ का एक फटा-चीथड़ा रेशमी कोपीन। इस वक्त साधन, पगलाया भैंस जैसा लग रहा था। यज्ञ की लकड़ियों पर, मिट्टी के छोटे से सिकोरे में चावल के चंद दाने पकाए गए—श्रद्धान्न! भात की खुशबू नाक में जाते ही, साधन अंदर ही अंदर व्याकुल हो उठा।

"ले, साधन, आचमन कर और बाम्हन को प्रणाम ठोंककर, उठ जा।"

साधन उठ खड़ा हुआ। उसकी निगाहें ज़मीन पर गड़ी रहीं। साधन के गमछे में अनादि डॉक्टर का दिया हुआ, मुट्ठी भर चावल बँधा हुआ। सारा का सारा चावल, बाम्हन ने क्यों नहीं पकाया? चावल तो माँ को ही अर्पित किए गए न, फिर कुछेक दाने पकाने का क्या मतलब? साधन के मन में संदेह जाग उठा। उसने नाक से घरघराती हुई आवाज़ निकाली।

"तू, बेटा, मोरे हाथ में अठारह रुपल्ली थमाकर, हरिश्चन्दर बन रहा है?'

बलराम हँसते-हँसते भी ठिठक गया।

साधन उकड़ूँ हो आया और चावल गमछे में बाँधने लगा।

"क्या करते हो? यह क्या कर रहे हो, बाप? यह चावल तो मेरा पावना है।"

"चुप कर, साला!"

साधन ने बाम्हन को गाली दे डाली। इसी बाम्हन ने ही न, उसके हाथों से जटी ठकुराइन को अगाध, अतुल ऐश्वर्य दान कराया है? जटी ठकुराइन अब सर्र-सर्र स्वर्ग की ओर उड़ी जा रही है? जिस देवता को उसके पुरखों ने जान से मार डाला था, उन्हीं के चरणों में? गोलोकधाम में? साधन ये सारी बातें भूल क्यों गया?

"एइ, एइ, साधन, क्या कर रहा है?"

"चावल हम ले जा रहा हूँ, भात पकाऊँगा।"

"अरे, यह श्राद्ध के चावल हैं। तुझे नहीं खाना है।"

"चुप कर, बलराम!" साधन मतवाले हाथी की तरह चिंग्घाड़ उठा, "घर में तो कानी कौड़ी भी नहीं है कि हम चावल खरीदकर, भात पकाऊँ। अब यह चावल, अपने हाथ से भला जावे देबों?"

"बेटा मूर्ख है! गजमूरख!"

"चावल मोरा है..."

निरर्थक आक्रोश से पुरोहित ने साधन से कहा, "चावल पकाकर खाएगा? तेरा यह श्राद्ध भ्रष्ट हो गया, कमबख्त!"

"भरभस्ट काहे होगा? हमने हाथी नाहीं दिया? गऊदान नहीं किया? सोना-रूपा-वस्तर नाहीं दिया? कउन साला मोरी माँ का सराध भरभस्ट करेगा, ज़रा हम भी सुनूँ?"

चावल की पोटली सीने से चिपकाए, साधन झूमता-झामता अपने डेरे की तरफ चल पड़ा। अब वह डेरे पर जाएगा, चूल्हा सुलगाएगा और भात पकाएगा।

भात की गंध, बेहद भली और मोहक गंध होती है। भात की गंध में साधन को अपनी माँ की गंध मिलती है। साधन जितने दिन तक भात पकाता रहेगा, गर्मागर्म भात खाता रहेगा। उतने दिनों तक साँझ-भोर की माँ, उसके पास बँधी रहेगी।

माँ की याद और पुरोहित से किए गए अपने दुर्व्यवहार का ख्याल आते ही, साधन की आँखों से धार-धार आँसू बह निकले।—माँ, मोरी माँ, तुम जइसे-तइसे सरग जाओ। साधन अब भात पकावेगा? साधन अब, गर्मागर्म भात खावेगा! तुम इसे उसका दोष मत मानना! तुम गुस्सा न होना!

●●●

महाश्वेता देवी

बंगला की प्रख्यात लेखिका महाश्वेता देवी का जन्म 1926 में ढाका में हुआ। वह वर्षों बिहार और बंगाल के घने कबाइली इलाकों में रही हैं। उन्होंने अपनी रचनाओं में इन क्षेत्रों के अनुभव को अत्यन्त प्रामाणिकता के साथ उभारा है।

महाश्वेता देवी एक थीम से दूसरी थीम के बीच भटकती नहीं हैं। उनका विशिष्ट क्षेत्र है—दलितों और साधन-हीनों के हृदयहीन शोषण का चित्रण और इसी संदेश को वे बार-बार सही जगह पहुँचाना चाहती हैं ताकि अनन्त काल से गरीबी-रेखा से नीचे साँस लेनेवाली विराट मानवता के बारे में लोगों को सचेत कर सकें।

गैर-व्यावसायिक पत्रों में छपने के बावजूद उनके पाठकों की संख्या बहुत बड़ी है। 1979 में उन्हें साहित्य अकादमी पुरस्कार से सम्मानति किया गया।

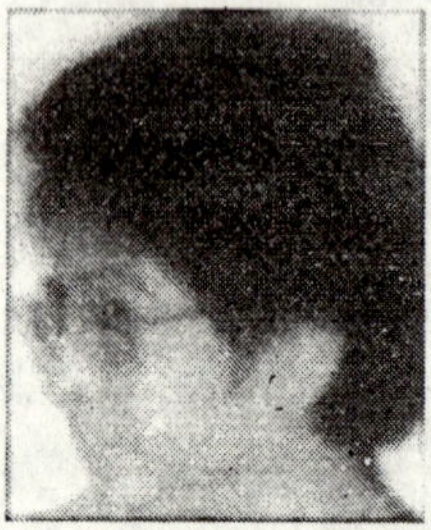

अनुवादिका
सुशील गुप्ता

लगता है, मैं किसी ट्रेन में बैठी, अनगिनत देश, अनगिनत लोग, उनके स्वभाव-चरित्र, उनकी सोच से मिल रही हूँ और उनमें एकमेक होकर, अनगिनत भूमिकाएँ जी रही हूँ। ज़िन्दगी अनमोल है और जब वह शुभ और सार्थक कार्यों और सरोकारों से जुड़ी हो, तभी हम इन्सान बन पाते हैं। लेकिन, अपनी समूची ईमानदारी और सच्चाई के बावजूद, मेरी राह, मेरे रिश्ते, मेरी ज़िन्दगी गडमड हो गयी। मुखौटे पहने खुदगर्ज़, क्रूर लोग, मुझे मौत की यतीम खाई में धकेलकर, जब ज़िन्दगी का जश्न मनाने चल पड़े, तो औरों के सच...और ख़्यालों... और तजुर्बों के अनुवाद और अनुकृति ने मुझे थाम लिया —मैं हूँ न! और मेरी राह गुम होने से बच गयी। ये अनुकृतियाँ इस बात की सनद हैं कि सरोकारों में सच भी है और झूठ भी। जिसे, जो नसीब हो या हम जो भी चुन लें, हमें सुविधा है।

अब तक लगभग 50 उपन्यासों का अनुवाद! 3 काव्य-संग्रह! कई-कई पुरस्कारों सहित, अपने हिन्दी पाठकों के अमित प्यार का पुरस्कार।